APPROBATION.

J'AY lû par ordre de Monseigneur le Garde des Sceaux, un Manuscrit intitulé, *Pharsamon ou les nouvelles Folies Romanesques*, & je n'y ai rien trouvé qui puisse en empêcher l'Impression. A Paris ce premier Decembre 1736.

Signé, JOLLY.

PRIVILEGE DU ROI.

LOUIS, par la grace de Dieu, Roy de France & de Navarre : A nos amez & féaux Conseillers les gens tenans nos Cours de Parlement, Maîtres des Requêtes ordinaires de notre Hôtel, Grand Conseil, Prevôt de Paris, Baillifs, Sénéchaux, leurs Lieutenans Civils & autres nos Justiciers qu'il appartiendra : SALUT. Notre bien amé PIERRE PRAULT, Libraire & Imprimeur à Paris, Nous ayant fait remontrer qu'il souhaiteroit Imprimer ou faire imprimer & donner au Public, un Ouvrage qui a pour titre, *les Oeuvres du Sieur de Marivaux, la Vie de Marianne*, &c. s'il Nous plaisoit lui accorder nos Lettres de Privilege sur ce necessaires ; offrant pour cet effet de les faire imprimer en bon Papier & beaux Caracteres, suivant la Feüille Imprimée & attachée pour modele sous le Contre-scel des Presentes. A CES CAUSES, voulant favorablement traiter ledit Exposant, Nous lui avons permis & permettons par ces Presentes, de faire Imprimer ledit Ouvrage ci-dessus specifié, en un ou plusieurs Volumes, conjointement ou séparément, & autant de fois que bon lui semblera, sur Papier & Caracteres conformes à ladite Feüille imprimée & attachée pour modele sous notredit contre-sceel, & de le vendre, faire vendre & débiter, par tout notre Royaume, pendant le tems de *six* années consecutives; à compter du jour de la datte desdites présentes; Faisons défenses à toutes sortes de personnes de quelque qualité & condition qu'elles soient, d'en introduire d'impression étrangere dans aucun lieu de notre obéïssance; comme aussi à tous Libraires, Imprimeurs & autres, d'imprimer, faire imprimer, vendre, faire vendre, débiter ni contrefaire ledit Ouvrage ci-dessus exposé, en tout ni en partie, ni d'en faire aucuns extraits, sous quelque prétexte que ce soit d'augmentation, correction, changement detitre ou autrement, sans la permission expresse & par écrit dudit Exposant, ou de ceux qui auront droit de lui, à peine de confiscation des Exemplaires contrefaits, de quinze cens livres d'amende contre chacun des contrevenans, dont un tiers à Nous, un tiers à l'Hôtel-Dieu de Paris, l'autre tiers audit Exposant, & de tous dépens, dommages & interests; à la charge que ces Présentes seront enregistrées tout au long sur le Registre de la Communauté des Libraires & Imprimeurs de Paris, dans trois mois de la date d'icelles; que l'Impression de ces Ouvrages sera faite dans notre Royaume & non ailleurs; & que l'Impetrant se conformera en tout aux Reglemens de la Librairie; & notamment à celui du 10 Avril 1725. & qu'avant que de l'exposer en vente les Manuscrits ou imprimés qui auront servi de copie à l'impression desdits Livres seront remis dans le même état où les Approbations y auront été données, ès mains de notre trés-cher & féal Chevalier Garde des Sceaux de France, le sieur Chauvelin, & qu'il en sera ensuite remis deux Exemplaires de chacun dans notre Bibliotheque publique, un dans celle de notre Château du Louvre & un dans celle de notredit très cher & féal Chevalier, Garde des Sceaux de France le Sieur Chauvelin ; le tout à peine de nullité des présentes : Du contenu desquelles vous mandons & enjoignons de faire joüir ledit Exposant ou ses ayans causes, pleinement & paisiblement, sans souffrir qu'il leur soit fait aucun trouble ou empêchement : Voulons que la copie desdites Présentes qui sera imprimée tout au long au commencement ou à la fin dudit Ouvrage, soit tenuë pour düément signifiée, & qu'aux copies collationnées par l'un de nos amés & féaux Conseillers-Secretaires, foy soit ajoûtée comme à l'Original ; commandons au premier notre Huissier ou Sergent de faire pour l'execution d'icelles, tous Actes requis & necessaires, sans demander autre permission, & nonobstant clameur de Haro, Chartre Normande & Lettres à ce contraires : CAR TEL EST NOTRE PLAISIR. DONN'é à Fontainebleau, le dix-neuviéme jour du mois de Juillet, l'an de Grace mil sept cent trente-un, & de notre Regne le seiziéme. Par le Roy en son Conseil. *Signé*, VERNIER.

Registré sur le Registre VIII. de la Chambre Royale des Libraires & Imprimeurs de Paris, N°. 211. fol. 204. conformément aux anciens Réglemens, confirmés par celui du 28 Fevrier 1723. A Paris le 9 Août 1731.

Signé, P. A. LEMERCIER, Syndic.

LIVRES NOUVEAUX.

1737.

Amusemens Historiques, in-12. 2. vol.
Anecdotes de la Cour de Childeric, in-12. 2. parties.
Les Belles Grecques, in-12. Figures.
La Comtesse de Mortanne, in-12. 2. vol.
Les Dieux rivaux, Poëme, in-12.
Le Glaneur François, 11. parties, in-12.
Gulistan ou l'Empire des Roses, traduit du Persan, in-12. 2. parties.
Histoire de Moncade, in-12. 2. parties.
Memoires traduits de l'Italien, in-12. 4. parties.
Oeuvres de Madame *Durand*, in-12. 6. Vol.
——— De Théâtre de M *Destouches*, in-12. 3. vol.
——— De *M De Boissi* in-8°. 5. vol.
Parsamon, in-12. 4. parties, en 2. vol.
Rinsault & Sapphira, in 12.
Ver-Vert, & autres Poëmes de M. *Gresset*.

AVERTISSEMENT
de l'Imprimeur.

IL y a près de vingt-cinq ans que j'ai entre mes mains le manuscrit de PHARSAMON, & je le tiens de l'Auteur même qui me l'a remis avec l'Approbation du Censeur qui avoit été nommé pour l'examiner. Plusieurs raisons m'en ont fait suspendre l'impression ; mais comme elles n'intéressent, ni le public, ni l'ouvrage que je lui présente, je croi pouvoir me dispenser de les rapporter. La réputation que M. de Marivaux s'est acquise depuis ce temps, par un grand nombre d'Ouvrages, pourroit m'autoriser à parler avantageusement de celui-ci ; mais m'en croiroit-on sur ma parole ? Ou plûtôt, neme diroit-on pas : *Vous êtes Orfévre M. Joſſe.* A cela qu'aurois-je à répondre ? Rien, sans doute. Ainsi j'aurois employé vainement bien du temps, & de la peine à composer un éloge dont on ne me sauroit aucun gré ; & qui d'ailleurs seroit, ou suspect d'intérêt, ou peu convenable au sujet. Je me bornerai donc à dire simplement que je n'ai rien négligé dans les choses qui dépendent de moi, & qui sont de mon ministere.

PHARSAMON

PHARSAMON,
OU
LES NOUVELLES FOLIES
ROMANESQUES.

PREMIERE PARTIE.

ANS deux Villages voisins, vivoient deux jeunes Personnes de même âge; l'une étoit une Demoiselle, dont le pere depuis long-temps, étoit mort: Elle vivoit sous la garde d'une mere, bonne femme, très-âgée, Dame du Village où elle achevoit le reste de ses jours dans le repos. L'autre étoit un jeune Gentilhomme, qui, dès l'âge le plus tendre avoit perdu son pere & sa mere; un Oncle qui avoit

A

vieilli à l'armée, & qui se ressentoit de cette franchise de cœur qu'avoient autrefois nos ayeux; homme d'un caractere sans façon, jadis Chevalier le plus courtois auprès des Dames, gouvernoit ce Neveu & l'élevoit suivant sa maniere; il tâchoit tous les jours d'inspirer à ce neveu, ce qu'un reste d'humeur guerriere & de penchant pour le beau Sexe, lui inspiroient à lui même: Les anciens Romans, les Amadis de Gaule, l'Arioste, & tant d'autres Livres lui paroissoient les leçons les plus propres & les plus capables de donner à son neveu cette noble idée qu'il devoit concevoir & du bel amour & de la gloire. Par malheur pour le Neveu, il étoit né très-susceptibles d'impression; ces hauts faits des Heros qu'il lisoit, cette tendresse si touchante dont il les voïoit agités, étoient comme autant d'étincelles de feu, qui tantôt redoubloient sa disposition à la valeur, & tantôt excitoient son penchant à l'amour. L'application avec laquelle l'Oncle voïoit lire son Neveu, lui faifoit préjuger qu'un jour ce Neveu ferviroit de modele à tous les honnêtes gens; il lui faifoit fouvent repeter ce qu'il avoit lû, & ce Neveu pénetré, plein d'un enthoufiafme de plaifir, remarquoit avec cet Oncle, les endroits les plus tendres & les plus merveilleux; il fembloit qu'en cas de befoin même, ce Neveu à force de fentiment, auroit rencheri fur l'imagination des plus extravagans Romanciers. L'admiration de l'Oncle augmentoit à chaque moment, & l'égarement de l'autre croiffoit à chaque moment auffi. Ce jeune homme faifoit déja le fujet des converfations que l'Oncle avoit avec ceux qui le venoient voir; il étoit bien fait, l'air vif & les fentimens de fon cœur, & la difpofition de fon efprit ajoûtoient encore aux graces de fa phyfionomie, je ne fçai quoi de noble & de ferieux, qui faifoit qu'on remarquoit notre jeune homme; en un mot il fembloit être fait exprès pour être un jour un illuftre Avanturier. Il n'avoit que dix-huit ans, qu'on avoit déja parlé de le marier; son Oncle l'avoit presenté aux plus belles filles du voisinage : sa figure leur plaisoit, toutes avoient tâché de l'engager; il avoit soupiré auprès de quelques-unes, & deploïé, devant elles, cette éloquence amoureuse dont il étoit imbu : Les situations les plus tendres ne lui coûtoient rien, il les cherchoit, il se plaignoit sans sujet, il rêvoit de même; & quoique bien venu, il étoit toûjours occupé d'inquiétude, & répetant sans cesse les mots de rigueur, de martyre, il se tuoit à exprimer des malheurs dont ses maîtresses ne l'accabloient pas; elles se tuoient à leur tour à lui dire qu'elles ne le haïssoient pas, leur tendresse trop aisée à gagner, leur facilité à se laisser rendre visite, leur gayeté continuelle, tout cela le rebutoit, il ne voïoit point matiere à imiter ses Heros, il vouloit l'être à quelque prix que ce fût, il auroit crû dégenerer de la noblesse de ses sentimens, s'il avoit continué à poursuivre des cœurs qui se rendoient sans lui faire éprouver des tourmens. Quelquefois il venoit de lire l'avanture d'un amant, qui dans le chagrin de n'être point aimé, remplissoit les Forêts de ses plaintes, & qui de desespoir alloit se tuer, si son Ecuyer ne l'en avoit pas empêché. L'état de cet amant le penétroit, ses tendres lamentations lui donnoient de l'émotion, son sort lui paroissoit malheureux; la grandeur de son infortune lui faisoit envie, il y trouvoit un merveilleux qu'il brûloit d'exprimer par lui-même ; mais le moïen ! dans le moment, sa maîtresse accouroit avec de grands éclats de rire, lui raconter une puerilité, dont elle exigeoit qu'il rît comme elle ; il falloit qu'il étouffât toutes les belles choses qu'il auroit dites, il mouroit d'une repletion de beaux sentimens. Quelle mortification pour lui ! on exigeoit qu'il fît le badin ; qu'il fût tranquille ; que rien ne troublât la certitude qu'on lui donnoit qu'il étoit aimé ! Ah quel amour ! s'écrioit-t'il alors, un si grand calme convient il à de belles ames ? aimerois-je un cœur qui m'auroit coûté si peu, un cœur sans fierté, sans rigueur, qui ne connoît pas le prix du mien ? Non non, quittons, disoit-il, un engagement qui n'est pas digne de moi ; qu'elle porte, cette maîtresse, son cœur à des amans, dont le caractere réponde à la petitesse du sien ? laissons au seul vulgaire, des inclinations qui ne peuvent occuper mes semblables, puisque le Ciel ma fait naître avec une ame capable des mouvemens les plus nobles, que je ressens en moi cette source de grandeur qu'avoient autrefois ces fameux Heros, si differens des autres hommes ; attendons que le Ciel me presente les occasions de me distinguer comme eux ; il reserve sans doute mon cœur à quelque objet digne de le posseder ; & le hasard ou quelque avanture particuliere manifestera les desseins qu'il a sur moi. Voilà les réflexions qu'il faisoit ; il les fit si souvent, qu'enfin il se résolut d'attendre le moment auquel le Ciel par une invincible sympathie devoit attacher son cœur à celui d'une autre ; il quitta toutes celles à qui son Oncle l'avoit presenté, il ne voulut point entendre parler de mariage, pensant en lui-même que s'il se marioit, cette haute réputation qu'il esperoit d'acquerir, seroit un bien perdu pour jamais : avant qu'il en vînt là, il devoit avoir rempli l'Univers de son nom & du bruit de ses malheurs. Envain son Oncle le pressa, il ne voulut plus entendre parler de maîtresse, elles n'étoient pas des Héroïnes, elles l'avoient aimé sans qu'il eût eû le temps de se désesperer de leur cruauté ; il le pria de ne lui en plus parler. Cet Oncle cependant ne goûtoit point les raisons qu'il lui alleguoit, il lui dit que quoiqu'il fût riche, il ne falloit pas rejetter des partis avantageux ; qu'au reste celles qu'on lui proposoit étoient extrêmement aimables, qu'il en étoit aimé, & que leurs agrémens, joints à leur naissance, méritoient tout l'attachement du plus honnête homme ; que d'ailleurs il l'avoit produit sur le pied d'un Cavalier galant & respecteux, & que son mépris pour de telles personnes le deshonoroit du côté de la politesse & du sçavoir vivre. C'étoit-là les reprimendes que lui faisoit cet Oncle, dont le caractere uni & franc ne s'accommodoit pas de l'humeur de son neveu; mais il l'aimoit beaucoup, & il cessa de combattre sa repugnance. De sorte que le neveu ne vit plus personne; la chasse & la pêche firent son unique occupation, & les bois étoient les confidens des vives réflexions que lui inspiroient ses lectures.

Une année entiere se passa dans cette oisiveté. Un jour qu'il avoit suivi son oncle à la chasse & que la vîtesse avec laquelle cet oncle poursuivoit un Cerf, l'avoit emporté loin du neveu, le ressouvenir d'un endroit touchant qu'il avoit lû dans un Roman, l'arrêta & lui fit mettre pied à terre dans un petit bois; là, il rappella dans sa mémoire un Chevalier indifférent qui, se désaltérant au bord d'un ruisseau, avoit apperçû une belle perſonne endormie, dont l'aſpect l'avoit touché ; le bruit que ce Chevalier avoit fait en ſe levant, avoit éveillé la belle dormeuſe, & avoit alors été ſaiſi d'une timidité reſpectueuſe, mais il n'avoit oſé témoigner à ce bel objet la ſurpriſe où il étoit de la trouver endormie dans une forêt ; ſa ſurpriſe avoit été accompagnée de toutes les marques d'un amour naiſſant. La belle en regardant le Chevalier avoit rougi & paru interdite ; elle s'étoit éloignée du Chevalier d'une maniere à lui prouver que ſa rougeur ne venoit pas de haine : Par reſpect le Chevalier n'avoit oſé la ſuivre, il s'étoit contenté de rêver à ſon avanture, de partir plein de rêverie, & d'arrêter ſa courſe peu de tems après, ſentant bien que cette belle perſonne avoit emporté ſon cœur avec elle. L'avanture de ce Chevalier, dont s'entretenoit le neveu, lui paroiſſoit charmante, il y trouvoit quelque choſe de grand & d'admirable, il ſouhaitoit que pareil accident mît fin à cette indifference, qu'il avoit résolu de conserver jusqu'au moment marqué pour sa défaite.

Cette idée Romanesque l'occuppoit, quand il entendit la voix d'une femme qui sembloit parler à une autre personne ; il écouta, & il entendit qu'elle disoit ces mots :

» Non, ma chere Fatime, disoit-el-
» le, son cœur & le mien ne sont point
» faits l'un pour l'autre ; sa tendresse
» est d'une espece trop commune ;
» il m'aime beaucoup, j'en conviens ;
» mais sa maniere d'aimer ne me satis-
» fait pas : Je ne veux point un amour
» ordinaire, celui que je ressentirois
» pour un homme qui me toucheroit,
» seroit & trop noble & trop tendre,
» & demanderoit dans un Amant une
» ame qui répondît à la dignité de la
» mienne. Ajoûtes à cela que l'avan-
» ture qui nous a fait connoître l'un
» & l'autre n'a rien d'assez singulier :
» Des cœurs que le Ciel destine l'un
» pour l'autre, ne sont touchés que
» par un hazard surprenant ; on est
» émû en se voïant, je n'ai point
» senti cette émotion qui doit prece-

der une belle passion, ainsi, Fatime »
cesse de me parler pour lui, il n'est »
pas en mon pouvoir de l'aimer. »

Le son de la voix de la personne qui parloit, ses paroles approchantes de celles que doit prononcer une Heroïne de Roman, la rencontre qu'il en faisoit dans une forêt, tout cela mit notre jeune homme dans une agitation qui lui annonçoit, qu'enfin il ne seroit plus indifferent; il avança du côté d'où venoit la voix, le bruit qu'il fit en marchant, obligea la belle qui parloit à se retirer, il la vit, qui soûtenuë d'une femme de chambre marchoit d'un pas précipité; il s'avança respectueusement vers elle, & lui dit, en imitant le Chevalier dont il s'étoit ressouvenu : Ah Madame, où fuïez vous ? arrêtez un moment, & laissez moi joüir de l'agréable surprise de rencontrer ici une aussi belle personne que vous. N'imputez point ce que j'ose vous dire à un manque de respect; le Ciel m'est témoin que le mien en ce moment est infini pour vous; mais,

Madame, je ne suis point le maître du mouvement qui me fait parler, je ne l'ai point été de celui qui m'a porté vers vous ; je vous vois, je n'ose vous exprimer l'embarras où je me trouve, je ne sçai s'il doit vous offenser ; mais je sçai bien que jusqu'ici je ne l'ai jamais connu.

Il prononça ces mots d'une maniere impétueuse, il n'osoit lever les yeux sur celle à qui il venoit de marquer tant d'empressement, il demeuroit interdit en attendant sa réponse, qu'elle fit en ces termes.

Chevalier, j'impute à notre rencontre inopinée, l'audace que vous me témoignez, & si quelque chose peut me venger de votre hardiesse, c'est la consolation de n'être encore qu'un instant en danger de vous voir oublier le respect que l'on doit à mes pareilles. Ah ! Madame, répondit le jeune homme à qui le plaisir de s'entendre nommer Chevalier, avoit pensé couper la parole, pourquoi-faut-il que vous m'accusiez de manquer de respect ? Pardonnez-moi, si j'ose vous dire que je souhaiterois de tout mon sang, pouvoir vous ôter une opinion, que dans toute autre que vous, j'appellerois injuste; vous avez raison de dire que vous serez assez vengée, puisque je ne vous reverrai plus; mais vous ne sçavez pas jusqu'où va cette vengeance; le chagrin de vous laisser offensée, la perte que je ferai de vous... Arrêtez, dit la belle, prouvez-moi en cessant ce discours que vous ne voudriez point m'irriter; & puisque vous me témoignez avec tant d'ardeur le chagrin que vous avez de l'avoir fait, sçachez-moi bon gré de vous empêcher d'en dire davantage.

En disant ces mots elle se retira; le Chevalier navré d'amour, poussé d'un mouvement plus fort que le premier, ou plûtôt animé par une ferveur de Novice, s'avança encore, se jetta aux genoux de la belle, & la pria en baisant avec appétit le bas de sa robe, de ne point partir sans avoir la bonté de l'assurer qu'elle oublioit son crime. Je tremble, lui dit-il, que chaque mot que je prononcerai ne soit un crime encore ; mais, Madame, il faudra que je meure, si vous me laissez croire que vous êtes irritée, daignez, par un mot, délivrer un malheureux du trouble éternel où vous le plongez, si vous vous obstinez à vous taire.

Ce discours & son air émû, inspirerent à la belle fugitive une tendre compassion ; une rougeur dont elle ne put se défendre, recéla une partie de ce qu'elle voulut cacher ; alors elle jetta sur le Chevalier un regard qui le rassura : Allez, Chevalier, dit-elle, d'une voix qui n'étoit plus irritée, je veux bien oublier votre hardiesse en faveur d'un repentir qui me paroît sincere ; vivez, je n'ai plus de colere & je n'en veux plus avoir.

Dieux ! y eut-'il jamais un sort plus charmant que celui de notre nouveau Chevalier. La douceur avec laquelle venoit de lui parler la belle, le remplissoit d'une joïe qui ressembloit à l'extase : il fut long-temps sans répondre ; enfin, après avoir encore une fois baisé sa robe: je vivrai, Madame, puisque vous me le permettez, dit-il; mais je ne vivrai que pour me ressouvenir de vos bontés, si cependant ce ressouvenir me fait désormais respecter mes jours, pourrai-je les conserver long-tems, puisque je vous perds?

Chevalier, lui dit la belle, je me retire; bien-tôt vous ne meriteriez plus la grace que je vous ai faite, & je serois fâchée de la retirer. Elle le quitta là-dessus. Notre jeune homme n'osa plus la suivre, il resta éperdu dans la posture où il étoit, il la perdit enfin de vûë, les arbres la lui déroberent. Je vous perds! s'écrioit-il, que vais-je devenir? Faut-il que le jour heureux où j'ai vû tant de beautés, commence en même temps pour moi un malheur peut être éternel? Il se leva après ces plaintes, il délia la bride de son cheval qui étoit attachée à un arbre & remonta pour suivre le chemin qu'il avoit vû prendre à la belle inconnuë.

A peine eut-il fait cent pas, qu'il rencontra son Oncle, qui revenoit avec toute la bande des Chasseurs; le tumulte & l'embarras ne convenoient guére à un homme aussi agité qu'il l'étoit, il voulut se détourner; mais son Oncle l'avoit apperçû, il l'appella, & remarquant qu'il avoit l'air pensif, il lui demanda ce qui le rendoit si rêveur ? La solitude & le silence où j'ai demeuré depuis que je vous ai perdu, répondit ce neveu, contribuënt sans doute à me donner l'air que vous me voyez; car il n'eut garde d'apprendre à son Oncle l'avanture qui lui étoit arrivée, le mystere la rendoit encore plus touchante; son Oncle lui fit un récit de ce qui s'étoit passé pendant la Chasse, & ils arriverent insensiblement au Château en discourant ainsi tous deux. Quelques Gentilshommes voisins qui avoient été de la partie, souperent le soir chez l'Oncle; on y but, on y mangea considerablement; mais le neveu ne fit presque ni l'un ni l'autre, il sçavoit

voit trop bien son Roman pour manquer à cette particularité ; la rêverie & l'inquiétude furent pendant le repas ses mets les plus délicieux : Son Oncle fit ce qu'il put pour le tirer de sa tristesse, il ne put lui faire partager la joïe bachique qui animoit tous les conviés, on le soupçonna d'être amoureux : Pour le coup, disoit le vieux Oncle, tu aimes, mon cher neveu, où je ne m'y connois pas ; & je me doute que pendant que nous avons été éloignés de toi, il faut absolument que tu ayes fait quelque découverte nouvelle qui t'a coûté ton cœur. A ce mot de découverte, notre homme laissa aller un soupir, & leva les yeux au Ciel : les conviés réjoüis lui firent la guerre, & lui presenterent chacun un verre de vin, pour noïer, disoient-ils, cet amour qui n'étoit point encore assez grand pour se sauver du déluge de la liqueur ; mais tout cela ne l'excita pas davantage, il sçavoit qu'il falloit rêver, c'étoit l'ordre & la maxime des Amans Romanesques, il auroit

B

mieux aimé ne boire de fa vie, que d'enfreindre des loix qu'il regardoit comme inviolables à tous ceux qui vouloient aimer noblement. Le repas fini, les Gentilshommes voifins fe retirerent, & notre jeune homme s'enferma de fon côté dans fa chambre. Jufqu'ici les reflexions qu'il avoit faites étoient vagues, & n'avoient point eû d'objet: Quel charme pour lui que de pouvoir à prefent trouver dans fa propre fituation, matiere à ces grandes idées, qu'il avoit fi long tems emprunté des autres!

On peut aifément s'imaginer qu'il parla tout feul, qu'il fe lamenta, qu'il fe promena en defefperé, & qu'étant à même du plaifir d'être amoureux comme un Heros, il n'épargna ni tons ni foûpirs; pendant la nuit il fit quelque tréve à fes maux, pour penfer aux moïens de fçavoir quelle étoit la Divinité qu'il adoroit; déja, pour la récompenfer du titre de Chevalier dont elle l'avoit honoré, il l'avoit plus de cent fois dans fes plaintes, qualifiée de

Princesse; l'impatience de la revoir & de sçavoir où étoit le Château superbe où elle faisoit sa demeure, lui fit prendre la résolution de sortir & de monter à cheval dès qu'il feroit jour. Un jeune homme qui avoit été élevé dans la maison de l'Oncle, à peu près de l'âge de notre Chevalier, devoit l'accompagner & lui servir d'Ecuyer. Ce jeune homme étoit fort aimé du Chevalier, la conformité d'humeur & de caractere l'avoit engagé à lui confier tous ses sentimens; c'étoit avec lui qu'il faisoit ses lectures, & le cerveau de l'Ecuyer n'étoit pas moins disposé à se tourner que celui du Chevalier.

Dès que le jour parut, il se leve, s'habille & va éveiller son Ecuyer, lui ouvre son cœur, & l'instruit de sa résolution; l'Ecuyer charmé de pouvoir assister à une recherche aussi curieuse, qui peut-être seroit suivie d'une entrevûë charmante; se leve & s'habille aussi, en promettant qu'il s'acquitteroit du devoir d'Ecuyer avec autant d'honneur, que mille autres Ecuyers de Roman qu'il nomma, & dont il rappelloit l'histoire en s'habillant ; quand il fut prêt, nos deux Avanturiers partent, le Chevalier marche devant. Quelque chicaneur me dira sans doute que ce jeune Gentilhomme nepouvoit se persuader qu'il étoit Chevalier, puisqu'il n'en avoit pas l'armure ; mais je réponds à cela, que sa folie n'avoit point encore été jusqu'à vouloir en tout ressembler aux Heros de ses livres ; il n'en aimoit que cette espece de tendresse, avec laquelle ils faisoient l'amour ; leurs avantures lui faisoient plaisir, je parle de celles, où les jettoit, & la rigueur de leurs maîtresses ou la perte qu'ils en faisoient. Voilà celles qu'il souhaitoit d'éprouver, n'ayant point encore poussé l'extravagance jusqu'à s'imaginer qu'ils pourfendoient de véritables géans, & qu'ils combattoient contre des enchanteurs : Les Romans lui avoient laissé une impression qui lui donnoit du goût pour l'amour heroïque, & qui même lui eût fait mépriser le danger le plus évident ; en un mot, sa folie étoit un composé de valeur outrée & d'amour ridicule, voilà tout. Pour ce qui est du titre de Chevalier, il lui suffisoit d'être né Gentilhomme pour que son imagination fût trompée & satisfaite.

Revenons à la marche de nos Avanturiers, qu'une digression assez inutile m'avoir fait quitter.

Le Chevalier étoit devant, ayant son chapeau enfoncé sur les yeux; il se livroit à souhait à ses pensées amoureuses; quelques soupirs seulement interrompoient le profond silence que sa tristesse & son inquiétude lui faisoient garder. L'Ecuyer, digne suivant d'un tel maître, marchoit après lui sans rien dire, & se délectoit lui-même du rolle subalterne qu'il joüoit dans cette noble avanture : trois heures entieres se passent sans que rien fournisse occasion de parler; ils entrerent dans le même bois où s'étoit fait, le jour précedent, l'agréable rencontre de nos amans. La vûë de ces lieux redoubla l'inquiétude

& les soupirs du Chevalier; il arrêta son cheval pour regarder avec plus d'amour l'endroit où il avoit parlé à cette belle personne; ses yeux sur tout se fixoient sur l'endroit où el'e lui avoit pardonné son crime, il appella son Ecuyer qui l'examinoit avec admiration, & qui peut-être dans l'interieur, se trouvoit heureux d'appartenir à un homme qui faisoit si noblement son personnage; cet Ecuyer approche: Vois-tu ce détour, ce chemin coupé, lui dit-il, mon chere Cliton, ce nom lui coula comme de source, & c'étoit un nom d'Ecuyer de Roman, qu'en badinant il lui avoit donné depuis long tems; c'est là, lui disoit il, où, à genoux à ses pieds, j'ai vû sa belle bouche me prononcer ces mots: *Vivez, j'oublie ma colere.* L'Ecuyer à ces tendres mots, ouvroit de grands yeux; & semblable, si vous voulez à ses chiens de Chasse, que le sentiment rend ardens à trouver le gibier, il consideroit ces lieux avec une attention qui le rendoit impatient de voir l'objet dont on lui rapportoit les paroles.

Après avoir donné quelques momens, l'un à ses regrets & l'autre à sa curiosité, ils poursuivoient leur chemin, quand ils virent tout d'un coup, un Cavalier accompagné d'un valet, & qui couroit le grand galop; ce Cavalier leur parut de bonne mine. Notre Chevalier, que j'appellerai dans la suite Pharsamon, suivit de loin ce Cavalier, par je ne sçai quelle envie de sçavoir ce qu'il devenoit: après une demie-heure de course de part & d'autre, Pharsamon vit de loin un grand Château, où son Oncle ne l'avoit jamais conduit; le Cavalier qu'il suivoit mit pied à terre à la porte du Château, & y entra; la jeunesse du Cavalier, son air, le peu de distance qu'il y avoit de ce Château au lieu où il avoit rencontré la belle inconnuë, tout cela lui persuada que sa maîtresse faisoit là sa demeure, & que ce Cavalier si bien fait ne pouvoit être qu'un amant qui la venoit voir. Il s'imprima si forrement cette idée dans l'esprit, que se tournant vers son Ecuyer, il lui dit: Cliton, je suis l'amant le plus malheureux qu'il y ait sur la terre; ce n'est point assez d'avoir à combattre les rigueurs de celle que j'aime, j'ai un rival, Cliton, ou plûtôt j'en ai deux, si j'en crois ce que j'ai entendu hier: Mais de ces deux rivaux, l'un est sans doute aimé, & mon cœur me prédit que c'est celui qui vient d'entrer dans ce Château. Pour des rivaux lui dit Cliton, il est avantageux pour vous que vous en ayiez; vous en aurez plus de gloire à vaincre; mais pourquoi vous persuader qu'il en est un qui est aimé? Non, Seigneur, perdez cette inquiétude, je n'y vois point d'apparence, & la maniere dont vous a parlé, cette incomparable, personne n'anonce rien de ce que vous craignez; elle ne vous auroit point dit de vivre, si elle n'avoit pas envie que vous vécussiez pour elle.

 Cependant la matinée étoit presque déja passée, Pharsamon malgré

gré la violence de son amour & de sa jalousie, se sentit si fatigué, qu'il descendit de Cheval pour se reposer quelques momens; il n'y avoit que cent pas pour aller au Château, de l'endroit où il s'arrêta : il vit par hazard, en descendant de Cheval, une petite porte d'un jardin ouverte : ce jardin étoit du Château, & cette porte étoit ouverte alors, ou par cas fortuit, ou par la négligence du Jardinier, dont la Chaumiere étoit près de là. L'envie de se mettre à l'ombre; car le Soleil étoit très-chaud, fit entrer Pharsamon dans ce jardin. D'abord une grande allée touffuë se presenta à ses yeux, il s'y promena; cette allée avoit plusieurs avenuës, & jettant sa vûë de tous côtés, il apperçut au bout d'une autre petite allée qui aboutissoit à celle où il se promenoit, une jeune Demoiselle dans un négligé charmant; elle étoit assise sur un gazon, tenant un livre, & paroissant rêver très-profondement : la posture où elle étoit, empêchoit que Pharsamon ne pût voir son visage ; mais ce qu'il en vit ne

C

laissa pas de le charmer; elle appuïoit sa tête sur une de ses mains, & laissoit tomber l'autre bras nonchalamment sur elle; ce bras, cette main, lui parurent admirables, aussi étoient-ils l'un & l'autre fort blancs. Il se sentit émû, & regardant cette émotion comme une infidelité qu'il faisoit à sa belle inconnuë, il en rougit, s'en fit des reproches; & malgré ce dépit contre lui-même; il jugea bien que plus il avanceroit, plus il deviendroit criminel. La posture de celle qu'il voïoit, une taille que marquoit la finesse & la bonne façon de ses habits; tout le mettoit en danger d'être volage, & il alloit rebrousser chemin, quand cette belle personne changea de posture, & fit voir à Pharsamon, en se remuant, ce même visage, ces mêmes traits qui l'avoient tant charmé, & qu'il cherchoit à revoir. Elle voulut d'abord se retirer; mais il étoit accouru si vîte, qu'il eut le tems de l'arrêter, & de se précipiter à ses genoux. Je vois bien, lui dit-il, que ma rencontre dans ce Jardin, vous paroît un nouveau crime ; mais, Madame, le hazard a tout commis, ne m'ôtez point le bonheur qu'il me procure ; je le cherchois il est vrai, & je ne m'attendois pas de le trouver ici : en même tems il lui expliqua de quelle maniere il étoit entré dans ce Jardin ; il lui parla de ses inquiétudes, du plaisir qu'il avoit eu à la voir de loin sans la reconnoître, des reproches qu'il s'étoit fait de ce plaisir ; enfin il lui conta ses tendres peines, en attestant le Ciel de la nécessité où il étoit de l'aimer jusqu'au dernier soupir, & n'exigea d'elle, que la compassion qu'on accorde aux amans les plus malheureux : il avoüa qu'il n'osoit esperer de retour, & qu'il ne pouvoit envisager un si grand bonheur, sans presque mourir de joïe, il la pria d'agréer seulement qu'il portât ses chaînes, & continua de parler longtems avec une impétuosité de discours, que la belle écoutoit avec une attention qui ne lui en laissoit pas perdre un mot. Enfin, il cessa

C ij

de parler pour en avoir trop dit ; mais il témoignoit par l'action la plus soûmise, qu'il se taisoit bien moins par un épuisement de tendresse, que par un épuisement de forces.

La belle qui avoit donné toute son attention au discours qu'il venoit de débiter, charmée du tour de son esprit, & plus encore de ses sentimens, fut quelques momens irrésoluë ; elle ne sçavoit que répondre ; elle avoit aimé Pharsamon, dès le premier instant qu'elle l'avoit vû ; elle étoit tentée de céder à son amour ; la fierté la retenoit, il falloit prendre son parti & sur le champ ; voilà ce qu'elle put tirer de ses irrésolutions : Je vous avouë Chevalier, lui dit cette belle, que votre vûë m'a surprise, j'ai crû d'abord qu'un amour peu respectueux vous avoit conduit ici, & que vous sçaviez que j'y étois, vous m'assûrez que vous ne vous y trouvez que par hazard, & je suis bien aise de vous voir en cela moins coupable ; la maniere dont je vous parlai hier, vous devoit convaincre qu'il étoit inutile de conserver des sentimens qui m'offensoient ; la violence de votre amour l'a emporté sur ce que je vous ai dit, vous continuez de m'aimer, je n'en puis douter par tous vos transports, ma fierté exige que je vous condamne à ne me voir de votre vie, je sçai à quoi m'engagent & l'honneur & le devoir : mais, Chevalier, je vous plains & vous êtes véritablement à plaindre ; le respect a combattu pour moi dans votre cœur, ce respect calme ma colere, & m'inspire, pour vous, des sentimens plus doux ; mais n'esperez point que si je ne vous éloigne pas de moi pour jamais, j'en sois plus favorable à votre passion ; je veux seulement essaïer si la douceur avec laquelle je vous traite, fera plus d'effet sur vous, que n'en fit hier mon courroux. Ah ! Madame, s'écria Pharsamon, est-il en votre pouvoir d'éteindre une flâme que vos yeux ont une fois allumée ; & quand on vous aime, peut-on perdre son amour, à cause du peu d'esperance qu'on a d'être jamais aimé ? Non, non, Madame, ma passion, malgré moi, m'emporte ; elle ne peut finir qu'avec ma vie, disposez comme vous voudrez de mon sort ; mais ne me mettez plus dans l'impuissance de vous obéir, en m'ordonnant de ne plus vous aimer. Voilà ce qu'on peut appeller une imitation de haut stile. La jeune Dame qui s'y connoissoit mieux que personne, se sentoit en elle-même bien chatoüillée du plaisir d'avoir fait naître une si belle passion ; elle n'avoit jamais vû d'homme si dangereux pour elle, il lui sembloit voir en Pharsamon quelqu'un de ces anciens Paladins, qui touché de ses appas, avoit trouvé le secret de revenir de l'autre monde pour brûler encore du feu de ses beaux yeux. Ses regards n'annonçoient rien de fatal à Pharsamon. Et comme il étoit à genoux ; quittez, lui dit-elle, une posture où je rougis de vous voir, j'ignore encore ce que le Ciel veut que je reserve à votre amour ; mais puisqu'il est inutile de vous défendre d'aimer, je ne m'y opposerai plus, je ne vous dirai pas que mon intention soit de répondre à votre amour : non, Chevalier ; cependant je devrois vous fuïr & je vous écoute : ne m'en demandez pas davantage, & cessons un entretien qui n'a que trop duré. Hé bien, Madame, répliqua Pharsamon, je ne vous importunerai plus du récit d'un amour que vous haïssez ; mais en me condamnant au silence, finissez Madame, une inquiétude affreuse ; les Dieux n'ont point fait d'objet plus aimable que vous, & je trouverai des rivaux dans tous les lieux où l'on verra vos charmes ; mais, hélas ! Que je crains d'en trouver de.... N'achevez pas, dit la belle, & ne mettez point au jour des soupçons qui m'outragent ; croïez que si mon cœur étoit sensible, il ne l'auroit été que depuis... Elle n'acheva pas elle-même ; elle baissa les yeux, elle avoit voulu dire depuis hier. Les interruptions de discours sont semées dans les beaux livres, & la belle sçut, dans cette occasion, faire usage de ses lectures.

Pharsamon, comme Chevalier

instruit & circonspect, feignit de n'avoir pas entendu ce qu'elle vouloit dire ; il poursuivit son discours & fit un récit de l'avanture qui l'avoit si fort inquiétée ; il lui peignit, trait pour trait, le Cavalier qu'il avoit suivi, & la mit si bien au fait, qu'elle lui avoüa non-seulement qu'elle connoissoit celui qui avoit fait naître ses soupçons, mais qu'elle en étoit aimée; je n'ai pas crû, poursuivit-elle, devoir vous en faire un mystere, que je devrois vous cacher, c'est que je ne suis venuë dans ce Jardin, que pour ne le point voir, sçachant bien qu'il viendroit me rendre visite. Ah ! Dieu, s'écria Pharsamon, quel calme n'apportez-vous pas à mon cœur, belle Princesse ! Car enfin, vous meritez de l'être, & je n'ose m'imaginer que vous ne le soïiez pas, puisque, parmi tous ceux qui vous adorent, nul n'a touché votre cœur. Laissez-moi le triste & doux plaisir de vous aimer & de vous le dire ; donnez-moi la liberté de vous voir, pour considérer dans vos yeux cette compassion que vous avoüez que je merite. En disant ces mots, Pharsamon s'étoit remis à genoux: Mais quel fut son étonnement quand il vit approcher le même Cavalier qu'il avoit suivi jusqu'au Château. La Princesse de nouvelle édition, n'eut pas la force, en ce moment, de se servir ni de son autorité, ni de cette tranquillité que les grandes ames conservent dans les plus fâcheuses situations.

Dans cet accident inopiné, elle changea de couleur & demeura muette; le Cavalier, en l'abordant, donna toutes les marques d'un homme au desespoir: Quoi! Madame, lui dit-il, je vois un homme à vos genoux! Vous êtes seule avec lui dans un Jardin, pendant que vous me renvoïez, & qu'on m'assure que vous n'êtes pas ici. O Dieux! Madame, est-ce là cette grandeur, cette noblesse de cœur chimerique, dont vous vous parez? Elle se termine donc à sçavoir me tromper, ingratte? A ces reproches, Pharsamon que la surprise avoit empêché de parler jusqu'ici, ne put se contenir : Seigneur, lui dit-il, ou qui que vous soïez, sçachez que vos reproches sont injurieux ; vous m'avez trouvé aux genoux de cette belle personne, il est vrai, mais le hazard seul m'a conduit ici ; elle n'eut jamais dessein de m'y voir, & quand elle auroit voulu m'y entretenir ; vous devriez en gémir & non pas vous en plaindre avec hardiesse. A mon égard, peu m'importe que vous me soupçonniez d'amour ou non ; & pour vous épargner même une inquiétude inutile, je vous avertis que je l'aime ; ouï, Seigneur, je suis votre rival, & le serai de tous ceux qui auront mes sentimens. Vous voïez, dit le Cavalier, sans répondre aux paroles de Pharsamon & adressant le discours à sa Maîtresse, vous voïez, Madame, ce que la certitude d'être aimé inspire d'audace à cet homme ? Impudent, s'écria Pharsamon, entendant ces paroles ; ou cesse de parler, ou porte ailleurs & ta fureur & ton insolence : rends graces à celle que tu outrages & que je respecte, si mon bras ne t'a pas encore puni. Toi, me punir, dit le Cavalier? Hé bien, je vais te contraindre à franchir un respect que je ne suis pas obligé de garder aussi religieusement que toi. En prononçant ces mots, il met l'épée à la main & s'avance pour percer Pharsamon, qui venoit de remarquer dans les regards de sa Princesse, que le danger où il se trouve l'épouvantoit; de sorte qu'animé de l'interêt qu'il la voïoit prendre à ses jours, il se met en défense, mais avec une intrepidité proportionnée à la grandeur de sa passion. La Princesse les voyant aux mains, tremblante pour les jours de Pharsamon, ou peut-être saisie d'une fraïeur naturelle aux femmes, fit un cri en regardant cet amant, & n'eut que le tems de s'asseoir sur un siége de gazon, & de s'y évanoüir. Nos champions se battoient vigoureusement; cependant, malgré la fureur qu'inspire la vengeance, le Cavalier sentoit bien que Pharsamon avoit une adresse ou une force superieure à la sienne. Que n'avoit-il lû comme lui l'histoire des fameux Paladins, le combat en eût été bien plus beau, bien plus opiniâtre, & bien plus digne du grand cœur de Pharsamon ! Ils étoient tous deux blessés, mais Pharsamon outré qu'un ennemi qu'il avoit vû outrager sa Princesse, l'arrêtât par tant de résistance, s'élança à tout hazard sur son épée, lui saisit le bras; & lui mettant la pointe de la sienne sur la gorge, le contraignit à rendre les armes, en lui faisant promettre qu'il reviendroit les rapporter aux pieds de celle qu'il avoit outragée, & qu'il la prieroit de souscrire à la grace qu'il lui faisoit de ne pas lui ôter la vie.

Le malheureux vaincu, promit & executa tout ce que Pharsamon voulut; le sang lui ruisseloit en deux ou trois endroits aussi-bien qu'à Pharsamon : il se retira honteux & confus, traversa tout le Jardin, & remonta à cheval, méditant une prompte vengeance.

Pharsamon resta auprès de la Princesse; il étoit au désespoir que l'évanoüissement où elle se trouvoit lui dérobât le plaisir de se montrer à ses yeux, sanglant & blessé comme il étoit; il crioit à perte de voix: Vous êtes vengée, Madame, le sang de votre ennemi coule en punition de tout ce qu'il vous a dit d'injurieux. A sa voix la belle évanoüie entr'ouvrit les yeux & fit un soupir. Pharsamon, dans le moment, tenoit une de ses belles mains, la baisoit & se pâmoit d'aise. La Princesse vouloit retirer sa main, la force lui manquoit: N'abusez pas, lui dit-elle d'une voix foible, de l'état où je suis. Pharsamon, là-dessus, préparoit un torrent de tendres sentimens, quand il vit des domestiques qui ayant vû que le Cavalier s'en retournoit blessé, venoient sçavoir ce qui s'étoit passé; ces domestiques étoient suivis de Fatime, femme de Chambre de la Princesse.

Cidalise commençoit à revenir entierement, quand elle apperçut sa femme de Chambre; elle lui tendit le bras, & lui témoigna par cette action, qu'elle souhaitoit qu'on la remenât dans sa chambre.

Cependant, Pharsamon qui étoit blessé perdoit du sang considérablement; déja même, à son tour, il s'affoiblissoit : son Ecuyer, le pauvre Cliton, l'avoit toûjours attendu à la petite porte du Jardin : à la fin, il s'impatienta de ne point voir venir Pharsamon ; il étoit tard, le plaisir de partir le matin pour aller en avanture, ne leur avoit pas donné le loisir de se précautionner contre la faim, en cas que leur course fût de trop longue haleine ; notre apprentif Ecuyer jugeoit mieux de l'heure qu'il étoit par son appétit, que par le Soleil : il entra dans le Jardin pour chercher Pharsamon, croïant peut-être que sa lassitude & l'ombre l'auroient invité au sommeil ; il s'avança dans la même allée où Pharsamon s'étoit d'abord promené ; & regardant de toutes parts, il vit Cidalise assise dans la posture d'une femme qui se trouve mal ; la beauté de cette Personne ne lui laissa point douter, que ce ne fût-là l'objet charmant dont Pharsamon étoit amoureux; il vit aussi les domestiques empressés autour d'elle, & la femme de Chambre qui la prenoit par-dessous les bras pour l'emmener; il vit enfin Pharsamon sanglant, tenant en main son épée nuë.

Ce jeune Ecuyer étoit un bon domestique, il aimoit véritablement son maître : il s'avança vers cette troupe qui lui sembloit en si mauvais ordre. Son maître le voïant fit briller son épée, la manioit encore avec fierté, & sentoit un secret plaisir de ce que son Ecuyer le trouvoit dans une situation qui devoit lui faire imaginer qu'il s'agissoit de quelque avanture considérable. Eh! grands Dieux! que veut dire tout ceci, dit-il en l'abordant; vous voilà plein de sang; je vois une Dame presque évanoüie: Qui vous a donc si bien ajusté, Seigneur? Et que dira votre Oncle, quand il vous verra revenir en pareil équipage? J'avois beau vous attendre à la porte du Jardin, avec l'impatience d'un homme qui n'a bû ni mangé d'aujourd'hui; vous étiez, à ce que je vois, dans de belles affaires, pendant que je vous attendois. Eh! Que ne m'avez-vous appellé à votre secours. Maudite soit cette belle matinée où nous sommes partis si joyeux.

Tai-toi, dit Pharsamon, entendant parler de secours & de malediction, je n'ai eû besoin de personne, & tu me fais outrage. Ho, ho, répondit l'Ecuyer, qui voïoit son zéle si mal payé! Parbleu je vous conseille de me donner de votre épée dans le ventre, parce que je jure contre le malheur qui vous est arrivé. Vous devenez déja bien fier pour avoir fait une demi journée de course. Allons, allons, Seigneur, Remontez promptement à cheval, nous trouverons peut-être quelque Chirurgien dans le Village voisin, qui mettra un appareil à vos blessures; votre Oncle nous attend, sans doute, & le bon-homme nous régalera d'une belle scéne quand nous serons arrivés.

Pendant que l'Ecuyer tenoit ces discours, on emportoit la Princesse. Pharsamon

Pharsamon n'en pouvoit plus, il voulut marcher pour la suivre ; mais il avoit tant perdu de sang, qu'au premier pas qu'il fit, il tomba. La Princesse vit cette chûte, elle poussa un soupir, qui pouvoit passer pour un cri : Elle n'étoit pas encore stilée à soupirer en Héroïne ; c'étoit-là sa plus considérable Avanture ; elle outroit un peu son rolle. L'Ecuyer qui vit son maître à terre, ne parut pas non plus en cette occasion un Ecuyer d'experience ; il s'avança, en faisant des hurlemens affreux, se lamentant sur le chagrin qu'alloit avoir l'Oncle, en apprenant l'état où étoit son Neveu. Les cris de l'Ecuyer, la chûte du Maître interesserent les Domestiques ; la Princesse, d'une voix comme expirante, leur dit, secourez ce Chevalier, qu'on le mette au lit, & qu'on cherche des Chirurgiens. O Dieux ! s'écria-t'elle, malheureux Chevalier, c'est moi qui termine aujourd'hui ta vie. Cette pensée redoubla son mal ; elle s'évanoüit encore entre les bras de ceux qui la soûtenoient. Que d'évanoüiſſemens, dira quelqu'un! Un ſeul auroit ſuffi: il eſt vrai, le premier étoit naturel, & le ſecond n'étoit que par forme: C'étoit un de ces évanoüiſſemens de commande, qui ſembloit néceſſaire à Cidaliſe pour revêtir ſon Avanture de toutes les formalités requiſes; elle aimoit mieux pêcher par le trop que par le trop peu. Les coups deſſai ſont rarement des coups de Maîtres; & ſouvent on fait mal parce qu'on veut trop bien faire. Bref, une partie des Domeſtiques enleverent Pharſamon; l'un, par une jambe; l'autre par un bras; l'autre par la tête. L'Ecuyer, pleurant comme un veau, ſuivoit ce lamentable cortége, que commençoient ceux qui emportoient Cidaliſe: La marche étoit accompagnée d'une triſteſſe, qui avoit quelque choſe de funeſte: Ils monterent l'eſcalier du Château avec bien de la peine. Pharſamon fut un peu baloté; mais enfin, il fut porté à bon port juſques dans une chambre; on le deshabilla ſans qu'il remuât & qu'il donnât aucun ſigne de vie, on le coucha après. Quelqu'un de la bande s'étoit déja détaché pour aller chercher un Chirurgien.

Cependant l'Ecuyer qui avoit eu toute la matinée le Soleil sur la tête, & qui avoit long-tems jeûné, s'étoit assis dans un Fauteüil, ou soit par l'épouvante où l'avoit jetté la triste chûte de son Maître, ou soit par inanition, il sentit que le cœur lui manquoit, & demanda un verre de vin; mais l'embarras où tout le monde étoit, empêcha qu'on ne fist attention au besoin qu'il avoit d'un confortatif; & bien-tôt, à son tour, le voilà qui s'affoiblit, qui pâlit & qui va mourir; on eût dit qu'il y avoit ce jour-là un sort jetté sur ces malheureux Avanturiers. Ceux qui étoient dans la Chambre, qui ignoroient combien l'estomac de l'Ecuyer étoit vuide, ne sçavoient que penser de tant d'accidens; on étoit si surpris, que chacun s'attendoit à se trouver mal. Eh, mon Dieu! disoit l'un, cela ne finira jamais, nous allons tous nous évanoüir à notre tour; cette crainte en fit déserter plus de la moitié, de peur de la contagion. De son côté, Cidalise s'étoit mise au lit, & envoyoit à tous momens demander des nouvelles de la santé de Pharsamon. Sur ces entrefaites le Chirurgien vint, c'étoit une espèce d'honnête homme, demi Paysan & demi Bourgeois, qui sçavoit assez passablement son métier de Barbier; mais dont la main étoit un peu grossiere, & qui manioit ses outils sourdement. Il approcha du malade & visita ses blessures avec un silence qui sembloit pronostiquer la mort; enfin il parla & dit: Vraiment il est bien malade; mais nous y mettrons bon ordre, quoique j'habite au Village, ce n'est pas à dire pour cela que je n'en sçache autant qu'un Chirurgien de ville. Là, là, Monsieur, soyez tranquille, dans six semaines, tout au plus, il n'y paroitra pas. Dans six semaines! s'écrierent les gens de la maison. Nous voilà, ma foi, en belle posture, voici pour nous un joli surcroît de peine. N'y auroit-il pas moyen, répondit le Malade, qui avoit repris ses esprits, de me tirer d'affaire plûtôt, Monsieur ? Ho dame, repartit notre Barbier, cela ne va pas aussi vîte que la poste, & cela n'est pas aussi aisé à guérir, que cela est aisé à faire ; reposez-vous, ne vous impatientez pas ; il faut du tems ce qu'il en faut, & j'en sçai la mesure comme celle de mes palettes; en disant ces mots, il essuyoit les blessures, les sondoit, & tout cela de maniere que Pharsamon faisoit à tout moment des cris perçans. L'Ecuyer eût de bonne grace, fait avec lui la contre-partie ; s'il eût été en état de cela : Les autres, de tems en tems, levoient les épaules en signe de compassion. A la fin le Chirurgien acheva, on recoucha Pharsamon : après quoy, on se tourna du côté de l'Ecuyer, qui ne revenoit point de sa foiblesse, & sur le visage duquel on avoit déja versé près d'un sçeau d'eau fraîche ; tous ses habits en degoutoient, mais cette abondante aspersion n'avoit rien produit. Le Chirurgien lui mit la main sur le front, lui tâta le pous; & ne lui voyant presque pas de mouvement, dit d'un grand sérieux; ce garçon-là se trouve mal. Il y a un quart d'heure que nous en disons autant, répondirent les Domestiques. Qu'on apporte un peu de Vin, repliqua le Barbier, rien n'est plus souverain pour rendre la parole. Aussi-tôt on va tirer du vin, on en apporte plein une grande bouteille; on ouvre la bouche du malade, & on lui fait couler, à longs flots, de ce jus dans le gozier; le vin fit tout d'un coup son effet, le pauvre Ecuyer remua, toussa: Encore, encore, disoit le Barbier, & de rechef, à ces mots, on lui en redonne une écuellée; on lui en versa tant, qu'à la fin l'Ecuyer ouvrit les yeux, apperçut la bouteille de nectar, & la prenant des mains de celui qui la tenoit, il en met le goulot dans sa bouche, & sans aide de personne, haussa si long-tems le coude, qu'il vuida la bouteille: Me voilà mieux, dit-il après; sans mentir, j'avois besoin de cette réparation : si je me trouve mal à present ce ne sera pas par foiblesse. Les Domestiques & le Barbier demeurerent émerveillés d'avoir vû ce jeune homme reprendre si subitement ses forces. Par la jarni, dit l'un de la compagnie, s'il falloit autant de vin à tous ceux qui se trouvent mal pour les faire revenir, il n'y en auroit pas après vendange pour une demi année seulement ; votre corps est d'un terrible entretien, l'ami. Ma foi, dit l'Ecuyer, sans vous amuser à philosopher sur ma boisson, apportez-moi quelque chose à manger ; vous n'auriez pas envie de tant jazer si vous n'aviez pas le ventre plus plein que moi. Oüi da, répondit quelqu'un, c'est bien assez bû pour manger un morceau : Mais si vous avez autant d'appétit que vous avez de soif, nous n'avons ma foi qu'à embrocher tous les Dindons de la basse-cour. Une Servante ne laissa pas de descendre dans la Cuisine, & de dire à l'Ecuyer : Là là suivez-moi, vous devez avoir de bonnes jambes à présent. Oh ! de bon cœur, dit l'Écuyer, qui se leva aussitôt & la suivit. On peut s'imaginer qu'il fit son devoir au buffet, & qu'il ne démentit point, en mangeant, la noble vigueur avec laquelle il avoit bû.

Tout le monde sortit de la chambre de Pharsamon : Ses blessures, & la perte du sang qu'il avoit faite, affoiblirent beaucoup ces idées d'Avanture. On a beau être sçavant en théorie, à moins d'une longue pratique, on n'est jamais ferme en rien. Il rêva quelque tems à son histoire, à son Oncle, à sa Princesse, mais tout différemment qu'il ne l'avoit fait le reste de la journée ; les choses se présenterent à ses yeux, à peu près de la maniere dont elles étoient ; &, de chagrin de se sentir un peu desabusé, ou d'accablement, il s'endormit.

La Princesse qu'on avoit mise au lit, rêvoit aussi de son côté à tout ce qui s'étoit passé, & se promettoit des commencemens de son avanture une suite, qui surpasseroit en
beauté

beautés & en incidens, toutes celles dont elle avoit l'imagination remplie. Elle commença par admirer la maniere dont elle avoit connu Pharſamon, enſuite elle paſſa à leur ſeconde entrevûë; le combat du Chevalier avec celui qui étoit venu les troubler dans le moment qu'elle alloit peut-être lui témoigner qu'il pouvoit tout eſperer, fut pour elle un ſurcroît d'admiration, & qui lui fournit matiere à de très amples réflexions. Enfin ſes réflexions lui firent conclure que le Chevalier étoit ſans doute celui que le Ciel lui deſtinoit pour époux, & par conſéquent le ſeul homme digne de toucher ſon cœur.

On peut juger par cet échantillon, que notre jeune Demoiſelle avoit le cerveau encore plus dérangé que Pharſamon, quoique le jeune homme fût paſſablement extravagant. Les Romans ne lui avoient pas manqué non plus qu'à lui, mais l'imagination d'une femme, dans ces ſortes de lectures, ſoit dit ſans les of-

E

enfer, va bien plus vîte que celle d'un homme, & en est bien plûtôt remplie; de sorte que notre jeune Demoiselle pouvoit, à peu de chose près, passer pour une véritable héroïne de Roman.

Je ne vous dirai pas ce qui se passa pendant quelques jours; le Barbier venoit matin & soir pancer Pharsamon; la Princesse envoyoit aussi demander de ses nouvelles par une Femme de Chambre, digne compagne d'une telle Maîtresse. Cette Femme de Chambre esperoit que quand sa Maîtresse auroit rencontré ce qui lui convenoit, sans doute l'Ecuyer de cet Amant fortuné meriteroit de son côté toute son attention; & quoique la tendresse qu'ils auroient l'un pour l'autre, dût être une tendresse subalterne, cela n'empêchoit pas qu'elle ne s'attendît d'aimer & d'être aimée d'un amour, qui n'auroit rien de ressemblant à l'amour ordinaire. N'étoit-ce rien avec cela, d'être de moitié dans toutes les avantures de sa Maîtresse, d'être sa confidente, de ménager quelquefois de petits raccommodemens, qui succederoient aux querelles, que la trop vive ardeur de l'Amant, la fierté de l'Amante, ou de petits sujets de jalousie rafinée feroient naître entre eux ? C'étoit là l'espérance flateuse dont cette femme se repaissoit, ce qui fait voir que son caractere cadroit assez bien avec celui de l'Héroïne qu'elle servoit.

L'Ecuyer de Pharsamon n'avoit osé retourner chez l'Oncle; il craignoit d'être battu, car cet Oncle ne laissoit pas que d'être prompt, il aimoit que tout se fist dans l'ordre; & il n'étoit pas dans l'ordre que nos Avanturiers fussent partis de leur chef & sans lui rien dire, de sorte que Cliton s'étoit déterminé à rester chez Cidalise, en attendant la guérison de son Maître. Pharsamon que Cidalise n'étoit point encore venu voir, ne sçavoit à quoi attribuer cette réserve; mais les réflexions qu'il fit à ce sujet, firent bien-tôt place à de plus fâcheuses.

L'inquiétude que son absence devoit causer à son Oncle, le tourmentoit furieusement; il pria Cliton de lui aller dire de ses nouvelles; mais Cliton ne lui cacha point la répugnance qu'il avoit d'aller faire un tel message ; & il fondoit sa répugnance sur la crainte de mille coups de bâton dont on ne manqueroit pas de l'accüeillir , quand on sçauroit que son Maître étoit blessé. Pharsamon, qui jugeoit de la bonté de ses raisons, n'osa l'en presser davantage. J'ai déjà dit que ses idées Romanesques étoient déchûës; il auroit voulu être guéri, pour pouvoir retourner chez lui ; mais il étoit tombé en de trop bonnes mains , pour qu'il eût le tems de profiter de cet heureux commencement de conversion.

Cependant les fréquens messages que faisoit Fatime Femme de Chambre de Cidalise, avoient déjà formé une connoissance entre elle & Cliton. Ils se parloient souvent. Cette Fille étoit d'assez bon goût ; Cliton quoique laid étoit un gros garçon appétissant, & qui lui faisoit les doux yeux, grands préjugés d'un amour réciproque. Cependant les premiers jours notre jeune Fille avoit feint de n'y pas prendre garde ; elle répondoit aux galanteries de cet Amant, d'un air modeste, à demi fier & férieux, voulant proportionner avec justesse les manieres qu'elle devoit avoir avec lui, à celles que sa Maîtresse auroit avec Pharsamon.

Cliton à qui la bonne chere & la vûë de Fatime avoit fait oublier les conséquences de leurs avantures, se livroit tout entier à son amour. Il voulut, un jour qu'il sortoit de table, & que quelques verres de vin avoient dérangé cette gravité qu'il s'étoit promis d'observer, il voulut, dis-je, étant près de Fatime, porter une main téméraire sur son sein, dont l'aspect chatoüilloit ses sens un peu plus que de raison. Fatime s'irrita de cette audace, & lui fit connoître en se retirant, qu'un amour pareil ne lui convenoit nullement. Le regard irrité qu'elle jetta sur Cliton, lui rendit son respect,

& le fit reſſouvenir de ce qu'il étoit, & de ce qu'étoit celle avec qui il en avoit agi ſi librement.

Un jour ou deux après cette avanture, Cidaliſe ſçachant que Pharſamon ſe portoit mieux, renvoya Fatime lui annoncer qu'elle alloit le venir voir ; elle avoit crû devoir laiſſer paſſer quelques jours par une bienſéance d'uſage parmi les amans du premier ordre. A cette nouvelle Pharſamon ſentit réveiller dans ſon ame toutes ſes idées qui commençoient à le quitter ; il alloit voir ſa Maîtreſſe au chevet de ſon lit ; il étoit bleſſé, & c'étoit pour elle. La ſituation lui ſembloit complette, & ne lui laiſſoit rien à ſouhaiter pour qu'elle eût rapport à celles où mille autres Amans s'étoient trouvés.

L'après-dîné, Cidaliſe accompagnée de Fatime, vint, comme elle l'avoit fait annoncer. Elle étoit dans ce charmant negligé ſi convenable aux aimables femmes, qui bien loin de diſtraire les regards par d'inutiles ornemens, leur laiſſe l'entiere liberté de ne s'occuper que de la personne, d'admirer la partie des beautés qu'il laisse à découvert, pendant que de son côté l'imagination se représente le reste avec les traits les plus avantageux, & que le cœur, qui se met de la partie, s'attendrit, s'enflâme, & ne donne plus de borne à ses desirs.

En entrant, elle regarda le Chevalier d'une maniere, qui lui marquoit combien elle étoit contente de lui. Il crut devoir payer un regard si favorable, en la regardant à son tour d'un air, qui témoignoit l'admiration que lui causoit une si charmante vûë. Elle s'assit dans un fauteüil, qui étoit au chevet de son lit. Fatime & Cliton s'éloignerent par respect.

Je suis fâchée, dit Cidalise, en commençant le discours, de l'avanture étrange qui vous met dans l'état où vous êtes. Ce n'est point que je ne sçache bien que vos pareils sont accoûtumés à venger les Dames, & à combattre pour elles, mais j'aurois souhaité, dans la frayeur où m'a jettée le péril où vous

E iiij

étiez, que vous eussiez eu moins de peine à vaincre, & que votre ennemi moins redoutable, eût été moins digne des terribles coups que vous lui avez portés.

Pharsamon, malgré sa folie, ne laissa pas d'être surpris d'un compliment si bien copié d'après le Roman; mais sa surprise ne servit qu'à augmenter l'estime qu'il faisoit de Cidalise.

Le danger où je me suis trouvé, pour vous, Madame, n'a pas mérité que vous y fissiez tant d'attention. Ma cause étoit trop juste, pour que votre ennemi échapât à la punition qu'il méritoit, & les plus redoutables ennemis n'auroient pas tenu contre un homme, qui avoit la hardiesse de vous aimer, de vous le dire, & qui vous vengeoit de l'outrage que vous aviez reçu. Mais, Madame, oserois-je, non pas pour prix de mon action, mais pour prix du zele que j'ai pour vous, vous prier de m'apprendre quelle est l'aimable personne pour qui j'ai combattu.

Le service que vous m'avez rendu, répondit Cidalise, & le noble mépris que vous avez eu de votre vie, pour venger mon honneur, me met hors d'état de vous refuser la grace que vous me demandez ; mais je n'ai pas moins d'impatience de sçavoir à qui je dois tant de marque de zele, que vous en avez d'apprendre qui je suis. Votre curiosité m'honore trop, Madame, dit Pharsamon, & je l'aurois déja satisfaite, si j'avois crû que vous en pûssiez avoir sur ce qui me regarde.

Après ce petit trait de modestie, Pharsamon lui fit un récit de toute sa vie avec des expressions, qui la rendoient éclatante, & qui tenoient lieu de faits. Il lui parla des livres qu'il avoit lûs, des impressions qu'ils lui avoient laissées, de sa répugnance pour les personnes qu'on lui avoit proposées en mariage, de son habitude à rêver dans les Bois. Il habilla même en avanture, deux ou trois petits accidens qui lui étoient arrivés ; il lui parla de son Oncle, & lui cacha l'inquiétude où il étoit de ne lui avoir point appris de ses nouvelles; il lui dit de quelle maniere il étoit parti de chez lui, & n'oubila pas l'attention amoureuse ou grotesque qu'il avoit eu pour les lieux où il l'avoit rencontrée; il raconta tout au long l'apostrophe qu'il avoit fait à sa chere Princesse, car c'étoit ainsi qu'il l'avoit toûjours nommée dans le cours de sa narration. Le Cavalier qu'il avoit suivi ne fut point oublié. En un mot il rendit un compte exact du tems qu'il avoit passé jusqu'au moment fortuné, où il l'avoit apperçu de loin, tenant un livre à la main.

Ce récit charma Cidalise, c'étoit pour elle une vraye trouvaille, qu'un homme de cette espece. Elle lui témoigna l'admiration où elle étoit de ce commencement de sa vie, & lui dit mille autres belles raisons que j'omets, pour passer à deux Amans inferieurs, qui, pendant la conversation de leurs Maîtres, mettoient de leur côté le tems à profit, je veux dire, Cliton & Fatime.

D'abord Fatime ne regarda pas

notre Ecuyer ; elle se ressouvenoit encore de l'insulte qu'il lui avoit faite. Cliton, qui avoit lû mille racommodemens & des plus tendres, médita quelques momens comment il seroit le sien. Enfin prenant tout d'un coup la parole, il dit : Ne puisje esperer, belle Fatime, de pardon pour l'offense que ma témérité m'a fait commettre , & ne relâcherezvous pas de cette sévérité que vous gardez avec moi ? En disant ces mots, il prit une des mains de Fatime ; l'ardeur avec laquelle il parloit, ne lui laissant point assez de présence d'esprit, il serra cette main avec un zele si renforcé, que Fatime se sentant blesser les doigts plus que de raison , fut obligée de déranger son sérieux , & de crier, vous m'écrasez la main. L'Ecuyer rougit de sa seconde sottise ; il voulut à force de baisers amoureux, faire oublier à Fatime le mal qu'il lui avoit fait ; mais Fatime craignant apparemment qu'il ne la mordît, la tira au plus vîte du danger où elle la voyoit exposée, & lui dit : Je vous croyois plus sage, & je vous avoüerai même que le mérite de votre Maître me faisoit préjuger, que son Ecuyer en auroit beaucoup aussi ; mais je me suis trompée & j'en suis fâchée. J'en ai fort peu sans doute, répondit Cliton, mais, belle Fatime, jamais homme n'a plus tâché d'en avoir que moi, & j'ose vous assûrer que si jamais vous m'aimiez, peut être ne me trouveriez-vous pas si indigne de votre attention. Et sçavez-vous comment on aime, dit Fatime ? Vous pensez sans doute que l'amour que vous avez pû avoir pour quelqu'une de vos Villageoises, soit un amour dont un cœur un peu distingué se contentera : non sans doute, perdez cette idée, la confidente d'une Maîtresse telle que la mienne, méprise & tient au-dessous d'elle ces sortes de tendresses trivialles. Ah ! que vous me charmez, repartit Cliton, avec ce langage, vous êtes un livre vivant, & précisément ce qu'il me faut. Nous avons la même humeur, le même caractere, & je vous aimerois plus qu'une couronne, si vous daigniez m'écouter. J'ai lû comme vous de quoi m'instruire ; je sçais par cœur tous les mouvemens que deux cœurs comme les nôtres doivent avoir. J'ai dans ma chambre, belle Fatime, une pile de livres, qui seroient caution de ce que je vous dis. Mon Maître & moi nous avons appris à la même école ; & si le Ciel m'avoit fait naître ce qu'il est, je vaudrois peut-être mieux que lui.

Cliton parloit avec tant de véhémence, que Pharsamon & Cidalise ne s'entendoient presque plus. Ils crioient de leur côté, pour que leur voix surmontât le bruit ; le Maître soûpiroit ; l'Ecuyer soûpiroit aussi ; les deux filles s'égosilloient, de sorte que cela composoit un tintamare dans la chambre, qui fit ouvrir la porte à une vieille Servante de la Maison, qui lisant dans ses Heures sur le degré, avec des lunettes, vint ouvrir la porte de la chambre ses lunettes sur le nez. L'apparition de cette Vieille suspendit l'impetuosité de ces quatre personnes. Cette vûë mortifia Cidalife; dans un Château bien reglé, & tel que le font ceux dont parlent les Romans, on ne nourrit point de Vieilles indifcretes à lunettes, qui s'ingerent d'entrer avec tant d'effronterie dans une chambre où repofe un Chevalier bleffé.

Hé que fignifie tant de bruit, dit la Vieille en s'écriant, & en ôtant fes lunettes? J'ai crû, notre Demoifelle, que vous teniez bal dans cette chambre, où vous étourdiffez ce pauvre Malade qui a befoin de repos. Ces paroles libres & familieres auroient révolté une feconde fois Pharfamon, fi l'ennemi avoit été plus redoutable. Il regardoit Cidalife comme pour lui marquer l'étonnement où il étoit de voir entrer fi hardiment cette vile Créature, à qui l'entrée de la Chambre, & même du Château devoit être défenduë; mais fa furprife augmenta bien davantage, quand Fatime prenant la parole, dit à la Vieille: Allez-vous-en dans votre Cuifine, Dame Marguerite, & ne vous mêlez point de ce que vous n'avez que faire. Ho ho ! dit la Vieille courroucée, vous êtes bien glorieuse, ma mie, ce n'est pas d'aujourd'hui que vous faites la maîtresse céans, mais je veux que vous sçachiez que je suis ici avant vous, que vous êtes une petite sotte, & que quand Madame sera venuë, elle vous rabbattra votre caquet.

A ces mots, qui présageoient une vive querelle, Cidalise se tourna du côté de Pharsamon, & lui dit : Chevalier, je suis au désespoir que l'impertinence de ce Domestique nous interrompe, je vous prie de n'y prendre pas garde. Pharsamon soûrit à ce discours, & ne répondit rien. Cidalise s'avança pour congedier la Vieille, à qui Fatime outrée du terme de sotte, chantoit fierement des injures. La Vieille, ses deux poings sur ses côtés, se défendoit avec une voix rauque, & rouloit de gros yeux rouges, qui témoignoient son émotion: Insolente, lui dit Fatime, en se mêlant dans la querelle, si je n'avois du respect pour ma Maîtresse, je vous apprendrois à parler.

Hélas ! peronnelle, reprit la Vieille, il y a soixante ans que je parle, & il y en a dix-huit que je sçais que vous êtes une petite bête. Cliton animé d'un beau ressentiment, voulut prendre le parti de Fatime, & dit à la Vieille qu'elle eût à se retirer, ou par force, ou de bon gré : Je vous trouve plaisant, vous Monsieur le Laquais, repartit-elle, c'est à vous à sortir, & si j'appelle Maître Jean, vous descendrez les degrés quatre à quatre. Le terme de Laquais emportoit la piece ; Cliton oubliant qu'il n'étoit pas chez lui, & perdant la mémoire de ses livres, qui devoient lui apprendre à mépriser une femme, saisit la Vieille par le bras pour la mettre hors de la chambre ; mais elle, l'ayant pris par sa cravatte, le châtioit à coups de poings sur le visage : on est bien fort quand on est chez soi. Cliton la traînoit cependant dehors ; la Vieille maudissoit Femme de chambre & Maîtresse. Cidalise étoit en jeu ; c'étoit un carillon terrible. Pharsamon vouloit se lever pour mettre

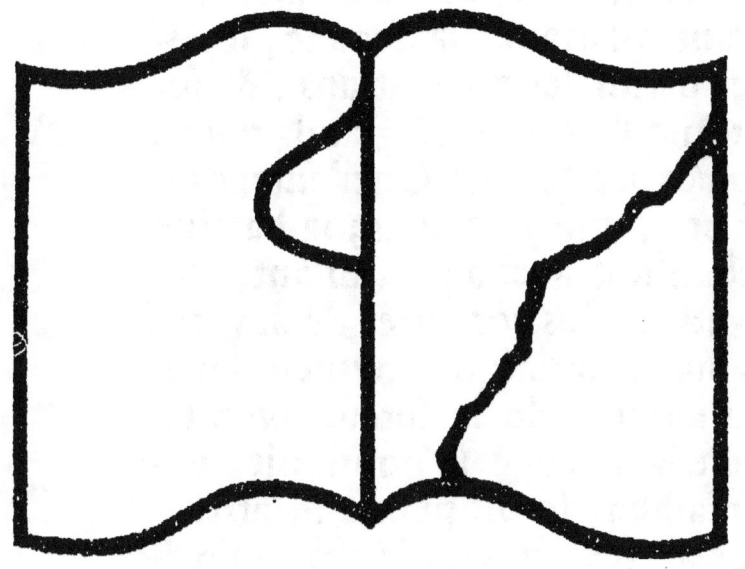

Texte détérioré
Marge(s) coupée(s)

mettre les hola, & crioit de toute
sa force. Maître Jean le mari de la
Vieille arriva sur ces entrefaites ; &
voyant maltraiter sa femme, il s'é-
lance parmi les combattans, & sur
Cliton qu'il bouroit à grands coups
de pieds par derriere. On n'entendoit
que cris, que juremens ; la bataille
s'échauffoit à chaque instant ; des
cravattes, des cornettes déchirées,
des mains égratignées, étoient les signes évidens de la fureur avec laquelle la Troupe se gourmoit ; enfin malheur seroit peut-être arrivé,
si les autres gens de la maison n'é-
toient accourus au bruit qu'ils entendoient. Il en vint sept ou huit,
tant Paysans que Paysannes, chacun cependant inclinoit à prendre
parti, mais les plus prudens paci-
fierent les choses. On sépara les
combattans ; Me. Jean, Dame Marguerite & les autres se retirerent.
Cidalise, Fatime & Cliton se remirent à leurs places, après avoir fermé la porte de la chambre, avec une
ferme résolution de ne l'ouvrir à qui
que ce soit.

F

Cidalife recommença la conversation avec Pharsamon, & Cliton continua de parler avec Fatime, & lui fit adroitement remarquer la chaleur obligeante avec laquelle il avoit pris ses interêts. Fatime oublia les injures que Dame Marguerite lui avoit dites, & ne pensa plus qu'à se blâmer elle-même d'une sensibilité qu'elle avoit euë mal à propos. Cliton la consola du mieux qu'il put, & réüssit si bien qu'enfin il obtint d'elle, qu'elle souffriroit qu'il l'aimât.

Cependant Pharsamon, qui avoit conté l'histoire de sa vie à Cidalise, la pria de lui faire l'histoire de la sienne; mais elle lui dit qu'il étoit tems qu'elle se retirât, qu'il y avoit long-tems qu'elle étoit avec lui, & que l'accident qui étoit arrivé, l'avoit si fort dérangée, qu'elle n'étoit pas en état de faire ce récit; qu'il y avoit dans son histoire des choses d'une assez grande importance, & que le lendemain il sçauroit tout.

Pharsamon ne la pressa pas davantage, & crut ne le devoir point faire. Il tira, comme elle se levoit, une de ses mains hors du lit, & l'arrêtant par le bras qu'il baisa: Ressouvenez-vous, lui dit-il, Madame, de la promesse que vous avez la boner de me faire. Daignez ne plus songer à m'interdire des sentimens que mon cœur conservera éternellement. Adieu, Chevalier, lui répondit Cidalise en se retirant, je ne m'opposerai plus à ces sentimens, puisqu'il n'est pas en votre pouvoir de les perdre, mais n'abusez point aussi d'une indulgence que j'accorde peut-être imprudemment. Après ces mots elle sortit ; Fatime, qui s'accoûtumoit insensiblement à Cliton, suivit sa Maîtresse, en témoignant à cet Ecuyer qu'elle le reverroit désormais sans peine.

A peine Cidalise sortoit-elle de la chambre de Pharsamon, que sa Mere, qui étoit partie pour aller dans une Ville fameuse solliciter un Procès de conséquence, arriva. On ne l'attendoit encore de six semaines, mais son affaire avoit été plus vîte qu'elle ne l'avoit espéré, & son arrivée précipitée, chagrina &

surprit Cidalise, à qui son absence donnoit une liberté, dont elle eût été charmée de jouir plus long-tems.

Cette Dame étoit justement arrivée un moment après le bruit que Dame Marguerite & son Mari avoient eu contre Cliton & Fatime. Dès que cette Vieille vit sa Maîtresse de retour : Soyez la bien venuë, dit elle, Madame, encore outrée de rancune, vous trouverez ici d'étranges affaires ; vrayment votre maison est en bon ordre.

La bonne Dame, qui étoit d'une humeur assez revêche, se fit instruire de tout, apprit la querelle, l'avanture du Jardin, le combat de Pharsamon, ses blessures, son séjour qui duroit encore, en un mot tout lui fut conté jusqu'aux évanoüissemens de Cidalise.

L'extravagance de sa Fille ne lui étoit que trop connuë ; la bonne femme n'avoit rien négligé pour détruire les impressions qu'elle avoit prises ; les Romans mille fois avoient volé par la fenêtre, mais Cidalise voit oûjours trouvé le secret d'en avoir d'autres. Elle monta irritée, pour voir de ses propres yeux ce dont il s'agissoit, & parut dans le moment que Cidalise sortoit de la Chambre de Pharsamon. La porte en étoit encore ouverte ; elle apperçut ce jeune homme au lit, & son Ecuyer à son chevet. Elle entra sans parler à sa fille, & se contenta de la regarder en courroux. Cidalise qui craignoit sa Mere, perdit toute contenance, & courut vîte s'enfermer dans sa chambre.

Cliton, qui vit entrer la Mere dans cette chambre d'un air si résolu, & qui n'avoit garde de la connoître, dit : Ne seroit-ce point encore ici quelque Dame, Marguerite ? A qui en voulez vous, la bonne Dame, poursuivit il ? La bonne Dame ne lui signifia que trop, car elle s'approcha, & lui donna pour toute réponse un soufflet des mieux appliqué : Insolent, ajoûta-t-elle, qui te donne la hardiesse à toi, & à ton Maître de venir loger chez moi, d'y venir voir ma fille sans la connôtre & d'y battre mes Domestiques? Sortez tous deux, & ne m'irritez pas davantage. Il est étonnant, dit Pharsamon, en se levant, qu'un Etranger, & qu'un homme de naissance soit exposé à la brutalité d'une femme sans politesse; mais qui que vous soyez qui nous appellez insolens, car pour la mere de Cidalise, j'ai trop de respect pour elle, pour m'imaginer que vous l'êtes; je vous méprise assez pour ne vous pas rendre compte de l'accident qui m'a conduit ici ; & je vais sortir, moins par la crainte des insultes que vous pourriez me faire, que pour m'épargner la vûë d'un objet aussi desagréable. En prononçant ces mots, il se fit habiller par Cliton, qui lui disoit à l'oreille; il faut que ce soit la Mere ou quelque chose d'approchant, Seigneur, car j'ai vû Cidalife s'enfuir comme un Lievre en la voyant. Décampons vîte, la place n'est pas tenable; cette femme-là n'est pas bonne.

Pendant que Pharsamon s'habilloit, la Mere appelloit ses Domestiques, & fit juger par l'autorité avec laquelle elle leur parloit, qu'elle étoit du moins la Maîtresse du Château. Elle ordonna à deux ou trois de rester dans la chambre, & de faire sortir Pharsamon, en cas qu'il voulût résister.

Pharsamon alors qui ceignoit son épée, la tira du fourreau, en enfonçant son chapeau : Tout foible que je suis, dit-il, voilà de quoi écarter ceux qui seront assez hardis pour m'approcher. Cliton alors tirant un vieux sabre du fourreau : & pour moi, dit-il, voilà de quoi couper les oreilles à la vieille masque de Marguerite, si je la rencontre.

Pharsamon étoit déja habillé, il s'appuya sur Cliton, son épée nuë à la main, & passa au travers des Domestiques & de la Mere, qui avoient formé comme deux hayes pour les laisser passer.

Jamais on ne délogea d'une maison, avec moins d'embarras & de bruit. Cliton sella leurs chevaux, mit son Maître sur l'un, & monta sur l'autre, puis ils sortirent tous deux au petit pas, en gardant le silence;

nul des assistans ne le rompit, on referma les portes sur eux; ainsi finirent & s'éclipserent ces apparences de bonheur & de plaisir qui flattoient Pharsamon. Tel fut le succès de sa premiere avanture; il pouvoit se vanter que jamais aucun Héros n'en eut de pareille. Nos Avanturiers prirent le chemin de leur Village; ils ne prononçoient pas un mot dans leur marche, & ils arriverent chez eux à nuit close.

Laissons maintenant Cidalise à la merci de la colere de sa Mere, & voyons ce qui arriva à Pharsamon quand il fut chez son Oncle. Ce bon homme l'avoit fait chercher partout; il n'en avoit appris aucune nouvelle; & quoique l'absence de son neveu n'eût duré que quelques jours, il ne l'en croyoit pas moins perdu, que si elle avoit duré des années entieres.

Fin de la premiere Partie.

NOUVELLES

PHARSAMON,
OU
LES NOUVELLES FOLIES
ROMANESQUES.

Par Monsieur DE MARIVAUX.

TOME SECOND.

Contenant les cinq dernieres Parties.

A PARIS,
Chez PRAULT pere, Quay de Gêvres;
au Paradis.

M. DCC. XXXVII.
Avec Approbation & Privilege du Roy.

PHARSAMON,

ou

LES NOUVELLES FOLIES ROMANESQUES.

DEUXIE'ME PARTIE.

UELQUES Gentils-hommes du voisinage chez qui l'on avoit été s'enquerir de Pharsamon, étoient venus voir l'Oncle à la nouvelle de sa perte. La maniere dont on leur racontoit sa fuite, étoit circonstanciée de tant de raisons de mauvais présages, que ses pitoyables voisins presque tous la larme à l'œil, levoient les épaules en signe de

G

compassion ; & quoiqu'ils fussent tous au tour d'une table assez bien garnie, pas un ne pensoit à manger, tant ils étoient pénétrés de douleur.

C'étoit dans cet état que se trouvoit l'Oncle & toute la compagnie, quand Pharsamon & Cliton arriverent, & se trouverent à la porte du Château. Pharsamon, qui pendant qu'avoit duré le chemin, avoit gardé un morne silence, ne le rompit pas à la porte du Château. La conversation qu'il avoit euë avec sa Maîtresse avant que de partir, l'arrivée de la Mere qu'il regardoit comme une femme commise à la garde de la Princesse Cidalise, qu'il supposoit déja exposée à l'amour impudent de quelque Prince effronté, tout cela avoit jetté son imagination dans un désordre si grand, qu'il avoit comme oublié qu'il eût un Oncle. Il passoit même la porte du Château ; mais Cliton à qui le soufflet qu'il avoit reçu de la Mere de Cidalise, & la maniere impertinente dont on les avoit fait sortir, avoit rendu son bon sens, l'arrêta tout court : Parlez donc, Seigneur Pharsamon, où allez-vous comme cela ? Prenez-vous notre Château pour une maison appartenante à la peste de Vieille, qui nous a congediés si honorablement ? Entrez, entrez, nous ne sommes pas menacés de coucher dehors, mais en revanche, nous n'en serons pas mieux reçûs.

Laisse-moi seul, & entre si tu veux, répondit Pharsamon, d'un ton de Chevalier pensif & plein de souci, tu me retrouveras demain à la pointe du jour dans cette Forêt, car il y en avoit une auprès de la Maison. Eh ! de par mon ame, que veut dire ceci, reprit l'Ecuyer surpris ? Etes-vous ensorcelé ? Passer la nuit dans une Forêt pour être rongé jusqu'aux os par les Loups ? Entrez, Monsieur, chez votre cher Oncle, la broche tourne à present. Faites réflexion que vous vous coucherez sans souper : Ah Dieux ! s'écria le Chevalier ; de quoi viens-tu m'entretenir ? Ma Princesse a besoin de secours ; j'ai reçû moi-même un outrage de l'insolente Vieille qui la tient captive ; ah ! je serois le plus lâche & le plus insensible de tous les hommes, si, dans une situation pareille, je m'occupois d'autres choses que du soin de la retirer des mains de ses ennemis. Retire-toi, Cliton, je te le permets ; laisse-moi seul. Sçavez-vous bien, Monsieur, repartit Cliton, en retenant le cheval de Pharsamon par la bride, sçavez-vous bien que je crois que vous êtes malade ? On diroit, par ma foi, que vous avez le transport au cerveau, vous pourriez bien mourir sur la selle au milieu de la campagne. Entrons ici, Monsieur, nous avons l'estomach vuide ; quand nous aurons mangé, nous serons mieux. Eh! encore une fois, laisse-moi ; les malheureux comme moi, n'ont point assez de goût à la vie pour chercher à la prolonger, reprit Pharsamon. Mon amour m'occupe ; je suis éloigné de ma Princesse. Ah! Cliton, après les bontés qu'elle m'a témoignées, après les dangers où sans doute ces mêmes bontés l'ont exposée, pour moi, peux-tu me conseiller de prendre du repos? Ne dois-je pas languir, me désesperer? Mais, Monsieur, répondit Cliton, vous languirez bien plus sûrement dans une chambre, que dans un Bois où personne n'aura pitié de vous. Encore un coup, Cliton, laisse-moi, je le veux, reprit notre Chevalier, ou va-t-en, ou reste avec moi. Hé bien, Monsieur, repartit Cliton, d'un ton lamentable, privez-vous aujourd'hui du plaisir de coucher sous un arbre à la belle étoile par compassion pour le malheureux Cliton que l'honneur d'être votre Ecuyer n'empêchera pas d'être frotté tantôt par votre Oncle; si je ne vous ramene, qu'aurai-je à lui répondre, quand il me demandera où vous êtes? Votre Princesse & la mienne ne seront pas des raisons valables pour lui; &, franchement, il aura raison d'être en colere; car votre Princesse n'est, à vrai dire, qu'une petite coquette qui ne valoit pas la peine qu'on répandit du sang pour elle, plein seulement une coquille de noix: peste soit d'elle, & de sa camarade de Fille de chambre ! nous avions bien la berlue quand nous les avons pris pour quelque chose de rare. Croyez-moi, Monsieur, les Princesses sont plus clair semées à present qu'autrefois; nous aurions de la peine à en trouver, le monde a changé de mode; il n'y a plus maintenant que de simples Comtesses ou Marquises, & des Gentilshommes, & vous auriez beau jurer que vous êtes Chevalier, & que je suis votre Ecuyer, vous n'en seriez pas moins Pierre Bagnol Neveu de Jean Bagnol Seigneur de la Mery, & moi Colin Michard, fils de Mathurin Michard votre Valet de chambre très-humble, & un peu votre parent, dit-on, du côté de votre pere. Entrons donc, Monsieur, & ne songeons plus à notre maudite avanture; si les Messieurs de nos Romans en avoient eu de pareilles, ils n'auroient, je pense, gueres eû le cœur au métier.

A tout ce beau discours, Pharsamon enfoncé dans la rêverie, ne répondoit pas un seul mot : Hé bien,

difoit, Cliton, vous ne bougez pas, vous n'écoutez pas feulement tout ce que je vous ai dit de beau & de bon; & fi pourtant notre Curé ne prêcheroit pas mieux. Cliton en vain fe tuoit de vouloir faire parler Pharfamon; il n'étoit plus à lui; le plaifir de fe trouver la nuit en campagne, le titre de Chevalier dont il fe regardoit revêtu, l'avanture de fa Princeffe, fon combat, le fatal congé que lui avoit donné la mere, toutes ces chofes s'offroient à la fois à fon imagination échauffée ; elles lui paroiffoient comme autant d'avantures d'importance affortiesau métier de Chevalier. En pareille occafion ceux qu'il prenoit pour fes modeles auroient été rèveurs & penfifs. Il le devint fi fort, qu'il ne fut plus queftion dans fa mémoire, ni de Cliton, ni de fon Oncle. Le Château difparut à fes yeux; Cliton le tira d'abord par la manche, ennuyé du filence obftiné qu'il gardoit; mais le Chevalier, digne imitateur de fes Maîtres, n'avoit garde d'avoir une fenfibilité mal pla-
G iiij

cée., qui choquât les regles d'une rêverie comme la sienne. Cliton secoüa la manche encore plus fort; mais sans effet. Alors ce malheureux Ecuyer, sur qui la crainte des coups de bâtons qu'il recevroit, s'il ne ramenoit son Maître, agissoit peut-être autant que l'affection qu'il lui témoignoit, commençoit très-sérieusement à se désesperer; il maudissoit les Romans ; leurs heros lui paroissoient pendables ; & sans respect pour Princesse & pour confidente, il les appelloit dans sa colere des impertinentes avanturieres, à qui il auroit fallu tordre le col. A l'égard de Messieurs les Auteurs, il prioit Dieu qu'il en exterminât la nation jusqu'au dernier. Que de bon cœur, disoit-il, d'un ton de dépit, je les mettrois en presse, comme on y a mis leurs ouvrages! Mon cher Maître ! s'écrioit-il, après avoir tout excommunié jusqu'à l'encre des Livres, revenez à vous ; vous m'avez quelquefois témoigné de l'amitié : ne m'abandonnez pas dans cette occasion.

Cliton avoit exhorté son Maître à faire retraite; sa voix plaintive ne pouvoit percer ses oreilles; Pharsamon sourd à ses cris, goûtoit en paix le plaisir de rêver, sans sçavoir que son malheureux Ecuyer, auroit, aux dépens de ses épaules, à répondre d'une conduite que toutes les Princesses du monde, & le métier de Chevalier ne pouvoient exemter de la censure d'un Oncle bizarre, qui ne respecteroit ni motif de valeur, ni d'amour. Cliton alloit peut-être mourir de douleur & de crainte, quand la contenance immobile & le silence de Pharsamon lui fournirent un expédient qui le tira d'affaire. Il s'avisa de prendre le cheval de Pharsamon par la bride, & de faire ainsi entrer le Chevalier pensif dans la cour du Château. Le mouvement du cheval ne tira point Pharsamon de sa rêverie: mais à peine le Héros & son Courcier furent-ils arrêtés dans cette cour, que la violence de l'inquiétude qui occupoit Pharsamon, lui fit en termes & d'une voix haute, exhaler une partie de ses pensées : Belle Princesse ! hélas ! dans quels dangers vous ai-je laissée ? peut-être maintenant êtes-vous au pouvoir du Prince odieux & barbare qui vous tient captive ! peut-être souffrez-vous de sa part des emportemens dont vous avez tout à craindre ! Je vous entends, vous m'appellez à votre secours ; hélas ! le nombre de nos ennemis a contraint ma valeur à ceder ; les Dieux même, les Dieux toûjours protecteurs de l'innocence, semblent nous avoir abandonné. J'ai combattu ; mon bras a fait voler la mort, mais ce bras n'a pû vaincre : de fatales portes se sont opposées à mon passage ; je vous ai vûë disparoître avec les cruels qui vous ont enlevée. Dieux ! privez-moi du jour, ou rendez-moi Cidalise!

Après ces mots que Pharsamon avoit prononcés d'une voix enroüée, il se tut. Mais le transport qui l'agitoit avoit prêté tant de force à sa voix, que toute la triste compagnie qui se trouvoit dans la salle en fut émûë ; l'Oncle se leva, prit un flambeau, la troupe le suivit. A la lueur du flambeau, Cliton reconnut son maître, il trembla, il en pâlit, il voulut avancer, la force lui manqua ; d'une main mal asseurée, il ôta seulement son chapeau de dessus sa tête ; l'Oncle & les Domestiques le reconnurent, Hélas ! s'écria la Nourice du Chevalier, ai je la berluë ? je crois que voilà Colin avec notre jeune Seigneur ; Dieu soit loüé, continua la bonne femme réjoüie, méchante marchandise se retrouve tôt ou tard, les voilà tous deux venus là comme champignons.

A cela, Pharsamon, les mains croisées sur son estomach, ne répondit pas le mot ; il avoit les yeux ou levés au Ciel, ou fermés, & s'imaginoit sans doute être auprès de quelque tronc d'abre, à déplorer délicieusement sa triste destinée. L'Escuyer moderne enhardi par les quolibets de la Nourice, avança pour saluer la Compagnie ; chaque Domestique alla le tâter pour le reconnoître : le voilà, disoient ils, jusqu'au moindre cheveux. A ces mots succederent des embrassemens, soyez les biens venus; mais nous ne vous attendions pas, s'écrioient-ils. L'Oncle fit cesser les embrassades & demanda à Colin, ce que faisoit son Neveu sur son cheval: a-t-il perdu la parole dans son voïage? dit-il. Là-dessus, marchant à lui. Ho, ho! s'écria-t-il, vous voilà plus fier qu'un Gendarme, mon Neveu: que signifie cette posture? A ces mots prononcez d'un air familier, Pharsamon enfin revint à lui; mais peu content de la maniere dont lui parloit son Oncle dont il attendoit une reception plus convenable à ce qu'il s'imaginoit d'être: Seigneur, répondit-il, Pharsamon a des sujets de tristesse qui vous sont inconnus, & quand vous les sçaurez, vous ne lui demanderez plus la raison de son silence. Tu n'es pas encore bien éveillé, mon fils, repartit l'Oncle, justement étonné de l'air grave dont son Neveu prononçoit ces paroles, nous n'avons point ici de Seigneur parmi nous, je m'appelle ton Oncle, ou autrement Monsieur de la Mery, & tous ces Messieurs qui sont ici, sont de bons Gentilshommes tes amis & nos voisins; descends, descends de cheval & va achever ton rêve au lit, tu me parois avoir plus besoin de dormir que de manger. Moi dormir! Seigneur, repliqua Pharsamon: Ah! mes malheurs sont trop grands & ma douleur trop juste pour chercher du repos! Oh, palsambleu trêve de Seigneur, dit l'Oncle, j'aime à m'entendre appeller par mon nom.

Là-dessus Messieurs les Gentilshommes pêle mêle avec les domestiques, entourerent le Chevalier: M. Bagnol, lui disoit l'un, vous nous avez donné bien de l'inquiétude, d'où venez vous? Mon cher enfant, vous voilà donc? reprenoit le pere nourricier, notre femme & moi avons bien fait des vœux pour votre santé; hé, là, là, venez vous rafraichir, il est assez tard pour boire un coup. Quel langage pour un Chevalier qui ne connoissoit que le stile grand, & dont la tête étoit remplie d'idées de malheur! Mes enfans, répondit-il, le zéle que vous me témoignez, rend excusable la maniere dont vous me parlez; mais ç'en est assez, le silence vous conviendra mieux. Ho, ho! dit la mere nourice, j'aime à parler quand je suis aise; vramant, vramant, je vous en dirai bien d'autres tantôt. Trêve de complimens, dit l'Oncle; descendez, mon Neveu, nous serons mieux dans la salle où vous nous conterez vos raisons. Les momens me sont chers, Seigneur, répliqua Pharsamon; je ne puis m'arrêter, je vous laisse Cliton, qui vous apprendra tout ce que vous avez envie de sçavoir! Oh, puisque vous voilà ici, vous y resterez, répondit la nourrice. Où est-il ce Cliton, répondit l'Oncle, qui ne voïoit que son Neveu & Colin. Vous l'avez devant vos yeux, dit Pharsamon, en montrant Colin. Quoi! repliqua l'Oncle, Colin s'appelle Cliton, & moi, Seigneur? Si cela dure, nous ne sçaurons bien-tôt plus qui nous sommes. Quelle fantaisie as-tu donc d'inventer ainsi de ces noms biscornus ? je ne suis point fait à de pareilles conversations. Seigneur, répliqua Pharsamon, le respect que j'ai pour vous, m'a fait jusqu'ici supporter celle-ci ; mais souffrez que je m'éloigne, des soins plus importans m'appellent ailleurs. A peine notre illustre Chevalier eut-il prononcé ces paroles, qu'il se mit en devoir de sortir : l'Oncle cria qu'on le retint. Garre ! garre ! s'écria la nourrice par un excès de zéle & d'amitié pour son nourrisson, je perdrai plûtôt la vie, que de souffrir que ce pauvre enfant nous échappe ; revenez mon fils, je suis votre nourrice, c'est le diable qui vous tente. Dieux ! s'écria Pharsamon, par tout des obstacles ! Sui-moi Cliton, éloignons-nous de ces lieux, & suivons notre devoir. Belle Princesse, hélas ! pardonnez les momens que je perds.

Ah ! Messieurs, s'écria l'Oncle, c'en est fait, mon Neveu est devenu fou : des Princesses, des Clitons, des Seigneurs, où en sommes-nous ? Grand Dieu ! l'a-t'-on ensorcelé, ce garçon qui étoit si sage ? Qu'on le

saisisse aussi-bien que le fripon de Colin à qui je veux qu'on donne les étrivieres, afin qu'il nous dise tout ce que cela signifie. L'ordre fut executé sur le champ. Les Domestiques avec leurs bras nerveux arrêtent le Chevalier ; il se débat entre leurs mains, il crie, il appelle les Dieux impitoyables, pendant que d'un autre côté, d'autres Domestiques arrêtent Cliton. A quel sort suis-je donc reservé, s'écrioit le Chevalier surpris ! Et vous, vile canaille, qui osez m'arrêter, tremblez de ce que ma main vous prépare. Ces paroles faisoient hérisser d'étonnement les cheveux à tous les assistans ; déja, Pharsamon étoit descendu de cheval, quatre des plus forts Valets le portoient comme un paralitique, la nourrice accompagnoit le prisonnier, & l'exhortoit à ne point être rebelle ; Cliton suivoit par derriere ; & comme la folie du maître faisoit penser que le valet n'étoit pas plus sage, on le tenoit presque en pareille attitude. Je pense, disoit l'un, que tu en diras de belles ! Je dirai
plus

plus que je ne sçai, pourvû qu'on m'épargne les étrivieres, répondoit le triste Escuyer. On porta nos deux apprentifs avanturiers dans la salle, & l'on en ferma la porte; Pharsamon fut placé dans un fauteüil. Dès qu'il fut assis, il jetta ses regards sur toute l'assemblée; il sembloit frappé d'étonnement, le plus fort de sa rêverie étoit passé, un excès de douleur l'avoit dissipée. Eh bien, mon fils, vous reconnoissez-vous? dit la nourrice; voïez-vous votre oncle? Ces mots rendirent entierement la raison au Neveu, il soûpira plus de la perte de son extravagance que de chagrin d'y être tombé: toutes ces idées le quitterent dans l'instant, Cidalise ne lui parut plus une Princesse, sa folie se réduisit à la regarder seulement comme le sujet le plus digne de l'attention d'un homme qui sçauroit comme lui le prix d'un cœur noble & tendre; son stile & sa maniere lui revinrent dans l'esprit, l'espece de tendresse qu'elle lui avoit marquée le charmoit encore, & quoiqu'il en

H

séparât les idées de Princesse & de Chevalier, il avoüoit en lui-même qu'elle méritoit bien qu'on fist en sa faveur, tout ce que les tendres & vaillans Héros des Romans avoient fait pour leurs Princesses ; il joignit à cela la maniere dont il l'avoit connuë, cette simpathie d'humeurs, cette conformité de grandeur dans leurs sentimens : le titre de Chevalier dont elle l'avoit honoré, le flatoit encore ; mais il n'étoit plus au pouvoir de son esprit de le regarder comme réel ; cette troupe de Gentilshommes ses voisins, ces Domestiques, son Oncle, leur maniere de parler triviale, tout cela avoit fait cesser le charme, il soûpiroit de n'être pas ce qu'il souhaitoit d'être, il reconnoissoit l'illusion où l'avoit jetté la noble imitation de ces fameux amans ; & sans perdre le goût pour ce qu'ils avoient fait, il se désabusoit de la ressemblance qu'il croïoit avoir avec eux.

La honte suivit ses réflexions, il baissa les yeux, les releva sur son Oncle, & les rebaissa encore ; un soûpir accompagna ces marques de confusion; & quand il eut assez fait le honteux, il jetta ses yeux sur Cliton, qui de son côté le regardoit pitoyablement, & avec un air qui exprimoit la crainte que lui inspiroit l'issuë d'une pareille affaire: Cliton, lui dit-il, que me veut-on? & pourquoi tant de monde? Hélas! Monsieur, que voulez-vous? répondit-il, Monsieur votre Oncle croit que vous êtes fou, & l'on dit aussi que l'esprit m'a tourné; cependant, Dieu sçache la vérité, si vous n'êtes pas raisonnable, ce n'est pas ma faute; mais pour moi c'est à tort que l'on m'accuse.

Alors, Pharsamon se tournant du côté de son Oncle: Quoi, mon Oncle! s'écria-t'-il, vous me prenez pour un fou? Oui, mon Neveu, repartit l'Oncle, je vous ai pris pour ce que vous êtes. Quelles sont ces affaires de conséquence qui vous demandoient ailleurs? Que signifie cet apostrophe à votre Princesse? Vous nous changiez nos noms à tous tant que nous sommes: Est-ce rêverie de maladie, ou bien pure folie ? Je veux sçavoir le nœud de tout, aussi-bien que la raison de votre absence, & je trouverai moyen de faire dire la vérité à Colin, si vous ne la dite pas. Oh, pardi, je n'ai pas fait serment d'être discret, repartit Colin, & j'aime mieux tout dire, que de souffrir seulement la moindre chiquenaude; il n'y a que les étrivieres que vous m'avez promises qui m'inquiétent, & je parlerois bien de meilleur cœur, si j'avois l'esprit tranquille. Eh ! mon bon Monsieur, à quoi bon me donner les étrivieres, si je parle bien sans cela ? ils m'écorcheront, & vous n'en serez pas plus sçavant. Pendant que Colin faisoit ce discours, Pharsamon, qui ne pouvoit imaginer sans rougir, que son oncle sçauroit toutes ses folies, regardant son indigne Ecuyer d'un air qui tenoit encore de la fierté romanesque, lui dit quand il eut fini : Quels sont donc les grands secrets que tu veux reveler ? Oh ! Monsieur, je sçai bien que ma sincerité vous déplaira, dit Colin ; mais mettez-vous à ma place ; ne ſerois-je pas un grand fou de me laiſſer froter avec patience, plûtôt que d'avoüer que ce ſont deux guenippes de Princeſſe & de femme de Chambre, qui nous avoient enſorcellé, vous & moi ? Voïez le beau ſecret pour le garder aux dépens de mes épaules ! Après tout, Monſieur, c'eſt un bonheur que la guenon de mere nous ait fait paſſer la porte ; nous ſerions encore au pouvoir de ces deux ſorcieres-là.... Arrête ! inſolent, & ne continuë pas devant moi, dit Pharſamon que la franchiſe des termes de Cliton penſa rejetter dans toute ſon extravagance, tu peux rendre graces à ceux qui ſont ici, de ma patience ; ſans eux je t'apprendrois le reſpect que tu dois à la plus noble, & à la plus adorable de toutes les Demoiſelles.

Pharſamon prononça ces termes d'un air terrible ; à quelque choſe près, ſon courroux pouvoit parier avec celui d'un antique Chevalier le plus brave : il ſçavoit avec quelle sévérité ces Héros punissoient autrefois les injures que l'on faisoit à leurs Princesses ; & quoiqu'il sçût bien qu'il n'étoit plus Chevalier, la grandeur de l'insulte que Cliton faisoit à sa maîtresse, avoit, pour l'instant, suppléé à l'idée de Chevalerie qui l'avoit quittée. Cliton n'osa répondre, & Pharsamon, s'adressant à son Oncle : Je suis, dit-il, accablé de lassitude, souffrez que je me retire dans ma chambre ; l'insolent de qui vous voulez tout apprendre, en aura plus de liberté de parler, & si je l'écoutois je ne répondrois pas de la lui laisser. Allez, mon Neveu, repartit l'Oncle, ces Messieurs, vous le permettent & moi aussi ; couchez vous, votre tête a plus besoin de repos que vous ne pensez. Pharsamon ne daigna rien repartir à ces dernieres paroles, il quitta brusquement la compagnie, d'un air qui tenoit du grand & du mélancholique, & s'en alla s'enfermer dans sa chambre pour rêver à tout ce qui venoit de lui arriver. Cliton resta dans la salle avec le reste de l'assemblée; le courroux de Pharsamon lui avoit ôté le grand empressement qu'il avoit de parler. Quand Pharsamon fut sorti, l'Oncle & les Gentilshommes ses voisins, eurent entre eux pendant quelques momens une espece de conversation muette; ils haussoient les épaules, ils croisoient les bras. Un, que veut dire tout ceci? Quelle étrange chose! & de pareilles exclamations, étoient les seuls mots dont ils accompagnoient les signes muets de leur étonnement. Les domestiques qui étoient aussi restés dans la salle, faisoient, entre eux, à peu-près la même chose, avec la différence que leurs gestes étoient un peu plus grands. La Nourrice surtout levoit les mains au Ciel de toute sa force, & sembloit, en cette posture, lui demander raison de l'aliénation d'esprit de Pharsamon. Son mari frappoit ses mains l'une contre l'autre, en jettant les yeux sur l'Oncle & sur les Gentilshommes, pour se faire remarquer, & pour ne pas perdre le mérite de sa douleur. Les derniers de la gent domestique, moins en droit de signaler leur chagrin avec liberté, se contentoient d'exprimer par leur triste posture, combien ils étoient touchés du malheur qui faisoit gémir tout le monde. Colin presque au milieu des deux bandes, les regardoit tristement l'un après l'autre: on eût dit que c'étoit un criminel au milieu de ses Juges.

Cependant, voïant que personne ne lui parloit, il conçut malgré sa peur, une résolution digne de l'Ecuyer d'un illustre Chevalier; je veux dire qu'il fut capable de méditer retraite; la hardiesse de sa résolution ne l'empêcha pas de prendre les mesures les plus sages, pour pouvoir s'échapper furtivement: il regarda pour une derniere fois les assistans, & jugeant que leur affliction étoit au dégré qu'il falloit qu'elle fût pour leur ôter l'usage des yeux, il traîna ses pas les uns après les autres. A chaque fois qu'il recommençoit à marcher, il falloit qu'il s'armât d'un nouveau courage, le moindre bruit
pouvoit

pouvoit réveiller la bande, & son dessein découvert faisoit juger que les raisons qui le lui avoient fait entreprendre étoient bien considérables.

Déja l'avisé Cliton avoit franchi les deux tiers du danger ; déja cet infortuné que son courage & sa prudence guidoient, mais que le Ciel ne favorisoit pas, arrivoit au seüil de la porte, un sault enfin alloit le tirer d'affaire, lorsqu'une malheureuse prevoïance le perdit. Avant de faire ce dernier sault, il voulut encore une fois consulter la mine des assistans, Hélas ! Il n'y vit rien de funeste pour lui, tout étoit tranquille : mais comme il étoit près de la porte, & qu'il voulut sauter, dans le moment qu'il avoit la tête tournée du côté de la compagnie, cette tête, cette indiscrette tête, alla justement se coigner contre la porte.

Cliton fit un cri & tomba ; ce cri & le bruit du coup, porterent le réveil & l'allarme jusques dans le cœur des assistans assoupis de douleur; tout le monde se tourne, quel

I

spectacle ! Cliton étendu aux pieds de la porte, ses cheveux pleins de sang. A cet horreur se joignent encore les cris perçans du blessé ; chacun avance, les Gentilshommes, l'Oncle, les Domestiques se mêlent & ne font plus qu'un ; la pitoyable nourrice, gagée par droit d'ancienneté pour se rendre la plus necessaire de la maison, se baisse pour le relever, en ordonnant qu'on lui aide : à ses ordres vingt bras relevent Cliton & le mettent sur ses jambes. Cliton qui n'avoit jamais vû son sang sortir d'un endroit si dangereux, témoignoit par ses cris, & par les grimaces les plus désesperées, combien il se croïoit près de la mort ; il s'agitoit entre les bras de ceux qui le tenoient avec une violence qui marquoit le regret qu'il avoit de sortir si-tôt de la vie : son agitation & ses cris furent, malheureusement pour lui, interprêtés d'une autre maniere ; la nourrice qui d'un mouchoir & de son tablier avoit déja essuïé le sang qui lui couloit sur le visage, pris les mouvemens convulsifs de Cliton, pour des accès de folie : Hé vîte ! Hé vîte ! cria-t'-elle à d'autres Domestiques, qu'on aille chercher des cordes : ne lâchez point vous autres ; apparemment que ce malheureux garçon s'est voulu tuer; s'il s'échappoit, il se jetteroit sur nous.

A ces mots que Colin entendit, il se débattit encore avec plus de violence qu'il n'avoit fait, je ne suis, crioit-il, ni fou, ni possedé du diable Tenez bien ! tenez-bien ! repartoit la nourrice, il vous battroit comme plâtre ! Que ne puis-je t'attrapper maudite femelle, s'écrioit Colin.

Pendant ce débat, les Gentilshommes voisins & l'Oncle entouroient ce pauvre garçon, & tâchoient à force de douceur de calmer la frenesie dont on le croïoit atteint : Ce ne sera rien mon fils, lui disoit l'un, en le touchant de la main sur l'épaule avec cet air de caresse dont use un Ecuyer, quand il flatte un cheval fougueux. Colin à tous leurs beaux discours,

I ij

furieux de voir son sang couler, ne répondit que par des cris, qui pouvoient passer pour hurlemens; sa figure avoit quelque chose d'affreux & de risible tout ensemble; on eût dit que chaque trait de son visage avoit sa grimace, & comme naturellement il étoit laid & d'une laideur comique, jamais masque quelque bizarre qu'on eût pû l'inventer, n'eût offert aux yeux rien de plus hideux & de plus extraordinaire. Il avoit déja fatigué ceux qui le tenoient, quand les perfides Messagers que la nourrice avoit dépêchés pour aller chercher des cordes, arriverent, l'un avec une vieille corde de puits de dix aulnes, l'autre avec un rouleau de petites ficelles. A l'aspect de ces Ministres de mauvais présage, que Cliton regardoit comme ses Bourreaux, ses cris, ses hurlemens, ses contorsions recommencerent, mais avec tant de fureur qu'il y eut alors affectivement lieu de penser qu'il avoit perdu l'esprit. La peste vous étouffe tous ! si vous ne me laissez rendre l'ame, les pieds & les mains libres, s'écrioit-il! Mais en vain il fatiguoit sa poitrine à crier, l'inexorable charité de la nourrice la rendoit muette à toutes ses plaintes.

On fut quelque tems à consulter avec laquelle des deux cordes on devoit le lier; les Domestiques opinoient qu'attendu la fureur de Colin, il falloit se servir de la corde de puits, comme de la plus forte; mais l'Oncle & les Gentilshommes jugerent que la ficelle valoit mieux, d'autant plus que l'autre pourroit le blesser. La nourrice acquiesça, on coupe la ficelle, on la met en double. A l'aspect de ces tristes préparatifs, Colin fit un dernier effort pour échapper aux cordes; après quoi les forces l'abandonnerent, il ne remua presque plus. Ceux qui tenoient la corde approcherent, pendant que les autres presenterent les pieds de Colin; quelques legers secouëmens furent les seuls obstacles que son grand cœur pût encore apporter à l'insulte qu'on lui faisoit; mais déja les pieds sont liés, on lui prend les mains, elles étoient trop foibles pour venger l'affront qu'on leur faisoit, Colin en baissant la tête sur les bras de ceux qui le lioient, n'a plus pour défense que l'usage de ses dents, il s'en sert; mais avec tant de courage, qu'on put dire de lui qu'il ne fut jamais plus redoutable que dans sa défaite. Le malheureux mordu fait un cri, & donne sur la tête de l'Ecuyer un coup de poing vigoureux pour l'obliger à quitter prises; mais la blessure est faite, & Cliton vengé.

Lorsqu'on eut achevé de le lier, on songea à arrêter son sang qui couloit toûjours: pour l'étancher plus aisément, on étendit Colin sur une longue table; il ouvroit de grands yeux, où la fatigue, l'épuisement, & la douleur étoient peints; la nourrice s'arme de ses cizeaux, en coupe les cheveux de l'Ecuyer pour sçavoir si la playe est grande; un des Gentilshommes expert, disoit-il, à juger d'une blessure, après avoir assûré que ce n'étoit rien, & l'avoir fait laver, ordonne qu'on y applique une forte d'emplâtre: on execute ce qu'il dit, & le remede appliqué, on bande la tête à Colin, qui pour toute reconnoissance, ne les apostrophe qu'avec des imprécations terribles, & prie satan de leur tordre le col. Quand sa tête fut bandée, la nourrice chargea trois ou quatre Domestiques du soin de l'aller porter sur un lit en attendant que l'accès de sa folie se passât; ces Domestiques l'emporterent dans une Chambre, où quelqu'un d'eux resta pour veiller à ce qu'il feroit.

L'Oncle de Pharsamon pénétré de l'égarement de son neveu, congédia ses voisins, & fut avec la Nourrice dans la chambre du Chevalier. Ils le trouverent couché sur son lit, & dormant d'un profond sommeil, la fatigue & la lassitude du corps l'avoient emporté sur la douceur de rêver; ils ne jugerent point à propos de le réveiller, esperant que le sommeil calmeroit les vapeurs du cerveau, dont il étoit malade. Ils sortirent tous deux, & l'enfermerent dans sa chambre;

il étoit tard, les domestiques se retirerent, & tout le monde se coucha.

Le lendemain l'Oncle se leva assez matin, & fit appeller la Nourrice, il voulut d'abord aller éveiller son Neveu ; mais elle lui conseilla de voir auparavant en quel état étoit Colin, afin qu'on pût apprendre de lui la vérité de tout, en cas que son bon sens lui fût revenu. Ce qui fut conseillé fut fait, ils vont tous deux trouver Colin, qui malgré ses menottes, n'avoit pas laissé que de céder aux doux charmes de Morphée, on l'avoit long-temps gardé à vûë ; mais le profond sommeil qui l'avoit gagné, avoit fait juger à celui qu'on avoit mis à sa garde, qu'il seroit inutile de leveiller davantage.

Quand l'Oncle & la Nourrice, entrerent dans la chambre, notre Ecuyer garroté dormoit encore ; au bruit qu'ils firent en entrant, il s'éveilla comme en sursaut, & cria que voulez-vous ? Après ces mots, oubliant qu'il étoit lié, il voulut tirer ses rideaux; mais la ficelle qui le retint le fit ressouvenir qu'il n'avoit que la liberté de la langue. La Nourrice fut la premiere qui parut aux yeux de Colin, il ne put la voir sans se sentir un mouvement de rancune qu'il témoigna par ces mots: Que venez-vous faire ici, Madame l'excommuniée? Vous qui m'avez si bien fait lier? Venez-vous pour me changer de corde? N'approche pas, vois-tu; car je te mordrai pour toutes les puces qui m'ont mordu cette nuit, sans que j'aye pû me gratter; il semble morbleu que les chiennes ont deviné que je n'avois plus de mains pour me défendre? Non, mon, fils repartit la Nourrice, je ne viens te faire aucun mal. Si tu sçavois combien tu étois fou hier, tu me remercirois de t'avoir mis hors d'état de te nuire? Vous en avez menti, dit Colin, je ne fus jamais fou, & depuis Adam jusqu'à moi, je gagerois la premiere soupe que je mangerai, que dans notre famille, il ne nous est pas tourné la moindre cervelle. Eh, mon fils, tout doucement, reprit la Nourrice, le bruit que tu fais t'étourdira, tu retomberois peut-être dans ta folie. A peine eut-elle prononcé ces mots, que l'Oncle qui avoit entendu la conversation, parut pour arrêter la colere de Colin. Bonjour, Monsieur, lui dit Colin en le voyant; car j'ai appris au Prône qu'il falloit rendre le bien pour le mal. Eh bien, Colin, répondit l'Oncle, comment te portes-tu aujourd'hui ? Ma foi, Monsieur, repartit-il, graces à vos ordres, je me porterois fort mal, n'étoit le lit qui me soûtient. Eh bien, dit l'oncle, je vais ordonner qu'on te détache, pourvû que tu m'avouë où vous avez été mon Neveu & toi, & par quel hasard l'esprit vous avoit tourné à tous deux. A ces mots, Colin, qui ne pouvoit d'abord s'imaginer qu'il fût effectivement devenu fou, commença sérieusement à douter de ce qui en étoit : Monsieur, dit-il en regardant l'oncle d'un air de confiance, mettez la main à la conscience, & parlez moi comme à confeſſe. Eſt-il vrai que je n'étois pas ſage hier au ſoir ? non ſans doute, Colin, répondit l'oncle, puiſqu'on fut obligé de te lier, parce que tu t'étois caſſé la tête : mais pendant que tu joüis de ton bon ſens, hâte-toi de me conter votre hiſtoire. Attendez, attendez un inſtant, Monſieur, dit Colin, je ſerois bien-aiſe de ſçavoir à quoi m'en tenir, diantre ceci eſt de conſeqüence, & s'il eſt vrai que j'étois fou hier, aſſurément, Monſieur, je le ſuis encore ; car il me ſemble à moi que je n'étois hier pas plus fou que je le ſuis aujourd'hui, à quelques juremens près que je lâchai contre notre nourrice : Là de bonne-foi, dites, l'eſprit m'avoit-t'il tourné ? Tu dois m'en croire, répartit l'Oncle, mais ne t'embarraſſe plus de cela ; & puiſque te voilà plus ſage, dis-moi ce que vous étiez devenus ? Je ſuis plus ſage ? ma foi je n'en ſçai rien, répondit Colin, je ne voudrois pas m'y fier ; vous vous imaginez que le bon ſens m'eſt revenu ; mais ne vous trompez vous pas? Sois tranquille là-dessus, dit l'Oncle, & pour te prouver que je te croi sain d'esprit, nous allons sur le champ te mettre en liberté. Non pas, s'il vous plaît, dit Colin avec précipitation, & en retirant ses mains, si j'avois sçû que l'esprit m'avoit tourné, je n'auroit pas été si fâché qu'on me liât, & il faloit bien que je fus fou, puisque je ne m'en suis pas apperçû; mais laissez-moi ma ficelle, puisque la voilà, il ne faut qu'un malheur, si j'allois achever de me briser la tête, ce seroit bien pis que d'être mordu des puces, je trouve à propos de passer la journée dans cet état, pendant lequel tems vous me ferez garder pour sçavoir si ma folie revient; car pour moi je n'y connoîtrois rien: Or çà que voulez-vous maintenant. Promets-tu, dis l'Oncle de m'avoüer la verité? Oüi, mon bon Monsieur, répondit Colin, j'en jure par mon pauvre esprit que j'ai peut-être perdu pour toûjours, & que je prie Dieu de me rendre, ou le bon Saint Antoine de Pade qui fait tout retrouver, vous n'avez qu'à m'interroger article par article, & vous verrez que je parlerai comme si je lisois dans un livre.

Dis moi donc, repartit l'Oncle, par quelle raison vous sortîtes d'ici si matin ? Quel fut votre dessein, ce que vous alliez faire, & ce que vous fîtes ? Tout doucement, dit Colin, enfilons le chaplet grain à grain. Premierement, tenez, je ne sçai déja plus ce que vous me demandez : Ah par ma foi, ce seroit bien pis, si j'allois aussi perdre la mémoire ! Recommencez ; mais bon, m'y voilà. Vous voulez sçavoir pourquoi nous sortîmes d'ici si matin, Monsieur Pharsamon & moi ? Que veux-tu dire avec ton Pharsamon, s'écria l'Oncle ? De quel animal parle tu là ? De votre Neveu, dit Colin, qui sera vraiment un bien joli garçon, quand il aura retrouvé son bon sens aussi : mais chut ! ne faisons qu'un pas l'un après l'autre ; il s'appelle Pharsamon, c'est un nom qu'on ne doit pas lui plaindre ; car je vous assure, qu'il l'a bien mérité, aussi-bien que j'ai mérité celui que je porte, qui est Cliton, & qui m'a été confirmé d'un bon soufflet, & de maints coups de pieds pardevant & par derriere ; mais revenons à nos moutons.

Pour que vous soyiez pleinement instruit. Il faut vous conter l'histoire de plus de dix lieuës plus loin que vous ne pensez : mais à propos, il me vient de ressouvenir que vous m'aviez hier promis les étrivieres, je ne puis en conscience vous rien dire que vous ne m'ayiez promis à present, que vous ne me tiendrez pas votre promesse. Eh bien dit l'Oncle je te le promets ! Oh s'il vous plaît, jurez-en, repartit Colin.

L'Oncle impatient d'apprendre l'Histoire dont il s'agissoit, eut presque envie de faire donner à Colin les étrivieres promises, pour l'obliger à parler sans tant de préambules, mais il se retint par ménagement pour son esprit ; il aima donc mieux en passer par le jurement qu'éxigeoit Colin. Après cette sureté, vous allez tout apprendre, dit-il; & par paranthese, il faut absolument que l'esprit me revienne, puisque je prens si bien mes mesures. Vous sçaurez donc, Monsieur, & comme dit l'autre, vous le sçaurez, parce que je vous l'apprendrai, vous sçaurez donc tout ce que je sçai. Eh morbleu dis-moi donc ce que tu sçais? C'est mon dessein, repartit Colin, mais avant que de commencer, il est bon, moi, que je sçache de quelle maniere vous voulez que j'appelle Monsieur votre Neveu; le nommerai-je Pharsamon, ou bien Bagnol, choisissez. Peste soit de ton impertinence! repartit l'Oncle, appelle-le comme tu voudras, & apprens-moi ce que je veux sçavoir. Cela étant, reprit Colin, je continuerai à le nommer Pharsamon, comme aussi vous aurez la bonté de me permettre que je m'appelle Cliton; Cliton & Pharsamon; voilà premierement ce dont il s'agit. Je commence fort à m'impatienter, repartit l'Oncle; auras-tu bientôt fini? Oüi-da, dit

Colin, quand je serai au bout, il n'y aura plus rien ; mais ne m'interrompez plus. A propos, vous allez vous fâcher encore. Que te faut-il ? parle, dit l'Oncle ? Ma ficelle m'ennuye, reprit-il ; je ne sçaurois parler que je ne remuë les mains & les jambes tout à mon aise, & aussi-bien je ne risquerai rien en me faisant délier ; car en cas d'accident, vous me servirez de garde fou.

Après ces mots, Colin presenta ses pieds & ses mains à la Nourrice, qui les délia sur le champ. Ah ! s'écria-t'il en s'étendant, que vous me faites aise, j'ai plus de plaisir que quand ma mere m'a mis au monde ; c'est une belle invention que les pieds & les mains, j'aimerois mieux mourir que de les perdre. Maintenant que tu es libre, continuë ton histoire, dit l'Oncle. C'est bien dit, repartit Colin, où en étois-je ? j'ai perdu le fil de mon discours en retrouvant mes jambes ; mais je n'ai plus qu'à courir après ; revenons encore une fois, & faisons notre chemin. J'en étois, j'en étois, si
j'en

j'en étois à déjeuner, je n'aurois pas tant de peine à me ressouvenir où j'en serois : ce que j'en dis-là, Monsieur, n'est qu'en passant ; mais il me semble que l'appétit me vient avec les mains & les jambes ; je mangerois d'aussi bon cœur, que je m'étens ; par charité Nourrice, faites-moi donner au moins du pain avec du vin, je m'en vais gager que mon esprit reviendra le grand galop ; c'est le moins qui puisse m'arriver, puisque le pain trempé dans du vin, fait bien parler les Perroquets.

À ce discours l'Oncle voulut sérieusement se fâcher ; mais la Nourice lui fit signe de patienter, & appella un domestique pour qu'on apportât à déjeuner à Colin ; un moment après ce domestique arriva avec une bouteille, & un gros morceau de pain. Colin, en le voyant tressaillit de joye ; ce malheureux Ecuyer avec la fatiguante avanture du soir, s'étoit encore couché sans souper, il prit le pain qu'on lui donna, mangea & but avec tant d'avidité qu'on eût dit qu'il eût souhai-

K

té de pouvoir faire les deux à la fois. Loüé soit Dieu! disoit il, quand il ôte d'un côté, il rend de l'autre, je mourrois de chagrin d'avoir perdu l'esprit, si je n'avois si bon appétit. Le peu de mots que Colin prononçoit en mangeant, ne lui retranchoit pas une bouchée ; il alla si bon train, qu'en un demi quart-d'heure, il eut achevé ce que la Nourrice lui avoit fait apporter, & s'essuyant la bouche avec la manche de sa chemise : Voyons maintenant, dit-il, dequoi il est question, je me sens plus frais qu'un œuf qui vient d'être pondu ; or ça, Monsieur, vous n'avez qu'à m'interroger, je répondrai comme un clerc.

Dis moi donc ce que vous devintes, quand vous sortîtes si matin d'ici? Remontons de quelque marche plus haut, repartit Colin.

N'avez vous jamais lû de ces beaux romans, où l'on voit des Chevaliers qui trouvent des Princesses dans un bois, ou bien ronflantes dans quelque pavillon où les Chevaliers sont tout surpris de les rencontrer ? le Chevalier qui fait une si belle trouvaille devient blême, ou rouge ; car c'est selon, il s'agenouille devant la dormeuse, & puis après cela, il soupire trois ou quatre fois, selon que le sommeil de la Princesse est fort ; quand elle s'obstine à dormir, le Chevalier plus tremblant que s'il avoit le frisson de la fiévre quarte, lui prend une de ses mains blanches comme de la craye, & dont les doigts sont aussi jolis que s'ils étoient faits exprès ; il pose sa bouche sur cette main, il appuïe bien fort ; la Princesse se réveille, elle crie comme si on l'écorchoit, elle veut s'enfuïr ; le Chevalier l'arrête par la queuë de son manteau ; il lui baise le bout de ses pantoufles ou de ses souliers, je ne sçai lequel des deux ; car les livres ne le disent pas.... Eh malheureux ! s'écria l'Oncle, quel rapport a le beau conte que tu nous fais avec ce que je te demande ? Ne vous impatientez point, repartit Colin, avec un grand sang froid, & dites-moi seulement si vous n'avez jamais lû de ces Chevaliers-là ? Eh bien sans doute, reprit l'Oncle, mais qu'est-ce que cela fait à ton histoire ? Cela y fait, dit-il, tout comme le pain fait à la soupe ; laissez-moi achever. J'en étois aux souliers, ou bien aux pantoufles que le Chevalier embrasse ; après quoi la Princesse le regarde ; elle lui dit quelques injures, qui ne sont pas faites comme les nôtres ; il lui demande pardon, tout comme Charlot, quand notre Curé veut le foüetter ; Il lui raconte les étincelles de sa flâme ; cela met le feu aux étouppes de son cœur, & puis, je ne me ressouviens plus comme ils s'accommodent tous deux ; mais je sçai bien qu'après cela, le Chevalier court la pretantaine ; qu'un autre coquin de Chevalier charge sur son cheval la Princesse, & l'enleve ; après cela on ne mange plus, on fait le Juif errant par les bois, & par les campagnes, & je ne sçai combien de batailles qui arrivent, ou l'on se tire du sang, comme si on le donnoit pour rien.

Or, Monsieur, vous avez lû tout cela, continua Colin? Eh bien, voilà justement pourquoi nous sortîmes d'ici si matin. Je ne te comprend pas! dit l'Oncle, & pourquoi sortir, parce que vous aviez lû des avantures de Roman? Ecoutez donc le reste, reprit Colin.

Monsieur Pharsamon & moi, tous deux de Compagnie, avions lû ces beaux Romans; dame il n'est rien tel que d'avoir le cœur bien fait, nous trouvâmes la vie de ces Chevaliers si drôle, qu'il nous vint plusieurs fois dans l'esprit d'aller comme eux par le monde, pour aimer des Princesses qui fussent aussi nobles que les leurs; toutes les Demoiselles d'alentour nous paroissoient au prix, de vraïes cuisinieres, il n'y en a pas une qui ait eu l'esprit d'aller dormir dans les bois ou dans un pavillon, au lieu de crier quand on leur baise la main; elles vous rient au nez comme des sottes. Allez-vous en embrasser leurs pantoufles, ou bien leurs souliers, pour voir si elles connoîtront rien à cela; tant y a que, pour reprendre le filet de mon discours, nous n'aimons point ces salissons-là. Un beau jour que Dieu fit, Monsieur Pharsamon alla se promener dans un bois qui est ici près, pendant que vous courriez le liévre : vous ne devineriez jamais ce qu'il y trouva ? il faut croire que ce garçon-là est né coëffé, car il y rencontra une Princesse.

Que veux-tu dire, une Princesse, repartit l'Oncle ? en est-il dans ces cantons ? Oh dame, reprit Colin, je suis tout aussi incredule que vous, & je voudrois pour le croire avoir vû les quartiers de sa principauté, ou de sa famille ; mais elle valoit bien une Princesse alors, puisqu'elle se trouvoit-là, comme si elle l'avoit été, Monsieur Pharsamon s'imagina qu'il étoit Chevalier, lui, il marcha droit à elle, elle voulut s'enfuïr. Mais, dit l'Oncle, en interrompant Colin, avec qui étoit-elle ? Avec une femme de Chambre, répondit Colin ; car il faut sçavoir que quand les Princesses vont dans les bois, elles ne doivent jamais avoir plus de compagnie. Cette Princesse donc voulut s'enfuïr, & c'est justement comme elle devoit faire. Monsieur Pharsamon l'arrêta, elle lui dit. Chevalier par-ci, Chevalier par-là, enfin bref ils se quitterent ; Monsieur Pharsamon revint à la maison tout pensif ; il m'apprit l'histoire, & puis ne vous doutez-vous pas du reste?

Continuë, dit l'Oncle, & ne me cache rien. Or quand j'eus appris l'histoire, reprit Colin. Et à propos de cela, je me souviens que c'étoit un matin qu'il vint me la raconter, il me dit qu'il avoit envie de courir après cette Princesse, & de tâcher à la dénicher : Je lui dis moi... Je ne me souviens plus de ce que je lui dis ; mais vous vous en doutez aussi : il me demanda encore si je voulois venir avec lui ; je lui répondis que je le voulois bien, &, comme vous voïez, nous le voulûmes bien tous deux. Je me rendormois cependant, il me tira ma couverture, je me levai tout nud en chemise ; j'ouvris ma fenêtre pour voir le tems qu'il

faisoit, je vis qu'il faisoit tout comme quand il veut faire beau ; je me frottai les yeux deux ou trois fois, & après cela je baillai tant.... Enfin je m'habillai, & nous décampâmes après, Monsieur Pharsamon & moi: j'oubliois de vous dire que nous ne déjeunâmes point en partant, & bien m'en repentis. Nous voilà donc en chemin, Monsieur Pharsamon rêvoit & ne parloit pas, & moi je me taisois sans mot dire ; nous n'avions garde de parler ni l'un ni l'autre ; car nous sçavions bien que les Chevaliers, quand ils voïagent, avoient la gueule morte, aussi eûmes-nous, & il faudroit autant n'être pas cordonnier, quand on ne veut pas tirer l'alaine: n'allez pas vous imaginer, Monsieur, que j'étois Chevalier, si ce n'est parce que j'étois à cheval ; je ne suis noble que sur la selle, une mouche n'est pas un bœuf ; je servois d'Ecuyer à Monsieur Pharsamon, qui étoit le Chevalier ; ainsi j'étois la mouche & lui le bœuf. Nous passâmes par une Forest ; Monsieur
Pharsamon

Pharfamon s'arrêta pardevant, je m'arrêtai par derriere. Il fut long-tems à regarder deux ou trois petits buissons à qui il dit mille douceurs, parce que c'étoit l'endroit où il avoit rencontré la Princesse. Vivent les gens qui sçavent leur métier, si ce garçon-là avoit appris à être Apotiquaire ou Chirurgien, il auroit bien manié la seringue; c'étoit un plaisir que de lui voir faire le Chevalier; & je gage qu'il n'y a pas de Princesse qui n'eût de bon cœur donné ses vieux habits pour l'avoir. Fi de celui qui se vante ! Mais si la servante d'une Reine nous avoit aussi lorgnés par un petit trou, mon cheval & moi, elle s'en seroit ressouvenuë. Après cela, dame, par je ne sçai quel hasard que j'ai oublié, nous arrivâmes à la petite porte du jardin d'un Château. Monsieur Pharfamon y entra, je l'attendis à la porte, j'y fis long-tems le pied de gruë, & comme il ne revenoit pas, & que j'avois les dents pour le moins aussi longues que les oreilles; j'entrai à mon tour, il y avoit dans

L

ce jardin de grandes allées, encore de plus grandes, & puis apres cela des petites; je regardai, tant qu'à la fin je vis de loin Monsieur Pharsamon, qui tenoit son épée nuë comme ma tête, quand je n'ai rien dessus, il étoit à genoux aux pieds d'une fille qui ne remuoit ni pieds ni pates; je connus que c'étoit la Princesse, j'avançai à eux, je voulus emmener Monsieur Pharsamon, il se moqua de moi; je me moquai de lui, il se fâcha; je ne dis mot, il tomba à la renverse, après il vint bien du monde, on le porta comme un sac de blé, pendant qu'on traînoit la Princesse par-dessous les bras; on nous conduisit au Château, on mit Monsieur Pharsamon entre deux beaux & bons draps de lessive, il vint un Frater qui pansa sa blessure (car il en avoit une) je m'étendis dans un fauteüil, le coeur me fit mal, on me jetta de l'eau pour le guérir, qui y fit comme de l'eau toute claire qu'elle étoit; une bonne ame apporta du vin, on m'en donna. Oh dame! je remuai les yeux, & puis les lévres, ensuite les mains, les jambes, je remuai tout: car je pris la bouteille, & je n'y laissai que le verre ; après cela nous avons mangé pendant tout ce temslà dans le Château, & nous y avons été nourris comme des cochons qu'on engraisse. Dame! nous n'avions qu'à tousser, & d'abord c'étoit des cocqs-d'Indes, des poules à la broche, du lard dans le pot: & le plus drôle de tout cela, c'est qu'on nous flattoit comme de petits chats; il sembloit que nous fussions d'or, tant on avoit peur de nous perdre: franchement j'étois hier en colere contre notre Princesse & sa fille de chambre; mais je leur demande pardon, c'est que j'avois perdu l'esprit. Ah, les bonnes filles! Si vous aviez vû la fille de chambre ma maîtresse, vous partiriez pour la chercher, aussi matin que nous; ce sont des cheveux qui ne sont pas faits comme les vôtres au moins, nourrice, ils ne sont cependant ni de crin, ni de filasse: mais il y a cheveux & che-

L ij

veux; ce sont des cheveux qui lui tiennent à la tête comme aux autres, & qui sont aussi noirs que de l'encre; son visage, en revanche, est plus blanc que la farine. Or, imaginez-vous que ce visage a des yeux, un nez, une bouche; mais bon! ce n'est pas le tout, car c'est bien-tôt dit, des yeux, un nez, une bouche, il faut sçavoir comme ils sont: Mathurin, notre pere nourricier, a de tout cela dans le visage comme un autre; mais quoiqu'il en ait autant que ma maîtresse, il ressemble à un vrai mâtin, & cependant ma maîtresse ne ressemble pas à une mâtine.

Vous êtes un mâtin vous-même, s'écria alors la nourrice courroucée du portrait qu'il faisoit de son mari, & votre Maîtresse est une vraie guenon, voyez cet impertinent! Je suis donc une mâtine, si mon mari est un mâtin? Si notre Monsieur n'étoit pas-là, petit effronté, je vous donnerois une paire de soufflets si bien apliqués. Taisez-vous tetine de vache, répondit Colin. A ces mots, la nourrice outrée, pouſſa de toute ſa force un grand coup de poing dans l'eſtomac de Colin. Colin libre des pieds & des mains, ſe jette ſur ſa cornette & lui arrache ; l'oncle ſe met au milieu d'eux pour appaiſer la querelle, il ordonne d'une voix de maître qu'ils ayent à s'arrêter. Moi m'arrêter, Monſieur, s'écrioit la Nourrice, je veux le déviſager l'inſolent. Et moi, diſoit Colin, je t'arracherai la langue, vieille tripiere : ils parloient, mais ſans perdre le tems de ſe battre.

Cependant l'oncle veut abſolument les ſéparer, il veut tirer Colin à lui ; Colin en reculant pour ſe ſauver d'un coup de poing dans les dents que lui portoit la Nourrice, entrelaſſe ſes jambes dans celles de ſon Maître, ils tombent tous deux, Colin deſſus, le Maître deſſous. La Nourrice qui avançoit avec précipitation, tombe de ſon côté deſſus Colin ; le Maître jure, & crie qu'on l'étouffe ; Colin eſt pris par les oreilles, & crie qu'on lui arrache ; la Nourrice parlant du gozier & du nez que Colin lui tient de toute sa force, vomit en criant mille injures. Sur ces entrefaites le pere nourricier arrive. Oh, oh! dit le bon homme en entrant à sa femme qu'il voit dessus Colin & l'oncle: Prends-tu notre Maître & Colin pour deux grapes de raisin? Après ce discours, il se mit en devoir de tirer sa femme, & de l'arracher du combat: Laisse-moi, vieux benêt, lui dit-elle. Le pere nourricier un peu brutal, donne alors un soufflet à sa femme pour la corriger de sa vivacité. La petulante femelle oubliant son ennemi, se releve sur ses jambes, & pousse son mari de toute sa force; son mari va se coigner les reins contre la serrure de la porte, la douleur qu'il ressent lui fait perdre un reste de sang-froid qu'il avoit encore, il retourne à la charge sur sa femme, & la terrasse, en la tenant par les cheveux; l'oncle qui avoit eu le tems de se relever, s'empressa de faire cesser ce nouveau combat, pendant que Colin exhorte Mathurin à châtier sa femme : Courage, lui dit-il, quand elle en mourroit, qu'importe ? nous n'avons plus besoin de taiter.

Cependant la fureur du mari se ralentit. En voilà assez pour aujourd'hui, dit il, en lâchant sa femme, gardons le reste pour une autre fois. Misérable ! répondit la Nourrice échevelée, tu es bienheureux d'être le plus fort, tu me la payeras ou je mourrai, yvrogne. Oh ! que de bon cœur je te verrois pendre, aussi-bien que ceux qui firent notre mariage ! Mais tiens, je vais trouver notre Curé, il faut qu'il me démarie ; j'irai plûtôt nuds pieds à Rome, je parlerai au Pape. Tu n'as qu'à te mettre en voyage, repartit le mari, je te donnerai notre ânesse & son ânon : mais ne reviens point ; car je te jure par tous les cardinaux du monde, que je te ferai boire de l'eau de notre puits, en attendant la Bulle. A ces mots, la Nourrice en répondit une infinité d'autres, après quoi elle quitta la partie

Cependant de nouveaux soins

font oublier à l'oncle la douleur que lui cause sa chute ; il passe dans la chambre de son neveu, soûtenu du pere nourricier & de Colin.

Il y avoit long-tems que Pharsamon (car je l'appellerai toujours de ce nom) étoit éveillé, sept ou huit heures de sommeil avoient bien changé ses idées ; dès son reveil il s'étoit rappellé l'avanture du soir ; sa resistance contre ceux qui l'avoient emporté de dessus son cheval, les réponses qu'il avoit faites à son oncle, & à ceux qui lui parloient : tout revint dans son esprit : le ressouvenir qu'il en avoit lui laissoit une certaine honte, qui lui faisoit craindre la presence de son oncle, il ne pouvoit même comprendre comment il étoit possible qu'il se fût oublié jusqu'au point de s'imaginer qu'il falloit imiter les héros des Romans qu'il avoit lus ; leurs avantures ne laissoient pas de lui paroître toujours charmantes ; & en convenant en lui-même, qu'il y avoit de la folie à vouloir leur ressembler, il restoit dans son cœur encore un sentiment assez fort pour lui faire souhaiter que le temps auquel il vivoit, autorisât l'espece d'amour dont ces héros avoient brûlé, mais ce sentiment n'étoit plus que l'effet d'un caractere trop susceptible & trop tendre ; & s'il n'avoit pas assez de raison pour perdre une folle sensibilité, il en avoit du moins assez pour se convaincre de l'égarement où il étoit tombé ; en cedant à cette sensibilité qu'il lui étoit seulement permis de sentir ; mais non pas de suivre & d'écouter.

Ensuite de ces réflexions, il rêva à ce qu'il pourroit dire à son oncle lorsqu'il viendroit le voir, & qu'il lui demanderoit les raisons de son absence ; & comme il n'en put trouver aucune capable de tolerer cette folle démarche, il se résolut à dire les choses comme elles étoient, puisqu'aussi-bien Cliton devoit avoir déja conté toute l'histoire.

Il en étoit à cette résolution, quand son oncle qui laissa ses deux Ecuyers à la porte, entra. Pharsamon le regarda d'un air modeste & confus qui, dès l'instant, annonça à l'oncle, que les accès de sa folie étoient entierement passés. Ce bonhomme aimoit veritablement son neveu, il courut l'embrasser, & le serrant entre ses bras : Enfin mon neveu, lui dit-il, puis-je avoir la consolation de penser que vous reconnoissez votre égarement ? Ne me niez rien, mon fils, j'ai tout appris. Non, Monsieur, répondit Pharsamon, penetré de la tendresse de son oncle, non, mon dessein n'est pas de vous rien cacher, Cliton vous a dit vrai ; je me repens de mon action, j'en vois toute la folie, c'est ma jeunesse, & trop de lecture qui avoient troublé mon imagination : dorénavant je réparerai par la conduite la plus sage, tout ce que j'ai fait d'extravagant ; je n'ai qu'une grace à vous demander, c'est que vous me promettiez de ne me plus parler de ce qui m'est arrivé, l'aveu que je vous fais, est une preuve suffisante que j'en connois tout le mal, épargnez-moi seulement la honte d'en entendre parler aux autres. Oüi, mon neveu, repartit l'oncle, je vous la promets, je veux même tout oublier, je ne souhaitois que le retour de votre raison; & puisque vous l'avez retrouvée, je ne serai plus sensible qu'au plaisir de vous voir raisonnable; mais, mon neveu, souffrez que je vous dise encore quelques mots là-dessus. Vous avoüez que ce sont les livres de Romans qui vous ont troublé l'esprit livrez-les-moi tous. Helas! que sçait-on? Peut-être auriez-vous encore envie de les lire; laissez moi les brûler, regardez-les comme un écüeil dangereux, contre lequel vous avez déja échoüé, je vous en donnerai d'autres qui vous réjoüiront en vous instruisant ; hélas, je ne sçavois pas que les Romans pussent produire de pareils effets. Au'reste, je n'oublierai rien pour vous trouver des plaisirs; car il est nécessaire que vous vous dissipiez; un peu de dissipation vous tirera de l'attention que votre esprit dorénavant pourroit donner à ce que vous avez lû. Voilà les dernieres paroles que vous entendrez de ma part sur ce chapitre, puisqu'elles vous feroient de la peine, si je les réïterois.

Pharsamon & son oncle s'embrasserent de la maniere la plus touchante; les larmes vinrent aux yeux du bon homme: Colin qui étoit resté à la porte avec le pere nourricier, avoit écouté toute la conversation; la réponse que Pharsamon avoit faite à son oncle, lui avoit paru si belle qu'il avoit été tenté d'entrer pour l'écouter de plus près; mais quand il eut entendu la fini du discours de l'oncle, & qu'il jugea qu'ils s'embrassoient par certains soupirs, que le bonhomme poussoit en serrant son neveu entre ses bras, Colin ému jusqu'aux entrailles, d'une tendresse qui lui paroissoit dans Pharsamon une reconciliation avec son oncle, & avec son bon sens; Colin, dis-je, touché d'une action qui lui rappelloit ses propres folies, pousse la porte, entre en ôtant son bonnet; & semblable à ceux qui n'ont pour guide qu'un excès de zele auquel ils s'abandonnent sans reserve, il se jette aux pieds de l'oncle, embrasse ses genoux en criant: Ah l'honnête homme! veuille le Ciel, Monsieur, vous preserver de tout mal, vous méritez de vivre aussi long tems qu'un chêne! Allons, Monsieur, continua-t'il, en parlant à Pharsamon, embrassez bien le cher oncle, j'aimerois mieux voir toutes les Princesses & leurs Chevaliers mourir à l'hôpital, que s'il tomboit un seul cheveu de son chef. En prononçant ces mots, il continuoit ses caresses, & s'attendrissant à mesure qu'il vouloit attendrir les autres ; il pleura bien-tôt à son tour, quand ses larmes parurent, celles de l'oncle recommencerent ; Pharsamon qui ne cédoit en sentiment à personne, en versa comme eux ; Colin étonné de se trouver si tendre & d'avoir si fort attendri les autres, continuë à pleurer de joye, du plaisir qu'il sent à les faire pleurer ; & le sentiment est bien-tôt poussé si loin, que l'oncle, le neveu & Colin ne font plus qu'un ; ils s'embraffent & s'entrelaffent au cou l'un de l'autre, leurs larmes fe mêlant enfemble, auffi-bien que leurs careffes, jamais fpectacle ne fut fi touchant. Ils fe tiennent long-tems tous trois dans cette fituation ; enfin, épuifés de tendreffe ils fe quittent, chacun s'effuye d'un mouchoir qu'ils tirent en même tems. Ah ! difoit Colin en s'effuyant les yeux, je n'ai jamais été fi aife ; je n'ai pas quatre fols vaillant, mais je ne voudrois pas pour quinze que nous n'euffions point perdu l'efprit, Monfieur votre neveu & moi. Colin achevoit à peine ces mots, que le pere nourricier qui étoit defcendu, vint les avertir que le dîner étoit prêt, Pharfamon s'habilla le plus vite qu'il put, & il defcendirent tous trois En traverfant une chambre, ils rencontrerent la Nourrice. Colin, par une repletion de fentiment dont il étoit agité, courut à elle, les bras ouverts: Allons Nourrice, plus de rancune, s'écria-t'il, je ne fonge plus à mes oreilles que vous avez maltraitées, oubliez votre nez que je vous ai tiré. Je ne serai point contente, répondit-elle en se retirant, que l'on ne t'ait quelque jour coupé l'une & l'autre. Voyez la belle guenippe, repartit Colin avec son pied de nez Tout beau, dit le pere nourricier, ma femme est ma femme, son nez vaut bien le vôtre, voire plus. Adieu, adieu, reprit Colin, en suivant Pharsamon & son oncle, la soupe presse, serviteur à votre femme & à son nez. En disant ces mots ils arriverent dans la salle, Pharsamon & son oncle se mirent à table, & Colin resta pour les servir. Quelque tems après le repas, il vint compagnie sérieuse à l'oncle; Pharsamon se retira craignant qu'on ne lui parlât de son avanture, son oncle en le voyant partir, lui dit qu'il expedieroit bien vîte son monde, & qu'ils iroient après courre un liévre ensemble; Colin qui avoit aussi dîné suivit Pharsamon, qui malgré les caresses de son oncle, & l'obligeant empressement qu'il montroit à le divertir, ne pouvoit livrer son cœur à la joye, il descendit dans un vaste jardin, Collin marchoit derriere lui, Pharsamon s'arrêta sous un berceau, & s'assit. Colin prit place à ses côtés: Vous voilà bien melancolique, lui dit il: Que vous manque-t'il? Laisse moi, dit Parsamon, je ne suis point content de toi. De quoi t'avise-tu d'aller rendre un compte exact à mon oncle de tout ce qui m'est arrivé. Quoi, repartit Colin, vous songez encore à ces badineries là? C'est une fantaisie de jeune gens qui nous avoit pris à tous deux: Ce n'est pas dit Pharsamon, positivement ce que tu as raconté qui me chagrine ; mais c'est la résolution qu'a prise mon oncle de brûler tous mes Romans. Le grand mal! reprit Colin, ils n'en sentiront rien. Il y a long-tems que tous leurs Chevaliers sont trépassés. N'importe, répondit Pharsamon, on a toujours du plaisir à lire leurs actions. Oh pour moi, dit Colin, je ne m'y joüe p'us. Peste! mon cerveau l'a couru belle, & le vôtre aussi ; laissons

sons tous ces méchans livres-là, c'est l'invention du diable. Mais dis-moi, Cliton, repartit Pharsamon, n'en pourrions-nous pas sauver quelques-uns ? Ne voilà-t'il pas encore, dit Colin, avec votre Cliton, je ne veux plus porter le nom de l'excommunié; qui se nommoit comme cela, je m'appelle Colin; mais changeons de discours, & rions un peu tous deux de votre Princesse & de la mienne. Ah ! l'aimable Demoiselle, s'écria Pharsamon, d'un ton passionné, je t'assure que je voudrois la voir de tout mon cœur. Pardi, Monsieur, nous étions-là une plaisante troupe, dit Colin, nous n'aurions pas fait une pincée de bon sens entre tous ; mais en revanche, nous aurions fourni de l'amour à toute une ville : ma foi, je ne serois pas fâché de revoir la femme de chambre, cette gaillarde-là, si nous avions été du temps des Chevaliers, seroit devenuë quelque jour aussi grosse dame que sa Maîtresse, je suis bienheureux que nous ne soyions pas de ce tems-là ; j'au-

M

rois perdu bien des pallettes de sang pour elle, on m'auroit coupé jusqu'aux oreilles : à quelque chose le malheur est bon, je ne suis pas Chevalier ; mais je m'en porte mieux. A propos de cela, je voudrois bien sçavoir aussi comment se portent nos Dames. Sérieusement Colin, dit Pharsamon, en serois-tu un peu en peine. Mais repliqua Cliton, je le suis un peu moins que je ne le serois de mon soupé, s'il ne venoit pas ; mais tant y a que, par curiosité, je serois bien aise de sçavoir quelle mine elles font à present qu'elles ne nous voyent plus. Je conçois bien, dit Pharsamon, que j'avois tort de faire le Chevalier, & de la regarder comme une Princesse ; mais à cela près, on ne peut aimer personne qui le mérite plus que Cidalise, & franchement j'en entretiendrois la connoissance avec plaisir. Si je ne la vois plus, je serai malheureux ; car je sens bien que je ne l'oublirai jamais. Oh ! morbleu vous m'attristez, dit Colin ; ne parlons point de chagrin, cela me fait rêver à Fatime; il me semble voir encore ces pestes d'yeux noirs comme du velours. Ces pauvres filles sont folles, prions Dieu qu'elles guérissent; car il faut un miracle pour cela.

Ils en étoient là de leur conversation, quand le pere nourricier accourant à eux, vint dire à Pharsamon que la compagnie étoit sortie, & que son oncle l'attendoit pour aller à la chasse: Pharsamon se rendit auprès de son oncle; & Colin alla sceller un cheval pour lui. A peine eurent-ils quitté le Château, qu'ils rencontrerent d'autres Chasseurs ausquels ils se joignirent. Je ne sçai quelle gayeté parut alors sur le visage de Pharsamon, son oncle s'en apperçut; il la crut une preuve de l'entiere, guérison de son neveu. Mais hélas! fausses lueurs de guérison, jugemens precipités, jamais la raison de Pharsamon ne fut plus près de sa ruine: La gayeté qui paroissoit sur son visage étoit un effet du plaisir qu'il sentoit de se trouver en campagne; de traverser les bois à cheval.

M.ij

Ses idées extravaguantes renaissoient de ce dangereux plaisir, & sa folie qui n'avoit fait que s'éclipser pour un jour, recommençoit sourdement à agir sur son cerveau. A chaque endroit un peu touffu qu'il rencontroit, il se sentoit une secrette tentation de s'y enfoncer pour y rêver. Cette tentation n'étoit encore qu'au dégré qu'il falloit pour n'agiter son cœur qu'agréablement: il étoit dans ces dispositions, quand deux liévres partent en même tems, & partagent les Chasseurs; chacun suivant le liévre qui étoit le plus à sa portée. Dans l'ardeur de sa chasse, l'oncle pour qui l'apparition du gibier avoit autant d'appas que l'apparition de Cidalise en eut eu pour Pharsamon; l'oncle, dis-je, perdant de vûë son neveu, s'abandonne au plaisir de courir son liévre; Pharsamon de son côté suit l'autre troupe de chasseurs, sans attention pour le chemin que prend son oncle; Colin suit Pharsamon: ils entrent dans la Forêt; chacun prend le sentier qui s'offre à ses yeux. Celui que choifissent Pharsamon, & Colin les éloigne de la chasse, & les conduit, après d'un quart d'heure de course, auprès d'une petite maison que l'art & la nature sembloient de concert s'étudier à rendre agréable. La beauté de ce petit bâtiment surprit Pharsamon; il admira le lieu charmant où on l'avoit bâtie: il jugea que celui à qui elle appartenoit ne pouvoit être qu'un homme d'un goût noble & exquis, & d'un mérite extraordinaire. De quelque côté qu'il tournât les yeux, il voioit tout ce que la solitude la plus délicieuse peut offrir de plus agréable aux regards: on n'endoit là que le bruit des oiseaux: un doux & leger zéphir agitoit les feüilles des arbres: il y regnoit un calme qui passoit jusqu'à l'ame. L'idée de Cidalise vint dans l'esprit de Pharsamon se joindre encore aux charmes que lui offroient ces lieux. Ah! Cliton, le bel endroit! dit-il en se retournant vers Colin; en est-il un dans la nature qui convienne plus à l'état d'un Chevalier amoureux, s'il est possible qu'il en soit encore?

Ne voyons-nous pas ici le vrai portrait de ces lieux solitaires, où ces amans fameux s'arrêtoient pour se reposer, ou pour y suivre une belle inconnuë que le hasard avoit offerte à leurs yeux ? Reposons-nous y, mon cher Cliton ; imitons ces héros célebres : peut-être depuis eux, sommes nous les seuls que le sort a bien voulu conduire jusqu'ici. Après ces mots, Pharsamon, pour servir d'exemple à Cliton, descendit le premier de cheval.

Laissons-le là pour un moment, car il me semble que le lecteur me demande déjà compte de l'oncle que j'ai laissé dans l'ardeur qui lui fait poursuivre un liévre ; le lecteur auroit bien pû le conduire chez lui, quand j'aurois oublié de le faire. Je ne sçahe aucune avanture qui lui soit arrivée, digne d'interrompre celles, qui désormais doivent occuper Pharsamon ; mais puisqu'on le veut, je dirai donc que la chasse finit, tout le monde se rejoignit. L'oncle s'apperçut tout d'un coup de l'absence de son neveu : on courut le chercher avec autant de vivacité qu'on avoit couru le liévre. On appella, on sonna du Cor ; mais malheureusement pour l'oncle, on s'éloignoit toujours de l'endroit où le hazard l'avoit conduit. Chacun se rendit au lieu où l'on étoit convenu de se trouver, sans avoir pû découvrir les moindres traces de sa suite ; & l'on ne remporta pour tout fruit de la course, qu'une extrême douleur, & que le chagrin d'avoir réduit les chevaux dans un état à rester quinze jour sur la litiere. Il fallut donc s'en retourner. L'oncle étoit si pénétré d'un accident qui suivoit de si près le peu de joye qu'il avoit eüe, qu'à peine pouvoit-il tenir la bride de son cheval. Ceux qui l'avoient accompagné, s'en retournerent après avoir partagé entre eux le gibier que l'on avoit tué.

Le malheureux oncle prit donc le chemin de son Château ; il n'est pas besoin de dire qu'il soupira, qu'il gémit, on peut se l'imaginer. Il entra dans la cour : la nourrice étoit sur le pas de la porte, & voyant arriver son Maître, elle courut pour l'aider à descendre de cheval. Où donc est mon fils notre Monsieur, dit-elle à l'oncle? Je ne le reverrai plus, ma pauvre nourrice; il est perdu, répondit-il. Ah! quel dommage, repartit-elle, en prenant le Gibier sur la croupe du Cheval; que ce Gibier a bonne mine? Le pauvre garçon n'en mangera donc pas?

Après ces mots, l'oncle qui étoit déja descendu, entra chez lui, & je l'y laisse avec la nourrice, qui aura soin d'essuyer ses larmes, ou de pleurer avec lui de compagnie, & je retourne à Pharsamon que je ne veux plus perdre de vûë, & dont l'histoire sera plus divertissante, que ne seroit l'énumeration des plaintes & des gémissemens qui furent entendus dans la Maison de son oncle.

Fin de la seconde Partie.

PHARSAMON,
OU
LES NOUVELLES FOLIES ROMANESQUES.

Par Monsieur DE MARIVAUX.

TROISIE'ME ET QUATRIE'ME PARTIES.

A PARIS;
Chez PRAULT pere, Quay de Gêvres, au Paradis.
─────────────────
M. DCC. XXXVII.
Avec Approbation & Privilege du Roy.

PHARSAMON,
OU
LES NOUVELLES FOLIES ROMANESQUES.

TROISIEME PARTIE.

PHARSAMON, après avoir bien consideré la beauté du lieu où il étoit : Cliton, dit-il, je suis tenté de sçavoir à qui appartient cette belle Maison ; elle a tant de charmes, le choix du lieu est d'un goût si particulier, que ce ne peut être assûrément que la demeure de quelque amant malheureux, qui a perdu l'espoir de revoir sa Maîtresse, & qui a choisi cette solitude pour y gémir, & s'y abandonner tout entier à sa douleur. Que l'amour fait d'infortunés ! Peut-être un jour serai-je plus à plaindre ! Chere Cidalife, helas ! ces lieux chaque jour confidens des peines de celui qui les habite, redoublent ma tendresse, & les chagrins que j'ai d'être separé de vous ! Ne voilà t-il pas déjà Cidalife en jeu, dit Cliton : Ah ! Monsieur, retirons-nous, le Diable est quelque part ici qui nous tente tous deux. Je me sens je ne sçai comment aussi, ces beaux lieux confidens, cette verdure, ces arbres, ce petit vent qui soufle à travers, tout cela franchement me chatoüille le cœur aussi bien qu'à vous. Ah ! ma chere Fatime, sans la vieille maîtresse à qui vous appartenez, sans la vilaine sortie qu'on nous a fait faire de chez vous, je serois bien tenté d'être encore l'Ecuyer de mon Maître : & franchement l'amour est une belle chose ! Il ne me semble pas que j'aye jamais porté de sabots, tant je me sens le cœur noble. Mais, Monsieur, encore une fois, souvenez-vous de mon soufflet, des affronts qu'on vous a faits, de la tendresse de votre pauvre oncle, à qui Dieu fasse paix ; car si nous restons ici, je le tiens pour mort. Souvenez-vous de ma tête cassée, des cordes dont on m'avoit lié ; voilà de vilaines avantures! J'aurois autant de bonne volonté que vous de faire comme nos Messieurs de Romans ; mais nous sommes venus de quatre cens ans trop tard : Fuyons, croyez moi : la faim nous prendra dans ce bois : nous ne connoissons personne dans cette Maison : on nous prendroit peut-être pour quelques voleurs. Eh ! mon cher Maître, revenez à vous ; il est tard ; un bon souper nous attend. Profitons de l'appétit que nous devons avoir tous deux, & servons-nous-en comme d'un moyen pour repousser la tentation ; le Ciel ne nous l'envoye que pour cela. Ne sentez-vous pas que vous avez faim ? Va, Cliton, retire-toi, interrompit Pharsamon d'un air enyvré de tendresse ; va rejoindre mon oncle; dis-lui que tu ne fais ce que je fuis devenu: je ne veux point t'engager ici malgré toi. Si la vie de ces grands hommes qu'un noble amour & de beaux fentimens ont diftingués du commun des mortels; fi les honneurs qui les ont fuivis; fi leur memoire qui dure encore ne te touchent pas, je n'efpere point de le faire. Ils fe font comme moi affranchis de cette petiteffe de manieres & de mœurs qui conduit à l'oubli: ils fe choifirent en amour des objets dignes d'occuper leur cœur: leur tendreffe les fit ce qu'ils ont été. Mon cœur eft de la trempe du leur: l'objet à qui je l'ai donné mérite toutes mes adorations; Cidalife en fçaura le prix, & j'efpere lui devoir un jour autant que ces fameux Chevaliers dûrent à leurs Maîtreffes: Va, quitte-moi, je ne te retiens pas, va rejoindre tes payfans, & fi ton cœur eft fermé à la nobleffe que je veux t'infpirer, laiffe-moi feul ici: le ciel fans doute m'offrira bientôt un homme digne d'occuper la place que tu refufes. Après ces mots, Pharfamon tourna la tête du côté de la Maifon ; il fembloit être extafié de plaifir. Cliton avoit été veritablement pénétré des paroles de fon Maître ; mais le retour trop récent à la Maifon de l'oncle, la faim qu'il avoit gagnée à la chaffe, & qui faifoit un des plus grands obftacles à l'envie fecrette qu'il avoit de fuivre Pharfamon, le reffouvenir des mortifiantes avantures qui leur étoient arrivées, tout cela combattoit fon penchant ; & peu s'en fallut que fes réflexions ne l'emportaffent : Mais le pauvre garçon ne pouvoit échapper à fa deftinée ; il falloit qu'il fût l'inféparable Ecuyer de l'infortuné Pharfamon : le Ciel l'avoit choifi pour compagnon illuftre des malheurs de ce nouveau Chevalier ; & fon cerveau déjà groffierement prévenu des idées d'amour romanefques, n'étoit point d'une efpece à pouvoir tourner à bien ; cependant il fembla d'abord que la raifon chez lui, ou plûtôt la timidité, étoit la plus forte. Adieu donc, dit-il à Pharfamon en ôtant fon Chapeau, adieu mon cher Maître : Puisque vous n'avez point peur, ni de mourir de faim, ni des coups de bâton qu'on pourra vous donner sans vous connoître, adieu, je n'ai pas la force de m'y exposer davantage ; je m'en vais mourir de chagrin chez nous : Je vous promets de ne voir ni paysan, ni paysanne, & de conserver toute ma vie le ressouvenir des leçons que vous m'avez données. Si dans votre chemin vous trouvez Fatime, faites lui mes complimens : dites-lui que je ne l'oublirai jamais, que je souhaite une principauté à sa Maîtresse & à vous aussi ; & qu'en cas que cela arrive, elle ait la bonté de me le mander, afin que je l'aille trouver & que je l'épouse. Donnez lui mon adresse ; & de peur de méprise, dites-lui quand elle écrira le dessus de la Lettre, quelle mette à son malheureux amant Monsieur Cliron, plus triste qu'un Hibou, plus jaune que du Saffran, plus maigre que le Cheval étique qui est dans notre écurie, demeurant dans une petite Chambre à côté de la

Cuisine, que je choisis dès à present pour mon domicile, on ne pourra s'y tromper; adieu Monsieur: avant que de partir, permettez que je vous embrasse.

Après que Cliton eut fini ce lamantable discours; il embrassa son Maître, qu'une douce & tendre rêverie rendoit insensible à cette triste séparation. L'Ecuyer pleura, poussa nombre de soupirs, & remonta à Cheval en sanglottant. Il s'étoit déjà éloigné de trente pas, quand il tourna la tête par sentiment pour son Maître, ou par une fatale curiosité; il le vit à la même place où il l'avoit laissé, rêvant, & jettant ses regards par tout. A cet objet, toute sa raison l'abandonna; Fatime, la belle Fatime lui revint dans l'esprit: il sentit qu'il l'aimoit trop pour renoncer à la chercher. L'esperance renaît dans son cœur; la noblesse du métier qu'il veut quitter le touche & l'encourage; il tourne la bride de son Cheval, & revient à Pharsamon qui commençoit à s'avancer vers la petite Maison. Arrêtez,

Monsieur, lui cria-t-il, me voilà revenu ; en arrive ce qui pourra, je vous suivrai par tout. A ces mots, Pharsamon charmé du retour de son Ecuyer, lui dit d'approcher, & l'embrasse ; mais d'un air qui acheve de déterminer Cliton. Marchons, lui dit le Chevalier, & entrons dans cette Maison : c'est sans doute, comme je l'ai dit, un amant qui demeure en ces lieux ; & la conformité de nos malheurs le rendra sensible à mes peines : Il est tard, la nuit avance ; nous la passerons ici en nous racontant nos chagrins. Cela dit, il entre ; car la porte de cette Maison par hasard étoit ouverte. Il entre, dis-je, dans une cour d'une moyenne grandeur. Un gros chien gardien de la cour se réveille au bruit qu'ils font en marchant, & vient à eux en aboyant, & en leur montrant les dents. Ils reculent ; le chien avance, & veut les mordre : Un bâton qui s'offre aux yeux de Cliton lui sert de défenses : quelques domestiques arrivent au bruit. Qu'est-ce, dit un gros & gras Cuifinier en s'approchant, à qui en voulez-vous ? Je n'en veux à personne, repartit Cliton, qu'à votre chien qui m'en veut. Nous sommes des Etrangers, dit Pharsamon en prenant la parole, que le hasard a conduits ici. Comme nous ignorons les routes de ce Bois, & que la nuit s'avance, nous sommes entrés dans cette Maison : ayez la bonté d'en avertir le Maître ; j'espere qu'il aura celle de nous y souffrir. A ces mots, un des domestiques dit à nos avanturiers d'attendre un moment; un instant après, un jeune homme bien fait, & d'une beauté extraordinaire, paroît, saluë Pharsamon, & l'invite à venir se reposer. Pharsamon en voyant ce jeune homme, ne doute point qu'il n'ait deviné juste sur le sujet de sa demeure en ces lieux ; sa beauté, sa jeunesse, un air de langueur exprimé sur son visage, tout lui persuade que c'est un amant dont le sort est malheureux. On verra bientôt qu'il s'en falloit bien peu que ses conjectures ne fussent veritables : Cette conformité de malheurs qu'il s'imagine être entre ce jeune homme & lui, fait qu'il reçoit l'honnêteté du Solitaire d'un air, rempli de confiance & de noblesse. Pharsamon étoit naturellement bien fait; & à sa folie près, il étoit peu d'hommes dont la figure fût plus aimable : Il le parut aussi aux yeux du jeune hôte, qui ne douta point à ses manieres qu'il ne fût d'une naissance distinguée.

Auprès du Maître de la Maison, on voyoit un autre jeune homme du même âge, d'une beauté moins fine, mais cependant réguliere. Cliton en le voyant, conçut pour lui tout autant d'amitié que Pharsamon en avoit senti pour le Maître. Ce jeune homme & Cliton se regardoient avec assez d'attention; car Cliton, quoique né dans un Village, & parmi des Paysans, ne laissoit pas à sa maniere d'avoir assez bonne mine : il avoit l'air frais & vif; & malgré l'irregularité de ses traits qui composoient un visage assez laid, il en résultoit une phisionomie comique & plaisante, qui divertissoit sans rebuter. Après quelques complimens de part & d'autre, où Pharsamon & le Solitaire faisoient regner beaucoup de politesse, on monta dans un appartement, dont les meubles simples & galans répondoient à la beauté naturelle du lieu.

Voici, dira quelque critique, une avanture qui sent le grand: vous vous éloignez du goût de votre sujet; c'est du comique qu'il nous faut, & ceci n'en promet point. Dans le fond il a raison: J'ai mal fait de m'embarquer dans cette avanture. Le plaisant pourra peut-être y faire naufrage. Je dis peut-être, car je tâcherai de le sauver. Cependant il seroit plus prudent de ne point l'exposer. Il me prend presque envie d'effacer ce que je viens d'écrire: Qu'en dites-vous, Lecteur? Allons, c'est bien pensé; mais c'est de la peine de plus, & je la crains: Continuons. Ne semble-t-il pas après tout à Monsieur le critique, que parce qu'il a ri quelque part, on soit obligé de lui fournir toujours de quoi rire ? Qu'il s'en passe s'il lui plaît ; un peu de bigarrure me divertit. Suivez-moi, mon cher Lecteur, à vous dire le vrai. Je ne sçai pas bien où je vais ; mais c'est le plaisir du voyage. Nous voici dans une Solitude ; restons-y puisque nous y sommes, nous en sortirons comme nous pourrons avec nos Personnages.

Notre Solitaire supposa que nos Avanturiers avoient besoin de se reposer. Vous devez être fatigués, leur dit-il, & je vous laisse jusqu'à l'heure du soupé. Pharsamon ne répondit à son hôte qui s'en alloit, que par une grande révérence, & il resta seul avec son digne Ecuyer. D'abord notre Chevalier passa quelques momens à rêver, & à lever les yeux au Ciel. Quelques soupirs assaisonnerent ce langage muet ; & il termina par cette exclamation à l'honneur de sa chere Cidalise. En vain, dit-il, ma Princesse, s'empresse-t-on à me faire oublier mes chagrins ; mon triste cœur n'est sensible qu'au désespoir de vous avoir perduë! Ne vous enfoncez pas sitôt dans vos rêveries, Monsieur, dit Cliton en l'interrompant, & parlez-moi un peu : Notre hôte est vrayment honnête homme, qu'en pensez-vous ? Si nous sçavions l'endroit où sont à present nos belles, nous leurs écririons de nous venir trouver. Que tes manieres de parler sont grossieres ! repartit Pharsamon ; tu m'interromps sans respect. Ne sçais-tu pas qu'il n'est pas d'usage que les Ecuyers parlent si librement à leur Maître : tu devrois te faire un plaisir d'observer religieusement les manieres que tu dois avoir avec moi : tu troubles la douceur que je trouve à m'abandonner à ma tendresse ; tant de familiarité ne convient point entre nous. Souviens-toi de ce que je suis & de ce que tu es ; & laisse-moi tout entier à mon amour. Vous devez, reprit Cliton, me pardonner ces petites fautes ; il n'y a pas si long-tems que nous faisons le métier. Laissez-moi faire, le jeu me plaît ; & bien-tôt j'en vaudrai bien un autre : je ne vous importunerai plus. Faites tranquillement toutes vos fimagrées : je vais me mettre à l'écart fur cette chaife, & je vous regarderai pour apprendre.

Après ce difcours, Cliton s'éloigna refpectueufement de Pharfamon. Ce Chevalier fentit un vrai plaifir de la fituation où ils alloient fe mettre tous deux : il jetta un regard fur Cliton, pour voir fi fa pofture étoit dans l'ordre ; après quoi s'appuyant du coude fur une table, & laiffant fon autre bras tomber négligemment fur lui, il n'oublia rien pour entrer dans la maniere de ces fameux Chevaliers, quand ils fe trouvoient quelque part éloignés de leur Maîtreffe. Le fort me pourfuit envain, s'écrioit-il ; tous mes jours fe pafferont, ma Princeffe, à vous chercher, & à vous aimer ! De tems en tems fes foupirs entrecoupoient fa voix. Cliton en écoutant fon Maître s'attendriffoit infenfiblement : jamais Chevalier, à fon gré, n'avoit mieux entendu l'amour; il ne le quittoit pas des yeux. Tant d'attention, enfin, réveillant sa tendresse, & lui inspirant des sentimens vrayment nobles, il joignit d'abord quelques soupirs à ceux de son Maître : ce tendre entousiasme augmenta; & lorsque Pharsamon eut achevé une exclamation qu'il avoit commencée, l'héroïque Cliton s'oubliant lui-même, se mit à son tour, non pas à parler, mais à s'écrier d'une déclamation tonnante, ah ! Mademoiselle Fatime ! car le sort plus jaloux que Satan n'a pas permis que vous soyiez encore Princesse; mais vous le deviendrez, car je m'en doute; je me meurs depuis que je ne vous vois plus; & sans un bienheureux appétit que le Ciel m'a donné, & que je le prie de me conserver, votre malheureux amant seroit logé dans le Cimetiere. Ah ! quand vous reverrai-je ? Pourquoi nous a-t-on séparés? Mais je vous chercherai tant, que vous eût-on cachée sous vingt bottes de foin, fallut-il gourmer encore un million de Dames Marguerites, ou être foüetté comme une Toupie, étrillé comme une Bourique, perdre jambes & bras, vous me reverrez manchot, & estropié à vôtre honneur & gloire; j'en jure par le plus beau Roman que j'aye jamais lu.

Pendant tout ce beau discours, Pharsamon, que l'Ecuyer avoit interrompu dans sa rêverie, l'écoutoit avec un étonnement plein de patience. Dès qu'il eut cessé de parler : Mais, Cliton, lui dit il, vous n'y songez pas, allez, mon ami, allez mugir dans la Cour. Attendez, Monsieur, répondit Cliton d'un ton posé, cela va être fini, j'ai encore quelque chose sur le cœur qui veut sortir. Taisez-vous, dit Pharsamon; & si vous voulez continuer vos sottises, quittez-moi, je ne veux plus de votre compagnie. Un moment encore, Monsieur, repliqua l'Ecuyer; puisque vous êtes si pressé, je retrancherai le reste, quoiquè ce soit le meilleur : mais il vaudroit autant n'avoir n'avoir pas parlé si je ne pousse quelques soupirs, je ne vous demande que le tems d'en faire quatre, ce n'est point trop, vous en avez poussé plus de mille ; attendez donc. Après ces mots, Cliton prenoit sa secousse pour tirer quelques mugissemens de son harmonieux gosier, quand le jeune Solitaire entra dans leur Chambre, & priva Cliton du plaisir de soupirer. Allons Seigneur, dit-il à Pharsamon, venez vous rafraichir ; on n'épargnera rien ici pour vous tirer de la profonde mélancolie où vous paroissez plongé. Généreux inconnu, repliqua Pharsamon, les soins que vous prenez méritent une éternelle reconnoissance ; mais j'ose vous assûrer que le penchant aura plus de part encore à celle que j'ai pour vous, que le ressouvenir de ce que je vous dois. Cliton voulut se mêler de faire un remerciment à sa maniere ; Pharsamon s'en apperçut, & il lança sur cet Ecuyer babillard un regard qui lui imposa silence. On descendit dans une Salle, dont une charmante propreté faisoit toute la magnificence: un moment aprés on servit; Pharsamon & le Solitaire se mirent à table. Cliton voyant qu'on ne lui disoit rien, s'approcha doucement de Pharsamon, & lui dit à l'oreille: à propos Monsieur, conseillez-moi, je ne sçai ce que je dois faire: Me mettrai-je à table, ou mangerai-je au buffet? Nos livres ne nous disent rien là-dessus. Imprudent que vous êtes, retirez vous, & me laissez en repos, dit Pharsamon. Oh bien, repartit Cliton assez haut, l'honneur vaut mieux qu'un soupé: il ne sera pas dit qu'un Ecuyer soupe à la Cuisine; cela tire à conséquence. Le Solitaire entendit à demi ce que prononçoit Cliton; & jugeant simplement qu'il avoit quelque répugnance à manger avec les domestiques, il ordonna qu'on le fît manger à part dans la même Chambre. A l'instant le jeune homme qui paroissoit être le compagnon du Solitaire entra; cela étant, dit Cliton en le voyant, vous aurez la bonté de me tenir compagnie; notre écot en vaudra bien un autre. Le Solitaire fit alors signe au jeune homme d'accepter la partie, & on les servit sur une table à part.

Je ne sçai s'il seroit dans l'ordre ou non de faire jaser nos avanturiers; il n'est pas fort aisé de leur donner le tems de parler, & celui de manger: Je sçai bien que j'ai toujours eu de la peine à faire les deux à la fois. Mais, dira t-on, il est assez ordinaire de parler à table, & vous pouvez sans faire de tort à leur appétit, leur mettre dans la bouche les discours que la politesse exige d'eux. Je consens donc à leur faire dire quelques mots, car je n'aime point en pareil cas les longues conversations, aussi-bien apperçois-je Pharsamon les yeux fixés, enfoncé dans la rêverie, oublier qu'il tient la fourchette en l'air, pendant que Cliton plus ardent qu'un famelique, se sert de ses deux mains à la fois, pour ne point perdre de temps: Tout est d'un bon goût, s'écrie-t'il quelquefois, votre cuisinier est un habile homme, si les Messieurs des Romans en avoient eu de pareils, ils auroient passé plus d'heures à manger qu'à rêver; le jeune homme admiroit l'activité de notre Ecuyer: courage, disoit-il, Seigneur Ecuyer, puisque vous l'êtes, Oüi parbleu je le suis, reprenoit-il, c'est une qualité qui me coûte bonne, je vous raconterai cela, si vous voulez, quand j'aurai fini avec ces plats.

Pendant que Cliton prononçoit, en mangeant, quelques mots à la traverse, le jeune Solitaire après avoir assez long-tems respecté la rêverie de Pharsamon, se détermina à l'interrompre: Seigneur, dit-il, calmez les chagrins dont vous êtes agité. la tristesse où je vous vois me touche, je m'interesse au sort des malheureux, & ma propre situation m'apprend à les plaindre. Il est vrai, repartit Pharsamon, que mon sort est bien triste, & je vous demande pardon, si malgré les honnêtetés que je reçois de vous; je cede à ma mélancolie, mais les sujets qui la causent sont si légitimes, que vous me plaindriez sans doute encore davantage, si vous les sçaviez. J'espere aussi, repliqua le Solitaire, que vous voudrez bien me les apprendre, je vous rendrai confidence pour confidence ; croyez cependant que c'est moins la curiosité qui me porte à sçavoir vos malheurs, qu'une sincere amitié qu'en vous voyant j'ai conçûë pour vous. Les sentimens d'estime que vous me témoignez avoir pour moi, me flatrent infiniment, dit Pharsamon, & seroient capables de soulager mon cœur, s'il étoit susceptible de consolation, aussi puis-je vous assurer, à mon tour, que les miens sont pareils aux vôtres.

Oh, c'en est fait, je m'ennuye de ces fades complimens, dont presque tous les Romans sont remplis ; Pharsamon & le Solitaire ne s'en feront plus, il y a déja près d'une heure qu'ils sont à table, ou du moins mon intention a été qu'ils y demeurassent tout ce tems.

là, il est tems aussi qu'ils se retirent, & je finis le repas après avoir un moment écouté Cliton qui a perdu l'appétit. Causons maintenant, le beau garçon, dit-il au jeune homme, la parole ne me manquera plus: dites-moi, n'êtes vous pas des Officiers qui venez vous engraisser ici pour la campagne prochaine? le quartier d'hiver est bon, il ne manque plus que des femmes pour le rendre complet. Non, Seigneur Ecuyer, répond le jeune homme, des raisons bien differentes nous font demeurer ici. Par ma foi, repliqua Cliton, j'y demeurerois bien sans en avoir. Vous êtes de bonne humeur, & votre compagnie est agréable, dit le jeune homme, je vous assure que je m'ennuierois moins ici si vous y restiez. Vraiment je vous suis bien obligé, repliqua-t'il, si j'avois moins mangé je vous remercierois bien mieux, mais j'étouffe, laissez-moi respirer un moment. Etes-vous toujours, dit le jeune homme, aussi gay que vous l'êtes à present? Oüi sans doute répondit il, il n'y a que le Mercredi des Cendres, les Vigiles, & pendant le Carême, que je suis un peu bouru, or cela, je suis toujours plus éveillé qu'une horloge ; mais à propos d'horloge : se couche-t'on de bonne-heure ici ? Quand on veut, dit le jeune homme : La bonne maison ! Vivent à jamais ceux qui l'ont bâtie, & ceux qui l'habitent ! Faitesvous l'amour aussi quelquefois ? Nous le ferions s'il le falloit ; mais nous n'avons ici ni femmes ni filles. Fi donc ! reprit Cliton, vous avez oublié cet article là bien mal-àpropos, votre maison ne durera pas long-tems, puisqu'il n'y a que des hommes ; mais que voulois-je vous dire encore ? Racontez moi un peu votre vie ; beau comme vous êtes, n'avez-vous pas été couru de bien des filles de chambre, ne connoîtriez-vous point certaine brune, entre grosse & menuë, entre grande & petite ; nommée Mademoiselle Fatime ? Non, dit le jeune homme, depuis un an que nous sommes ici, nous n'avons vû que quelques

Chasseurs. Je suis vraiment ravi que vous ne la connoissiez pas, repliqua Cliton, franchement ce seroit une fort mauvaise connoissance que la vôtre. Pourquoi donc ? dit le jeune homme. Je m'entends bien, poursuivit-il, & vous sçaurez pourquoi demain ; mais vous m'avez dit qu'on se couche ici quand on veut, & la volonté de me coucher me prend, & si mon lit est fait j'y cours. Vous êtes bien pressé, dit le jeune homme, il n'est point encore tard. Oh ! repliqua Cliton, apparemment votre horloge retarde ; mais mes yeux me servent de cadran, quand ils se ferment, il doit être minuit, bon soir, demain il fera jour.

A peine Cliton eut-il prononcé ces derniers mots, que Pharsamon & le Solitaire se leverent de table, & franchement c'est fort bien fait à eux, car Cliton, s'il eût continué, n'auroit sçu ce qu'il auroit dit. Seigneur, dit le Solitaire au Chevalier, si vous n'avez point envie de vous retirer sitôt, nous avons ici un petit

petit Jardin, & si vous voulez nous y descendrons pour nous y promener, la solitude & la nuit conviennent à ceux qui ont des sujets de s'affliger, & peut-être y trouverez-vous des charmes. Je n'en voudrois point d'autres que ceux que m'offre votre compagnie, répondit Pharsamon en soupirant; & puisque vous m'en faites le maître, je serai ravi de le prolonger autant que je le pourrai ; après ces mots ils descendirent au Jardin, le jeune homme conduisit Cliton à la chambre où on leur avoit préparé des lits, & notre Ecuyer après avoir embrassé son conducteur par reconnoissance du bon repas qu'on lui avoit fait faire, se hâta de se coucher, pour faire la digestion plus à son aise.

Pharsamon & le Solitaire se promenerent quelques instans sans rien dire, notre Chevalier marchoit à pas lents, & s'arrêtoit par intervales; le Solitaire l'examinoit, il se sentoit ému d'une tendre compassion : Que ses chagrins doivent être grands ! disoit-il, tout bas.

III. Partie. P

Cependant il le conduisit insensiblement dans une allée dont l'obscurité fit cesser la rêverie de Pharsamon. Il n'est rien que je ne fisse, Seigneur, dit le Solitaire, pour diminuer vos peines, & si le récit des miennes peut les suspendre, pour peu que vous le souhaitiez, je suis prêt à vous le faire, vous y verrez peut être des choses qui vous surprendront, & dignes de votre curiosité. Il n'y a qu'à vous voir, repliqua Pharsamon, pour juger que ce qui vous est arrivé est digne d'être sçû ; aimable autant que vous l'êtes, on devine aisément qui peut avoir causé vos malheurs, l'amour seul peut troubler les jours d'un homme tel que vous. C'est effectivement cette passion qui a traversé ma jeunesse, répondit le Solitaire ; mais puisque vous voulez bien me prêter votre attention, écoutez mon histoire, je vais la commencer.

Histoire du Solitaire.

Il y a un an que je suis venu dans ces lieux ; mais avant de vous dire les raisons qui m'y retiennent, il faut vous parler de ma naissance. Un jeune homme de qualité nommé Tarmine, qui faisoit sa résidence ordinaire dans un Château auprès de Paris, connut une Demoiselle chez un de ses amis qu'il avoit été voir: elle lui parut une très-aimable personne; il demanda qui elle étoit, & son ami lui dit qu'elle étoit la fille d'un Gentilhomme mort depuis quelque tems à l'armée, qu'elle demeuroit avec sa mere dans un village voisin de chez lui, & que sa fille ayant contracté amitié avec cette jeune Demoiselle, l'avoit engagée à venir passer quelque tems chez eux, qu'au reste elle étoit fort mal partagée des dons de la fortune; Tarmine fut charmé d'apprendre qu'elle avoit de la naissance; il revint le lendemain revoir son ami, & trouva moyen de parler à la Demoiselle, que j'appellerai Persianne. Tarmine étoit bien fait, d'une humeur douce, d'une phisionomie aimable & tendre; il témoigna à Persianne, combien elle l'avoit touché, & il lui témoigna d'un air si charmant & si persuasif, que Persianne, malgré les efforts qu'elle fit pour cacher le penchant qu'elle avoit pour lui, ne put s'empêcher de marquer par sa réponse, qu'elle n'étoit pas insensible. Une seconde conversation acheva de vaincre la resistance, que par bien-séance, & par sagesse, elle imposoit à son cœur ; Tarmine lui déclara ses sentimens, & lui parla comme à une Maîtresse, non pas qu'on aime simplement, mais qu'on respecte & qu'on estime, & dont on souhaite de faire son épouse ; ses sentimens étoient du côté de la fortune trop avantageux, & trop flatteurs du côté du cœur, pour que Persianne conservât des raisons encore pour ne lui pas marquer combien elle l'aimoit, elle ne l'avoit jusqu'ici marqué qu'à demi ; mais enfin elle ne lui cacha plus sa tendresse, elle l'en assura à son tour, d'une maniere si naïve, que cette déclaration lui prêta de nouveaux charmes, & que Tarmine en connut mieux le prix du cœur qu'elle lui abandonnoit : Il avoit encore son pere, c'étoit un vieillard avare & difficile, il y avoit peu d'apparence qu'il approuvât le choix de son fils, les richesses qu'il possedoit y apportoient beaucoup d'obstacles ; cependant Tarmine ne laissa pas de le faire pressentir par quelques amis, ausquels le bonhomme répondit d'une maniere qui ôtoit toute esperance à Tarmine de le gagner, cet amant confia à sa maîtresse toutes les difficultés qui se présentoient ; la bonne foi de Tarmine, sa probité dans toutes ses actions, redoublerent la passion de Persianne, l'infidelité seule dans un amour d'estime, peut rebuter du plaisir d'aimer ; Tarmine charmé de l'attachement inviolable qu'elle avoit pour lui, se détermina à parler lui-même à son pere : larmes, prieres, soumissions, tout fut employé pour gagner l'esprit du vieillard, & tout fut inutile, peu s'en fallut même qu'il ne défendît à son fils de la voir. Quel désespoir pour un amant qui ne connoît d'autre bonheur que celui de s'unir éternellement à ce qu'il aime! Tarmine & Persianne passerent quelques jours à se confier leurs larmes, des objets si touchans irriterent leur passion, ils résolurent de s'épouser, quelque chose qu'il en dût arriver: l'amour en pareilles occasions, dérobe & fait oublier les formalités nécessaires, la bonne foi, l'honneur, paroissent presque toûjours des biens suffisans ; ils trouverent moyen cependant d'interesser l'ami de Tarmine, & la Chapelle de cet ami fut le lieu où ces amans enyvrés du plaisir de s'adorer, se jurerent l'un à l'autre une éternelle fidelité.

Leur union ne fut sçûë que de trois personnes, & ils vécurent trois mois ensemble d'une maniere à persuader qu'ils ne se voyoient plus qu'indifferemment ; cependant Persianne avertit Tarmine d'un accident ordinaire aux nouvelles mariées, ils prirent des mesures pour cacher sa grossesse, & elle accoucha dans le temps, avec toute la confiance d'une femme que des liens sacrés unissent à son mari, & qui croit son enfant en sûreté.

Le valet de Chambre de Tarmine qui avoit été un des trois témoins de son mariage, avoit longtems servi le pere de cet amant. Le vieillard, à l'occasion de quelque bruit sourd, interrogea ce Domestique, & pour l'engager à tout avoüer, lui promit une somme d'argent considerable, & d'avoir soin de lui; ce malheureux se laissa gagner, & informa le pere de tout ce qu'il sçavoit quelques jours avant que Persianne accouchât. Ce vieillard n'en voulut point sçavoir davantage, il feignit de se résoudre de bonne grace, à ce qu'on ne pouvoit plus empêcher; il envoya chercher son fils, & après une legere réprimande sur son obstination à conclure une chose qu'il lui avoit défenduë, il témoigna que puisqu'elle étoit faite, il consentiroit à tout; il demanda même à voir la jeune épouse de son fils; elle parut, & le fourbe vieillard cacha sous les apparences de l'honnêteté la plus sincere, tout le mal qu'il méditoit de faire dans la suite à ces jeunes Epoux.

Je ne puis vous dire les mesures qu'il prit pour executer ses mauvais desseins ; mais quinze jours après les couches de Persianne, l'enfant qu'elle avoit mis au monde disparut, sans qu'on pût découvrir par quel accident ; la Nourrice ne se trouva point non plus ; ce malheur desespera Tarmine & Persianne. Tarmine fit d'inutiles perquisitions, il ne put rien apprendre, il s'en plaignit à son pere, & lui marqua dans son chagrin qu'il n'y avoit que lui seul qu'on pût accuser de ce coup. Le vieillard feignit de s'emporter contre son fils, & de pousser son ressentiment si loin, qu'il le menaça de faire rompre son mariage. Il tint sa parole, & se donna pour cela les mouvemens nécessaires.

Peu de tems après & pendant qu'il poursuivoit avec chaleur cette cassation, il tomba malade, & mourut presque subitement. Malgré la dureté de son pere, Tarmine, en bon cœur, fut affligé de sa mort; il se hâta après de revêtir son mariage de toutes les cérémonies honorables, & récompensa tous les anciens Domestiques de son pere, dans l'esperance de sçavoir de quelqu'un d'eux, les moyens dont il s'étoit servi pour détourner son enfant, & l'endroit où il l'avoit placé; mais ce vieillard avoit fait son coup si secrettement, que pas un d'eux ne put là-dessus lui rien apprendre.

Tarmine & Persianne ne purent se consoler de cette perte près de dix huit ans se passerent sans qu'ils eussent d'autres enfans.

Cependant l'enfant qu'on avoit enlevé s'éleva jusqu'à l'âge de trois ans, à quinze lieuës loin de leur Château, chez un paysan, dont la femme le nourrissoit ; je ne vous dirai point comment le pere de Tarmine avoit pû connoître ce paysan, qu'il vous suffise, que c'est moi qui étois cet enfant, & que je suis une fille.

A ce discours Pharsamon étonné, s'écria : Quoi vous n'êtes point un homme ? Non, Seigneur, repliqua l'inconnu, & vous sçaurez bientôt les raisons de mon déguisement. O Ciel ! dit alors notre Chevalier, charmé d'une avanture qui tenoit du merveilleux, & qui le rapprochoit du temps de ces fameux Avanturiers, à qui pareilles choses arrivoient souvent. O Ciel ! qu'il est des destinées surprenantes ! Mais continuez belle inconnuë, il me tarde de sçavoir la fin d'une si belle histoire. L'inconnuë reprit alors son discours de cette maniere. —

Au bout de trois ans que je passai chez le paysan auquel on m'avoit confié, le hazard conduisit dans notre Village une compagnie de Cavaliers & de Dames ; mon pere nourricier étoit le Fermier d'un bien qui appartenoit à un de ces Cavaliers, ce Paysan avoit un Jardin assez propre, que toute la compagnie choisit pour y faire un repas agréable ; j'étois alors dans le Jardin quand ils entrerent tous. Une de ces Dames, nommée la Marquise de * * femme âgée, & qui n'avoit point d'enfans, m'ayant apperçûë demanda au Paysan si j'étois sa fille. Il avoüa naturellement que non ; qu'il ne sçavoit même à qui j'appartenois, & qu'il y avoit trois ans qu'on lui avoit donné telle somme pour se charger de moi, & qu'on me viendroit reprendre incessamment ; que les trois ans s'étoient passés sans que personne parût, & que la charité & la compassion l'avoient fait résoudre à me garder, & à me nourrir avec ses propres enfans. Après cet aveu, il exagera à cette Dame quelques bonnes qualités, qui sembloient pronostiquer que je serois un jour aimable. L'avanture parut singuliere à tout le monde, on m'éxamina de plus près, & ce fut peut être à ce qu'on trouvoit d'extraordinaire dans ma naissance que je dûs le tendre interêt que cette Dame conçut pour moi : Elle me caressa, je promettois de la beauté, mes petites manieres lui parurent douces & agréables ; enfin elle dit à toute la compagnie, qu'elle avoit dessein de me prendre & de m'élever chez elle, & que je lui tiendrois lieu de fille ; le Paysan consentit à me laisser aller, ce ne fut cependant pas, m'a-t'on dit, sans me regretter. La Marquise pour le consoler, lui donna quelque argent, & le repas fini, elle me prit dans son carosse, & m'emmena à sa Terre qui étoit à quatre lieuës de-là.

J'ai passé chez cette Marquise jusqu'à l'âge de dix-sept ans ; il est inutile de vous dire qu'en changeant, pour ainsi dire, de maître, je changeai insensiblement de manieres, on me donna toute l'éducation qu'une Demoiselle bien née peut avoir ; malgré les trois lieuës de distance qu'il y avoit du Château de cette Dame à la plus prochaine Ville, j'eus des Maîtres à chanter, à danser ; & le progrés que je fis dans l'un & dans l'autre, donna lieu à la Marquise de s'applaudir de ses soins. Je me crus long-tems sa fille, elle m'avoit accoutumée à l'appeller ma mere, & elle ne me defabufoit point ; il étoit méme défendu aux Domeftiques de m'apprendre rien là-deffus. L'éducation m'avoit infpiré pour elle cette tendreffe que la nature donne aux enfans pour leur mere ; mais le hazard qui avoit toujours difpofé de moi, fit que j'appris enfin ce que j'avois fi long-tems ignoré

Les plaifirs & les jeux occupoient dans ce tems, tous ceux qui demeuroient aux environs du château de cette Dame, ce n'étoit tous les jours que fêtes, & que parties de plaifir, je touchois alors à ma feiziéme année, j'avois quelque beauté ; nombre d'amans de tous caracteres, s'étoient déja déclarés pour moi ; aucun d'eux cependant ne m'avoit fait encore fentir que j'avois un cœur à donner ; ils me divertiffoient, fans me plaire ; & fans marquer de préference à aucun d'eux, je les traitois tous d'une maniere qui n'ôtoit à pas un l'efperance de me toucher ; cette esperance les rendoit ingénieux à inventer tout ce qui pouvoit me réjouir. La Dame ma bienfaictrice, étoit charmée de la sagesse avec laquelle je me conduisois, je lui obéïssois sur tout aveuglément, cette déférence que j'avois pour ses conseils, l'attachoit encore plus à moi ; mais le temps approchoit où je devois démentir par un malheureux penchant l'obéïssance exacte que j'avois toujours euë pour elle.

Dans le nombre des parties qu'on faisoit tous les jours, mes Amans proposerent de représenter une Tragédie, où je ferois le premier rôle de femme ; la nouveauté de la chose plut à tout le monde, on en parla à la Marquise qui y consentit, on nous donna nos rôles, dont les deux principaux étoient un Prince & une Princesse qui s'aimoient, & qu'un Roi jaloux chez qui ils étoient, entreprenoit par la force de séparer : j'eus le Rôle de la Princesse, & l'on me pria de nommer parmi tous les jeunes gens, celui qui feroit le Rôle du Prince ; je me mis à rire de cette propoſition, je demandai juſqu'au lendemain pour me déterminer, & continuant de badiner toujours, j'ajoutai qu'afin de choiſir avec plus de juſtice, il étoit à propos que tous ceux qui aſpiroient à joüer le Rôle en queſtion, s'aſſemblaſſent au logis le lendemain, & que là, les examinant de plus près, le Ciel où mon cœur m'inſpireroit dans un choix auſſi ſérieux que l'étoit celui d'un amant. La Marquiſe étoit preſente à cette converſation avec d'autres, tout le monde ſe mit à rire de ma ſaillie ; les jeunes gens qui ſe trouverent là, redoublerent dès l'inſtant même leurs ſoins auprès de moi ; mais je leur déclarai que je ne voulois me laiſſer prévenir par perſonne, juſqu'au moment qui devoit décider de leur deſtinée & de la mienne. Cette déclaration prononcée du même air que le reſte, fit effectivement ceſſer leurs empreſſemens, leurs yeux ſeuls briguerent auprès de moi, par un tendre langage, l'avantage de la préférence, & quand on eut assez longtems badiné sur la proposition & sur ce que j'y avois répondu, on me somma de tenir ma promesse : on convint de l'heure pour se rendre le lendemain à l'assignation, puis chacun se retira chez soi.

Dès que nous fûmes arrivées au logis, la Marquise me demanda si j'avois parlé sérieusement, quand je m'étois engagée à donner la préférence à un de ces jeunes gens. Je répondis que j'avois seulement badiné; que je n'aurois garde d'executer ce que j'avois dit ; que même, quand il faudroit me déclarer pour quelqu'un d'eux, je ne sçaurois lequel de tous me choisir, puisqu'ils me plaisoient également : ou, que pour m'expliquer encore mieux, il n'y en avoit aucun pour qui je n'eus une véritable indifférence.

Elle me loüa d'avoir des sentimens si sages, & me dit, que si ces jeunes gens persistoient à vouloir me faire déclarer, que je devois leur

leur dire que mon prétendu choix n'étoit qu'une badinerie hasardée pour faire rire, & que je serois trop embarrassée s'il me falloit choisir parmi des Cavaliers dont le mérite étoit égal. J'assurai la Dame que je suivrois ponctuellement ses volontés ; mais on ne doit pas répondre de ce que l'on est capable de faire à l'avenir.

Une des Dames qui composoient la compagnie du soir précédent, avoit un fils de l'âge à peu près de vingt ans, que ses études en Droit avoient retenu long-tems à Paris, & qu'on n'avoit point encore vû parmi nos jeunes gens : ce jeune homme arriva chez sa mere le soir même de la promesse en question ; on étoit dans les vacances, & il venoit pour les passer chez lui. Sa mere qui n'avoit que ce fils, & qui l'aimoit extrêmement, lui apprit la partie, & la maniere dont je devois faire choix d'un Acteur principal. Ce jeune homme pria sa mere d'agréer qu'il se mît du nombre des aspirans ; Elle lui permit

Q

avec d'autant plus de plaisir, qu'il n'y avoit point de jeune homme parmi nous, ni mieux fait, ni d'un air plus prévenant, & peut-être plus spirituel.

Ce jeune homme charmé d'avoir à signaler son arrivée si heureusement, va le lendemain matin rendre visite à quelques jeunes gens qu'il connoissoit, & leur apprend qu'il avoit dessein de courir la même fortune qu'eux. Ces jeunes gens prévenus chacun pour soi, ne furent point intimidés du nouveau Camarade qui se presentoit : Ils s'assemblerent tous, & vinrent au Château de la Marquise à l'heure marquée, avec le reste de la compagnie, que la rareté de cette badinerie rendoit aussi curieuse de ce qui en arriveroit, que les jeunes gens étoient empressés.

Je parus en faisant un grand éclat de rire de leur crédulité. Comme la Dame chez qui j'étois m'avoit instruite le soir d'auparavant, elle sembla se joindre à tout le monde pour me presser de me déclarer; je refusai toujours de le faire. Le jeune homme nouvellement arrivé se fit présenter par sa mere, & me pria de vouloir bien qu'il fût du nombre des concurrens. Je ne l'avois point encore remarqué, & je sentis en le voyant un je ne sçai quel plaisir que jamais personne ne m'avoit fait. Il me parla avec moins d'ardeur que les autres; & je crus même m'appercevoir qu'il ne me pressoit, comme ses camarades, que par formalité; & je démêlai dans son discours qu'il auroit souhaité que le hasard en décidât plûtôt qu'une préférence qu'il regardoit comme un choix du cœur, auquel un nouveau venu, selon toutes les apparences, n'avoit rien à prétendre. L'inquiétude que je lui trouvois là dessus me plut, & m'en inspira une aussi: J'aurois voulu qu'il eût deviné qu'il me plaisoit plus que les autres. Pour lui en donner quelque chose à comprendre, je lui dis, en le regardant, d'un air assez doux: Non, Monsieur, je ne veux point me déclarer en faveur de personne, & s'il est vrai que le choix que je ferois vous interesse, vous n'aurez, je vous assûre, le chagrin de vous voir préféré à personne. N'en doutez point, Mademoiselle, me répondit-il très vîte, quoique nouveau venu, l'interêt que j'y prens passe peut être celui des autres; ainsi je ne vous presserai pas davantage, parce que j'ai plus lieu de craindre qu'un autre.

Cependant ses camarades persistoient à demander un choix. Un d'eux voyant qu'absolument je n'en voulois rien faire, me proposa de souscrire à ce qu'il avoit imaginé. Puisque vous craignez, dit-il, Mademoiselle, de faire des jaloux, ordonnez que celui d'entre nous qui aura le plûtôt appris le rôle dont il s'agit, sera celui qui aura l'honneur de le joüer avec vous. Ce jeune homme esperoit sans doute que sa mémoire lui donneroit la victoire. A cette proposition les instances pour un moment cesserent : J'approuvai ce qu'il venoit de propoſer; me voyant par là délivrée d'une importunité qui commençoit à me fatiguer. Chacun d'eux ſe conſulta; & enfin tous d'une commune voix me jurerent qu'ils conſentoient que la mémoire en décidât.

A peine eut-on ſouſcrit à cet accommodement, que le jeune homme nouvellement arrivé s'écria, que puiſque celui qui ſçauroit le plûtôt le rôle en queſtion devoit avoir la préférence, qu'il n'étoit pas beſoin d'une ſeconde ſéance pour voir déclarer un Vainqueur, qu'il ſçavoit déja par cœur le rôle dont il s'agiſſoit, parce qu'il l'avoit déja joüé à Paris chez un de ſes amis, où l'on avoit repreſenté la même Piéce; & qu'ainſi, puiſque ſes camarades s'étoient jugés eux-mêmes, qu'ils n'avoient point à ſe plaindre, & qu'il ne doutoit point que je ne prononças en ſa faveur, puiſque j'étois convenu de nommer triomphant celui qui ſçauroit le plûtôt ce rôle.

Je vous avoüe que je fus charmée que le hasard qui lui avoit fait apprendre ce rôlle se fût accordé si juste avec mon inclination. Je n'attendis point non-plus que ses camarades répondissent à ce qu'il venoit de dire, je me hâtai avec une vivacité, peut-être imprudente, d'avoüer qu'il étoit Vainqueur, & que c'étoit lui que je choisissois.

Ses camarades frappés d'une avanture qui leur ôtoit l'espérance aussi-tôt que conçuë, demeurerent muets à mon jugement ; Ils le regarderent tous d'un œil d'envie, & penserent presque faire une querelle à celui qui avoit proposé un si fatal accommodement ; ce jeune homme lui-même parut outré de chagrin. Cependant personne d'eux ne contesta ; & le nouveau venu que j'appellerai Oriante, fut nommé pour joüer avec moi le rôle de Prince. Nous nous regardâmes tous deux : Je crus voir dans ses yeux le plaisir qu'il en avoit ; & sans doute les miens lui dirent la satisfaction que j'en avois aussi. La conversation fut plus languissante qu'elle n'avoit été d'abord: Les jeunes gens ne pouvoient se consoler d'avoir en un moment perdu l'espoir ; ils paroissoient rêveurs & inquiets: Je tâchai cependant par des manieres honnêtes de les tirer d'inquiétude. Je leur representai qu'aucun d'eux ne devoit être fâché d'une pareille avanture ; & qu'un choix où le hasard seul avoit présidé, ne devoit pas leur tenir au cœur. Ils parurent écouter mes raisons. Nous distribuâmes les autres rôles de la Piéce ; & après avoir pris jour pour nos répétitions, la compagnie s'étant retirée, je restai seule avec la Marquise.

Je n'osai d'abord lui demander si elle étoit contente de tout ce qui s'étoit passé. Elle m'en épargna la peine ; & la maniere dont elle me parla me persuada qu'elle étoit satisfaite de moi. Elle me reprit d'une seule chose : je m'étois, dit-elle, trop hâtée de nommer Oriante. Une Demoiselle, ajouta-t-elle, ne peut dans ces sortes d'occafions, montrer ni trop d'indifférence, ni trop de retenuë : J'aurois dû laiffer prononcer les jeunes gens, qui malgré leur jaloufie n'auroient pas apparamment fait d'injuftice ; & elle attribua une grande partie de leur inquiétude, à la promptitude avec laquelle je m'étois déclarée. Qu'à fon égard, elle étoit perfuadée que ma vivacité n'avoit point d'autre principe qu'un peu d'étourderie, & qu'à l'avenir je devois y prendre garde.

Je vous avoüe que je fus furprife de l'attention pénétrante qu'elle avoit faite à ma précipitation ; je ne m'en reffouvenois pas moi-même, tant le penchant qui l'avoit caufée avoit été prompt & involontaire. Je lui répondis cependant, qu'il fe pouvoit faire que je me fuffe trop preffée, mais que je ne l'avois fait que pour m'épargner l'ennui d'une plus longue conteftation, qui n'auroit pas manqué d'arriver parmi ces jeunes gens ; & qu'elle pouvoit être perfuadée qu'aucune autre raifon n'y avoit eu de part. Nous

Nous ne parlâmes pas davantage de cela : je ne laissai pourtant pas d'être occupé le soir de tout ce qui étoit arrivé : je m'apperçûs sensiblement que j'avois du plaisir à songer à Oriante. Le peu de connoissance que j'avois de l'amour, fit que je me livrai sans scrupule à mes premiers sentimens. Je me couchai avec l'impatience qu'il ne fût jour, pour avoir le plaisir de revoir ce jeune homme, me doutant bien qu'il ne manqueroit pas à me venir rendre visite. Il vint effectivement le lendemain comme je l'avois prévû, mais ce ne fut que l'après-dîné ; la bienséance ne lui permettant pas de venir le matin. La Marquise n'étoit point au logis ; une affaire concernant ses biens l'avoit obligé d'aller à une lieuë de là ; ce qui fit qu'Oriante me trouva seule. L'air dont je le reçûs lui marqua que sa visite me faisoit un veritable plaisir, & je vous assûre qu'il ne m'étoit encore rien arrivé qui me fût plus sensible que la douceur de me voir avec lui sans autres témoins que nous-mêmes. En m'abordant, il me parut embarrassé : son propre embarras lui déroba le mien : Nous nous remîmes cependant l'un & l'autre. Quelle conversation, grand Dieu! Qu'elle eut de charmes pour nous! Nos yeux nous assûrerent mille fois de l'amour le plus tendre, avant que notre bouche osât l'avoüer. Je ne vous ferai point un détail de cette conversation ; ces sortes de récits ne sont amusans que pour ceux qui en ont été les acteurs. Il me parla du hasard qui lui avoit procuré un bonheur qu'il préféroit à tout, quoiqu'un autre en eût pû être également partagé. Ma réponse lui marqua que j'aurois souhaité qu'il eût dit vrai : Il la comprit, & m'en remercia dans des termes où la tendresse la plus vive étoit exprimée. Mon cœur ne conspiroit que trop à rendre les marques de son amour persuasives : Il me sembloit que je ne devois plus douter de la sincerité de ses sentimens. Je ne lui répondois cependant pas grand chose ; mais que mes regards furent éloquens dans cette occasion ! Que vous dirai-je enfin ? Il m'offrit son cœur : il me demanda si je le recevois : il se jetta à mes genoux. Je rougis : je tremblai : Je ne pus garder davantage un silence, qui quoiqu'éloquent, épargnoit à ma modestie la peine de me déclarer de vive voix. Relevez-vous, Oriante, lui dis-je, je devrois rougir de confusion. Nul de vos concurrens, depuis qu'ils me jurent qu'ils m'aiment, n'a jusqu'ici eu l'avantage de s'expliquer si librement que vous le faites. Vous n'êtes arrivé que d'hier, & cependant aujourd'hui, vous me parlez de votre tendresse. Je ne vous impose point silence : je vous écoute : Vous vous jettez à mes genoux, & je n'ai point la force d'affecter seulement une fausse colere. Ah ! Oriante, épargnez-moi la confusion que votre procedé & le mien doivent me faire. Que ne puis-je encore vous persuader que vous auriez raison de douter, si je suis touchée ! Mais il n'est plus à mon pouvoir. Vous voyez tout le panchant que j'ai pour vous : il vous en a trop peu coûté, & vous ferez trop tôt accoûtumé à la certitude de m'avoir rendu fensible. Reprenez votre cœur, Oriante, laissez-moi mon repos ; je ne suis point ma maîtresse : Mes fentimens doivent se régler fur les volontés de ma mere. Soyez perfuadé que rien au monde ne me charmeroit tant que le confentement qu'elle donneroit au panchant que je me fens pour vous ; mais tenons-nous-en là l'un & l'autre. Oriante ne pouvoit contenir fa joye : l'excès de fa paffion m'enflamma encore davantage. Il me pria de permettre qu'il m'affûrât toujours de fa tendreffe : Je ne me fouviens plus de tout ce que je dis là-deffus ; mais enfin nous convînmes de nous aimer, & de le cacher à tout le monde. Il y avoit près de deux heures que nous étions enfemble : je le priai de fe retirer craignant l'arrivée de la Marquife, & il m'obéit. J'allai m'enfermer dans ma chambre où le trouble, le plaisir, la crainte, la honte, enfin mille mouvemens differens m'agiterent tous ensemble : Mais quand on aime, les réflexions qu'on fait avec soi-même sont certainement plus d'effet que la presence de l'objet aimé. Je sentis que j'aimois Oriante avec passion : je ne connus d'autre plaisir que celui de le voir, de lui livrer mon cœur, & de l'entendre m'offrir le sien.

Cependant la Marquise arriva; je lui dis qu'Oriante étoit venu pour lui rendre visite. Elle ne me parut pas faire beaucoup d'attention à cela; car naturellement il étoit de la bienséance qu'il vînt nous voir. A mon égard, je pris tous les soins possibles pour lui cacher mes sentimens, & j'y réüssis; mais l'habitude de voir mon amant les rendit si vifs par la suite, qu'ils vinrent à la connoissance de tous ceux qui prirent la peine de m'examiner.

Il est inutile de vous dire ce qui se passa jusqu'à la représentation de notre Tragedie; je voyois Oriante

R iij.

tous les jours, & souvent seule. On arrêta le jour où nous devions représenter. S'il n'y avoit point de vanité à dire combien Oriante & & moi fîmes de plaisir à ceux qui nous écoûterent ; j'oserois assûrer qu'on ne vit jamais d'acteurs joüer leur rôlle avec plus de sentiment que nous. Helas ! tout le monde s'y trompa. On prit notre tendresse l'un pour l'autre alors pour un effet de l'art ; & jamais peut-être ne fut-elle ni plus vive, ni plus naturelle. Nous trouvions tous deux un plaisir si délicat à nous jurer un amour éternel devant tous ceux à qui dans un autre tems nous l'aurions caché, qu'à la faveur du jeu que nous représentions, jamais deux cœurs ne se parlerent avec moins de reserve que les nôtres.

On nous félicita d'avoir, disoit-on, si bien feint ; & l'on nous dit à cette occasion tant de choses plaisantes, qu'il nous en resta à Oriante & à moi la liberté de nous parler devant tout le monde plus familierement que nous n'aurions fait. Il m'appelloit toujours Madame, & souvent ma Princesse. Je continuai comme dans la Tragedie à l'appeller Seigneur; & j'en ai si bien contracté l'habitude, poursuivit la jeune Inconnuë, qu'en vous saluant je vous ai nommé de même; & vous me permettrez de vous nommer toujours ainsi.

Nous passâmes encore quatre mois entiers; sans que personne s'apperçût de l'amour que nous avions l'un pour l'autre. Au bout de ces quatre mois (car Oriante avoit fini son Droit) ce jeune homme devint triste, rêveur, & ce sont là les caracteres dont un violent amour marque ceux qui s'y abandonnent. Sa mere qui l'aimoit, & qui ne respiroit que par lui, inquiette à son tour de la mélancolie qu'il paroissoit avoir, lui en demanda plusieurs fois la cause. Oriante fit d'abord quelque difficulté de la lui apprendre. Enfin, un jour qu'elle le pressoit plus qu'à l'ordinaire; ce cher fils, après l'avoir embrassée, lui avoüa qu'il m'aimoit, & qu'il ne pouvoit vivre heureux sans moi. Sa mere, sans paroître surprise, se contenta de lui représenter doucement qu'il étoit encore bien jeune pour contracter un tel engagement; & que supposé que ma mere y donnât les mains, qu'il auroit peut-être tout le tems par la suite de regretter sa liberté. J'aime encore mieux, répondit-il, regretter ma liberté, s'il est possible qu'on la regrette quand on l'a perduë avec ce que l'on aime, que de languir dans une attente à laquelle peut-être je ne résisterois pas : Enfin, ma chere mere, ajouta-t-il, je vous conjure par vous-même, qui êtes ce que j'ai de plus cher au monde, de faire mon bonheur; j'ai du bien, de la naissance; & si vous voulez prendre la peine d'informer la mere de celle que j'aime, du violent amour que j'ai pour sa fille, elle ne peut s'opposer à ma recherche. La mere d'Oriante jugea bien qu'il étoit inutile de tenter à le faire changer de résolution : elle lui promit d'en parler dès le jour même à la Marquise,

& lui tint parole. Je me promenois seule sur une terrasse lorsqu'elle arriva au logis ; ce qui lui donna tout le tems de proposer notre mariage à ma prétendue mere.

Le compliment surprit, & embarrassa extrêmement la Marquise. Le parti étoit à la verité convenable si j'avois été sa fille ; mais quelque amitié qu'elle eût pour moi, il est en pareille occasion bien difficile de la pousser jusqu'à dépoüiller de veritables heritiers, d'un bien qui leur est naturellement dû, pour en favoriser une personne qui ne nous est rien, & qui ne nous touche que par une compassion généreuse. Aussi sa probité ne lui permit-elle pas de balancer un moment là-dessus ; mais comme elle m'aimoit véritablement, & qu'elle ne vouloit pas divulguer l'obscurité de ma naissance, elle prit un parti qui, sans l'engager à rien, satisfit en quelque façon cette bonne Dame.

Après donc avoir répondu à sa proposition avec toutes les démonstrations de la plus parfaite reconnoissance, elle ajoûta qu'avant de lui donner une parole positive, elle la prioit d'agréer qu'elle consultât mon inclination en particulier; & que si mes sentimens s'accordoient avec ceux de son fils, elle lui donnoit sa parole d'honneur qu'elle consentiroit avec joye à cette union.

Après cette assurance, la mere d'Oriante se retira, & fut avec empressement porter cette bonne nouvelle à son fils. Ce jeune homme ne douta point du succès, puisque c'étoit à mes sentimens qu'on devoit s'en rapporter.

Cependant la Marquise qui n'avoit pris ce délai que pour m'apprendre que je n'étois pas sa fille, & m'engager, par cet aveu, à dire que je ne voulois point me marier si-tôt, vint me trouver dans ma chambre où je m'étois retirée. L'air inquiet qui paroissoit sur son visage, & la précaution qu'elle prit de fermer la porte sur elle, après avoir regardé si personne ne pouvoit nous écouter, tout cela fit naître en moi un preſſentiment qui m'annonça qu'elle m'alloit apprendre quelque choſe de fâcheux ; je lui demandai même d'un ton embarraſſé, ce qu'elle prétendoit faire : quand s'approchant de moi ſans me répondre, elle prit une chaiſe auprès de la mienne, & s'aſſit. Je la regardois avec inquiétude ; enfin elle rompit le ſilence, & me dit.

J'ai d'étranges choſes à vous apprendre, ma chere enfant : vous les auriez ignorées toute ma vie, ſans l'accident qui vient d'arriver. Je partage par avance tout le chagrin que vous allez reſſentir ; mais c'eſt une néceſſité de vous avoüer tout. Oriante eſt amoureux de vous : je ne ſçai ſi votre panchant répond au ſien, & ſi vous avez flatté ſon amour de quelque eſpérance. Vous avez pû le faire ſans crime ; & je ſuis perſuadée que la ſageſſe a toujours réglé les ſentimens de votre cœur. Vous avez crû voir entre vous deux une égalité de biens & de naiſſance ; mais il eſt tems de vous désabuser de cette égalité qui vous a peut-être séduite. Vous n'êtes point ma fille, & de plus, je ne sçai qui vous êtes.

O Dieu! m'écriai-je alors, pâle & troublée, quoi, Madame, j'ai crû que vous étiez ma mere, & vous ne l'êtes point! Mes sanglots & mes pleurs m'empêcherent d'en dire davantage. Je me laissai aller sur ma chaise presque sans mouvement. L'état où je vous vois me touche sensiblement, me dit-elle, en me prenant entre ses bras, consolez-vous ma chere enfant: S'il vous est doux de conserver le nom de ma fille, & de pouvoir toujours m'appeller votre mere, rien ne vous en empêchera. Avez-vous la cruauté, lui répondis-je, de m'apprendre une pareille chose, sans avoir à m'instruire de mon sort? Quels sont donc mes parens, Madame? A qui dois-je le jour que je respire?

Alors elle me raconta de quelle maniere elle m'avoit prise, & ce que lui avoit dit le Paysan qui m'avoit nourrie jusqu'à l'âge de trois ans ; & continuant ensuite son discours de cette sorte.

Oriante est donc amoureux de vous ; je le sçai de sa mere qui sort d'ici, & qui vient de vous demander en mariage pour lui : j'ai différé de répondre positivement, sous prétexte que je voulois auparavant vous consulter. Je ne crois pas que vous éxigiez de mon amitié, qu'oubliant ceux que le sang unit à moi, je vous abandonne des biens que ma famille m'a laissés, & que je dois laisser à ma famille : je vous promets, tant que je vivrai, d'avoir pour vous les mêmes égards que j'aurois pour mon propre enfant ; & vous pouvez, dans les suites, esperer beaucoup, & de ma générosité, & de l'affection que j'ai pour vous. Je ne vous demande pour toute reconnoissance, que de profiter & de suivre le conseil que je vais vous donner. Soyez dorénavant plus réservée avec Oriante ; ayez pour lui cette espece de froideur honnête qui nous défait de ceux que nous ne voulons point retenir. Dans quelques jours je vous enverrai à une ou deux lieuës d'ici, où vous resterez quelque tems, afin que l'absence acheve en lui, ce que vos froideurs auront commencé; & comme je dois demain rendre réponse à sa mere, je lui dirai qu'après vous avoir parlé de la recherche qu'Oriante fait de vous, vous m'avez priée de vous laisser libre; ce qui m'a fait comprendre que vous aviez de la répugnance pour le mariage.

Pendant que la Marquise parloit ainsi, les larmes couloient de mes yeux; & quand elle me dit la réponse qu'elle devoit faire le lendemain à la mere d'Oriante, ce fut alors, grand Dieu! que toute ma raison m'abandonna, & fit place au désespoir! Que signifie ce que je vois, s'écria-t-elle? La réponse que je dois faire vous afflige, ma chere fille? Aimeriez-vous jusques-là Oriante? Oüi, Madame, répondis-je en lui serrant sa main entre les miennes, oüi je l'aime ma chere mere, car ce nom m'est trop cher pour cesser jamais de vous le donner. Une égale sympathie unit nos deux cœurs ; c'est par mes conseils qu'il a fait parler sa mere. Je n'éxige point que vous m'abandonniez votre bien : l'éducation que vous m'avez donnée, la compassion que vous avez euë pour moi dans l'état pitoyable où j'étois, sont des biens assez grands pour n'en pas souhaiter d'autres : mais achevez, ma chere mere, de me combler de faveur. J'aime Oriante avec la derniere tendresse : il m'aime avec une ardeur égale. Helas ! il en mourroit, s'il croyoit que je l'eusse refusé pour époux. Non, je ne puis me résoudre à lui donner un pareil chagrin : je connois toute la bonté de son cœur, il est digne d'une autre récompense : Je ne vous demande qu'une seule grace ; lorsque demain la mere d'Oriante reviendra pour apprendre votre réponse, dites-lui que vous m'avez parlé ; que vous n'avez pû me déterminer à rien ; mais que je souhaite de répondre à son fils moi-même : le

Ciel jusqu'à demain m'inspirera ce que j'ai à lui dire. La Marquise m'écoutoit avec une attention très-grande: il me sembloit que je lui faisois une véritable pitié. Eh bien, ma fille, me dit-elle, j'en agirai comme vous le demandez. Consultez-vous à loisir, je vous laisse: souvenez-vous seulement que je veux vous aimer toute ma vie; & faites-vous un noble effort pour mériter toute ma tendresse, adieu. Elle me quitta après ce discours, & je restai seule dans ma chambre, en proye à toute ma douleur. Je vous ennuierois de vous dire tout ce que je pensai alors: Je me couchai; je ne pus fermer l'œil de toute la nuit: j'arrosai mon lit de mes larmes; & ce n'étoit pas tant les biens, ni l'honneur de ma naissance que je regrettois; toutes ces choses ne me touchoient que par rapport à mon amour, & je comparois la personne qu'Oriante en m'aimant avoit crû aimer, avec celle qu'il retrouveroit le lendemain. Quels seront ses réflexions, disois je en moi-

moi-même, quant au lieu d'une Demoiselle riche, & d'un nom connu, il ne trouvera plus en moi qu'une malheureuse qui ne doit ce qu'elle paroît qu'à la pitié qu'on a eu pour elle, & qui sans cette pitié gémiroit peut-être à present dans la pauvreté la plus affreuse! Une fille sans parens, sans nom, sans biens, inconnuë à toute la terre; jugez, Seigneur, qu'elle devoit être alors l'horreur de ma situation.

Cependant le jour parut, la mere d'Oriante vint comme elle l'avoit dit, demander ma réponse. Je ne sçai, lui dit la Marquise, quel est son dessein, mais je n'ai rien pû tirer d'elle qui puisse me faire juger de ses sentimens: elle m'a seulement priée d'agréer qu'elle parle à votre fils. Cela étant, dit la mere d'Oriante, je l'avertirai de venir cette après-dîné la voir, & nous sçaurons apparemment à quoi nous en tenir; & pourvû, Madame, ajoûta-t-elle, que les choses vous paroissent aussi convenables qu'à moi, j'espere que mon fils sera satisfait. Vous ne de-

III. Partie.   S

vez point douter, repartit la Marquise, que je n'approuve tout, si les sentimens de ma fille s'accordent avec les miens : ce soir ou demain, je vous en dirai davantage.

Cette Dame se retira après ces mots, & la Marquise vint me voir dans ma chambre. J'étois dans un état pitoyable : Elle fit ce qu'elle put pour me consoler ; se servit pour y parvenir, des caresses les plus affectueuses, & des discours les plus tendres ; mais rien ne fut capable de diminuer l'excès de ma douleur ; je ne lui répondis même que par mes soupirs. Mon abbatement étoit si grand que je n'avois pas la force de prononcer une seule parole. On servit à dîner dans ma chambre, & elle renvoya les domestiques, ne voulant point qu'ils me vissent dans l'état où j'étois. Après-dîné, on nous vint annoncer la visite d'Oriante. La Marquise ordonna qu'on l'introduisît dans ma chambre, & me laissa seule avec lui. Cet amant à qui sa mere avoit dit ma réponse, étoit agité de la plus violente inquiétude : il ne pouvoit s'imaginer pourquoi j'avois demandé à lui parler, quand il ne s'agissoit pour conclure notre mariage, que d'un oüi ; qu'il ne s'étoit pas figuré que je refuserois de prononcer : il parut presque en tremblant. Dès qu'il eut jetté les yeux sur moi : Dieu ! s'écria-t-il, que vois-je, qui peut ternir l'éclat de ces beaux yeux ? Quelle pâleur, quelle tristesse, quels fâcheux présages, mon aimable Princesse ! Que dois-je penser ? Tirez-moi de la peine où je suis : en dois-je croire mes yeux ? Oüi, Oriante, lui répondis-je, l'état dans lequel vous me voyez est l'effet de la douleur la plus légitime, & la plus affreuse qui puisse jamais accabler une malheureuse. Dieu ! quels termes, s'écria-t-il ? qui vous cause cette douleur, ma chere Maîtresse ? ouvrez-moi votre cœur. Asseyez-vous, lui dis-je, & ne m'interrompez point. Après ces mots, je commençai à lui parler ainsi.

Vous m'avez aimée, Oriante,

& vous m'aimez encore avec une passion qui devoit faire un jour toute ma felicité ; mais, c'en est fait : cette passion qui m'en inspira une si tendre & si sincere pour vous ; cette passion jurée par tant de sermens, il faut l'étouffer ; il faut y renoncer. Y renoncer ! s'écria-t-il alors, arrachez-moi donc ce cœur qu'elle remplit, puisque la fin de ma tendresse est attachée à la fin de mes jours. Ah ! Seigneur, continuai-je, je vous ai prié de ne point m'interrompre : peut-être ces sentimens cesseront-ils d'être si vifs, quand vous vous serez donné la patience de m'entendre : ce n'est point sans raison que je vous dis qu'il faut renoncer à votre amour ; l'interêt de votre honneur ; celle à qui vous devez le jour ; le sort de votre Maîtresse même, tout vous y engagera, & vous en fera voir la necessité ; écoutez-moi. Vous m'avez crûë la fille de la Marquise ; je ne la suis pas : elle ignore même quelle est ma naissance. Un Paysan, qui l'ignoroit aussi, & qu'on avoit engagé par de l'argent à me nourrir, me donna à cette Dame ; elle m'a élevée jusqu'ici : je la croyois ma mere ; elle ne m'a désabusée qu'à l'occasion de la recherche que vous faites de moi : Ce que je dis doit vous suffire. Adieu, Oriante, je ne suis plus digne de vos soins ; je mérite seulement que vous me plaigniez, & je vous demande cette pitié : Je ne puis vous exprimer combien elle m'est dûë ; combien mon sort est affreux ; combien je vous aime en ce moment, malgré l'obstacle éternel que je viens de mettre entre vous & moi. Adieu, encore une fois ; hélas, plus je vous vois, plus je m'attendris ! Fuyez-moi ; fuyez une infortunée que vous ne pouvez plus aimer avec honneur.

Pendant que je m'abandonnois ainsi à la violence de ma douleur, Oriante s'étoit saisi d'une de mes mains que je tâchois de retirer, & qu'il retenoit en homme qui ne se connoît plus. Quand j'eus fini mon discours, il baissa sa tête sur cette main, & l'arrosant de ses larmes, qu'accompagnoient mille soupirs : Non, ma Princesse, me disoit-il, d'un ton bas & désesperé, la mort seule m'arrachera, me separera d'avec vous. Il prononça long-temps les mêmes paroles, Dieu ! qui peut comprendre ce que l'on sent en pareille occasion ! Enfin Oriante revint à lui, il me sembla à le voir, qu'il avoit pris une grande résolution : Ecoutez-moi, me dit-il, ou pour la derniere fois, ou pour vous déterminer à me voir toujours.

Je ne sçai point qui vous êtes, & ne me soucie point de le sçavoir ; mon cœur que vous interessez seul, vous préfere à tout ce que le sort peut faire naître de plus illustre, l'obscurité même de votre naissance est une raison de plus à mes yeux qui vous rend encore plus respectable : Oüi je dois vous repecter mille fois plus encore, j'en ai pour garans la tendresse infinie que vous m'avez inspirée, cette phisionomie noble, cette maniere charmante que vous devez, sans doute, au sang dont vous sortez, & non pas à l'éducation, vos sentimens ; enfin ma Princesse, je jure de ne cesser de vous aimer qu'en cessant de vivre ; ne m'alleguez plus ni ce Paysan, ni cette pitié, que l'on a euë pour vous, le deshonneur que vous prétendez qui tombera sur moi, petits objets, raisons inutiles, qui ne peuvent rien sur un cœur que vous avez touché, je renonce à ma fortune, à mes biens, à mes parens, je ne veux que vous, je ne veux conserver que vous seule ; au reste si vous m'aimez, ne me fuyez point, ou déterminez-vous à vous reprocher ma mort à la premiere démarche que vous ferez, ou pour ne me plus voir, ou pour me fuir : Je vous remets les soins de mes jours ; voyez si vous aimez mieux les terminer, que de prolonger le cours d'une vie dont vous serez toujours la maîtresse.

Je vous avouë que tant d'amour me charma : je versai des larmes, mais la joye de voir un cœur si pénétré, y eut plus de part que mes chagrins ; il fut des momens, tant l'amour est puissant, où je sentis quelque secret plaisir de l'étrange avanture qui m'apprenoit que j'étois une inconnuë, & qui donnoit occasion à Oriante, de marquer combien il aimoit.

Est-il possible dis-je, que tout ce que je viens de vous apprendre ne serve qu'à redoubler votre tendresse ? Dieu ! un cœur si noble & si constant, devoit-il être le partage d'une infortunée, qui ne sçait ce qu'elle est ? Eh bien, mon cher Oriante, continuai-je, vous me commettrez le soin de votre vie, je puis la finir ou la prolonger : Pensez-vous après ce que vous venez de me dire, que je balance à la ménager, cette vie qui soûtient la mienne, & sans laquelle tous les autres biens me seroient insupportables : Oüi je la conserverai cette vie, vous la remettrez en des mains ausquelles elle est plus précieuse qu'à celle qui vous l'a donnée : Oui vous vivrez,
puisque

puisque j'en suis la maîtresse ; mais vous dépendez d'une mere qui va sçavoir ce que vous aimez, en m'aimant : Car enfin la Marquise qui n'est point ma mere, m'a pour ainsi dire, défendu de vous revoir, je dois même, si je l'en crois, me retiter à quelques lieuës d'ici pour vous fuir ; le refus que je ferai de ne vous plus voir va l'irriter contre moi, elle divulguera le secret de ma naissance, votre mere alors exigera de vous que vous m'abandonniez, votre resistance l'aigrira, tout son ressentiment tombera d'abord sur moi ; la Marquise & elle se joindront pour me persecuter; ne croyez pas cependant que la crainte soit jamais capable de me faire changer de sentiment à votre égard ; mais je vous conjure, avant que je m'expose à tous les dangers que je prévois & que je brave, de faire attention aux risques que vous courez vous même. Pensez que vous devez tout à votre mere que vous allez lui manquer de respect par votre désobéïssance, & que vous ne

III. Partie. T.

pouvez tirer d'autre fruit de la refistance que vous apporterez à fes volontés, finon la perte de fon amitié, & celle de l'eftime de tout le monde. J'aurois pouffé mes remontrances plus loin, fi Oriante me l'eût permis; mais comme elles n'étoient pas de fon goût, il ne put m'en entendre dire davantage, & m'interrompit pour m'affurer que fon deffein n'étoit pas de défobéïr à fa mere, qu'il n'ignoroit pas le refpect qu'il lui devoit, que d'ailleurs on n'offenfoit que quand on étoit encore affez maître de foi, pour pouvoir s'empêcher de défobéïr: vous fçavez ma chere maîtreffe, pourfuivit-il, que je ne fuis plus à moi, & par conféquent tout ce que je puis faire eft plus digne de pitié que de courroux; peut-être après tout, mes larmes & mes prieres trouveront-elles ma mere plus fenfible que nous ne l'efperons; mais quand elle feroit inflexible, je le répéte encore, ma paffion ne peut finir qu'avec ma vie.

Oriante me dit encore beaucoup

de choses, & jamais on n'eut ni plus d'amour ni plus de respect qu'il m'en témoigna. je lui promis à mon tour tout ce qu'il exigea de moi. Helas! il me sembloit que mon cœur se devoit tout entier à qui me donnoit le sien sans reserve; Nous prîmes quelques mesures ensemble, pour que la chose n'éclatât pas sitôt dans la vaine esperance que peut-être arriveroit-il quelque changement favorable à notre amour; & après mille sermens de fidelité réciproque, il me quitta.

Fin de la troisiéme Partie.

PHARSAMON,

OU

LES NOUVELLES FOLIES ROMANESQUES.

QUATRIEME PARTIE.

A Peine Oriante fut-il sorti que la Marquise rentra dans ma chambre, pour sçavoir ce que j'avois dit à mon amant. Quels effets l'amour ne produit-il pas sur un cœur! Dès que je la vis entrer, je la regardai comme une ennemie avec laquelle il falloit feindre, le ressouvenir de tout ce que je lui devois s'affoiblit. Eh bien, me dit-elle en m'abordant, Qu'avez-vous résolu, ma chere fille ? Helas Madme, lui répondis-je, j'ai tout déclaré à Oriante, & quoiqu'il m'ait protesté que ce changement n'étoit pas capable de diminuer l'amour qu'il a pour moi, je suis persuadée par la froideur dont il m'a fait cette protestation, que son amour ne tiendra pas long-tems contre les raisons qu'il a de m'oublier; j'ajoûtai pour la mieux tromper, que de ma part, j'étois résoluë à suivre exactement les conseils qu'elle voudroit bien me donner, étant convaincuë que l'amitié & la raison les lui dicteroient.

Cependant Oriante étant de retour chez lui, sa mere connut à l'abbatement qui paroissoit sur son visage qu'il n'avoit rien à esperer de moi. Cette Dame fut outrée du mépris imaginaire que nous paroissions avoir pour son fils, elle en parla quelques jours après, avec aigreur à la Marquise, qui croyant de son côté, qu'au lieu de la confidence que je disois avoir fait à Oriante, je l'avois au contraire accusée d'être le seul obstacle à notre mariage, fit elle-même un aveu sincere de tout ce que j'étois à la mere d'Oriante. Cette Dame ne pouvoit revenir de l'étonnement que lui causoit un pareil récit, elle lui avoüa, de son côté, qu'elle étoit piquée de la maniere dont elle avoit paru recevoir la recherche de son fils, & elle la quitta, en l'assûrant qu'elle alloit de ce pas défendre à Oriante de me voir, ajoûtant, que le meilleur moyen de l'en empêcher, seroit de m'éloigner pour quelque tems, & la Marquise promit de le faire ; elle tint effectivement parole, car dès ce jour même elle me déclara qu'elle avoit dessein de m'envoyer ailleurs ; à ces mots je frémis, mes larmes malgré moi, découvrirent combien j'étois sensible à l'éloignement auquel elle me condamnoit ; mais elle me parla d'un air si fier, que je ne doutai plus qu'elle n'éxecutât ce dont elle me menaçoit. J'allai m'enfermer dans ma chambre pour me consulter sur le parti que je devois prendre ;

mais j'avois l'esprit trop agité pour pouvoir me déterminer à rien, ma douleur m'occupa toute entiere.

Cependant quand la mere d'Oriante fut arrivée chez elle, elle lui raconta tout ce qu'elle sçavoit de moi, s'imaginant qu'il l'ignoroit, & que la connoissance de ce que j'étois feroit cesser son amour; mais il lui dit que je lui avois moi-même tout avoüé, & que l'obscurité de mon sort n'étoit point une raison qui me rendît moins aimable, ensuite il exagera sur mille bonnes qualités, que sans doute je n'avois pas, & que sa passion lui faisoit voir en moi. Sa mere surprise du peu d'effet qu'une pareille avanture produisoit sur lui, honteuse pour son fils d'un attachement qu'elle disoit le déshonorer, après l'avoir assûré qu'il ne devoit pas s'attendre à la moindre complaisance de sa part, que toute l'amitié qu'elle avoit pour lui n'iroit pas jusqu'à consentir à une chose qui couvriroit toute leur famille de honte, ajoûta encore grand nombre de raisons pour prouver que ma naissance pouvoit être accompagnée de tout ce qu'on peut s'imaginer de plus méprisable & de plus vicieux, & finit enfin son discours en lui ordonnant, non-seulement de ne plus penser à cette indigne union, mais aussi de cesser de me voir, s'il vouloit éviter les effets de son juste ressentiment. Oriante à ces mots se leva, je ne veux point, Madame, lui dit-il, vous irriter encore plus en vous déclarant mes sentimens pour Clorinne, j'espere que le tems pourra vous en donner pour moi de plus doux & de plus compatissans à la tendre passion que j'ai pour elle, il me suffit de vous assurer que j'ai pour vous un respect infini ; mais qu'à l'égard de l'oubli que vous voulez que je fasse de Clorinne, je ne serai en vous désobéïssant que suivre des mouvemens dont je ne suis pas le maître, & qui m'entraînent malgré moi. On aura soin, repliqua sa mere, de prévenir votre foiblesse : Iphile m'a promis de l'éloigner d'ici, peut être en ne la voyant plus, votre cœur aura-t'il moins de peine à l'oublier. Ciel ! s'écria Oriante. Quoi Madame, on va l'éloigner ! Vous avez pû vous-même presser, demander son éloignement ! Ah, c'est terminer la vie que vous m'avez donnée: je vous la rendrai cette vie, Madame, aussi-bien la mort sera-t'elle un sort plus heureux mille fois pour moi, que la triste douleur de vivre sans Clorinne; mais je cours m'opposer à ceux qui me l'enlevent ; adieu, Madame. Dieu ! rendez-la moi !

Oriante après ce discours arriva chez Iphile en furieux ; de loin il m'apperçut dans un jardin assise sur un siége de gazon, que je moüillois de mes pleurs: Quoi ! ma Princesse, dit-il en m'abordant, est-ce bien vous que je vois ? Quoi j'ai le plaisir de vous voir encore ? On m'avoit ménacé qu'on vous arrachoit de ces lieux, & je venois ou vous retirer, ou périr à vos yeux. Quelle funeste résolution, lui dis-je alors, moderez ces emportemens, Seigneur : Quel parti voulez-vous que je prenne, quand je vous ai promis de vous voir toujours ? Helas! je ne prévoyois pas les violences qu'on pourroit me faire. Je ne puis rien, je ne suis qu'une malheureuse qui n'a que ses pleurs & ses soupirs pour toute défense. En prononçant ces derniers mots nous apperçûmes Iphile qui venoit à nous à grands pas, elle sembloit emflammée de courroux : Ingrate, me dit-elle, vous ne craignez donc point de me désobéir, après toutes les obligations que vous m'avez ; ce jeune homme dont vous animez la passion, qu'esperez-vous de lui sans naissance & sans biens ? Est-ce à vous à prétendre à la moindre fortune ? sans moi que deviendriez-vous, que seriez-vous devenuë ? mais vous abandonner ne seroit me venger qu'à demi de votre lâche ingratitude ; l'éducation que j'ai bien voulu vous donner par pitié, me donne des droits sur vous que je ferai valoir, &

quand vous aurez senti ce que peut un juste ressentiment, alors je terminerai ma vengeance, en vous rendant à toute la honte & toute la bassesse de l'état où je vous ai prise.

Je vous ai sans doute beaucoup d'obligation, lui répondis-je alors d'un ton respectueux, mais fier; vous m'avez élevée jusqu'ici, & vous allez, dites-vous, vous venger de mon ingratitude: vous êtes la maîtresse, Madame, il est vrai que jusqu'ici je n'ai personne à qui je puisse avoir recours, je ne sçai qui je suis, peut-être même l'éducation que vous m'avez donnée est-elle au-dessus de ma naissance, & tout ce que vous pouvez imaginer d'expressions pour me convaincre de beaucoup de bassesse; n'empêche pas que peut-être je ne sois d'une naissance à qui l'on doive quelque respect : les termes dont vous vous servez pour me couvrir de confusion, font un effet bien different, ils me donnent une fierté qui m'est garante de la noblesse des parens à qui je dois le jour ; cette fierté soûtient ma reconnoissance pour vous, & la conserver, après tout ce que vous venez de me dire, est tout ce que je vous dois ; voilà ma réponse, vous pouvez à present user des droits injustes que vous dites avoir sur moi.

Non, Madame, s'écria Oriante, tant que je respire, les droits qu'on allegue ici ne donneront aucun pouvoir sur vous. Souvenez-vous, Monsieur, repliqua Iphile, que vous êtes ici chez moi, & que vous n'avez point droit d'y parler comme vous faites : Pour vous, suivez-moi sans repliquer, ou je sçaurai vous y contraindre. En disant ces mots, Iphile me prenant par le bras me poussa, & m'obligea de marcher devant elle. Oriante alloit s'opposer à la violence qu'elle me faisoit, quand l'excès de son emportement lui ôtant toutes ses forces ; nous le vîmes tomber comme évanoüi. Iphile qui avoit de la consideration pour sa mere, appella quelques domestiques pour le secourir, & me fit monter dans sa chambre où elle m'enferma.

Elle jugea que dès qu'Oriante seroit revenu à lui, on auroit de la peine à m'enlever du lieu, sans quelque fâcheux accident ; cette réflexion fit qu'elle hâta ma retraite. Une heure après elle revint dans la chambre où j'étois enfermée : Suivez-moi, me dit-elle rudement, Je la suivis sans aucune résistance, & même sans prononcer aucune parole, on me fit entrer dans une chaise seule, & dans l'instant on m'éloigna du Château. Toute ma fierté m'abandonna quand je pensai sérieusement, que peut-être je ne reverrois plus Oriante ; son désespoir m'affligeoit même autant que la perte que j'allois faire de la douceur de le voir, je remplissois la campagne de mes cris ; Que vous dirai-je enfin, nous arrivâmes après quatre heures de marche dans un bois que nous traversâmes : au bout du bois j'apperçûs un vieux Château ; la chaise y arrêta, deux

Cavaliers qui m'avoient suivie, mirent pied à terre, je descendis, on me fit monter dans le Château, & le Concierge en ouvrit une chambre assez bien meublée, mais obscure, où j'entrai. Je jugeai bien en voyant mes conducteurs, que ma jeunesse & mes larmes les attendrissoient ; j'allois leur parler sans politivement sçavoir ce que j'éxigeois d'eux, quand ces hommes se défiant apparemment de la compassion qu'ils avoient pour moi, me quitterent presque aussitôt que je fus entrée dans la chambre ; de sorte, qu'en un moment, je me vis seule, abandonnée à toute l'horreur de ma situation, sans secours, sans compagne, sans espoir de revoir Oriante, dont le ressouvenir seul me garantit sans doute de la mort que mes chagrins m'auroient donnée.

On m'apportoit régulierement à manger deux fois par jour : à l'égard des mets je ne m'apperçûs point qu'on eût changé ma maniere de vivre ordinaire. Je passai près de trois mois dans cette chambre toujours seule, dans une mélancolie qui, peu à peu diminuoit & ma santé & mes forces, la vie me sembloit odieuse, je prononçois souvent le nom d'Oriante, & j'étois encore sensible à ce plaisir.

Vous pouvez aisément juger, Seigneur, quel fut le désespoir de mon amant, quand il sçut que je n'étois plus dans le lieu: Son évanoüissement avoit été fort long; Iphile avoit ordonné qu'on le portât chez sa mere, à qui elle apprenoit par un Billet ce qu'elle m'avoit dit & la raison de l'évanoüissement de son fils. Quand Oriante fut revenu à lui, les premieres paroles qu'il prononça, furent de demander où j'étois, sa mere étoit auprès de lui, ce jeune homme détourna d'abord les yeux pour ne la pas voir; cependant cette Dame lui parla avec tant de marques de bonté, que malgré tout son chagrin, Oriante n'exprima les reproches qu'il croyoit lui faire que par ses soupirs; sa mere lui montra la Lettre d'Iphile, il demeura muet, il pâlit: Je ne la reverrai peut-être plus, Madame, vous serez contente, il ne prononça plus que ces mots, il parut même que sa douleur se termineroit à une tristesse que le tems lui ôteroit; mais son silence étoit un effet du désespoir le plus violent, il concevoit en lui-même le dessein de quitter sa mere, & de me chercher jusqu'à ce qu'il m'eût trouvée. Le lendemain il partit en feignant d'aller à la chasse. Je ne vous dirai point quels furent les regrets de sa mere quand elle s'apperçut qu'il étoit parti; vous sçaurez seulement que le hazard long-tems après son départ le conduisit positivement au vieux Château où j'étois enfermée. Il y arriva la nuit; & comme il ne voyoit de retraite que le Château, il pria le Concierge de le recevoir jusqu'au lendemain. Le Concierge ne refusa point de le faire; & la chambre qu'il lui fit préparer pour la nuit, étoit à côté de la mienne; la muraille n'étoit point épaisse, & pour peu qu'on élevât la voix;

on pouvoit d'une chambre à l'autre entendre assez distinctement ce qu'on disoit. Vous vous imaginez bien que le Concierge en donnant cette chambre à Oriante ne le connoissoit point ; je m'étois mise au lit quand il entra dans cette chambre pour y coucher ; je l'entendis marcher : Je ne sçai quelle curiosité alors me tira de la profonde tristesse où j'étois toujours plongée, je prêtai l'oreille aux pas que j'entendois faire dans cette chambre ; de tems en tems j'entendois des soupirs qui redoublerent mon attention, jusques-là même que mon cœur étoit émû ; un moment après, j'entendis encore quelques paroles prononcées d'une voix qui me fit tressaillir : je sentis que je changeois de couleur, le trouble où cette voix m'avoit jettée, me fit soupirer à mon tour assez haut, il me sembla que celui que j'entendois, cessoit de marcher, & prêtoit l'oreille aussi. O Dieu ! m'écriai-je, Que signifie son attention à m'écouter ? Je jugeai après ces paroles qu'il s'approchoit encore de plus près : O Ciel ! seroit-ce elle, dit-il en avançant ? Voilà le son de sa voix.

Quand Oriante parloit ainsi, il me sembloit de mon côté que la voix que j'entendois ressembloit à celle d'Oriante, cette ressemblance me rendit l'absence de cet amant encore plus affreuse ; & cedant alors à toute la tristesse de mes réflexions, je ne poussai plus que quelques soupirs qui m'échapperent, & je cessai d'écouter. De son côté, Oriante ne m'entendant plus parler se coucha, dans le dessein de demander le lendemain quelle étoit la personne qu'il avoit entenduë se plaindre dans la chambre à côté de la sienne ; il attendit même le jour avec impatience, & quand il parut, il s'habilla promptement & descendit en bas, où sans marquer, ni trop de curiosité ni l'interêt qu'il prenoit à sçavoir qui j'étois, il pria le Concierge de lui apprendre quelle étoit l'infortunée qui se plaignoit tant. C'est, dit le Concierge, une jeune personne qui est ici depuis trois mois, elle ne sort point, elle n'est occuppée que de son chagrin. Sçauriez-vous son nom, dit Oriante? Non, repliqua le Concierge, d'un air qui marquoit qu'il feignoit; mais elle est extrêmement aimable, & elle est venuë ici de la part de la Maîtresse du Château. Puisqu'elle a de la beauté, répondit Oriante, je serois curieux de la voir seulement sans qu'elle me vît; Mais, Monsieur, dit le Concierge, je ne puis vous faire entrer dans sa chambre, elle met quelque fois la tête à la fenêtre qui donne dans un jardin, tout ce que vous pouvez faire pour satisfaire votre curiosité, c'est d'attendre encore quelques heures, & de vous promener dans le jardin, où vous la verrez en cas qu'elle paroisse à la fenêtre. Je ne suis pas autrement pressé, repartit Oriante, & j'attendrai bien encore deux heures en déjeûnant ensemble.

Oriante resta tout ce tems-là dans le Château, après quoi il se rendit

rendit au Jardin ; quelques inſtans après qu'il y fut, j'ouvris ma fenêtre. Oriante ſe cacha ſous un berceau dont le feüillage étoit épais, & d'où il pouvoit me voir ſans être vû. Je parus : il me reconnut. Sa joye inconſiderée penſa le trahir ; car d'abord il eut envie de ſortir du berceau, & de venir ſe montrer ſous ma fenêtre ; mais un peu de réflexion l'arrêta : il penſa que c'étoit le moyen de me perdre encore une fois, que de témoigner qu'il me connoiſſoit. Il ſe retint donc ; & comme il avoit deſſein de me retirer de ces lieux, il falloit bien que je fuſſe avertie qu'il y étoit, & qu'il m'avoit trouvée. Pour moderer la ſurpriſe où je ſerois en le revoyant, il chanta des paroles d'un air que nous avions ſouvent chantées enſemble. J'écoutai d'abord attentivement, doutant ſi je veillois. Mais c'eſt lui-même ! diſois-je ; voilà le ſon de ſa voix : il me voit : il ne paroît pas. A peine prononçois-je ces mots, qu'il ſortit du berceau, s'apperçevant par l'attention étonnée que j'avois montrée, que je l'avois reconnu. Ah ! Ciel, m'écriai je en le voyant, non point assez haut pour qu'on m'entendît. Alors Oriante me fit signe de la main de ne point parler, & s'approchant de ma fenêtre. Ne paroissez pas me connoître Madame, me dit-il, & laissez-moi le soin de vous tirer des lieux où vous êtes. Il répeta cela deux ou trois fois, parce qu'il parloit tout bas, & que j'avois de la peine à l'entendre. Il tira après ses tablettes : il fut quelque tems à écrire, & il me fit une seconde fois signe d'ouvrir toutes mes fenêtres, après quoi, il me les jetta adroitement dans ma chambre ; je les amassai : voilà ce qu'il m'écrivoit.

Vous m'avez donné bien de l'inquiétude hier au soir : j'ai crû vous entendre, & je ne me trompois pas. Le pressentiment qui me disoit que c'étoit vous, m'a fait prendre des mesures pour vous voir comme par curiosité. On ne sçait point que je vous connois, & l'on ne me connoît point non-plus ici. Feignez de ne m'avoir point vû : je feindrai de partir, & ce soir à minuit je trouverai le moyen de revenir dans le Jardin : Il ne tiendra qu'à vous, mon aimable Princesse, ou de vous confier à un homme qui vous respecte & qui vous adore, ou de le voir se percer devant vous de mille coups, si vous refusez de le suivre. Je prendrai de justes mesures, & je sçai où je dois vous remettre. La Maison d'un de mes amis qui demeure près de ces lieux, m'offre une honnête retraite pour vous ; consultez votre cœur.

Que je consulte mon cœur, grand Dieu ! dis-je en moi-même, un cœur qui ne respire que pour lui : oüi, je vous suivrai. Qui doit me retenir ? Ah ! quand on souffre tous les maux dont je suis accablée, n'est-il pas permis de s'en délivrer quand on le peut. Après cette courte réflexion, j'écrivis cette réponse sur ses tablettes.

J'ai consulté mon cœur, Seigneur, je vous connois, je vous aime, & vous m'aimez : je ferai prête à minuit à vous suivre.

Quand j'eus écri ces paroles, je lui rejettai ses tablettes qu'il ouvrit avec précipitation. Quand il eut lû ce que je lui marquois, sa joye éclata sur son visage. Il me salua d'un air riant & satisfait, & me fit signe qu'il se retiroit de peur de donner du soupçon au Concierge : Il partit incontinent, & s'en alla chez son ami pour l'avertir, & pour attendre qu'il fût heure de se rendre sous ma fenêtre. Il avoit auparavant éxaminé le Jardin qui n'étoit enclos que d'une simple haye : Il est vrai que ma fenêtre étoit extrêmement haute ; mais, comme vous verrez, il trouva moyen de remedier à tout.

Cependant Iphile en me tenant renfermée dans ce Château, n'avoit d'autre envie que de me forcer à oublier Oriante : il venoit très souvent de sa part un homme demander ce que je faisois, ce que je disois ; & la mélancolie continuelle où on lui rapportoit

rapportoit que j'étois, la toucha sensiblement, & la détermina à me tirer de prison, & à essayer par la douceur à gagner sur moi que j'oublirois Oriante. Le jour même que cet amant me parla, le Concierge reçut une Lettre d'Iphile qui lui marquoit qu'elle arriveroit le soir au Château pour y passer quelques jours : le Concierge m'en avertit après qu'Oriante fut parti. Hélas ! cet inconvenient que je n'avois point dû prévoir est la cause de tous mes malheurs ! Ce que le Concierge m'apprit me chagrina beaucoup : je craignis que l'arrivée d'Iphile ne rompît les desseins d'Oriante. Je tremblai pour cet amant lui-même ; car mon cœur m'a toujours averti, de ce qui doit m'arriver de fâcheux.

Je passai la journée dans l'inquiétude. Sur le soir Iphile arriva, comme elle en avoit averti : elle monta dans ma chambre. La pâleur qui étoit sur mon visage, mon air abbatu lui arracherent des larmes : elle soupira en me voyant. Je connus qu'elle étoit touchée. Eh ; quoi, lui dis-je, Madame, après l'avoir saluée froidement, vous avez la foiblesse de me plaindre des maux que vous m'avez faits. Elle ne me répondit qu'en m'embrassant, & en me tenant long-tems serrée entre ses bras

Je vous avoüe que malgré la tyrannie dont elle avoit usé à mon égard, l'habitude de la croire, & de l'appeller ma mere, réveilla cette grande tendresse que j'avois eu pour elle. Je l'embrassai à mon tour, & je mêlai mes larmes aux siennes. Je vous ai tourmentée, me disoit-elle, mais le Ciel m'est témoin, ma chere fille, que je n'eus jamais d'autre dessein que d'aller au devant des raisons que je craignois d'avoir dans la suite de ne vous plus aimer. Je crûs que vous ayant élevée depuis votre enfance, il m'étoit permis d'en user avec vous avec quelque autorité ; mais je n'ai rien fait que pour votre bien. Je vous rends ma tendresse, & mon cœur ma chere enfant, & j'espere que vous me sacrifirez par reconnoissance un malheureux penchant qui ne peut vous conduire à rien. Après ce discours, elle m'apprit ce que je vous ai dit du départ d'Oriante, & me dit qu'on ne sçavoit point ce qu'il étoit devenu.

Je ne répondis que par quelques soupirs au récit qu'elle me fit, & aux esperances qu'elle me disoit attendre de moi. Mais je crûs voir tant d'amour pour moi dans sa maniere d'agir, tant de chagrin de m'avoir maltraitée, que j'eus quelque regret d'avoir consenti à ce que m'avoit proposé Oriante, d'autant plus que je prévoyois que ses mesures ne serviroient de rien. Le regret, cependant, ne fut point si grand, que quelques momens après je ne souhaitasse bien qu'il reüssît, parce que je ne me sentois point capable de satisfaire en rien Iphile sur le sacrifice qu'elle exigeoit de moi. On nous apporta à souper dans ma chambre; & comme il étoit fort tard lorsqu'Iphile étoit arrivée, à peine eûmes-nous soupé, qu'il étoit bien près de minuit : J'affectai une grande envie de dormir, pour engager Iphile à se retirer dans sa chambre : elle me donna le bon soir.

Dès qu'elle fut retirée, j'ouvris ma fenêtre dans une résolution qui me faisoit souvent balancer à suivre Oriante ; joignez à cela que de ma fenêtre je voyois l'écurie du Château qui étoit du côté d'une des aîles de la Maison, & je m'apperçûs qu'aucun des Palfreniers n'étoit encore couché : un autre inconvenient se joignoit à celui-là, il faisoit un beau clair de lune qui laissoit presque voir de cent pas les objets.

J'étois dans ces réflexions, quand j'entendis qu'on posoit une échelle qui venoit jusqu'à ma fenêtre ; c'étoit Oriante qui avoit fait apporter cette échelle de chez son ami par deux hommes qui étoient avec lui dans le Jardin : mais malheur mille fois plus affreux pour moi, que n'eût été ma propre mort ! Cette échelle qu'Oriante & ses gens appuyoient contre la muraille, fut apperçûë à la lueur de la lune par un de ces domestiques qui étoit dans l'écurie. Il la montra à ses camarades, qui s'arment chacun d'un fusil : ils avancent doucement pour reconnoître ce que c'étoit. Oriante, l'infortuné Oriante étoit déja à moitié monté dessus l'échelle : je lui parlois même, & le priois de s'en retourner; quand un de ces gens armés l'ayant vû, tira sur lui, & le renversa mort à terre. Ceux qui l'accompagnoient, effrayés d'un coup pareil chercherent leur salut dans la fuite. Ces domestiques, avec de la chandelle, vinrent pour reconnoître quel étoit celui qui étoit tombé. Il y en avoit deux d'entre eux qui avoient souvent vû Oriante, dans le tems qu'il venoit chez Iphile; outre cela, ces habits ne témoignoient que trop que ce n'étoit pas un homme, dont le dessein eût été de voler.

Le bruit du coup cependant porta l'allarme dans toute la Maison. Pour moi, dès que je vis tomber Oriante, je restai tout d'un coup évanoüie dans un fauteüil qui étoit auprès de moi, & qui me soûtint. Je ne sçai ce qui se passa pendant mon évanoüissement qui dura près d'une heure ; mais quand je revins à moi je me trouvai entre les bras d'Iphile, qui faisoit tous ses efforts pour me soulager. J'ouvris à moitié les yeux, & les refermai presque aussi tôt : cependant quelque tems après, mon désepoir éclata par des gémissemens que rien ne put arrêter. Iphile me demanda par quel hasard Oriante s'étoit trouvé là avec une échelle. Ah ! laissez-moi cruelle, lui répondis-je ; son malheur & le mien, est que le Ciel vous a fait naître. Elle ne put tirer de moi d'autres paroles. Elle ordonna qu'on me couchât : je me laissai déshabiller. La douleur me rendit comme stupide & sans mouvement ; pendant plusieurs heures, j'eus l'esprit alienné : ma raison revint entierement ; mais elle ne me servit qu'à me replonger dans un plus affreux désespoir : Je regardai ceux qui s'empressoient auprès de de moi comme autant de bourreaux qui ne prolongoient ma vie que pour prolonger mes peines : Je n'envifageois que la mort : elle faifoit tous mes défirs.

Mais, admirez, Seigneur, les effets furprenans du hafard ! Pendant que j'étois dans cet état pitoyable, qui faifoit défefperer de ma vie, Tarmine, le mari de Perfianne, je veux dire mon pere, arrivoit chez Iphile à bride abbatuë, guidé par un transport de joye que lui donnoit l'efperance de me retrouver chez elle ; & voici comment il fçavoit que la Clorinne dont on lui avoit parlé, étoit fa propre fille.

La Nourrice à qui mon pere m'avoit confiée quand ma mere accoucha de moi, avoit été gagnée par le pere de Tarmine : il lui avoit donné une fomme d'argent confiderable, moyennant laquelle, elle s'étoit retirée, n'avoit plus paru, & m'avoit abandonnée à ce vindicatif vieillard, après lui avoir ellemême indiqué l'endroit où il pou-

Y iiij

voit m'envoyer, sans crainte qu'on découvrît jamais où j'étois. Cet endroit étoit justement chez le Paysan qui m'avoit nourrie trois ans, & qui avoit vainement attendu qu'on vînt me remporter. Cette nourrice qui n'avoit osé se montrer depuis ce tems-là, étoit tombée dangereusement malade : elle avoit dans sa maladie, prié quelqu'un qu'on avertît mon pere qu'il y avoit à tel Village une femme à l'extrêmité qui avoit à lui donner des nouvelles de l'enfant qu'il avoit perdu il y avoit dix-huit ans. Mon pere fut effectivement averti; & vous pouvez juger qu'il se rendit sur le champ chez cette femme qu'il ne reconnut point d'abord. Elle lui dit son nom : c'étoit à moi, continua-t-elle, que vous donnâtes votre enfant; pardonnez, Monsieur, à une malheureuse que l'avidité du gain engagea à le ceder, & à l'abandonner à la malice de Monsieur votre pere. Je me cachai pour éviter les interrogations qu'on m'auroit faites, & votre fille fut portée chez un Paysan qui demeure en tel endroit : ce fut moi-même qui conseillai à Monsieur votre pere de la faire porter dans cet endroit. En quelque part qu'elle soit à present, ce Paysan vous en dira des nouvelles. Veüillez me pardonner, Monsieur, la faute que j'ai commise : je souhaite qu'elle n'ait servi qu'à vous faire retrouver votre fille avec plus de joye de votre côté, & doüée encore de plus de vertus que vous n'en auriez souhaité chez elle. Après ce discours, cette femme cessa de parler, & elle expira quelques tems après.

Mon pere impatient, n'attendit pas qu'il fût retourné chez lui pour venir me chercher ; il se mit dès l'instant en chemin, & arriva le lendemain chez le Paysan qui m'avoit nourrie. Ce bon homme, quoique vieux, vivoit encore. Mon pere lui demanda de mes nouvelles, & le mit au fait : il raconta ce que je vous ai dit de la Dame à mon pere, & l'informa du nom de la Dame,

& de sa demeure. Mon pere y courut: il y arriva assez tard, & on lui dit à son Château qu'il n'y avoit pas long-tems qu'Iphile en étoit partie pour aller passer quelques jours à une terre qu'elle avoit à quelques lieuës de l'endroit. On lui dit quelle étoit cette terre; il y vint, & y arriva le lendemain à cinq heures du matin. Il descendit de Cheval dans le bois avec ses gens pour attendre qu'il fût heure de parler à Iphile; & après avoir demeuré quelques heures, il vint frapper à la porte du Château, & demanda à parler à la Dame pour affaire de conséquence. On l'avertit; elle parut: il demanda la liberté de lui parler dans une chambre en particulier. Quand ils furent seuls: Quoique je vous sois inconnu, lui dit-il, Madame, vous voyez devant vous un homme à qui vous avez rendu le service le plus grand qu'on puisse rendre: je vous ai des obligations infinies; (Il parloit de cette maniere parce qu'il avoit appris au Château d'Iphile que j'étois encore avec elle.) en un mot je vous dois tout ce que j'ai de plus cher au monde, puisque je vous dois ma fille que vous m'avez conservée. Il est difficile de concevoir quelle fut la surprise d'Iphile, qui examinant de plus près mon pere, reconnut même entre nous deux une ressemblance qui faisoit foi par avance de ce que mon pere venoit de lui dire. Ah! Monsieur, quelles avantures étranges, dit-elle en levant les yeux au Ciel; la pauvre enfant! Oüi, vous la verrez, je vous l'ai conservée; & vous pouvez vous flatter d'être le pere d'une des plus aimables filles qu'on puisse voir. Quelle nouvelle, grand Dieu, pour elle, s'écria-t-elle encore une fois! Mais, Monsieur, que direz-vous contre moi: votre fille vit; je puis même assûrer que depuis qu'elle est chez moi, je l'ai traitée comme ma propre enfant; rien ne lui a manqué dans l'éducation que je lui ai donnée: je l'ai cherie d'un amour de mere; mais, helas! malgré tout cela, je ne puis avoir la douceur de joindre à ce que je viens de vous dire, le plaisir de vous la montrer en bonne santé : vous la trouverez, Monsieur, dans un pitoyable état ; vous arrivez-même dans un tems où mon Château est rempli de tristesse ; l'accident le plus affreux y est arrivé.

Après ce discours, Iphile en peu de mots instruisit mon pere de mon amour pour Oriante, des conseils quelle m'avoit donnés, de ce qu'elle avoit fait pour me le faire oublier & enfin, de la funeste avanture d'Oriante, de l'état pitoyable où j'étois, & de mon désespoir. Mon pere étoit si sensible à la joye qu'il avoit de me retrouver, il étoit si transporté, que le récit qu'Iphile lui fit de mon désespoir, ne le toucha point autant qu'il l'auroit fait dans un autre tems. Allons, Madame, dit-il à Iphile, allons lui faire oublier un amant par le plaisir de retrouver un pere, allons faire succeder la tendresse de la nature, aux sentimens d'amour qu'elle conserve pour un homme qui ne vit plus;

en difant ces mots, il pria Iphile
de le conduire dès l'inftant où j'étois : ils vinrent tous deux dans ma
chambre. Le peu de goût que
j'avois pour les foins qu'on prenoit de moi, faifoient qu'à peine
levois-je les yeux pour voir ceux
qui venoient auprès de mon lit;
ainfi je ne pris prefque point garde
ni à Iphile, ni à mon pere. Il me
regarda. Quelque beauté qu'il vit
en moi; quelques traits de reffemblance avec ma mere qu'il s'imagina voir, tout cela le faifit fi fort en
me voyant, qu'il s'écria fans ménagement, ah ! ma chere fille, & fe jettant à mon col fur mon lit, il m'embraffa, & refta comme immobile
fur mon vifage. Iphile attendrie
d'un fpectacle fi touchant, pleuroit ; & moi-même, quoique je
n'euffe pas eu le tems de regarder
mon pere, mes entrailles s'émeurent.
Que les liens du fang font puiffans !
Mon pere m'arrofoit le vifage de
fes larmes, & prononçoit quelques
mots entrecoupés de foupirs. Je
fentis en l'embraffant à mon tour

tout mon cœur palpiter : Je le serrai quelques tems, en disant, ah! mon cher pere, il n'y a que vous, il n'y a qu'un pere qui puisse exciter des mouvemens si vifs! En disant ces mots, affoiblie dès long-tems par ma douleur, je perdis une seconde fois connoissance. Mon pere revenu de cette extrême joye qui l'avoit si fort saisi, s'apperçut de la foiblesse où je me me trouvois : il en avertit Iphile en désesperé, & comme un homme qui croyoit que j'allois mourir. Funeste joye, disoit-il! Ah! Madame, il falloit la préparer à me voir! Etoit-elle en état d'embrasser un pere? grand Dieu! mourante, accablée de douleur, lui restoit-il assez de force pour soûtenir tout l'effort que sa tendresse pour moi a fait à son ame ? Dieu, qui me la rendez, ne me l'avez-vous montrée avec tant de charmes, que pour me l'enlever pour jamais!

Pendant qu'il exprimoit ainsi sa douleur, je reçûs un secours si prompt que je revins à moi; mais sans force. J'apperçûs mon pere qui s'agittoit auprès de moi : je tournai languissament mes yeux sur lui. On jugeoit, malgré ma foiblesse, de de tout l'excès de la sensibilité que j'aurois marquée, si j'avois été en meilleur état. Je m'efforcai d'avancer ma main pour prendre la sienne : il vit mon intention, il l'avança : je la portai doucement à ma bouche, & la baisai mille fois. Mon pere charmé de la tendresse que je lui témoignois, la payoit des discours les plus tendres. Reprenez vos forces, ma chere fille, surmontez vos chagrins ; vous devez maintenant vivre pour un pere qui vous doit être plus cher que tout ce que vous pouvez aimer au monde. Hélas ! rendez lui tendresse pour tendresse, ma chere enfant, vivez. Pendant qu'il parloit ainsi, je lui serrois de tems en tems sa main dans la mienne ; je le regardois pour lui marquer que quelque grand que fût mon désespoir, je n'étois en cet instant sensible qu'au seul bonheur de le revoir, & de retrouver mon pere.

Il continua de me parler encore quelque tems ; je lui répondois d'un langage muet, mais expressif, on s'apperçut que j'avois besoin de repos, & tout le monde sortit de ma chambre.

Je ne sçai point quelle conversation eurent ensemble Iphile & mon pere ; pour moi je ne puis vous exprimer combien je fus touchée de l'avanture qui me rendoit un pere ; la douceur de penser que j'allois être affranchie de la vûë d'Iphile y eut sans doute autant de part, que le bonheur de le voir. Cependant, malgré la joye que j'avois de penser que je ne serois plus au pouvoir d'Iphile, à laquelle je n'aurois certainement témoigné que l'horreur que j'avois d'elle, la funeste mort de mon amant me déterminoit toujours à me laisser succomber à mes chagrins. Sa mere sçut bien-tôt le malheur qui lui étoit arrivé ; cette Dame en fut inconsolable, & ne vécut plus que pour regretter son fils le reste de ses jours

Au

Au bout de quelque tems, enfin, mon pere jugea que je pouvois partir des lieux où j'étois, il m'emmena avec lui languissante, il témoigna à Iphile une reconnoissance infinie; cette Dame m'embrassa les larmes aux yeux, & sembla me perdre avec autant de chagrin que si j'avois été sa propre fille, je m'éforçai de mon côté, à répondre à ses caresses le mieux qu'il me fut possible, & nous partimes.

J'arrivai chez mon pere qui m'apprit en chemin qu'il y avoit quelques années que ma mere étoit morte; sa mort me fut aussi sensible que si elle m'avoit été connuë, je passai six mois chez mon pere, toujours occupée de la fin tragique de mon amant: il ne me restoit de lui que quelques lettres & son portrait, gage précieux de sa tendresse; mon pere n'oublia rien pour me tirer de ma mélancolie continuelle ; mais les plaisirs bien loin de la dissiper, reveilloient encore plus vivement le ressouvenir de la perte de mon amant.

IV. Partie. Z

Cependant comme j'étois née pour servir d'exemple de ce que peut une malheureuse destinée, une chûte que mon pere fit à la chasse en tombant de cheval, le mit au tombeau, après avoir resté quelque tems malade. Tant de coups presque subits, m'accablerent, je ne pus souffrir, ni les lieux de ma naissance, ni ceux que je connoissois; je m'imaginai quelque douceur à vivre dans des endroits où je serois inconnuë à tout le monde, je vendis une partie des biens que mon pere m'avoit laissés, & m'étant fait une somme considerable d'argent; je partis de chez moi dans le déguisement où vous me voyez, accompagnée d'une seule fille qui avoit servi à ma mere, & dont l'humeur sympatisoit beaucoup avec la mienne: Après quelques jours de voyage, sans autre dessein que de fuir à moi-même; le hazard me conduisit auprès de cette maison, j'en admirai la situation, la solitude qui y regnoit convenable aux chagrins qui m'occupoient, me détermina d'y rester si je pouvois; celui qui y logeoit & que je ne connoissois pas me la vendit, & il y a une année entiere que j'y demeure; jusqu'ici tout mon plaisir a été de voir, de tenir le portrait de mon amant, & de lire les lettres où il m'exprimoit sa passion; il ne me reste plus rien à vous dire, continua Clorinne, que de vous assurer que depuis un an que je suis ici, il ne m'est rien arrivé de plus doux que le plaisir d'avoir pû rendre service en quelque chose à un cavalier tel que vous: Je vous avoüerai même, Seigneur, que votre vûë m'a touchée, vous avez presque les traits de ce tendre amant que j'ai tant regreté, vous en avez l'air & la taille, & j'ose préjuger sur de telles assurances, que vous en avez l'honneur & la fidelité.

Clorinne finit là son histoire, après avoir prononcé ces derniers mots d'un ton de voix tendre & sensible. Pharsamon qui pendant le repas s'étoit apperçû de l'attention que la jeune Solitaire avoit à le regarder, crut démêler la raison d'un langage si honnête; il souhaita secrettement en lui-même, d'avoir dans ce lieu occasion de signaler sa fidelité pour Cidalise, comme avoient fait autres fois en pareilles occasions ses grands Maîtres, ce souhait qui agissoit en lui comme à son insçû, donna peut-être lieu à la réponse gracieuse qu'il fit à Clorinne. Je suis charmé, Madame, repliqua-t'il, de ressembler en quelque chose à celui qui a pû toucher si vivement un cœur comme le vôtre, & je voudrois pouvoir, non-seulement vous en rafraichir l'idée par une foible ressemblance; mais encore pouvoir le rendre lui-même à votre douleur. Je suis, répondit Clorinne, d'un ton à demi sage & passionné, je suis sensible au zele que vous me marquez, il n'est pas nécessaire que vous me le rendiez lui-même, pour mériter toute ma reconnoissance, & le plaisir de croire le voir en vous m'en est un assez grand; si vous me le laissiez autant que je voudrois. L'ennui succederoit bientôt à ce triste plaisir, repartit Pharsamon, en secoüant malicieusement la tête; mais la douceur d'être avec vous, me fait oublier, Madame, qu'il est tard, & que je vous ôte au repos, que sans moi vous prendriez déja. Il y a dit-elle, en s'en allant avec lui, bien du tems que je ne le connois plus, & je ne sçai point si je le prefererois à votre conversation, quand il seroit aussi tranquille que je pourrois le désirer. Ils étoient déja à la porte du Jardin, je ne sçai point ce que Pharsamon répondit à cette nouvelle attaque qu'on faisoit contre son cœur; mais je me doute aisément qu'il y répondit en galant Chevalier. A dieu, Seigneur, lui dit la belle Solitaire en le quittant. allez vous reposer, prenez un repos qui me fuira plus que jamais, & souvenez-vous que vous me devez par reconnoissance le récit de vos avantures.

Après ces mots, Pharsamon prit congé de Clorinne, & s'en alla dans sa chambre.

Eh bien, cher Lecteur, êtes-vous

content de la vie de la belle Solitaire? Je me suis, dites-vous, tout bas quelquefois trouvé dans l'embarras: qu'importe, si je m'en suis bien tiré je n'en aurai que plus de mérite, quand on ne sçait où l'on va, s'il arrive qu'on se conduise passablement, on est plus adroit que ceux qui marchent la carte en main ; je serai, je vous assure, & soit dit sans vanité, assez content de moi, si je puis tirer Pharsamon d'ici avec autant de succès ; allons, allons toujours, le hazard y pourvoira. Auquel des deux irons-nous maintenant ? à Clorinne ou à Pharsamon ? Disons un mot de Madame Clorinne, & puis nous rejoindrons ce triste Chevalier qui ne s'ennuira pas à nous attendre.

Clorinne après avoir quitté Pharsamon s'en alla dans sa chambre où l'attendoit sa confidente, qui étoit justement ce beau garçon dont la vûë avoit fait sur Cliton, une espece d'impression qui n'étoit, ni amour ni amitié : le déguisement de la belle avoit apparemment fait naître cet ambigu d'inclination.

Cette confidente s'appelloit Elice, son caractere approchoit beaucoup de celui de sa Maîtresse; & l'on a pû voir, si l'on a voulu, que le caractere de cette Maîtresse tenoit un milieu entre le raisonnable & l'extravagant. Déserter son pays pour s'en aller à son aise, traîner au bout du monde, la douleur d'avoir perdu un amant; s'arrêter, fixer sa demeure dans une maison, parce qu'elle est située dans une belle solitude; se déguiser en homme, & tout cela par l'effet d'une trop grande tendresse; en verité on ne peut appeller ces actions, les actions d'une personne un peu sage, je les crois à demi-folles, & mon critique les trouvera insensées, & peut-être me trouvera-t'il de même aussi. Soit; ce n'est pas de quoi je m'embarrasse, son noir chagrin n'est peut-être pas plus sage que l'esprit de Clorinne & le mien. Pour rentrer donc dans mon sujet, Elice capable de suivre une Maîtresse de l'espece de Clorinne, devoit être doüée d'une raison qui familiarisât avec la folie : Cette jeune fille, aux avantures de naissance près, avoit, quand elle partit avec Clorinne, les mêmes sujets de tristesse touchant l'amour, la guerre lui avoit enlevé son amant, une cruelle milice l'avoit obligé de dire adieu au doux son des musettes, pour aller écouter le bruit éclatant des trompettes, je veux dire que cet infortuné avoit été servir le Roy, & qu'il s'étoit embarqué si avant dans les querelles de son Prince, qu'il s'étoit fait tuer noblement par ses ennemis ; cette mort illustre avoit été rapportée fidelement à la dolente Elice, jeune paysanne que la mere de Clorinne avoit prise chez elle quelques mois avant de mourir ; Clorinne étoit arrivée justement dans le tems que le trépas de l'amant guerrier, étoit encore tout récent, & lorsque son pere fut mort, Elice & elle avoient fait une societé de désespoir, & s'étoient déterminées à fuir des lieux qui réveilloient l'idée de leurs affreux malheurs ; cela posé, je ne dirai plus rien d'Elice d'Elice, que ce que je viens de dire fait assez connoître.

Quand cette confidente vit entrer sa Maîtresse: vous avez été bien long-tems, Madame, lui dit-elle. Ah, ma chere Elice, repliqua Clorinne, tu me vois encore toute agitée du triste récit que je viens de faire de mes malheurs à cet étranger: Mais parle-moi confidemment, que dis-tu de lui? Qu'en pense-tu? Ne trouve-tu pas qu'il ressemble au portrait de mon amant? Je l'ai d'abord pensé comme vous, Madame, répliqua Elice, & j'ai bien prévû que cette ressemblance vous feroit plaisir: Tu ne sçais pas encore jusqu'où va ce plaisir, répondit Clorinne, j'aimois tant Oriante, que cet excès de passion que j'ai encore pour lui, m'en donne aussi pour cet étranger; oüi, ma chere Elice, je le trouve charmant; as-tu remarqué combien il est bien fait? Quelle grace n'a-t'il pas à parler! Quelle noblesse dans le moindre de ses gestes! Cette humeur triste & mélancolique qui l'occupe, lui prête encore de nouveaux charmes, c'est la marque d'un caractere noble & tendre, voilà comme étoit Oriante, il me semble le voir, j'ai cru lui parler; tantôt, à peine ai-je pû moderer des transports de tendresse qui me saisissoient : il n'a pourtant tenu qu'à lui de juger de mes sentimens. Ah, ma chere Elice, je ne me plaindrois plus du sort qui m'a tant persecutée, s'il réparoit les maux qu'il m'a fait en me donnant le cœur de cet étranger, je n'oublirai rien pour le toucher, il m'a semblé qu'il étoit embarassé dans les réponses qu'il m'a faites, j'augure bien de cet embarras; il n'aura pas lieu de mal interpreter la tendresse que je lui marquerai, la ressemblance d'Oriante en est une légitime excuse, je puis, sans crainte qu'il me blâme, lui avoüer tout le plaisir que sa présence me fait. Ah, Ciel, que je prévois de felicités, si mes sentimens peuvent le toucher!

N'allez pas vous figurer, repliqua Elice, que cet étranger veüille rester ici, Madame, ses chagrins nous font bien voir qu'il a quelque maîtresse, ou perduë, ou morte, ou qui le traite mal. Traite mal! Dis plûtôt qui l'adore, peut-on le voir sans l'aimer? Mais, Elice, ne me prédis point de choses fâcheuses, peut-être fuit-il cette maîtresse; ne me tire point d'erreur, je ne sçai point à quelle extremité je serois capable d'en venir, si cet étranger vouloit me quitter impitoyablement; mais non. Je m'inquiete mal-à-propos, peut-être, sans le secours d'une ressemblance, m'aime-t'il autant, & plus que je ne l'aime. Vous direz tout cela demain, repliqua Elice, qui répondoit presque en dormant; il sera bientôt jour; couchez-vous, Madame, je souhaite pour le moins, autant que vous, que cet Etranger vous fasse quitter ces lieux; car franchement je m'y ennuye furieusement; je n'aurois point cru quand j'y suis venuë que j'en aurois voulu jamais sortir: mais je vois bien qu'il ne faut jamais faire de vœu, il y a trop de peine à le tenir ; bon soir, Madame, l'envie de dormir me coupe la parole. Que tu es heureuse d'avoir cette envie de dormir ! répondit Clorinne. Que vous m'impatientez, dit Elice, avec votre fureur de babiller ! Couchez-vous ; l'appétit, dit-on, vient en mangeant, peut être le sommeil vient-il en se couchant. A moi du sommeil ! s'écria Clorinne : ah ! prend on quelque repos quand on aime ? Eh bien, Madame, pour l'amour de moi, par pitié pour mes yeux qui se ferment, faites semblant de dormir, & aimez toujours. Bon soir, encore une fois ; fasse le Ciel que vous perdiez la parole jusqu'à demain !

Clorinne se rendit enfin aux instances d'Elice, & ne dit plus rien ; si l'on appelle ne dire plus rien que de prononcer par intervalles, une milliasse de, O ciel ! Grands dieux ! soûtenus d'autant de soupirs.

Enfin la fatigue du corps l'emporta sur les tendres transports de l'ame : elle s'endormit le soupir & l'exclamation sur les lévres. Tirons son rideau pour la laisser reposer, & revenons un peu au Chevalier Pharsamon, que j'apperçois se promenant à grands pas dans sa chambre. Peu s'en faut, que comme un autre Sosie il ne mette sa chandelle à terre, en guise de femme, pour lui adresser la parole. Il leve les mains au ciel, il s'arrête, il recule, il s'écrie, & tout cela à l'honneur de Clorinne, à qui il s'imagine de parler sur la foi des tendres complimens qu'elle lui a faits à la fin de son récit : Pharsamon fonde une suite de tendresse, dont il pense avec douceur qu'elle va l'accabler. Là-dessus il se fait des demandes à lui-même, & ses réponses causent l'agitation où je le vois. qu'il est charmé d'opposer toute la cruauté possible aux sentimens passionnés que Clorinne a pour lui ! Non, non, Madame, s'écrioit-il, enivré par avance du rôle d'ingrat qu'il se promet de faire ; non, non je ne suis plus le maître de mon cœur, Cidalise, l'aimable Cidalise le possede sans reserve ; en vain vous cherchez à lui arracher, mon amour pour elle me rend insensible à la fureur des emportemens que vous me témoignez, laissez-moi partir, qu'esperez-vous en me retenant ? Cruelle !

Admirons cependant sur le discours de Pharsamon, le rapport de folie qui se trouve entre le Chevalier & Clorinne, celui-ci rêve que Clorinne le retient, & celle-ci a pensé que si Pharsamon vouloit absolument la quitter, elle en viendroit pour le retenir aux dernieres extremités ; admirons, dis-je, combien ces deux cerveaux s'entendent & se comprennent : Cependant, le bruit qu'en parlant fait le Chevalier, réveille Cliton. Qui est-là ? s'écrie-t'il, en se levant sur son séant encore endormi. En disant ces mots il apperçoit la figure de Pharsamon à la lueur de la chandelle ; il se leve tout doucement, Pharsamon avoit le dos tourné, & ne voyoit point l'action de son Ecuyer, qui fremissant de peur, & allongeant le bras, va tâter son

Maître ; Pharſamon ſe retourne, quand Cliton tremblant, & plus pâle que la mort : Enragé d'eſprit, diable, ou qui que tu ſois, que demandes-tu, lui dit-il ? Ah Dieu, s'écrie Pharſamon, à quoi rêve-tu ? Ne me connois-tu pas ? Reveille-toi, c'eſt moi. A ces mots, Cliton revient à lui, bâllle, & ſe frottant les yeux, quel diantre de ſabat faites-vous donc à l'heure qu'il eſt, dit-il ? Avec qui parlez-vous là ? Avec perſonne, repliqua Pharſamon, je m'entretiens ſeulement avec moi-même, mon cher Cliton, recouche-toi, ou prends tes habits, je vais t'apprendre ce qui m'eſt arrivé. Je n'ai pas le loiſir à preſent, répondit Cliton, j'ai encore quatre heures à dormir, il faut bien que je les faſſe. Eh bien dormez, repliqua Pharſamon fierement, vous ne méritez pas l'honneur que je veux vous faire. Peſte ſoit de l'honneur ! dit Cliton, quand il nous vient pendant la nuit : parlez cependant, je vous entends. Le jeune Solitaire de ces lieux, dit Pharſamon, eſt

Aa iiij

une Demoiselle qu'un amour malheureux, à engagé de choisir cette solitude pour sa retraite, & ce jeune homme avec qui tu as mangé est sa confidente. Que dites-vous-là ? repartit Cliton ; me voilà ma foi plus éveillé que la pointe du jour, par ma foi, si je n'ai senti cela en mangeant avec elle : hé bien, Monsieur, achevez ; sont-elles amoureuses de nous ? J'ai tout lieu de penser, dit Pharsamon, que la Maîtresse m'aime ; bon, s'écria Cliton, voilà notre affaire : le gîte est avantageux, & de plus ; nous n'aurons ici ni dame Marguerite, ni mere revêche qui nous ordonne de prendre notre congé : le Ciel soit béni, j'aime la bonne chere & l'amour : je trouve tout ici, & il n'y a point d'Ecuyer dans nos livres, s'ils sçavoient parler, qui ne souhaitât à son Maître l'avanture d'une petite maison comme celle-ci. Comment donc, repliqua Pharsamon, tu pourrois me conseiller d'écouter l'amour qu'on a pour moi ? & tu te resoudrois à rester dans ces lieux ? Voyez la belle demande, dit Cliton, on nous traite ici comme des Rois, nos draps font plus blancs que la neige, plus doux que du velours, la Maîtresse est aimable, sa confidente aussi, les deux belles nous adorent, nous sommes jeunes, bons cuisiniers, belle maîtresse, & tout cela ne vous tente pas ? Dieux, que ce langage m'offense, repartit Pharsamon, quoi je renoncerois à Cidalise ! A propos de Cidalise, à propos d'elle, & de sa femme de chambre, repartit Cliton; le sommeil & la bonne chere, me l'avoient fait oublier : oh j'ai tort, ce sont les premieres en datte, il faut les chercher, cela est dans l'ordre ; mais voici deux pauvres filles que nous allons réduire au désespoir, franchement je ne sçai quel parti prendre, & je resterois ici plûtôt que de me déterminer. Non, non Cliton, dit le Chevalier, il n'y a point à balancer, le bonheur le plus grand sans Cidalise n'a nul appas pour moi, fuyons de ces lieux : Ecoutez, Monsieur, dit Cliton, si jamais il nous arrive malencombre, n'allez pas me raconter vos peines, je n'aurai non plus de pitié de vous, que d'une bouteille de vin, quand j'ai bien soif ; nos Messieurs des Romans avec toute leur passion, s'il y avoit eu des petites Maisons de leur tems comme celle-ci, n'auroient pas été si scrupuleux que vous l'êtes ; ainsi.... Mais je pense que vous vous endormez debout, & Cliton disoit vrai : Pharsamon n'en pouvoit plus, à peine pouvoit-il se soûtenir sur ses jambes : Tu as raison repartit Pharsamon, je me sens fatigué, & je vais me reposer sur ton lit. Ainsi soit-il, dit Cliton, le sommeil vous avisera, aussi-bien je crois que vous avez rêvé tout ce que vous m'avez répondu : courage, Monsieur, fermez bien les yeux, & ne les ouvrez que quand je vous le dirai.

Après ces mots, nos deux Avanturiers s'endormirent, & je dirois qu'ils ronflerent à l'envi l'un de l'autre, si je ne craignois de choquer la noblesse qui ne doit point abandonner un homme tel que Pharſamon dans la moindre de ſes actions ; mais enfin qu'il dormît en ronflant, ou non : Pharſamon & ſon Ecuyer, ne ſe reveillerent que ſix bonnes heures après s'être endormis.

Notre Chevalier fut le premier que le ſommeil quitta ; il faiſoit grand jour, & impatient de partir & d'aller chercher Cidaliſe, il reveilla Cliton, qui allongeant jambes & bras, dit : vous m'avez éveillé dans un bel endroit, Monſieur, aſſûrement le diable qui ſe plaît à faire du mal vous a pouſſé la main ; j'aurois beau courir après ce que je tenois, je ne le rattraperai peut être jamais. Et que rêvois-tu donc, répondit Pharſamon, de ſi extraordinaire ? Ecoutez bien, dit-il, je rêvois que je voyois Cidaliſe & Fatime dans leur cuiſine, qui, la chandelle à la main (& vous pouvez juger par-là qu'il étoit nuit) qui la chandelle à la main, cherchoient dans toutes les armoires, dans tous les pots, s'il n'y avoit rien à manger, elles tenoient chacune un gros morceau de pain, dont elles m'ont donné chacune aussi un petit morceau, en me demandant de vos nouvelles, je leur ai fait un détail de notre soupé d'hier: Peste! a dit Cidalise, il deviendra gras comme un cochon, si cela dure; Va, va, tu rêves encore, dit Pharsamon, en interrompant Cliton, Cidalise a trop de délicatesse, pour se servir de pareils termes. Bon, de la délicatesse! la pauvre fille dans l'état où elle étoit, c'étoit bien-là ce qui la touchoit. Depuis que vous êtes parti, sa mere l'avoit, m'a-t-elle dit, fait jeûner au pain & à l'eau, voilà ce qui faisoit qu'elle répondoit de si bon cœur que vous engraisseriez comme un cochon : Acheve ton rêve, dit Pharsamon, & finis vîte. Or pour revenir à nos deux affamées, car Fatime avoit fait pénitence aussi, disoit-elle, pour nos fredaines, j'ai rêvé qu'elles n'ont trouvé qu'une miserable carcasse de poulet, & un gigot de mouton, je veux dire l'os, elles ont mis la carcasse & cet os dans un plat, elles m'ont avec elles fait mettre à table; mais ne voilà-t'il pas quand nous commencions à ronger, Madame Marguerite, qui arrive avec un manche à balet, dont elle a voulu me frotter quand elle m'a vû : dame j'ai paré le coup, j'ai couru après elle, nous nous sommes battus, & patati, & patata, ses cornettes étoient déchirées, elle appelloit son mari à son secours, il me sembloit qu'il étoit dans un lit, & qu'il a répondu qu'il avoit la goutte, cela m'a enhardi, j'ai contraint Madame Marguerite à me demander pardon : la vieille masque en me donnant, entre ses dents, à lucifer & aux siens, s'est mise à genoux ; après cela, Fatime est venuë qui m'a donné un grand coup de poing par derriere ; je me suis mis à courir après elle, le vent l'a fait tomber, & je la tenois par le talon, quand vous m'avez éveillé.

Voilà un fort beau rêve, & bien digne de la petitesse de ton génie, dit Pharsamon. Qu'y trouvez-vous

donc de si laid, repliqua Cliton?
Monsieur, ôtez-en la carcasse, &
l'os du gigot de mouton, n'appellez-vous rien de tenir ce que l'on
aime par le talon? Habille-toi,
dit le Chevalier, & songeons à
nous en aller; chaque moment de
retardement redouble le chagrin
que j'ai d'être éloigné de Cidalise.
Et si vous ne la trouvez plus du
tout? répondit Cliton en s'habillant,
vos chagrins auroient donc bien
des redoublemens. Pharsamon ne
répondit plus rien aux questions de
Cliton, que l'esperance d'un bon
déjeuné, & qu'un long sommeil
égayoient.

Ils furent cependant bien-tôt
habillez l'un & l'autre, & Cliton
boutonnoit le dernier bouton de
son Juste-au-corps, quand le confident de la belle Solitaire jugeant
au bruit qu'ils avoient fait en parlant, qu'ils étoient levez, entra, &
dit à Pharsamon en s'approchant
de lui: Seigneur, ma maîtresse vous
attend dans la Salle; elle est impatiente de vous voir, & d'ap-

prendre vos avantures : elle m'a dit de venir vous en avertir. Je vous suis, répondit Pharsamon, marchons. Approchez, dit Cliton, approchez, le beau garçon. Cliton prononça ces mots d'un air à faire connoître à la confidente qu'il sçavoit bien ce qu'elle étoit. Elle se mit à sourire : Eh bien, Seigneur Ecuyer, avez-vous bien passé la nuit, lui dit-elle ? Oüi, la belle Ecuyere, fort à votre service ; mais j'ai une maladie dès que je m'éveille. Quoi donc, que vous faut-il ? repliqua la Confidente ? Boire, & manger, dit-il. Cela étant, répondit-elle, vous vous porterez à merveille tout à l'heure : suivez-moi, Seigneur Ecuyer. Doublons le pas, la belle, dit-il à ces mots. Cliton & la confidente s'en allèrent déjeuner ensemble, pendant que Pharsamon descendit dans la Salle où l'attendoit Clorinne.

Il la trouva rêveuse. Dès qu'elle l'apperçut, elle s'avança à lui en souriant obligeamment : Peut-on, Seigneur, sçavoir de vous si vous avez bien reposé cette nuit ? Le repos, lui repondit Pharsamon, n'est point fait pour les malheureux tels que moi. Quel sorte de malheur peut troubler les jours d'un Cavalier tel que vous, Seigneur ? L'amour, à vous voir, ne doit vous partager qu'en plaisirs, & ses peines ne sont point pour ceux qui vous ressemblent : Je sçai, repliqua notre Chevalier, démêler ce que je vaux d'avec votre honnêteté, Madame ; mais quand il seroit vrai que mes pareils seroient toujours aimez, l'amour n'a-t-il pas mille sortes de chagrins que peuvent ressentir les plus heureux : vous en allez juger par le recit que je m'en vais vous faire.

Pharsamon, après ces mots, commença son histoire. Je ne crois pas devoir la commencer avec lui, puisque nous sçavons déja ce qu'il doit dire : à la verité, il marquera de certains endroits que j'ai dit moi tels qu'ils sont. La sortie de chez Cidalise changera de face, & le tour qu'il sçaura donner à l'affront
sanglant

sanglant qu'il reçut dans ce Château ne paroitra qu'une noble violence digne de faire nombre parmi les avantures du plus illustre Chevalier : ce n'est pas que Pharsamon soit un fanfaron qui soit convaincu de la fausseté des faits qu'il rapporte : notre Chevalier seroit sans défaut, s'il n'avoit que celui de sçavoir mentir ; & l'on peut dire de lui que si sa tête a perdu d'un côté le peu d'esprit qu'elle contenoit, son cœur en revanche a fait en générosité, en grandeur, en probité, un gain pour le moins proportionné à la perte du bon sens qu'il a faite ; ainsi, quand les faits qu'il rapporte sont differens de ce qu'ils sont, cette difference est un effet de sa disette de raison, & non pas un effet de sa vanité. Après tout, il aura d'assez beaux endroits, où sa maniere de conter ; comme par exemple, la rencontre de Cidalise dans le bois ; son combat sanglant dans le Jardin ; ses blessures, son évanoüissement, & beaucoup d'autres choses où la vanité sans artifice peut lui faire beaucoup d'honneur.

Mais j'entens qu'il finit son histoire : j'apperçois Clorine dans un morne chagrin. La passion que Pharsamon a témoigné dans son récit pour Cidalise, l'afflige & la désespère : ses regards semblent dire à Pharsamon les chagrins qu'elle a de voir qu'il est prévenu : ce Chevalier termine son discours, pour surcroît de douleur pour elle, par des sermens d'une fidelité éternelle pour sa Maîtresse. Je vais la chercher, lui dit-il, Madame, je vais l'affranchir de la captivité où la retient sans doute la barbare à qui on l'a confiée : Il me tarde de lui donner des preuves de la tendresse que j'ai pour elle.

Hélas ! Seigneur, lui répondit languissamment Clorinne ; peut-être l'avez-vous perduë pour jamais : vos soins, & vos peines seront sans doute inutiles : on aura prévû tout ce que vous pouviez faire ; & sans chercher une personne dont la rencontre est incertaine, & qui malgré tout l'amour qu'elle a pour vous, n'est maîtresse que d'un cœur dont il ne lui sera jamais libre de vous montrer les sentimens, vous pourriez, Seigneur, vous épargner tant d'inquiétudes : restez encore ici quelques tems ; le séjour tranquille que vous y ferez rendra le calme à votre ame, que vous ne retrouverez point ailleurs : je n'y épargnerai rien pour vous désennuyer : la solitude vous plait : Où pouvez-vous en trouver de plus charmante ? je ne parle point de la compagnie que vous y aurez ; mais elle aura pour vous bien des charmes, si le plaisir que j'aurai de vous voir, peut passer jusqu'à vous. Elle prononça ces derniers mots en baissant les yeux. Pharsamon les comprit à merveille, & entrant alors autant qu'il put dans la situation de ces illustres heros de Romans, que la fidelité qu'ils conservoient pour leurs Dames, jettoient dans un embarras qu'ils exprimoient, ou par le silence, ou par une rougeur subite. Notre Chevalier scrupuleux copiste de leur maniere, de peur de manquer à les imiter, prit le parti du silence pour un moment, & rougit presque aussitôt. Clorinne attendoit sa réponse; il lui falloit des paroles: elle vouloit qu'il s'expliquât. Vous ne me répondez rien, lui dit-elle, Seigneur, & vous m'avez entenduë ? Je continuerois envain à vous parler obscurément du penchant que j'ai pour vous : une malheureuse ressemblance va rendre à mon cœur toute la tendresse qu'il eut autrefois. Ah ! si vous sçaviez quelle étoit cette tendresse ! si vous pouviez la comprendre ! Ce cœur que je vous abandonne vous paroîtroit d'un trop grand prix pour le négliger ! Vous voyez, Seigneur, que je ne dissimule plus : expliquez-vous ; suis-je destinée à ne faire qu'un ingrat ?

La déclaration s'expliquoit en bons termes, & il n'étoit plus permis à Pharsamon de faire la sourde oreille ; mais puisqu'il avoit des ressources contre les attaques à demi déclarées ; il en avoit auſſi pour celles qui portoient droit au cœur, & qu'on faiſoit ſans détour ; & vous allez voir qu'il ne ſe démentit point dans la noble imitation de ſes Maîtres.

Oüi, Madame, je vous ai entenduë, répondit-il preſque ſans aucune action, & d'un ton grave, & poſé : Je jugeois à propos de me taire, eſperant que mon ſilence ſuffiroit pour vous faire comprendre mes ſentimens ; mais puiſque vous me forcez de répondre, reſſouvenez-vous ſeulement du recit que je viens de vous faire, & dites-vous à vous même tout ce que le reſpect m'empêche de vous dire là-deſſus. Eh bien, Seigneur, vous aimez, j'en conviens, repartit Clorinne ; mais vous n'êtes point ſûr de retrouver votre maîtreſſe : Je vous offre un cœur dont la conquête vous épargne les peines que vous donnera la recherche de Cidaliſe.

Ces peines me ſont cheres, répondit notre cruel ; & quand elles devroient terminer ma vie, j'aurois plus de douceur à la finir sans raison de remords, que je n'aurois à la prolonger dans la félicité la plus parfaite ; mais tourmenté des reproches continuels que je me ferois à moi-même, laiſſez-moi partir, Madame, n'arrêtez pas un malheureux que ſa propre infortune accable ; ſans doute mon cœur ne ſe défendroit pas contre vous, ſi un autre ne le poſſedoit déja tout entier. Après ces mots, notre Chevalier ſe leva comme un homme hâté de partir ; & pourvû qu'on me donne le tems d'aller pour un moment retrouver Cliton & Elice, nous verrons ſûrement beau jeu.

Ces deux confidens étoient deſcendus dans la Cuiſine : on avoit été tirer pour Cliton du meilleur vin de la cave : il avoit pris le ſoin lui-même de s'aprêter de la viande qu'il avoit fait griller. Quand il eut bû cinq ou ſix coups, ce ſang froid qu'on a d'ordinaire quand on eſt à jeun, le quitta ; parbleu ma belle enfant, dit-il à Elice en tenant en main un verre plein de vin qu'il alloit boire à sa santé, parbleu vous avez trouvé une bonne condition. Pour achever de la rendre telle qu'il la faudroit, il n'y manque qu'un garçon d'une humeur aussi joviale que vous, repliqua Elice qui trouvoit la maniere de notre brusque Ecuyer fort à son gré. Friponne! repliqua t'il, vous voudriez bien qu'on nous y retînt, n'est-il pas vrai ? mais nous ne sommes pas des hommes comme les autres, nous avons fait provision d'amour, elle nous conduira jusqu'à la mort. Quoi! Seigneur Ecuyer, repliqua la Confidente, vous vous piquez de fidelité? Comment! si je m'en pique, repliqua-t il, & pour qui donc me prenez-vous ? Sçavez-vous bien que nous autres Chevaliers, & Ecuyers, car cela va à peu près dans le même rang, sçavez-vous bien que nous faisons vœu d'avoir toutes sortes de bonnes qualités, & sur tout la fidelité ? Diantre! je vous avoüe que c'est là la vertu la plus sauvage : il faut que les

Ecuyers du tems passé eussent apparament dans le berceau fait vœu de la pratiquer ; & je suis persuadé que quand ils ont trouvé à leur chemin, des visages comme le vôtre, Madame ; leur fidelité seur pesoit bien autant qu'un fardeau de deux cens livres ; mais aussi la gloire n'est pas un zeste, & ce n'est pas pour des prunes que nous résistons courageusement. Mon nom quelque jour, doit voler par toute la terre : franchement je suis charmé que dans cent ans on sçache comment je m'appellois ; & si vous vivez encore, vous verrez ce que je vous dis. De quoi vous allez-vous inquiéter ? dit la Confidente, vous serez mort, & vous ne sentirez rien de toute cette gloire : Seigneur Ecuyer, croyez-moi ; si quelqu'autre personne vous plaît, ne vous privez pas du plaisir de le dire. Paix, par charité taisez-vous, repliqua l'Ecuyer ; adieu la gloire & le nom si vous continuez ; laissez-moi devenir glorieux ; cruelle. Ah ! que vois-je ! vous vous attendrissez je pense,

Pagination incorrecte — date incorrecte

NF Z 43-120-12

pense, s'écria la Confidente! Seigneur Ecuyer, si je le croyois, je vous en aimerois quatre fois davantage. Vous m'aimez donc déja, repliqua-t-il? Ah! Ciel, quelle perte je vais donc faire! Jamais Ecuyer n'eut telle aubaine. Allons, fermé mon cœur, encore quatre ou cinq coups du bon vin que voilà, & puis je vous sors du bourbier. Non, Seigneur Ecuyer, vous ne partirez point comme cela, dit la Confidente; je vois que vous m'aimez. Cela n'est pas vrai, dit-il en se levant; je ne fais point ce tort là à Fatime; & si mon cœur est un sot qui ait de l'amour pour vous qu'il le garde; pour moi je m'en lave les mains. Vous vous défendrez vainement, dit-elle; vous m'aimerez, & nous avons la mine de nous aimer désormais tous deux. Ah! Seigneur Pharsamon, s'écria alors l'Ecuyer, si vous sçaviez dans quel danger je suis! ah! que vous accoureriez bien vîte me faire sortir d'ici par les épaules. Si vous êtes aussi foible que moi, franchement nous n'aurons pas la force d'achever notre voyage; pour moi les jambes me manquent déja! Peste soit de la petite Maison; sans ce malheureux gîte, nous aurions amassé plus de lauriers qu'il n'en faudroit à tous les Cuisiniers du monde! Tout cela ne me satisfait pas, dit la Confidente; m'aimez-vous ou non? Oüi, le Sujet de mon cœur, repliqua-t-il, oüi je vous aime; soyez contente de cet aveu; il coûte plus à mon ame que mille écus ne coûtent à un Usurier. Puisque vous m'aimez, repliqua-t-elle, Seigneur Ecuyer, par ma foi je ne vous hais pas; votre Maître sans doute aimera ma Maîtresse, & nous allons nous aimer tout quatre : qu'en dites-vous? La partie sera bonne. Je donnerois bien, dit Cliton, dix bons cheveux de ma tête pour que Monsieur mon Maître prît racine ici ; cette exemple là me rassureroit; mais vous me donnez là de mauvaise esperance. Nous avons tout lieu de croire, dit la Confidente, que ma Maîtresse fera son possible pour l'engager à rester. J'en conviens ; mais mon Maître est un Turc en courage, je le connois, il aime ailleurs ; & plutôt que de rester ici, il iroit la chercher avec des bequilles : cependant, la belle enfant, je viens de m'imaginer un moyen pour le retenir, mais à condition que vous n'en direz rien : Allez vous-en couper la bride & les sangles de nos Chevaux ; il sera bien attrappé quand il voudra partir, & je ne crois pas qu'il veüille faire le Piéton ; on n'a point d'exemple que jamais Chevalier ait entrepris de voyager à pied ; courez vîte. A peine avoit-il prononcé ces paroles, que la Confidente courut à l'écurie, ou plûtôt y vola : la chose fut éxécutée telle que Cliton l'avoit imaginée. En revenant de l'écurie, quel spectacle, grands Dieux ! Elle apperçut sa Maîtresse en larmes qui s'efforçoit de retenir Pharsamon qui s'éloignoit d'elle. Elle courut en avertir Cliton qu'elle informa de ce qu'elle venoit de faire. Oh bien, lui dit-il, puisque mon Maître ne confent point à refter ici ; de peur qu'il ne me foupçonne d'être d'intelligence avec vous, quand il m'ordonnera de le fuivre, & de fceller nos Chevaux, vous feindrez de vouloir me retenir ; je me débattrai ; vous me déchirerez ma manche ; je ferai le furpris quand je trouverai nos harnois coupés ; je m'emporterai ; je ferai femblant de vouloir partir avec un bâton, & fur mes jambes ; il n'aura garde de me fuivre ; car c'eft le Cheval qui dans le métier que nous faifons eft le plus neceffaire : vous nous retiendrez tous deux, je me laifferai entraîner : bref, le Ciel conduira le refte : Voyez, friponne, tout ce que je fais pour vous plaire. Oh ! amour, amour, fans toi que je deviendrois un grand homme ! Abregez vos apoftrophes à l'amour, dit la Confidente, & montrez-vous à votre Maître ; je l'entends encore qui fe débat avec ma Maîtreffe ; paroiffez, Seigneur Ecuyer. Allons, dit-il, & fur tout obfervez ce que je viens de vous dire.

Après ces mots, il avança dans la Cour; Elice un moment après le suivit: il vit effectivement ce que lui avoit rapporté Elice; je veux dire Pharſamon qui fuyoit de Clorinne. Cruel! lui diſoit cette extravagante paſſionnée, quoi! mes larmes, ma douleur ne vous attendriſſent pas, cher Oriante; car vous le repréſentez, Seigneur; hélas! c'eſt Clorinne qui vous parle! tournez vers moi les yeux! O! Ciel, s'écria Pharſamon à ces paroles, délivrez-moi de ces importuns tranſports! Cliton, partons; hâte-toi de préparer nos Chevaux. Laiſſez-moi, Madame, un cœur comme le mien ne connoît point la perfidie; Cidaliſe le poſſede & le poſſedera toujours.

Dans le moment que Pharſamon parloit ainſi, on voyoit ſur ſon viſage un air ſauvage & demi-furieux; ſon geſte convenoit auſſi à la ſituation où elle ſe trouvoit. Que cet embarras, que ces extrêmités avoient de charme pour lui! Jamais Dame n'avoit fourni à un

Chevalier de quoi prouver sa fidelité avec plus de noblesse. L'épreuve où on le mettoit étoit accompagnée de toutes les circonstances qui doivent caractériser une avanture de cette espece.

Cependant Cliton à qui il avoit ordonné de preparer leurs Chevaux, revint en les conduisant par un licou, & tenant en main le harnois dont il témoignoit à Pharsamon qu'on ne pouvoit plus se servir. Nous voilà ma foi bien plantés, disoit-il ; tenez, Monsieur, sellez, bridez, & montez votre Cheval avec cela. Dieux, quel fureur ! s'écria alors Pharsamon : Mais n'importe, vous poussez en vain ma constance à bout ; il ne vous restera que la honte de n'avoir pû me vaincre.

Allons, Monsieur, c'est bien dit, s'écria Cliton, quittons ces deux méchantes filles là qui veulent couper le cou à notre gloire. Nous n'avons plus de harnois, il est vrai, eh bien ! plûtôt que de succomber, sauvons notre vertu à poil ; je m'en vais vous en donner l'exemple.

Après ces mots, il se prépara à sauter sur son Cheval : la jeune Confidente s'opposa à sa fuite comme ils en étoient convenus ; mais il ne parut pas qu'elle le fist avec assez de violence. Fi donc, lui dit-il tout bas, vous avez les bras plus foibles que des roseaux ; évertuez-vous. Je fais ce que je puis, répliqua du même ton la Confidente ; & à moins que de vous battre, & de vous déchirer le visage, je ne puis pas mieux faire. Donnez-moi donc quelque coup de poing par dessus mon chapeau ; chantez-moi pouille ; arrêtez mon Cheval.

Cette petite conversation entre la Confidente & l'Ecuyer fut très courte, quoiqu'elle semble un peu longue. Cliton parut faire ses efforts pour monter à Cheval : Elice joüa son rôlle parfaitement bien. Tu ne partiras point, coquin, lui disoit-elle, ingrats que vous êtes tous deux ! après la bonne chere que vous avez faite chez nous ? Pendant qu'Elice parloit, Clorinne arrêtoit Pharſamon, qui crioit à Cliton d'ouvrir la porte. A cet ordre Elice fit joüer les coups de poing. Cependant les autres domeſtiques s'aſſemblent tous dans la Cour, étonnés d'une pareille ſcene : ils avoient juſqu'ici ignoré que leur Maître fût une femme déguiſée en homme : ils s'imaginerent alors par les manieres de Clorinne que ces deux hommes l'avoient inſultée, ou, que puiſqu'elle vouloit les retenir, qu'apparamment elle avoit à ſe plaindre d'eux. Les voilà qui s'approchent. Le Cuiſinier de ſes mains graſſes, ſaiſit Pharſamon par la boutonniere : Pharſamon jeune & vigoureux, s'échape, tire ſon épée, & fait le moulinet : un autre domeſtique va vîtement s'armer de la broche, en décharge un grand coup ſur l'épée de Pharſamon, & la briſe : Pharſamon, après ce coup, abandonne ſon épée, & ſaute légérement ſur celui qui tient la broche, & lui arrache. Quelle indigne arme pour ſervir de défenſe à un

Chevalier! Mais l'esprit & la réflexion dans cette occasion le déterminerent à prendre ce parti: il jugea que les héros de Roman en auroient agi comme lui.

Cette broche, donc, maniée par un bras si puissant, écarta tous les ennemis; Clorinne n'osa plus approcher. Cliton jugeant à la colere de son Maître, qu'il n'auroit peut-être pas d'assez bons yeux pour le démêler parmi ses ennemis, se cacha derriere un puits, en appellant Elice, que la crainte de recevoir quelque coup de broche, avoit fait renoncer à la feinte violence qu'elle faisoit à Cliton. Cliton se tuoit, pendant les terribles coups dont Pharsamon battoit l'air, Cliton, dis-je, se tuoit de faire signe à Elice d'approcher, & de venir à la faveur du puits qui la cacheroit à son Maître, le prendre par la gorge, pour autoriser un évanoüissement à la faveur duquel il méditoit d'arrêter son Maître; mais la broche intimidoit trop Clorinne.

Pharsamon n'avoit plus, cependant d'ennemis à combattre, son bras avoit tout écarté; mais le plaisir d'avoir vaincu ses ennemis avoit pour lui trop de charmes pour qu'il se résolût à le finir sitôt. Dès que son courage fut échauffé, envain ses ennemis chercherent à se sauver par la fuite; la colere qui l'agitoit lui tint lieu d'adversaire. La secrette admiration qu'il avoit pour lui-même, lui silla les yeux: il crut appercevoir des combattans; & il ne se désabusa que lorsque la force commença à lui manquer. Alors, il jetta ses regards de tous côtés; il ne voit que des portes à demi ouvertes, par où les Vaincus n'osoient montrer que leur têtes: il jette sur eux des regards menacans: il appelle son Ecuyer pour qu'il conduise les Chevaux hors de la Cour, & qu'il ouvre les portes. L'Ecuyer ne paroît point: Pharsamon commençoit à menacer la Maison d'une ruine entiere; quand jettant les yeux derriere le puits, Cliton se presente à ses yeux: mais, ô Ciel! dans quelle posture? Etendu à terre, & comme un homme sans vie. Pharsamon le croit mort ; il approche de lui avec une espece de vénération qu'il croit être dûë à un Ecuyer qui finit ses jours par trop de courage & de zele pour son Maître : mais le matois se portoit pour le moins aussi-bien que lui ; il n'avoit pû se résoudre à quitter sitôt une si bonne chere ; la jeune Confidente lui plaisoit infiniment : les mesures qu'il avoit prises avec elle pour engager son Maître à rester, avoient échoué par la dureté de cœur, & par le courage de Pharsamon ; mais l'amour & la bonne chere étoient pour un homme tel que Cliton, des motifs trop intéressans pour ne pas fournir quelques ressources : il en avoit imaginé une qui lui avoit manqué; & nous avons vû qu'il avoit fait signe à Elice de venir le prendre par la gorge, pour avoir lieu de contrefaire l'évanoüi : la crainte de cette jeune fille avoit rendu son expedient inutile: Que fit-il? Quand il vit que son Maître cessoit de porter ces grands coups: Il s'étendit tout de son long à terre, supposant que son Maître, en le voyant en cet état, supposeroit aussi que quelque grand coup l'y avoit réduit.

Cependant Pharsamon le retourne pour voir sa blessure: il est surpris de ne point voir de sang: il ne manquoit que cela à l'avanture; car franchement un combat où le sang n'est pas répandu, quelque dangereux qu'il ait été, n'est pas bien noble. Pharsamon dans le moment fut fâché que Cliton, malgré sa mort, n'eût pas eu l'avantage d'en répandre seulement une goute: Hélas! disoit-il, il a perdu sa vie pour moi, sans avoir annobli sa mort par la perte de son sang; mais n'importe, c'est au sort, & non pas à son courage à qui l'on doit s'en prendre; & puisque la nécessité m'a forcé moi-même de me défendre avec des armes indignes de moi, dois-je trouver étrange que Cliton soit mort avec aussi peu d'honneur que j'en avois à me défendre?

Après ces tristes regrets, ou plûtôt cette éloge funébre que Cliton trouvoit si grotesque qu'il pensa en ressusciter dès l'instant même, Pharsamon douta quelque tems s'il devoit laisser Cliton sur la place, ou s'il devoit, le mieux qu'il pourroit, le mettre sur un de ses Chevaux. L'affection tendre qu'il avoit eu pour lui, l'emporta sur la crainte de ce qu'on pourroit dire en voyant un Chevalier qui chargeoit un corps mort sur un Cheval : Quoique cet emploi fût infiniment au dessous de la gravité & de la noblesse de ses pareils, il songea qu'il étoit des occasions, ou relâcher un peu de ce qu'on étoit, étoit plus vertu que bassesse. Après cette réflexion, il fit avancer un des Chevaux, & se mit en devoir de lever Cliton par les pieds ; mais la broche qu'il tenoit, & dont il ne vouloit pas se défaire de peur d'accident, l'empêchant d'user de ses mains avec agilité, la tête de Cliton donna assez rudement à terre. Le mal qu'il en ressentit rappella l'ame du feint trepassé, il fit un cri. Pharsamon saisit d'horreur le laissa tomber comme une pierre : Autre cri que le malheureux Ecuyer fit encore ; mais à parler naturellement, il méritoit bien son mal. Cependant Pharsamon à qui l'horreur avoit fait dresser les cheveux de la tête, supposé pourtant qu'il ne fût pas rasé, & qu'il ne fût pas en perruque, Pharsamon, dis-je, au second cri de Cliton sentit dissiper sa frayeur. Mon cher Cliton, je t'ai crû tué, lui dit-il, par quel coup étrange étois-tu réduit dans un si triste état ? D'un coup de poing dans la faussette du coup, répondit Cliton, au désespoir de ce que rien ne lui avoit réüssi, & qu'il alloit enfin quitter les bons mêts, & la jeune Confidente. Leve-toi, lui dit Pharsamon, sortons d'ici, & montons le mieux que nous pourrons à Cheval. En verité, repliqua l'Ecuyer le cœur serré d'un départ que le combat avoit rendu nécessaire, en verité vous avez mal récompensé la bonne réception que la Dame de ceans vous a faite. Finissez vos remontrances, répondit Pharsamon, j'ai fait ce que j'ai dû.

Après ces mots, se tournant de tous côtés, & remuant fièrement la broche dont il avoit sans doute oublié déjà l'indigne figure, il alla lui-même ouvrir les portes de la Maison. A cette fatale ouverture, la voix triste de Clorinne se fit entendre de loin ; ses cris éclaterent.

Pharsamon s'en sentit le cœur ému ; mais ce ne fut pas d'une émotion qui l'attendrît : il ne fut saisi que d'une généreuse compassion des chagrins qu'il causoit malgré lui à cette infortunée. Entendez-vous, Monsieur ? lui dit Cliton presque la larme à l'œil : La pauvre Demoiselle ! que je la plains ! Sa fille de chambre est auprès d'elle évanouïe; car sans cela elle crieroit encore plus fort. Peste soit des loix severes qu'ont observées Messieurs les amans d'autres fois ! Ils se sont, ma foi, bien trouvés dans une occasion aussi chaude que celle-ci. Pharsamon étoit déjà sur son Cheval qu'il tenoit par les crins. Cliton jugea bien qu'il n'y avoit plus rien sur quoi il pût fonder aucune esperance : Allons, Monsieur, dit-il, puisque vous voulez vous en aller; mais nous avons bien l'air d'aller rouler comme des tonneaux au bas de la premiere montagne que nous trouverons.

Fin de la quatriéme Partie,

PHARSAMON,
OU
LES NOUVELLES FOLIES
ROMANESQUES.

Par Monsieur DE MARIVAUX.

CINQUIE'ME ET SIXIE'ME PARTIES.

A PARIS,
Chez PRAULT pere, Quay de Gêvres,
au Paradis.

M. DCC. XXXVII.
Avec Approbation & Privilege du Roy.

PHARSAMON,
OU
LES NOUVELLES FOLIES ROMANESQUES.

CINQUIE'ME PARTIE.

PHARSAMON s'éloignoit déja si rempli de l'avanture dont il venoit d'échaper, que la broche lui étoit restée en main. Le Cuisinier qui s'imaginoit que notre Chevalier en montant à Cheval la laisseroit à la porte, étoit venu voir dès qu'il l'avoit entendu partir pour la prendre ; mais en regardant de loin Pharsamon, il apperçût qu'il l'avoit encore. Ma foi, dit-il aux autres domestiques, nous ne mangerons pas de rôti d'aujourd'hui; voyez ce que ce fou fera de ma broche; il la tient aussi fierement sur l'arçon de sa Selle, que s'il vouloit en courir la bague: on le prendra pour un Carême prenant avec son Valet.

Cliton semblable à ceux qui ne peuvent se détacher de ce qu'ils aiment, & qui tâche en fuyant même d'en joüir encore un peu, tourna la tête du côté de cette maison l'objet de ses désirs, il apperçut tous les domestiques, entre lesquels étoit la jeune confidente, le cuisinier lui voyant la tête tournée de leur côté, lui fit signe de la main pour dire à son Maître de laisser la broche; Cliton s'imagina qu'on les rappelloit. Nous étions chez les meilleurs gens du monde, dit-il à Pharsamon, vous avez pensé les assommer tous, & les voilà qui nous font signe de revenir, je n'oublirai jamais cette petite maison-là.

Pendant qu'il parloit ainsi, le cheval de Pharsamon jeune & vigoureux, prit une frayeur en voyant un tas de pierres extrêmement blanches, le voilà qui courre la pretentaine ; Pharſamon emporté malgré lui, n'oſe ſe jetter à terre de peur de ſe bleſſer, il écarte ſeulement en eſpadronant avec ſa broche, les branches d'arbres qui ſe rencontroient en ſon chemin ; le cheval de Cliton ſembla dans cette occaſion, être à l'égard de celui du Chevalier, ce que cet Ecuyer étoit à l'égard de ſon Maître ; car dès que le cheval de Pharſamon commença à galoper, Cliton étonné qui ne ſçavoit ce qui faiſoit aller notre chevalier ſi vîte, vit à ſon tour ſon cheval partir ſans commandement, & ſuivre à toute bride la rapide courſe du cheval maître.

Cliton jugeant de quelle conſéquence étoit pour ſa tête le galop d'un cheval qu'il ne pouvoit arrêter, crioit de toutes ſes forces au Chevalier d'arrêter le ſien, ſans ſe ſouvenir que Pharſamon étoit dans la même peine ; Pharſamon s'efforçoit de ſon côté de faire entendre à

Cliton qu'il n'étoit point maître de son cheval, le vent, le galop des chevaux, le bruit du galop empêchoient que les cavaliers épouventés ne pussent s'entendre, une maison assez grande qui étoit dans un fond, & dont la porte se trouvoit par hazard ouverte, termina l'embarras de nos avanturiers, & la fougue des chevaux qui s'arrêterent dans la cour tout d'un coup.

La posture de Pharsamon tenant toujours sa broche en main, étoit assez plaisante. Un paysan parut; après lui avoir en riant demandé s'il entroit ici pour embrocher les poulets d'inde de la basse-cour.

A ces mots qu'entendit Cliton, & qui lui firent effectivement appercevoir la broche qu'il n'avoit point encore remarquée, il éclate de rire; le Paysan excité se met encore à rire plus fort, Pharsamon n'en est que plus fier, & n'en tient sa lance bâtarde qu'avec encore plus de gravité. Une Paysanne de la même maison, vient au bruit de ces deux rieurs ; à peine jette-t-elle les yeux sur Pharsamon & sur sa broche, que la voilà bientôt qui tient compagnie au Paysan & à Cliton, elle étouffe, elle en pleure, à chaque regard elle fait un éclat de rire ; au bruit que fait la Paysanne paroissent encore deux petits garçons qui sortent d'une petite étable, avec un bon vieux homme qui en tiroit une vache pour la mener brouter, ils regardent notre joûteur, les petits paysans tiennent leur partie avec un peu de huée, qu'ils ajoutent à leur rire excessif, le bon vieux se surpasse, pour ainsi dire, il examine Pharsamon en branlant le menton.

Cependant tous ces rieurs, à l'action de Pharsamon, jugent qu'il va se fâcher : notre Chevalier s'adresse à Cliton, pour lui demander raison de la raillerie de ces rustres, & de la sienne propre ; Comment, lui répond Cliton, vous ne voyez pas encore ce que c'est ? la lance que vous tenez sur vos côtés, encore teinte de sang ; mais du sang de poulet, ou de quelqu'autre viande, n'est-elle pas une chose assez risible? A ces mots il revient à lui, la vûë de cette lance le fait rougir, & rire tout ensemble; mais il rit gravement: Prends-la, dit-il en la donnant à Cliton, ma distraction me l'a jusqu'ici fait garder; Moi, dit Cliton, que voulez-vous que j'en fasse? Jettez-la par terre, nous n'avons rien à rôtir; C'est bien dit, repliqua Pharsamon, qui la jetta sur le champ: Où sommes-nous? dit-il à Cliton, demande à qui appartient cette maison: notre Ecuyer alors descendit de cheval, & s'avançant auprès du Paysan: Quel est, dit-il, le maître de cette maison? Elle est, répondit le rustre . . . . . il ne put achever; la lance de Pharsamon l'avoit d'abord frappé, & avoit attiré toute son attention; mais quand il s'apperçut du triste attirail de leurs chevaux, en disant elle est... pour répondre à Cliton, l'envie de rire partagea sa réponse, & la partageoit à chaque fois qu'il commençoit *elle est*... Oh, oh, dit Cliton en le regardant, mon chapeau est il de travers pour vous faire rire? A ces mots le Paysan qui s'efforçoit en vain de répondre, marqua du doigt ce qui le faisoit rire: Cliton fut d'abord au fait, cette refléxion fit qu'il tourna la tête pour voir le cheval de Pharsamon, & ce nouveau spectacle ne lui paroissant pas moins plaisant que le premier, il se joignit au Paysan avec une égalité de ton qui dura jusqu'à ce que Pharsamon en s'avançant vers eux, leur fit connoître qu'enfin il étoit las de ces extravagances, & effectivement toutes ces choses burlesques le chagrinoient veritablement ; ces avantures ne marchoient pas d'un pas égal, il ne lui en arrivoit point une dont il eût lieu d'être content, qui ne fût incontinent suivie de mille menus accidens, qui ne convenoient point à la noblesse du métier qu'il faisoit, il faisoit reflexion qu'il ne lui manquoit rien, pour être dans une pleine situation, je veux dire entierement ressemblante à celle de ces fameux Chevaliers, sa Maîtresse l'ai-

moit, elle étoit belle, & d'une naissance qu'il ne doutoit point qui ne fût illustre. Elle étoit captive, premier article qui pouvoit être une pepiniere de situations; il la cherchoit, second article qui pouvoit être occasion des plus tendres inquiétudes, des chagrins les plus vifs; que lui manquoit-il d'avantage pour que rien ne démentît la noblesse de sa conduite: cependant il falloit se battre contre des cuisiniers. Quel contraste de cette avanture, à la tendre passion qu'une fille déguisée en homme, avoit en le voyant prise pour lui! Il étoit obligé de se défendre avec une broche, espece d'arme infâme, il faisoit une lieuë de chemin sans bride & presque sans harnois; toutes ces choses choquoient sa délicatesse, il ne se souvenoit point d'avoir rien lû dans la vie de ces Maîtres, qui composât un si monstrueux mélange, les moindres accidens qui leur arrivoient, étoient toujours convenables au noble métier qu'ils exerçoient. Pharsamon cherchoit la raison du
comique

comique éternel qui se mêloit à ses avantures; mais comme après une revûë exacte de son caractere, il ne trouvoit rien en lui qui pût causer cette petitesse d'avantures, il crut devoir penser que les plus illustres amans avoient été comme lui sujets à ces legers accidens, que c'étoit des choses presque inséparables de leur manière de vivre, & que si leur histoire n'en parloit point, c'est que ceux qui n'avoient crû devoir rapporter de la vie & des amours de ces grands hommes, que ce qui avoit rapport à la noblesse & au merveilleux; qu'au reste on avoit perdu l'habitude de voir des amans de leur espece, & qu'il ne devoit point être surpris que des hommes moins accoutumés qu'autrefois au respect qu'on leur devoit, donnassent par leur étonnement en le voyant, occasion à tout ce qui se mêloit de comique à ses plus nobles avantures.

En verité, dira mon critique, Pharsamon est bien posté pour faire de si grandes refléxions : sans doute, un homme de son espece réfléchit sur tout & par tout ; au reste ces réflexions que je lui fais faire, étoient bien plus promptes dans sa tête qu'elles ne le paroissent, lorsqu'il les faut mettre sur le papier ; car, en un instant, Pharsamon réfléchit, raisonna, & jugea tout ce que que je n'ai pû dire moi, qu'en beaucoup de mots.

Cependant Cliton & le Paysan, épuisés à force de rire, avoient enfin attrappé leur sang-froid, & ce rustre, comme pour réparer par une maniere genereuse l'espece de raillerie qu'il avoit faite à Pharsamon, lui dit: Descendez de cheval, Monsieur, lui dit le Paysan, les chemins pour sortir d'ici sont mauvais, vos chevaux vous joüroient un méchant tour, vous pourriez tomber avec eux, & vous rompre le cou ; mettez pied à terre pour quelques heures, on tâchera de raccommoder vos barnois, en attendant, entrez dans une chambre, la maison appartient à de fort honnêtes gens, vous goûterez du vin.

A ces mots Pharsamon, sur le visage duquel de tristes reflexions avoient répandu un air sauvage, soûrit à l'honnêteté que lui fit le Paysan; & je ne doute point, que dans son imagination, ce rustre ne fût un homme de conséquence, il accepta gravement la proposition qu'on lui faisoit; mais il restoit toujours à cheval. Cliton qui avoit entendu parler de vin, s'impatientoit des momens qu'il perdoit le cul sur la selle: Eh bien, Monsieur, prenez-vous la selle de votre cheval pour un fauteüil, lui dit-il? Descendez donc vîte, puisqu'on vous le dit. J'attendois, répondit Pharsamon, que vous vinssiez m'aider à descendre; on doit tout faire dans l'ordre; & ces sortes de devoirs ne devroient point assûrement nous échaper: Ah parbleu! je n'y pensois pas, repliqua l'Ecuyer, je vous demande excuse, & je ne croyois pas que vous vous ressouvinssiez de la cérémonie, dans un tems où nous sommes si plaisamment harnachés; mais n'importe,

E e ij

allons, fort ; Parbleu : ajoûta cet Ecuyer quand son Maître fut descendu, vous auriez donc couché en cette posture, si je n'avois été-là pour vous aider ? En ce cas, je m'en serois passé, repliqua le Chevalier ; mais une autre fois ayez s'il vous plaît meilleure mémoire, & ne vous acquittez plus si mal de ce que vous me devez. Après ces mots, le Paysan donna leurs chevaux à un petit garçon pour les conduire dans l'écurie, & les conduisit dans une espece de salle où l'on mangeoit.

Ce Paysan étoit le fermier de la maison ; & sa Maîtresse étoit encore couchée : Je vous montrerois toutes les chambres qui sont ici, dit-il à Pharsamon, elles sont assez belles ; mais notre Maîtresse & sa fille sont couchées, je m'en vais cependant vous chercher à déjeûner : Bon cela, dit Cliton, cela vaudra bien les chambres.

Le Paysan les quitta sur le champ pour apporter de quoi déjeûner. Pharsamon étoit assis, il rêvoit : Tout s'oppose, s'écria-t'il, à mon bonheur ! Le sort semble conspirer contre moi, pour retarder le plaisir que j'aurai en revoyant Cidalise ; mais ma constance vaincra l'opiniâtreté du sort à me persecuter. Votre constance, répondit Cliton en l'interrompant, n'est pas de la nature de mon estomac ; lorsque la faim le tourmente, il est toujours le plus foible ; C'en est trop, repliqua Pharsamon, en se levant en courroux, vos manieres avec moi ne sont point respectueuses, vous sçavez le personnage que vous devez faire avec moi, & je ne me distingue point du commun des hommes, pour vous donner occasion de hazarder vos sotises : finissez-les, je vous prie, ou fuyez-moi.

Le Paysan rentroit quand Parsamon achevoit le dernier mot de sa vive réprimande, il tenoit d'une main une grosse bouteille de vin, & de l'autre du beurre & du pain. Cliton réjoüi par cet aspect : je ne vous offenserai point, Seigneur, dit-il à Pharsamon, en ôtant son chapeau, de boire & de manger avant vous, si j'en ai besoin ? Notre Chevalier ne répondit rien à cette demande. Cliton interpréta son silence en sa faveur, & se versa sur le champ un grand verre de vin, dont il but à la santé du Paysan le premier, qui lui répondit, grand bien vous fasse ; & puis à son Maître : Allons, Monsieur, en lui presentant aussi un verre qu'il avoit rempli pour lui, choquons tous deux, cela raccommode la poitrine & les ennemis ; vous verrez doresnavant combien je serai prompt à tout faire, je ne veux pas que vous trouviez à redire de la largeur de mon pouce : Bûvez, bûvez, repliqua Pharsamon, ne sçavez-vous pas bien qu'il est inouï que mes pareils ayent choqué le verre avec leurs Ecuyers. Oh, vous avez beau dire, Monsieur, répondit-il en les bûvant tous deux, & en rotant sourdement, l'humilité fait les grands hommes aussi ; mais je m'en passerai, puisque vous ne voulez pas : allons notre hôte, votre beurre est-il bon ? Oüi, quand on en mange, répondit le fermier.

Cependant Pharsamon continuoit à rêver : Et la la, lui dit le Paysan, ne vous chagrinez pas, Monsieur, j'ai de vieux harnois ici que je vous donnerai, moyennant un peu de retour avec les vôtres je vous en ferai bon marché. Seigneur répondit le Chevalier, avec une vive précipitation, & sans consulter si celui qu'il traitoit de Seigneur, l'étoit ou non, mes chagrins ne me permettant pas de lier une conversation avec personne, je vous demande la liberté de m'entretenir seul un moment avec moi. Oh, je le veux bien, dit le Paysan, en ôtant son chapeau, c'est le moyen de n'avoir de querelle avec personne ; & puis se tournant du côté de Cliton : Est-ce que vous venez d'un pays, dit-il, où les Fermiers sont des Seigneurs ? Point du tout, repartit Cliton, c'est que mon Maître vous a pris pour un autre. Pour un autre ? repartit le Paysan : sçavez-vous bien, notre ami, qu'il ne s'en est pas fallu de l'épaisseur d'une feüille de papier, que je n'aye été le gendre du neveu de notre Curé, qui devoit le devenir, & qui vouloit me donner sa niécce ? Mais palsanguienne, j'avois mis mon amitié dans Margot la boiteuse, & je la préferai à tout le bien, & l'honneur qu'on me vouloit faire: Peste ! vous avez donc risqué d'être un homme de grande importance, dit Cliton ? Oüi, comme vous voyez, repliqua le Rustre ; mais j'ai bien refusé de meilleures fortunes encore ! J'étois bien bâti autrefois, & vous pouvez en juger, continuar'il en se quarrant ; je demeurois à l'entour de quatre villages, & j'étois retenu par toutes les filles de ces lieux, pour être leur mari ; mais parguienne, je ne pouvois pas épouser les quatre Villages à la fois. Non parbleu, dit Cliton, il vous auroit fallu une trop grande maison pour loger votre famille : Comment fîtes-vous donc ? Par la sangué comment je fis ? Je ne m'en souviens plus, tant y a que je suis veuf, Dieu soit loüé de tout. Si vous aviez épousé tous les villages qui vous demandoient, dit Cliton, vous auriez été marié toute votre vie, & vos femmes vous auroient enterré? Oüi; mais tant y a que je suis resté avec quatre enfans: je pense qu'il y en a deux qui mourront bien-tôt des fiévres. Dieu veuille avoir leur ame, répondit Cliton. Ce qu'on ne peut empêcher, il le faut bien vouloir, répondit le Fermier, il m'en restera deux encore, & s'ils s'en vont comme les autres, il ne me restera plus rien; mais Dieu soit toujours loüé. Il ne restera plus que vous, répondit Cliton, qui vous en irez peut-être comme eux; mais Dieu soit loüé. Oh, c'est une autre affaire, repartit le Paysan; je suis nécessaire au monde: sans moi, la terre de mon Maître ne seroit pas d'un si bon revenu: dame vous voyez bien que ce n'est pas comme mes enfans; mais bûvons encore un coup: à vous notre camarade; Taupe, dit Cliton, en lui faisant raison.

Cependant la bouteille étoit

achevée, Pharsamon se leva tout d'un coup ; Adieu, Seigneur, dit-il, enveloppé dans ses rêveries, je vous suis obligé de l'honnêteté que vous avez euë pour moi. Oh, vous vous mocquez d'un pauvre homme, repartit le Rustre : si vous voulez pourtant boire un coup il n'y a plus de vin. Je n'en ai pas besoin, dit Pharsamon, en soupirant. Parguienne avant que vous vous en alliez, je trouve à propos de vous montrer une curiosité que nous avons céans, vous serez bien aise de la voir aussi, c'est une chambre remplie de beaux portraits, les honnêtes gens disent qu'ils valent autant que l'or des loüis : montez avec moi. Pharsamon suivit le Paysan, qui ouvrit effectivement la porte d'une chambre, ou d'une petite galerie, dont les meubles n'étoient que des tableaux.

Pharsamon en admira plusieurs qui étoient des meilleurs originaux. Où diantre me dira-t'on, le sieur Pharsamon élevé à la campagne parmi des paysans, & des nobles demi rustres & polis, a-t'il appris à se connoître en portraits, me dira mon critique ? Contentez-vous de le rendre expert en fait de tendresse, & tenez vous-en là. Comment donc ! Ne pourrai-je rien hazarder, Monsieur le critique ? & serez-vous l'éternel redresseur des torts de mon histoire ? Eh bien, j'en conviens, Pharsamon eut peut-être tort d'admirer, & de donner la préference à quelques-uns des portraits de la galerie ; mais enfin, il admira, je l'ai dit, & cela restera : Vraiment il faudroit bien rabattre, s'il falloit vous servir à votre goût : Continuons.

Pharsamon en admira donc plusieurs & les parcourant tous, il fut extrêmement surpris d'y trouver celui de la Princesse Cidalise, elle-même ; Je ne sçai par quelle avanture celui de Fatime sa confidente se trouvoit aussi en petit, auprès de celui de la Maîtresse, & sans doute ce portrait qu'on avoit tiré d'elle, étoit un reproche éloquent de l'inconstance de son déloyal Ecuyer, dont la tendresse tournoit au moindre vent.

Dès que Pharfamon eut jetté les yeux sur celui de Cidalise : O Ciel ! Que vois-je, s'écria-t'il ? Permettez que je touche celui-là, dit-il au Payfan, que je l'embrasse : en difant ces mots, il prit un tabouret sur lequel il monta, & détacha le portrait.

Cliton qui regarda pour quoi son Maître étoit si extasié, le devint presque lui-même, quand il trouva que le portrait ressembloit à Cidalise : La voilà pardi tout comme elle est venuë au monde, dit il, voici ce que c'est, je ne l'aurois jamais crû assez belle pour mériter qu'on la peignît : Que vous êtes heureux d'avoir une Maîtresse en tableau ! Ah par ma foi vous voilà aussi grand, que le plus grand de nos Messieurs.

Quand Cliton eut cessé de parler Pharfamon s'écria : Quoi ! ce sont donc ces traits charmans? C'est vous qui paroissez à mes yeux, ma Princesse? Dieux ! que dois-je esperer de cette avanture? Il accompagnoit ces mots de mille & mille baisers qu'il donnoit au portrait: Voilà ajoutoit-il le chef-d'œuvre de la nature! Non, jamais elle ne produisit rien de plus beau! Chere Cidalise, je réitere ici les sermens que j'ai faits de vous aimer toujours, quelle plus grande felicité peut-il m'arriver que celle de vous avoir touché? Car vous m'avez donné votre cœur: non je ne puis exprimer de quel prix il est à mes yeux.! Ah! que cela est beau! s'écria Cliton, attendri des grands mots de son Maître, à l'occasion d'une avanture qui réveilloit chez lui le goût subalterne & confus qu'il avoit pour le bel amour.

Cependant le Paysan, qui avoit entendu l'apostrophe que Pharsamon faisoit au portrait, s'étonnoit des derniers mots de Pharsamon, quand il croyoit lui entendre dire que le portrait lui avoit donné son cœur; cela doit-être bien extraordinaire, disoit-il à Pharsamon, comment donc ce tableau a-t-il fait pour vous faire un aussi beau présent? A l'autre, dit Cliton, celui-ci s'imagine que ce portrait a remué les bras, & qu'il vous a fait present de son ame, comme l'on fait présent d'une pomme; c'est de la personne qui ressemble au portrait, camarade, dont mon Maître parle. Comment marguienne! dit le Paysan, celle-la, je veux dire la chair & les os vivans de la personne que voilà en couleurs, a donné son cœur à Monsieur? Sans doute, reprit Cliton? Oh parguienne, puisque vous m'assurez de cela, j'ai un secret moi, pour que vous lui parliez tantôt, & que vous la voyiez plantée comme une gruë sur ses jambes: Pharsamon ne prêtoit point l'oreille à ce que disoit le Paysan. Vous n'en croyez rien, continua le Fermier, je vous promets pourtant qu'elle raisonnera comme une orgue. Cliton après avoir ri de la comparaison du Paysan, leva par hazard les yeux du côté où pendoit attaché le petit le portrait de Cidalise: Garre! s'écria-il émû de joye où la nouveauté de l'avanture avoit plus de part que l'amour : Garre ! voilà la mienne que je vois qui me donne le bon jour en me soûriant ; Quoi ! la vôtre, dit le Payſan ? Ma maîtreſſe, repartit Cliton : Vîte un tabouret. Il en prit un auſſi tôt, & détacha le portrait de Fatime.

Rien n'étoit plus comique que de voir la figure de Cliton, il ne ſçavoit par où commencer pour témoigner tout ce qu'il avoit de joye : Retirez vous un peu, Monſieur, dit-il à ſon Maître, je ne vous ai pas empêché de parler à votre maîtreſſe ; ne me troublez pas à preſent que je vais entretenir la mienne.

Avant que de commencer à lui rien dire, cependant il eſt à propos de lui témoigner ma joye en la careſſant ; il le fit auſſi : il porta ſa bouche ſur le portrait, & y imprima ſes baiſers ſi affectueuſement que le bruit en retentiſſoit dans toute la galerie.

Comment, dit le Payſan, vous lui ferez devenir ſa jouë plus platte qu'une piece de quatre ſols, le bruit que vous faites éveilleroit un Suiſſe. Paix, par charité dit

Cliton, laissez-moi jouïr de tout mon bonheur : Oüi, ma chere Fatime, dit-il en continuant, c'est à present que je vois combien vous valez, & je me serois plûtôt imaginé que je deviendrois Pape, que de deviner que vous seriez peinte ; mais vous ne perdrez rien à cela, je vous jure ; car premierement, ma belle Fatime, voilà qui est fait pour jamais, je vous chercherai hiver & été, plût-il des hallebardes, dûssai-je être crotté comme un barbet, jusqu'à la fin du monde, rien ne me rebutera dans la recherche d'une fille qui est digne d'être peinte ; je ne vous dirai point comme mon Maître, que je fais serment de vous aimer toujours ; j'ai appris au prône qu'il ne falloit jurer de rien, le diable est bien méchant, il ne faudroit encore qu'une petite maison pour que le serment se rompît net comme un verre ; mais je vous aime tant à present que cela doit me servir pour trois fois, en cas que je vienne à vous oublier tout autant.

Pendant

Pendant que Cliton exprimoit ainsi la durée de son amour, Pharsamon attentif uniquement au plaisir de voir le portrait de Cidalise, le met sur son estomac, le regarde avec des yeux que sa passion rend tantot vifs, quelque fois tendres, selon le dégré d'emportement ou de sensibilité qui saisit son ame amoureuse. Le Paysan regarde à son tour nos deux avanturiers avec un étonnement muet, & mêlé d'une envie de rire suspenduë. Cependant Cliton jette les yeux sur son Maître. La conformité de leur avanture éleve son cœur, & lui persuade qu'il faut qu'il la reçoive avec les mêmes cérémonies que son Maître: il s'apperçoit que Pharsamon de tems en tems leve les yeux au Ciel, & les baisse après. Cliton par imitation, mais copiste un peu grossier, dresse son col & sa tête, pour regarder le Ciel, & fait la Pagode: Il est charmé en lui-même d'avoir trouvé une occasion où il puisse s'occuper d'une maniere ressemblante à celle de Pharsamon.

Cependant il est au bout de ses gestes & de ses contorsions ; son apostrophe, ou sa harangue au portrait de sa Maîtresse, avoit épuisé une bonne partie de son goût à la tendresse : Il attendoit avec quelqu'impatience que son Maître finît son entretien muet avec le portrait de Cidalise. Le Paysan s'ennuie à son tour de leur posture : Parlez-donc, dit-il à Cliton : Que signifie toutes ces salutations que vous faites à ces portraits ? Parguienne, est-ce que moi qui parle, qui réponds, je ne vaux pas mieux mille fois qu'un morceau de peinture qui ne desserre pas les dents ? Ces mots prononcés d'une voix un peu brusque, réveillent Pharsamon : il pousse un soupir qui semble consommer toute sa tendresse. Hélas ! que vous êtes heureux, dit-il en mettant sa main sur le bras du Paysan, que vous êtes heureux de posséder ce tresor ! Voyez le grand bonheur, répondoit le Paysan ; quand Cliton approchant de lui en tenant le portrait de Fatime en sa main : Que vous devez être aise, lui dit-il, de pouvoir toujours regarder ce bel ouvrage ? Voyez, repliqua le Rustre, le grand sujet de joye ! Ne me voilà-t-il pas bien chaussé, vêtu, & nourri quand j'aurai lorgné ces deux visages barboüillés ? Mais, Messieurs, venons au fait.... Seigneur, dit alors Pharsamon en l'interrompant.... Oh ! appellez-moi l'homme plûtôt, ou le Paysan ; c'est ainsi que me nomment ceux qui ne me connoissent pas. Pharsamon ne repliqua rien à cette boutade ; il la supporta cependant impatiemment ; car elle choquoit ses idées de noblesse. Pourriez-vous, dit-il, nous laisser ces portraits ? Oüi-da, dit le Paysan, pourvû que vous n'en disiez rien ; ils ne sont pas à moi ; & quand je vous les aurai donnés, si on s'en apperçevoit, tout aussi-tôt on diroit que je les aurois volés, & vous sçavez bien ce qu'il en seroit ; Mais voyons, comment voulez vous faire ? Il ne faut pas tant rêver pour cela, dit Cliton, nous n'avons qu'à mettre chacun le nôtre dans notre poche. Tout beau ! repliqua le rustre, soufflez votre soupe, elle vous brûlera : fatigué que vous êtes expeditif; il faut que vous soyez venu au monde sans cérémonie, car vous ne l'aimez guére : les portraits me coûtent trois loüis d'or piéces. Ils ne sont pas à vous de votre propre aveu, dit Cliton. Ils n'y étoient pas tout à l'heure, repliqua le Paysan ; mais à present que je vous les vend ils y sont : Or ça, pour continuer notre marché, je vous dirai donc que j'en veux trois loüis d'or de la piéce. Voyez la belle marchandise pour être vendües trois loüis d'or, repliqua Cliton en jettant son portrait ; trois loüis ? morbleu ! l'original les vaut bien, & c'est encore à tirer. Je ne parle pas de l'original, dit le Paysan, & regardez-moi bien : Ai-je l'air, à votre avis, d'un Marchand de cette étoffe ? laissez-là l'original en repos, il est assez grand pour se vendre lui-même.

Nos trois Originaux, en étoient à

cette contestation, quand deux femmes de la maison, dont l'une étoit soûtenuë de l'autre, entrerent dans la Salle aux portraits. Cliton & Pharsamon avoient le dos tourné de leur côté. Au bruit qu'elles firent en entrant ils se retournerent tous deux : mais que devint notre amoureux Chevalier quand il vit qu'une de ces deux femmes étoit Cidalise ! Ils se reconnoissent tous deux, se regardent dans cette entrevuë inopinée, avec ces regards si touchans que nos Romanciers donnent à tous les illustres amans qui se rencontrent par hasard. Une pâleur subite se répand sur leurs visages : je ne parle point des mouvemens de leur cœur qu'on ne peut nombrer ; car je suis persuadé que l'amour qu'ils avoient l'un pour l'autre, & la joye de se rencontrer d'une maniere si convenable à leur impression, livrerent en ce moment leur cœur à mille sorte de plaisirs que leurs pareils peuvent seuls imaginer ; car dans des cœurs prévenus & attaqués d'une folie semblable, quelles que soient leurs marques de tendresse, je crois qu'elle s'augmente à proportion du merveilleux des avantures, & qu'elle dépend & tire sa source plus de ce merveilleux, que de la véritable raison qui nous fait aimer.

Hé vîte, me dit mon critique, vous avez laissé vos amans transis ; ils sont pâles comme la mort, & vous vous amusez à faire un traité de la cause de leurs mouvemens & de leur nombre ; cela vient bien à propos ! Que deviennent-ils ? Mon critique a raison : mes personnages sont dans un trop pitoyable état pour être abandonnés ; mais ils n'en furent pas quittes pour devenir pâles : d'un côté on voit Cidalise qui se laisse aller dans les bras de Fatime ; sa tête panchée, sa bouche à demi ouverte pourroient servir d'évanoüissement, ou plûtôt de foiblesses les plus tendres : d'un autre côté, Pharsamon veut approcher ; mais il s'arrête affoibli par l'amour : la posture de Cidalise est un trait décoché dans son cœur qui l'émeut, l'attendrit, & le touche jusqu'à tomber à son tour dans les bras de Cliton, qui fait en cette occasion la charge d'Ecuyer avec autant de grace qu'en avoient feu ses predecesseurs. En cet état Pharsamon & Cidalise s'expriment leur tendresse mutuelle par des yeux à demi ouverts, dont les regards mourans font le plus beau panegyrique qu'on puisse faire de la fidélité: Je ne sçai pas au juste si leur foiblesse dura naturellement tout autant qu'ils la firent durer; il y a quelque apparence qu'ils y trouverent trop de charmes pour ne la pas prolonger autant qu'ils purent; & je les abandonne à toute la délectation interieure que leur fournit pareille avanture, pour approcher un banc du passionné Cliton qui soûtient son Maître, & qui ne peut plus presque se soûtenir lui-même. Fatime qui étoit celle qui soûtenoit sa Maîtresse, Fatime dis-je, quoiqu'attaquée de la folie romanesque, d'un dégré de noblesse bien inferieur à celui de sa maîtresse, étoit cependant sur l'article bien plus délicate & plus religieuse que Cliton: elle s'imagina que retrouvant son amant d'une maniere si extraordinaire, ce ne seroit profiter qu'à moitié de la singularité d'une telle avanture, que de se contenter de le regarder, & de lui dire combien elle l'aimoit ; à cette raison se joignoit encore l'exemple de sa Maîtresse, dont la foiblesse lui plaisoit si fort, qu'elle avoit crû, sur le champ, assister à une de ces fameuses & particulieres rencontres qu'un heureux hasard sembloit ménager aux illustres amans. Fatime donc, ces réflexions faites, appercevant un siége auprès d'elle, commence un rôle de tendresse subalterne, en chancellant, & penchant languissamment la tête: elle ouvre à demi des yeux mourans, dont les regards sont incertainement fixés sur l'Ecuyer de Pharsamon : elle paroît reculer tenant cependant toujours sa Maîtresse entre ses bras ; enfin elle tombe sur la chaise d'une chute qui semble tirée d'après la langueur la plus cruelle. Cliton à cet aspect,

sent

sent son cœur livré à une douce émotion ; tout le burlesque de son caractere cede alors à un ressouvenir confus de ce qu'il a lû dans les Romans : il est attendri à sa maniere, & l'est assez pour tâcher de s'imaginer comment il s'y prendra pour marquer combien il est à son tour charmé, & de la rencontre de Fatime, & de sa sensibilité. Dans cet embarras, il hasarde d'abord un soupir dont retentit toute la salle ; il retourne la tête après pour juger s'il peut avec sûreté hasarder une chute de même : il apperçoit un banc derriere lui, & dès lors il médite cette chute qui doit servir de réponse à celle de Fatime, & l'égaler même à son Maître. Le voilà qui laisse aller sa tête ; il referme, & ouvre les yeux avec une volubilité de paupiere inconcevable : il veut chanceler, & semble faire l'yvre : moins accoûtumé enfin à des mouvemens qui sont la quintessence d'une tendre passion, ses pas en arriere le conduisent bien jusqu'au banc ; mais au dernier qu'il fait, il prend si mal ses mesures qu'il heurte le banc de son pied : le banc tombe, & fait choir en tombant l'Ecuyer qui est renversé lourdement à terre avec son Maître entre les bras : le Maître se cogne la tête contre un pied de ce banc si rudement, qu'il abandonne, pour l'instant, tout le methodique de sa foiblesse pour faire un cri perçant, pendant que l'Ecuyer blessé dans un autre endroit, exprime sa douleur en criant, je suis mort.

Etrange extrémité pour Cidalise, que sa foiblesse n'étourdit point assez, pour qu'elle ne voye pas son amant à terre ! L'état où elle est, faux ou vrai, est une expression vive & tendre du plaisir qu'elle a eu en retrouvant son amant : ce plaisir a épuisé ses forces : sa foiblesse est un demi évanoüissement, & cette foiblesse ne sembleroit plus qu'une feinte, si elle se levoit pour secourir Pharsamon. La satisfaction de remplir romanesquement l'avanture, lui paroît préférable au plaisir de porter du secours au Chevalier, qui, de son côté, ressent vivement le coup qu'il s'est donné, & qui résiste à sa douleur par scrupule pour la foiblesse mutuelle.

Mais il me semble que le Paysan est encore dans la salle, & que nous l'avons laissé témoin de tous ces accidens. Les demi évanoüissemens ou pamoisons l'avoient d'abord étrangement surpris; mais la chute du banc & celle de Cliton le firent passer de sa surprise à des éclats de rire prodigieux. Que ces amans sont malheureux! Hélas! dans un autre siécle, mille mains officieuses, mille admirateurs de leur passion, leur auroient porté secours; mais tant de beaux incidens arrivés auprès d'un Paysan, sont pour ainsi dire de vrayes perles semées devant un Pourceau. Etrange effet du hasard! l'avanture la plus belle, exposée à la grossiereté d'un rustre!

Ce Paysan rit donc de toutes ses forces: il tourne autour de Pharsamon & de son Ecuyer: il les regarde en leur riant presque dessous le nez. Cliton profite du bruit qu'il fait pour avancer, le plus doucement qu'il peut auprès de sa main la jambe où il s'est blessé ; car Cliton respectoit aussi la tendre situation par raison de société.

Cependant, le Paysan après avoir bien ri, cesse enfin : il y avoit déja assez long tems, que de part & d'autre, la pamoison duroit ; mais personne n'osoit s'ingerer encore de la finir : on attendoit que quelqu'un vînt, ou que le Paysan charitable fist cesser le charme, en aidant à l'un des quatre à se relever ; mais ce rustre s'y prit d'une maniere qui conforma la fin de l'avanture au commencement ; je veux dire qui la finit aussi grotesquement qu'elle étoit commencée. Hola ! Seigneur, cria-t-il à Pharsamon, & vous Monsieur son valet, vous êtes-vous plantés-là pour reverdir ? si vous ne vous levez, je m'en vais vous arroser chacun d'un grand seau d'eau sur le corps, cela vous fera pousser plus vîte. Après ces mots, voyant que ni l'un ni l'autre ne remuoit, il avance vers Cliton, toujours destiné à quelque chose de fâcheux, il le prend justement par sa jambe offensée. Le malheureux Ecuyer sent une augmentation de douleur par l'extension qu'on donne à sa jambe. Ahy! s'écria-t-il, la peste vous étouffe! vous m'avez rompu la jambe. En disant ces mots, il se leve sur son séant, envisage son Maître qui n'ose presque respirer, de peur que le moindre bruit n'altere l'Avanture. Voulez-vous vous lever, Monsieur? lui dit-il, en se grattant la tête; il y a assez long-tems que nous nous trouvons mal, nous pouvons nous bien porter à present; il m'en coûte presque une jambe de cette affaire-là; mais une autre fois je prendrai garde comment je tomberai: en disant cela il se leve, & tend après la main à Pharsamon. Ce Chevalier se retourne en soupirant; ah! Dieu, s'écria-t-il! Où suis-je! A terre étendu de tout votre long, répond Cliton: Levez-vous, la posture est indécente: il prend son Maître par

Gg iij

dessous le bras, & le releve. Pharsamon relevé marche à Cidalise en s'appuyant sur son Ecuyer : Il étoit tems ; qu'il allât la tirer de sa foiblesse, car elle commençoit à s'ennuyer. Est-ce vous que je vois, Madame ? sont-ce là vos belles mains que je touche ? (& effectivement il les tenoit entre les siennes en prononçant ces mots) Répondez-moi, Madame ? Ah ! parguenne, dit le Paysan, si Mademoiselle Babet ne parle pas, c'est signe qu'elle est morte ; car la langüe ne manque jamais aux femmes, que quand elles sont trepassées. Taisez-vous, dit Cliton tout bas au Paysan. Oh vartiguenne, reprit il, je ne suis pas mort moi, & je ne parle, voyez-vous, que quand il est à propos de parler. Cidalise interrompant là-dessus le Paysan : Ah ! cher Pharsamon, dit-elle au Chevalier en le regardant avec de grands yeux tendres, que j'ai souffert après vous avoir perdu ! Voilà comment elles sont faites toutes, continua le Paysan, quand elles ont perdu quelques choses, elles sont plus sémillantes qu'un chien dans un tourne broche: dame, c'est sans comparaison; car je sçai bien que Mademoiselle Babet n'est pas une chienne; mais ôtez cela, c'est tout de même : notre femme un jour (& par paranthese elle est morte, & dieu soit loüé) elle avoit perdu une éguille en racommodant de vieilles chausses à moi ; la masque (devant Dieu soit son ame) je pensai faire sonner le tocsin sur elle : je crûs, par la sanguenne qu'elle useroit toute la chandelle du Village pour chercher son éguille ; tant-y-a qu'elle la trouva sans y penser, comme Mademoiselle Babet vous trouve.

Pendant ce discours du Paysan, Pharsamon & Cidalise faisoient éclater leur joye par les transports les plus vifs. Le sort nous rejoint, s'écrioit Pharsamon, & j'oublie tous les maux que j'ai soufferts ! Cependant Cliton & Fatime ne perdoient pas leur tems : Ah ! ma Princesse, disoit l'Ecuyer, car j'ai rêvé que vous le seriez quelque jour, vous me voyez, je vous vois, & nous nous voyons tous deux. Là-dessus il apperçut Pharsamon qui se jettoit aux genoux de Cidalise, il jugea nécessaire d'en faire autant ; mais ce trait d'imitation ne lui fut point avantageux ; Pharsamon embrassoit seulement les genoux de sa Maîtresse, qui, d'un air tendrement panché, le regardoit en soupirant. Cliton ne se donna pas le tems d'examiner comment s'y prenoit son Maître : il se met à genoux, ou plûtôt se jette à terre, & au lieu des genoux, embrasse goulument les pieds de Fatime, qui prévoyant ce qui alloit arriver, voulut les souftraire à son emportement mal entendu. Le mouvement qu'elle fait en les retirant les approche encore davantage de l'amoureux Cliton, qui y porte avidement la bouche. L'amour peut-il être plus mal recompensé ! Ces pieds, l'objet des transports de l'Écuyer, étoient chaussés de deux pantoufles crottées, qui barboüillent impitoyablement le visage de Cliton. Cet accident fâcheux fait qu'il se retire : ses transports sont tout à coup moderés ; la crotte fait à peu près sur son amour, ce que l'eau versée fait sur le feu. À cela se joint un autre inconvenient. Cliton étoit de ceux qui se mouchent sur la manche ; l'usage du mouchoir ne lui étoit connu que chez les autres : une éducation naturelle lui avoit appris que les doigts devoient suffire aux besoins d'un homme qui veut se moucher. Cependant comment faire ? La crotte va se sécher sur son visage. Il s'essuye avec ses mains qui n'en emportent que la moitié. Un cotillon blanc de sa Maitresse lui paroît propre à tout emporter ; il le saisit, & s'en frotte. La belle suivante rougit de son action : la crotte & la blancheur de son jupon font un contraste dont une fille se passe aisément. Ah ! Dieu, que faites-vous ? vous gâtez mon jupon, s'écrie-t-elle ; mais c'en est fait, le mal est sans remede, la lessive seule peut le guérir. Je suis fâché de cela, répond l'Ecuyer encore barbouillé par ci par là ; mais, quand je suis parti de chez moi, je n'ai point eu le tems de faire ma provision de mouchoirs. A ces mots, il se leve, ses mains sont encore crottées, mais ce défaut ne mérite pas son attention. La triste Fatime prend son jupon, tire son couteau de sa poche, & en ôte le plus gros : le plaisir de l'avanture qui lui rend Cliton, est suspendu pour quelques momens. Le dérangement d'habit dans presque toutes les femmes, est ordinairement suivi d'un dérangement d'humeur, soit dit en passant ; j'ai dit *presque*, de crainte de les choquer toutes, & ce *presque* là, doit engager celles qui liront ceci, à croire qu'elles sont du nombre des exceptées ; de sorte qu'il n'y en aura pas une qui ne s'applique l'exception, quoiqu'il n'y en en ait pas une que ma critique n'apostrophe ; mais revenons à la crotte.

Cliton qui n'étoit pas à un barbouïllement de crotte près, ni sur les mains, ni sur le visage, veut continuer de célébrer l'Avanture par les manieres les plus tendres, il prend Fatime par la main, & y imprime une trace de boüe. Fatime le repousse : Ah ! Ciel, ne me touchez plus, dit-elle, vous n'êtes que boüe ! Pardon encore une fois, dit l'Ecuyer, je ne songe pas que mes mains ne sont pas nettes : allons dans la Cuisine, je m'essuirai avec un torchon.

A peine Cliton achevoit-il le dernier mot, que Pharsamon & Cidalise se levoient aussi pour sortir de la salle : le Paysan avoit assisté à tout l'entretien qui n'avoit pas été si long qu'on le jugeroit bien. Parguienne, leur dit-il alors, je suis bien aise que vous vous connoissiez tous quatre : mais voyez vous, n'allez pas dire à Mademoiselle Babet que je voulois la vendre en portrait. Ce nom de Babet auquel Pharsamon & Cidalise firent seulement alors attention, les fit rougir tous deux : Une Demoiselle Babet ne fut jamais maîtresse sortable avec un homme de l'espece de Pharsamon ; ce nom ne s'accorde point avec ce grand qui doit en tout caracteriser deux amans comme eux. Ce que j'entends, dit Pharsamon, me fait comprendre, ma Princesse, qu'on perd ici souvent le respect qui vous est dû. Hélas ! Chevalier, répondit-elle, je suis dans la necessité de tout entendre ; mon cœur & ma raison en souffrent ; mais il faut étouffer tout ce qu'ils me disent.

Pendant ce discours, ils descendoient un dégré pour aller dans une chambre où ils pussent se rendre compte de tout ce qu'ils avoient fait pendant leur absence, & méditer la conduite qu'ils devoient désormais tenir. Fatime conduisit Cliton dans la cuisine où il se débarboüilla entierement, après quoi ils se rendirent où étoient Pharsamon & Cidalise pour s'informer de tout à leur tour, & se consulter ensemble.

Je ne rapporterai point la conversation entiere de ces quatre personnes, je ne trouve à mon gré rien de plus fatiguant que le récit d'une conversation, fût-elle la plus amusante; & si je l'ai fait quelque fois, c'est que quelque fois je suis comme Homere, il s'assoupit de tems en tems & moi je dors: Cependant voilà mes quatre personnages dans une chambre; il y a long-tems qu'ils ne se sont vûs, ils ont mille choses à se dire, mille mesures à prendre. Il faut bien qu'ils parlent; écoutons donc un instant, mon cher lecteur, ce qu'ils se vont dire: Vous jugez bien aisément que Pharsamon & Cidalise rafinerent sur tout ce que la noble tendresse peut fournir d'idées grandes; Cidalise moderoit quelque fois les vivacités du Chevalier, avec cet air de noble severité qui arrêtoit, & imprimoit le respect jadis à ces fameux amans les plus tendres. A quelque dégré de moins de noblesse, Fatime temperoit les amoureuses boutades de Cliton: bref, après avoir donné les uns & les autres les premiers momens au plaisir de se dire qu'on s'aime ; chacun de son côté entra dans le détail de ce qui étoit arrivé depuis qu'ils ne s'étoient vûs. Pharsamon raconta toutes ses avantures, mais d'une maniere tournée, & toujours ajustée à ses idées; il fit un long récit des fureurs de Clorinne pour lui : Cidalise l'écoutoit avec cette attention éxacte qui figuroit si bien celles que les personnages romanesques ont pour ceux qui racontent. L'histoire de Pharsamon étoit récitée dans un stile assorti à la situation où se mettoit Cidalise : il parloit lentement, & en déclamateur il levoit les yeux au Ciel à tous les mots qui le méritoient. Quand il en fut à la conversation qu'il avoit euë avec Clorinne dans le jardin, ce lieu, dans sa narration, fut orné de tout ce qui pouvoit contribuer à le rendre conforme à la beauté de l'Avanture : il peignit une nuit tranquille éclairée de la Lune ; ce n'étoit qu'allées d'arbres, au travers desquelles passoient les beaux rayons de cet astre : les feüilles furent agitées d'un doux & leger zéphir; en un mot, cette nuit fut accompagnée de cette belle horreur qui inspire de la tendresse, & qui convient à la situation d'un amant qui a perdu ce qu'il aime; il en vint ensuite à la vive déclaration d'amour de Clorinne, il la revétit de ces termes qui expriment si bien la fureur d'une passion à laquelle le cœur & la raison cedent. A cet endroit, Cidalise fit un grand soupir, & l'arrêta; car ce n'eût point été entendre son rôle que de laisser passer tranquillement ce qu'il disoit. O Dieux! s'écria-t-elle, vous m'avez fait trembler! Est-il bien possible que cet amour n'ait point fait d'impression sur vous? Ah, Ciel! repartit Pharsamon, quel cruel soupçon! Non, Madame, sa passion ne fit qu'irriter celle que j'aurai toute ma vie pour vous; & quand, avec Clorinne, l'amour m'offriroit encore le cœur des plus belles Princesses de la terre, ma fidelité ne diminueroit pas.

Après ces mots, qui répandirent

la joye & la tranquillité fur le vifage de Cidalife, Pharfamon reprit fon récit: il parla de fon combat chez Clorinne; de la défaite entiere des ennemis que fa paffion lui avoit oppofés, & de fa fortie tiomphante. A la verité, la broche qui avoit été l'inftrument de fa victoire, ne fut point nommée & j'ofe affurer de plus, que Pharfamon oublia de bonne foi dans cet inftant qu'il s'étoit fervi d'une arme fi ignominieufe; & enfin, il finit fon difcours par fon arrivée dans la Maifon où fe trouvoit Cidalife, & par des actions de graces au Ciel de l'avoir fi heureufement conduit dans cet endroit.

Cidalife à fon tour rendit compte à Pharfamon de la triftefle où elle avoit paffé fes jours depuis qu'elle l'avoit perdu. Dans fon récit, la mere la bonne femme fut de tems en tems nommée cruelle; mais il vaut mieux pour un moment que Cidalife parle elle-même, la chofe en paroîtra plus touchante. Que devins-je, grands Dieux! quand
vous

vous fûtes parti, lui dit-elle, (& je suppose qu'elle a déja dit quelque chose) ma douleur éclata d'abord par des regrets que la colere de ma mere ne put arrêter un seul moment. Je passai les premiers jours dans un désespoir qui se seroit plusieurs fois tourné contre moi-même, si l'on n'eût arrêté ma fureur. Ma mere se servit de toute son autorité pour me forcer à vous oublier ; elle alla même jusqu'à vouloir me contraindre de prendre pour époux le Chevalier contre lequel vous vous étiez battu ; mais toutes les violences qu'elle employa ne purent rien. Vous avez, lui disois-je, un pouvoir absolu sur moi, Madame ; mais pour mon cœur il ne sera jamais contraint : enfin, elle se détermina, à m'enfermer pour me rebuter de mon obstination, à garder mes sentimens. Je fus mise dans une chambre peu éclairée du jour. Oserai-je vous le dire ? On joignit à la privation de ma liberté, la honte d'une nourriture rare & grossiere ; je dis la honte, puisque ma résistance ne devoit point engager ma mere à une petitesse de manieres pareilles ; & jamais, jusqu'ici, les violences faites à mes semblables, n'ont été déaluées, quoique grandes, d'un certain caractere de noblesse conforme à ce qu'elles ont été : Mais que ne peut la tendresse sur un cœur comme le mien ! J'ai résisté à cet outrage : je me disois quelque fois, voyant l'indignité avec laquelle on me traitoit, que, peut-être ceux à qui je croyois devoir le jour n'étoient point mes parens : la noblesse de mes sentimens, mon cœur different du leur, mes manieres, tout me persuadoit souvent que je ne leur appartenois que par accident : il n'est pas possible, m'écriois-je, que cette mere soit la mienne ! Non, non, j'en ai pour garant le peu de conformité de nos sentimens. Cependant on se lassa de me persecuter inutilement : on me tira du lieu où l'on m'avoit mise ; &, quelque tems après, on me conduisit dans cette Maison qui appartient à ma mere. Apparamment qu'on ne m'a changé de lieu que pour m'enlever à votre amour ; mais, grace au Ciel, le hasard a trompé la prudence de nos ennemis, & je vous vois, malgré tous les obstacles. Ma mere n'est point à present ici ; hier, elle s'en alla dans l'autre Maison, & demain elle doit y venir ; ainsi, Chevalier, je ne sçai si je dois me rejoüir de vous voir, puisque ce plaisir, suivant toute apparence, doit durer peu de tems.

 Cidalise finit là son lamentable discours ; il ne manqua, pour que le récit de son histoire fût entier, que quelques soufflets, quelques coups, dont la noblesse de son cœur ne lui permit pas de faire mention, & que par ci, par là, sa mere lui donna, moins scrupuleuse dans le choix des manieres dont elle punit sa fille.

 Quand Cidalise eut cessé de parler : Je ne sçaurois, lui dit-il, vous exprimer quel excès de colere vous portez dans mon cœur, contre ceux qui vous ont traitée si indignement, Madame! mais il faut maintenant faire ceder tout mon ressentiment contre eux à des soins plus importans: Ma Princesse, puisque le sort nous fait rencontrer si heureusement l'un & l'autre, profitons de ses faveurs; ne vous exposez plus à la bassesse du procedé d'une femme, qui, comme vous dites, ne sçauroit être votre mere: Allez, Madame, ne doutez pas qu'un jour le Ciel, qui vous a sans doute choisie pour donner aux mortels l'exemple d'un sort grand & misterieux, ne vous apprenne, par une avanture extraordinaire, votre véritable naissance. Le doute où vous êtes d'être née de celle qui vous a maltraitée, est une inspiration que vous devez suivre: de telles pensées ne viennent qu'à ceux que le Ciel a marqués d'un caractere de grandeur distinguée. Je vous avoüerai bien plus: Je me suis dit mille fois à moi-même de mes parens, tout ce que vous vous dites à present des vôtres. Ah! qu'en croirons nous donc l'un

& l'autre, si nous n'en croyons cette lumiere interieure qui perce l'obscure incertitude de notre naissance, & nous fait pressentir par des mouvemens secrets tout ce que nous sommes en effet? Cette femme, dites-vous, sous la puissance de laquelle vous êtes, n'est point ici, & doit arriver demain, profitons de son absence; ce n'est pas que ma valeur ne pût surmonter tous les obstacles qu'on mettroit à mes efforts; mais quelque malheur imprevû pourroit en arrêter le succès: à present que rien ne nous arrête, déterminez-vous à me suivre, ma Princesse, allons dans des lieux plus dignes, vous mettre à l'abri de l'insolence de celle qui vous persecute; confiez-vous à ma conduite, persuadée qu'un respect éternel réglera toutes mes actions; nous ne manquerons pas d'azile; les Princes, même les plus grands Princes vous en offriront : ils se tiendront trop honorés de vous servir. Partons, Madame. Ah! qu'osez-vous me proposer? repartit Cidalife d'un geste & d'un ton héroïque & avec une affectation de pudeur magnanime & nécessaire au rôle que l'extravagance de son cœur lui faisoit faire : ah, Seigneur ! s'il est vrai que les pressentimens que j'ai de ma véritable naissance ne me trompent pas, songez vous bien que mes pareilles doivent mourir avant de hasarder le pas que vous m'excitez de faire. Non, Seigneur, je ne veux point répandre cette tache sur ma vie ; le Ciel sans le secours d'un crime prendra ma défense ; attendons plûtôt qu'il décide de ma destinée. Si Pharsamon avoit lû certaine Tragedie où l'on lit, si je ne me trompe, ces deux vers ;

Vous en remettez-vous au destin des combats,
Qui peut-être, après tout, ne vous vengeroit pas,

je ne doute point qu'il n'en eût fait l'application. Pour moi, qui certainement crois avoir le cerveau plus sain que mon héros, tout héros qu'il est, je n'ai pû résister à l'envie de les citer. A l'égard de Pharsamon, il répondit bien plus réligieusement : Oüi, Madame, lui dit-il, on doit attendre sa destinée du Ciel; mais jamais le Ciel ne fit des miracles pour nous, quand nous n'y contribuons, ni par nos soins, ni par notre prévoyance : c'est bien assez, pour se faire respecter, qu'il dénoüe aux yeux des hommes le nœud des avantures les plus extraordinaires ; mais encore une fois, nos soins doivent hâter & mériter ceux qu'il prend pour nous ; c'est maintenant lui qui m'inspire pour vous, ce sont des conseils dictés d'après sa volonté que je vous donne. Ah, Seigneur ! avec quel horreur j'envisage l'action que vous me proposez ! repartit Cidalise d'un air flottant, qui marquoit une résistance molle, mais cependant methodique ; car dans les grandes ames chaque mouvement du cœur doit être ménagé avec tant d'art, que la foiblesse & la fierté puissent briller dans tout leur jour, desorte cependant que la foiblesse l'emporte toujours sur la fierté sans qu'on s'apperçoive presque du sacrifice qu'on fait de cette derniere. Qui mieux que Cidalise entendoit ce ménagement, puisqu'il étoit l'ame de son amour. Non, Seigneur, ajouta-t-elle à ce que je lui ai fait dire, non, je ne puis me résoudre à ce que vous me demandez; ma fierté, & j'ose dire encore sur la foi de mes sentimens, le rang où le Ciel m'a fait naître, tout s'y oppose; ne m'en parlez plus, Seigneur, laissez-moi mériter par une conduite toujours sage, ces soins que le Ciel daignera prendre de moi. Eh bien, Madame, repartit Pharsamon, c'en est fait, je ne vous presserai plus, demeurez ici toujours exposée à de nouvelles insultes; donnez à des ennemis indignes de vous, le tems de nous séparer pour jamais. Adieu, je vous laisse, aussi bien, tous les momens que je passe avec vous sont autant de traits que je veux encore épargner à mon triste cœur;

puisque

puisque vous vous déterminez à ne me plus voir. Dieux ! l'aurois-je dû croire que tant de passion ne dût un jour servir qu'à me faire un supplice éternel ! Adieu, Madame, je vais, puisque vous le voulez, finir loin de vous une vie que ma valeur & le Ciel auroient peut-être renduë éclatante, si le malheur d'aimer une ingrate n'en arrêtoit le cours. Ah ! cruel, dit alors Cidalise en poussant un profond soupir, quelle preuve éxigez-vous de mon amour ! Tendresse funeste ! faut-il te sacrifier tout ! Hé bien, Seigneur, je vous confie mon sort, vous triomphez de toutes mes raisons ; mais souvenez-vous que ce cœur dont vous forcez la résistance, est un cœur que le seul respect & vos soumissions doivent vous conserver pour jamais : Je m'abandonne donc à votre conduite sur les assûrances que vous m'en avez données. Ah ! Princesse, s'écria alors l'amoureux Chevalier, c'est en ce moment que je connois bien que vous m'aimez, & que....

Mais je n'avois pas dessein de faire durer la conversation de Cidalise & de Pharsamon, & cependant elle est plus que raisonnablement longue. Auteurs, ne jurez jamais de rien, ne promettez rien ; ce que l'on promet aux lecteurs est souvent la chose que l'on tient le moins : tel nous annonce du beau, qui ne nous fournira que du laid. Pour vous, Monsieur le critique, qui direz peut-être qu'on se seroit bien passé de cette conversation, en ami je vous conseille de quitter le livre ; car si vous vous amusiez à critiquer tout ce qu'il y auroit à reprendre, votre critique deviendroit aussi ample que le livre même, & dès lors mériteroit une critique aussi. Mais pourquoi m'imaginer que cette conversation est trop longue ; elle est d'une juste longueur, & j'en gagerois bien la moitié qu'il n'y en aura que la paranthese hors de saison : Revenons à nos moutons, ils sont quelquefois mal gardés ; mais j'en rendrai bon compte.

Voilà donc ce que se dirent Cidalise & Pharsamon, qui remirent à partir la nuit. On peut s'imaginer aisément que ni Dame Marguerite, ni son mari, non plus que tous les autres domestiques de l'autre maison n'étoient pas ce jour là à celle où se trouvoit Cidalise ; car, en ce cas, c'auroit été exposer Pharsamon à la gueule du loup, que de le produire devant de si dangereux ennemis. Chaque Maison avoit ses domestiques : ceux de celle-ci ne connoissoient ni Pharsamon, ni son Ecuyer ; de sorte qu'il fut aisé à Cidalise de s'entretenir le reste du jour avec son amant, en supposant qu'il étoit des amis de sa mere. La nuit l'évasion se devoit faire, en engageant, s'il falloit, quelqu'un des domestiques à leur donner des Chevaux, ou bien en les prenant eux-mêmes s'ils pouvoient. Fatime & Cliton furent appellés pour être informés des mesures que l'on avoit prises : Cidalise chargea sa Suivante des soins nécessaires pour cette affaire-là. L'heure du dîné vint : Fatime alla d'un air naturel preparer les domestiques à ne pas être surpris de l'accüeil qu'on faisoit aux nouveaux venus. Le Paysan qui avoit été témoin des tendres langueurs de l'entrevûë inopinée de nos amans, se contenta de rire, de s'émerveiller de tant d'amour, & fut trompé comme les autres. On servit : notre héros se mit à table avec sa maîtresse ; pendant que d'un autre côté Fatime & Cliton, en sujets inferieurs, furent servis à part. Le dîné mangé, nos quatre personnages allerent se promener dans un petit bois enclos dans la Maison, ou bien dans un vaste Jardin, ce doit être l'un ou l'autre, je ne sçai pas bien lequel des deux ; car je n'ai point deux partis à prendre. Si je parlois d'amans suivant nos mœurs, je dirois une terrasse, où je les mettrois dans une Chambre ; mais en fait de tendresse romanesque, les jardins, les bois, les forêts sont les seuls promenades convenables, de sorte que fallut-il faire promener mille fois dans le jour, à moins d'innover, je n'aurois que ces trois lieux à citer : Tout ce que je pourrois faire en faveur du lecteur ennuyé, seroit de les déguiser en solitudes, longues allées, y mêler des bosquets &c. mais après tout, ce déguisement seroit à peu près semblable à celui que le Maître de philosophie de Monsieur Jourdain donnoit au compliment que le Seigneur Bourgeois vouloit faire à une Marquise; ainsi donc nos amans s'en allerent dans un petit bois : Fatime & Cliton les suivirent. Quelles délices pour Cidalise & Pharsamon ! Ce fut là qu'il goûta plus à loisir le plaisir d'avoir retrouvé sa maîtresse; mais retrouvé avec des circonstances que le hasard sembloit avoir amenées comme de concert avec ses idées : il n'y eut pas jusqu'à sa situation présente qui ne l'enchantât. Etre seul avec Cidalise, & où ? Dans des allées parmi des arbres, lieux destinés pour être témoins des tendresses de ce genre. Cidalise & lui marcherent quelques pas sans ouvrir la bouche : Silence vraiment mistérieux, qui seul caractérisoit la noblesse du feu dont ils étoient brûlés. Pharsamon sembloit cadancer ses pas : son air étoit respectueux ; mais d'une sorte differente que le respect parmi nous d'usage, c'étoit un respect digne de lui & d'elle ; Cidalise s'acquittroit également bien de la scene muette, dont elle étoit actrice, on l'eût vûë marcher d'un pas modestement fier, ses yeux étoient animés de regards graves & doux, & cette seu'e marche fit un effet si prodigieux sur le cerveau de ce beau couple, que se ressouvenant confusément tous deux d'une milliasse de situations de Chevaliers & de Princesses, semblables à celle où ils étoient ; l'enchantement où ils entrerent fut tel, qu'ils crurent être ce que ces personnages des Romans étoient.

Lorsqu'ils furent un peu avancés, Pharsamon entousiasmé, éperdu de romanesque frenesie, quitta poliment la main de Cidalise qu'il tenoit, toussa pour pouvoir parler d'une voix plus distincte; & après cette legere préparation, qui étoit à qui entrera bien dans le sujet, comme le prelude de ce qui devoit suivre, il se mit un genou en terre, & apostropha ainsi la Princesse Cidalise, dont l'esprit alors d'accord avec celui de Pharsamon, reçut l'action de ce Chevalier, de cette maniere d'habitude, ou plûtôt d'indifference qu'on a pour les choses ausquelles on est accoûtumé.

Grande Princesse, lui dit ce noble frénétique, quelles actions de grace puis-je vous rendre qui soient dignes des bontés que vous avez pour le passionné Pharsamon ! non, Madame, je n'ai point l'ingratitude de penser que je puisse jamais rien faire, je ne dis pas qui égale, mais qui puisse approcher de la reconnoissance que je dois aux faveurs dont vous me comblez. Qu'à ce mot, le lecteur, par paranthese nécessaire, n'aille pas donner un injuste essor à son imagination ; les Princes Romanesques ont leur stile, & *faveur* est mis à la place de *bontés*, qui est aussi son sinonime ; continuons.

Ce n'est donc point mon intention de chercher à m'acquiter envers vous, je vous aime avec une passion plus grande qu'il n'en fût jamais ; permettez-moi ces termes, Madame, voilà tout ce que je puis vous offrir, & si vos bontés sont infinies, mon amour pour vous sera de même. Après cette courte harangue Pharsamon baissa modestement les yeux, en attendant la réponse que la Princesse haranguée alloit faire. Un regard noble & tendre fut aussi le prélude de cette réponse ; car chaque sexe dans cette espece d'amour a differentes manieres, mais qui reviennent au même sens.

Cependant Pharsamon étoit toujours à genoux : Genereux Chevalier, repartit la Princesse, le prix sans prix dont vous payez les sentimens de mon cœur, a de quoi satisfaire la plus ambitieuse Princesse de la terre, c'est le seul qui soit digne de nous deux, & le seul que je vous prie de me conserver toujours;

ne craignez pas au reste de dire que vous m'aimez, ces paroles me sont à présent aussi douces à entendre qu'à penser, & vous ne pourriez jamais me les dire autant que je le souhaite: Ce fut en ces termes que nos amans énoncerent les deux premieres periodes de leur amoureux discours; le reste seroit trop long à suivre, tout fut dans le même caractere, qu'il suffise de sçavoir que Pharsamon, après que Cidalise eut parlé, prit une de ses mains qu'elle lui présenta, & la baisa respectueusement; dans cette action, du moins, plus sage que la plûpart de tous nos jeunes amans, qui dans un instant trouvent le secret de baiser mille fois avec emportement & goulument la main de leur maîtresse, quand ils la tiennent. Imitez Pharsamon, jeunes étourdis, ses caresses moderées & respectueuses prouvent bien plus de tendresse que cette fougue inconsiderée de passion, que son excès ralentit souvent, & fait mourir.

De quoi s'avise ici cet étourdi lui-même, s'écrira ce jeune lecteur impétueux ? La réflexion est en vérité bien en sa place ! Qu'il fasse l'amour à sa guise, & qu'il nous le laisse faire à la nôtre. Oüi, mais, Monsieur le Lecteur, j'ai droit de critiquer le public: l'amour violent me paroît infiniment au-dessous de l'amour respectueux ; & si j'osois prêcher une mauvaise maxime, je vous dirois, à vous qui trouvez ma critique hors de saison, que le moyen le plus sûr pour se faire aimer, c'est d'interesser le cœur, d'exciter chez lui la tendresse dont il a toujours un fond raisonnable ; je vous dirois que vos manieres vives ne font naître qu'un amour passager, dont les délicats ne se contentent pas; amour dont les impressions passent plus aux sens qu'au cœur, dont vous devez être uniquement jaloux, & je vous dirai du moins plus que de tout le reste. Mais revenons au respectueux Pharsamon, je ne sçai quel malin esprit me force toujours à faire de ces réflexions hors d'œuvre, & à laisser si souvent mes personnages en chemin, sans les faire agir.

Après que Pharsamon eut reçu cette faveur de Cidalise, elle lui fit un signe que tout autre que lui n'auroit pas compris ; mais qu'il jugea tout d'un coup signifier permission de se lever, ils s'enfoncerent plus avant dans le bois, & je les laisse dans les ravissemens d'une passion si favorisée du hazard, & si fort accommodée à leur goût, pour donner un moment d'attention à deux subalternes personnages, je veux dire Cliton & Fatime, qui suivent leurs Maîtres à trente pas de distance.

Le séjour que Cliton avoit fait chez l'oncle de Pharsamon, au retour de la premiere journée d'avanture ; les bons mets de la petite mason, la bonne humeur de la suivante de Clorinne, le combat de Pharsamon, tout cela avoit un peu ralenti, ou du moins obscurci les idées romanesques que son esprit suivant sa capacité, avoit prises ; mais la rencontre de Fatime, le portrait & la présence actuelle de cette fille, l'avoient rendu à toute la vivacité de ces impressions ; ajoûtez à cela qu'il y étoit encore excité par Fatime qu'un peu de contrainte partagée avec Cidalife, un peu de malheur arrivé à l'occasion de Pharfamon, avoient entretenuë dans le goût tendre : Ils avoient eu déja une conversation ensemble où l'on avoit mutuellement goûté les plaisirs que donne une agréable surprise. Cliton alors entretenoit sa Maîtresse avec un amour plus grave, Fatime de son côté se guindoit d'un sérieux tendre ; de sorte qu'on pouvoit dire qu'à quelque chose près, ils étoient l'un & l'autre les vrais singes de leurs Maîtres.

Dans le tems que Pharsamon fléchit un genoux pour parler à Cidalife, Cliton qui le vit faire trouva cette action si belle & si ressemblante à ce qu'il se ressouvenoit qu'avoient fait en pareil cas d'autres amans, qu'enchanté de plaisir & d'amour, il surprit Fatime en se proſternant tout d'un coup & au milieu d'une phraſe qui ne ſembloit pas menacer une fin pareille; cependant cette ſurpriſe ne dura qu'un moment, & qu'autant qu'il falloit pour monter ſon eſprit au point d'extravagance néceſſaire pour ſe prêter à cette bruſque action.

Il vaudroit autant demeurer muet, dit Cliton en levant la tête, comme s'il avoit eu à regarder la pointe du plus haut clocher, que de me mêler de vous dire combien je ſuis charmé de vous ſentir auprès de moi; car, quoique je parle beaucoup pour exprimer cela, cependant Madame il me ſemble n'avoir rien dit du tout, tant mon tendre cœur eſt rempli de je ne ſçai combien de choſes que je ne ſçaurois expliquer: je me doute pourtant que vous avez aſſez d'eſprit pour vous douter de tout ce que je voudrois vous dire; ainſi je me conſole par la vûë de toutes vos rares perfections, ſans m'embarraſſer d'exprimer ce que je ſens, qui eſt en verité, Madame, auſſi difficile à être dit, qu'on a de peine à tirer un seau d'eau d'un puits bien profond, quand on a le bras fatigué : je me sers de cette comparaison, espérant que vous l'aurez agréable, & que vous la recevrez en dédommagement & à la place de ce que je ne sçaurois tirer de mon cœur.

Dans un discours prononcé d'une voix moins héroïque, & dénué du titre obligeant dont celui-ci étoit mêlé, Fatime, sans doute, eût trouvé la comparaison un peu rude & grossiere : mais la qualité de Madame dont l'extravagant Ecuyer l'avoit honorée, l'avoit étourdie de maniere que les mains lui tremblerent d'une émotion douce que ce terme lui inspira, un feu de gloire s'alluma sur son visage. Quand Cliton, qui tendoit toujours le col aussi haut qu'une grue, eut cessé de parler. Je n'ai point besoin, Seigneur, lui repartit-elle, que les paroles me prouvent votre passion, elle éclate bien plus dans cette tendresse d'actions que vous avez faites pour moi, vos voyages, les peines que je vous ai données, tout cela me prouve bien plus ce que vous fentez, que les termes les plus choifis.

Arrêtez un moment, repartit Cliton en l'interrompant, & fouvenez-vous bien, Madame, où vous en êtes reftée de votre difcours; car il eft trop beau pour le laiffer perdre; mais je ne puis vous laiffer marcher plus avant, fans vous remercier du titre de *Seigneur* dont vous m'avez apoftrophé, il fait bon donner quelque chofe à gens qui ont le cœur bon; à caufe du nom de *Madame* que je vous ai donné, me voilà tout d'un coup Seigneur: mais après tout, cela me fait penfer à une penfée affez drole. Qui fçait fi vous n'êtes pas Madame, & fi je ne fuis pas Seigneur? Nous avons peut-être l'un & l'autre été changés en nourrice: tenez, je vais gager mon chapeau que nous ne nous trompons point; Nous n'aurions jamais été deviner cela, fi cela n'étoit. Hélas, Seigneur, repartit la Suivante, dont ces mots redoubloient l'extra-

vâgance, peut-être que vos soupçons sont justes; & je vous avoue que, plus j'y pense, plus ce que vous me dites me paroît veritable. Il n'en faut morbleu plus douter, Madame, reprit l'Ecuyer, entendez-vous comme je vous nomme naturellement *Madame*, & par ma foi, vous croyez que je le veux faire? Nenni da, cela me vient à la bouche, il faut bien qu'il y ait quelque chose-là que nous n'entendons pas. A mon égard, répondit Fatime, le nom de Seigneur que je vous ai donné, est un nom qui m'est échapé, & je l'ai continué de même, sans m'appercevoir que je vous honore d'une qualité de plus; ainsi Seigneur.... Hé bien, ne voilà-t'il pas encore, s'écria Cliton à ce nom, elle prononce cela tout aussi familierement que si elle disoit son nom : Comment donc cela vous part de la bouche comme le boulet de canon? O bien, cela étant, Madame...... Qu'en dites-vous? Celui-là est aussi crû que de la salade; malheur à qui douteroit
que

que nous ne soyons gens de conséquence ; mais pour autoriser auprès de nos Maîtres le refus que nous devons faire désormais de vivre leurs domestiques, éprouvons auparavant, pendant quelques jours, si notre langue ira toujours son train ; car il ne faut pas douter que si nous sommes ce que nous nous imaginons être, nous ne prononcions toujours les mêmes mots, nous ressemblerons à ces montres, quand il est midi, il faut qu'elles le marquent ; ainsi remettons à sortir de service encore jusqu'à quelques jours, il ne faut pas se précipiter ici : Voyez-vous ? Monsieur Pharsamon, depuis que je lui sers d'Ecuyer ne m'a pas donné un sol, plus je le servirai, plus il me devra, & se sera de l'argent comptant : car il est d'une famille d'honnêtes gens, & si j'allois le quitter mal-à-propos, j'aurois bien des pistoles de moins. Ah Seigneur.... Bon, repartit Cliton à ce mot, cela dure toujours, continuez. Qu'avez-vous besoin de tant d'argent, dit Fatime ? Laissez aux ames venales l'interêt en partage. Je suis votre serviteur, repartit Cliton, après, le mêtier d'amoureux l'argent est la premiere chose du monde ; je l'aime, &, par ma foi, il faut que je sois de bon goût : car je n'ai trouvé personne encore qui le haïsse. Mais ne parlons plus de cela, le tout dépend de notre langue, si dans trois ou quatre jours elle dit toujours de même, Dieu sçait comme je serai le fier ! A propos, je prétens vous appeller ma Princesse : car, marqué quand on se fait gros Seigneur, il n'en coûte pas davantage de se faire Roi que Marquis. Vous m'appellerez, Seigneur, tout comme il vous plaira, repartit Fatime, les noms que vous me donnerez, me seront également agréables. Peste ! reprit Cliton, vous le dites ; mais s'il alloit me prendre envie de vous appeller guenon ? ce nom-là ne vous seroit pas aussi agréable que du sucre. A ce mot Fatime rougit, cette idée ne fut jamais dans la tête d'un homme du mêtier de Cliton.

Cet Ecuyer s'apperçut de sa rougeur : Comment donc, lui dit-il ? Vous rougissez tout comme si vous en étiez une ? La la, remettez-vous, Madame, si vous êtes une guenon, je veux devenir singe.

Cette maniere de converser de Cliton mortifioit infiniment Fatime ; ce n'est pas qu'il n'eût de bons intervalles, où il lui paroissoit tel qu'elle le souhaitoit ; mais son caractere bouffon l'emportoit insensiblement dans une longue conversation sur les impressions étranges que lui avoient laissé la tendresse des Romans.

Pendant que Cliton & Fatime se parloient, & qu'ils méditoient ensemble de devenir au premier jour aussi gros Seigneurs que leurs Maîtres, Cidalise & Pharsamon enfoncés dans le plus épais du bois, se livroient à toute la douceur de leur amoureuse situation; une pluye qui survint les fit sortir, ce ne fut qu'en ce moment que Cidalise sentit de la peine à faire son rôle de Princesse, la pluye étoit forte, les habits se moüilloient, & justement celui qu'elle avoit ce jour-là, quoiqu'elle fût à la campagne, étoit un négligé très propre, la pluye redoubloit, Phasamon l'aidoit à marcher le plus vîte qu'il pouvoit; mais c'étoit une vîtesse mesurée qui ne dérangeoit point la noble gravité que doit, en tout, conserver une grande Princesse; il en coûtoit alors un peu au cœur de Cidalise, partagée entre le chagrin de laisser gâter son habit qu'elle auroit pû garantir en courant un peu fort, & entre l'austere nécessité de garder le décorum romanesque.

Cependant ils arrivent à la maison avec Fatime & Cliton, qui, dans cette rencontre, à quelque chose près, n'avoient pas laissé de bien observer les regles. La nuit s'avançoit à grands pas; car nos quatre personnages avoient passé un tems infini à se promener. Cliton, dont l'estomac digeroit merveilleusement bien, sentoit une envie de manger qui ne laissoit point à son esprit toute sa liberté ordinaire. Fatime en vain entamoit des questions auxquelles il sembloit qu'il dût répondre. L'Ecuyer plus jaloux d'un morceau de pain, que du plus tendre langage, répondoit de courtes monosillables; qu'il accompagnoit de tems en tems de demi baillemens; signes certains des besoins de sa machine, il y avoit longtems qu'il avoit envie d'avoüer à Fatime cette nécessité; mais comme la conversation qu'ils avoient eu ensemble avoit réveillé chez lui le goût romanesque, & que son cœur commençoit très-sérieusement à se prêter à tout ce qu'inspire ce goût, une noble honte le retenoit, & l'empêchoit de dire qu'il avoit faim, quand le plaisir d'être avec sa maîtresse, devoit lui tenir lieu de tout, & suspendre, pour ainsi dire, ses sens.

Cependant Fatime s'apperçut de son peu de vivacité, elle lui en fit un obligeant reproche: Seigneur, lui dit-elle, quelle inquiétude vous a saisi? Dans quelle tristesse se plonge votre cœur. Morbleu Madame, repartit-il d'un air de dépit, je suis au désespoir que vous vous appercevez que je suis triste. Que me dites-vous Seigneur, reprit Fatime? avez-vous des secrets pour moi? Non, répondit-il, je vous ai montré mon cœur plus nud qu'un verre; mais je voudrois bien que vous ne sçussiez jamais ce que j'ai à present: A peine Cliton eut-il prononcé ces derniers mots, que Fatime inquiéte s'empressa de l'air le plus tendre auprès de lui, pour l'engager à lui faire un aveu de sa peine. Mon Dieu, Madame, foin de votre curiosité! Ah, Seigneur, reprit-elle, ne confondez point l'inquiétude de mon cœur, avec ce que vous appellez curiosité; que dois-je penser de tous les refus que vous me faites de m'apprendre ce que vous avez? Restez en repos, je n'ai ni la fiévre ni la galle, reprit Cliton, & je vous assure qu'aucun de mes parens n'est mort, ou s'ils le sont, devant Dieu soit leur ame. Non, Seigneur, répondit Fatime, avec une espece d'aigreur où le chagrin des raisons triviales que disoit quelquefois Cliton, avoit beaucoup plus de part, que l'inquiétude de sçavoir ce qu'il avoit : Non, Seigneur, vous m'ôtez pour jamais le repos, si vous refusez de me confier vos peines. Je n'en ai point, dit-il. En vain, s'écria-t-elle, vous déguisez ce que vous souffrez, je... Parbleu la tête d'une Princesse est une rude tête ! Laissez-moi vous dire cela, Madame ; mais franchement vous êtes trop mutine, il faut bien que je vous dise ce que j'ai, car à moins de cela, plus de repos : Eh bien, j'ai honte de le déclarer, c'est que j'ai faim, j'ai toujours fait mes quatre repas, c'est une mauvaise habitude que je ne puis perdre ; & quand la faim me prend, si je n'ai rien à manger, me voilà plus triste qu'un arbre sans feüilles, on n'est pas maître de cela. Il ne falloit pas, Seigneur, répondit Fatime, se gêner jusque-là ; suivez-moi, puisque vous avez besoin de manger, je vais de ce pas vous en faire donner. Après ces mots Clion la suivit dans la cuisine, où il retrouva toute la gayeté de son cœur, & toute sa vocation pour le métier romanesque.

Fin de la cinquième Partie.

PHARSAMON,

OU

LES NOUVELLES FOLIES ROMANESQUES.

SIXIEME PARTIE.

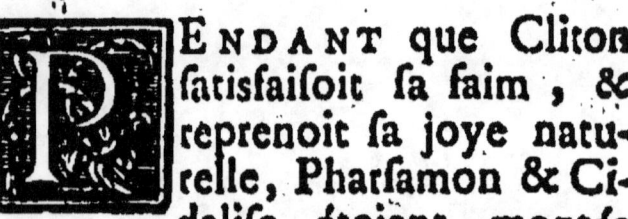ENDANT que Cliton satisfaisoit sa faim, & reprenoit sa joye naturelle, Pharsamon & Cidalise étoient montés dans une chambre, où ils babilloient avec autant de feu, que s'ils n'avoient parlé de huit jours; je ne rapporterai rien de ce qu'ils se dirent, il y a je ne sçai combien de tems que nous sommes sur les conversations,

& si j'en croyois ces amans, j'aurois encore la valeur de plus de deux sermons à rapporter. Un seul trait mérite, ce me semble, d'être raconté; c'est que dans cette chambre qui étoit celle de Cidalise, pandoit, attaché à la tapisserie, un papier dont l'épingle manqua, & qui tomba à terre; Pharsamon le ramassa, & voyant que le papier avoit figure de lettre, il jetta les yeux sur sa maîtresse qui le regardoit de son côté, & qui dans cette occasion attendoit de Pharsamon un petit rôle de tendresse allarmée qu'exigeoit de son cœur la forme de ce qu'il venoit de ramasser; Pharsamon érudit en ces sortes de matieres, ne trompa point l'attente de Cidalise, il jugea bien que ce Billet l'obligeoit à des devoirs; il s'approcha en tremblant de Cidalise, & lui montrant le papier: Peut-on vous demander ce que c'est que cela, Madame ? Je l'ignore aussi-bien que vous, répondit-elle, charmée interieurement de l'air dont il prenoit la chose, &

effectivement elle ne se ressouvenoit plus de ce que c'étoit que ce papier. Me permettez-vous de le regarder, Madame ? Vous pouvez le faire, Seigneur, lui dit-elle. Alors, avec un air de précipitation, il ouvrit le papier, lut d'abord les premieres lignes bas, & connoissant par elles que c'étoit une lettre amoureuse qu'on avoit écrite à Cidalise, il reste les yeux fixés sur cette lettre dans l'état d'un homme immobile, il pâlit, ou, du moins, à force d'imagination, il donne à sa phisionomie un air de désespoir, où la rage & la douleur sont exprimées, à la couleur près, dont ces passions violentes couvrent ordinairement le visage. Cidalise s'apperçoit des mouvemens qui agitent Pharsamon : O Dieux ! Seigneur, s'écrie-t-elle sur le champ ! Qu'avez vous donc ? Pharsamon à ces mots semble revenir de cet excès de douleur pour laisser passer un soupir des plus douloureux ; soupir si bien exprimé, que la nature même dans l'affliction la plus réelse, n'eut pû le produire avec plus de sindérese; ce soupir fait, il leve les yeux au Ciel, & le regardant d'un air à faire pitié: Dieux! mon malheur est-il assez grand! Puis ramenant ses regards sur Cidalise: Ingratte! continua t'il, reserviez-vous ce prix à l'amour le plus tendre dont on ait jamais brûlé? J'ai un rival! Un rival qui vous écrit: O Ciel! & qui se plaint de n'être point assez aimé! Vous l'aimez donc perfide? & sa seule délicatesse vous attire les reproches qu'il vous fait dans sa lettre. O Ciel! Que ne s'offre t'il à mes regards? Que ne puis-je, au moins, soulager mon amour trahi par une prompte vengeance! Ce fer plongé dans son cœur le puniroit de la perfidie que mon amour & mon respect m'empêchent de punir sur celle qui m'a trompé. Pharsamon prononça ces mots avec des gestes effrayans. Cidalise, quand il eut parlé, s'assit & prit la lettre fatale que Pharsamon avoit jettée sur la table, & jugeant de ce que c'étoit, après en avoir lû quelques mots : Vous ne mériteriez pas, injuste que vous êtes, lui dit-elle, que je vous défabuse des soupçons de la perfidie que vous m'imputez ; j'aurois crû que quand mes pareilles ont avoüé qu'elles aiment, & que leurs manieres nous l'ont prouvé, j'aurois crû, dis-je, que l'effort qu'elles faisoient en l'avoüant, devoit pour jamais affermir un amant dans la certitude d'être aimé ; & cet aveu vous paroît bien peu considerable, puisqu'il ne suffit pas pour vous rassurer. Si j'écoutois ma fierté justement irritée, je vous punirois de votre injustice, en vous laissant éternellement dans l'erreur outrageante où vous êtes; mais, malgré la honte que répandent sur moi vos cruels soupçons, malgré celle dont me couvre la tendresse que j'ai pour vous, je veux bien encore avoir la bonté de vous apprendre d'où vient la lettre que vous venez de lire, & quelle est la raison des termes que vous y avez lûs : mais souvenez-vous Seigneur, qu'après cela, si votre injustice continuë, ma résolution est de ne vous voir de ma vie.

Le Cavalier contre lequel vous vous êtes battu, étoit un amant que ma mere m'a long tems obligée de souffrir ; cette lettre vient de lui, & s'il se plaint de n'être point assez aimé, je vous avoüerai de bonne foi, qu'après l'avoir long-tems maltraité pour l'obliger à ne me plus voir, & m'appercevant que l'aversion que je lui témoignois, sembloit l'obstiner à me poursuivre avec plus d'ardeur ; je pris le parti de contraindre un peu mes veritables sentimens, & de lui laisser croire que je ne le haïssois plus ; effectivement, depuis ce tems, j'en fus moins importunée, ma feinte douceur même l'engagea à moins presser notre mariage auprès de ma mere, & ce fut dans ce tems que cet amant absent pendant quelques jours, m'écrivit la lettre que vous avez luë : il se plaint que je ne l'aime point assez, parce que, quelque changement qu'il eût remarqué dans mes manieres, ce changement n'étoit point tel qu'il dût satisfaire un cœur veritablement passionné; vous arrivâtes alors chez nous, & je vous ai dit toutes les persécutions dont on avoit usé à mon égard pour me faire épouser ce Cavalier: Voilà, Seigneur l'origine de cette lettre, dont vous tirez des raisons si injustes de me condamner.

Pharsamon, après ces mots, se repentant des soupçons qu'il avoit eus de la fidelité de Cidalife, fut quelque tems sans répondre, & la regardoit seulement. Pardonnez, Madame, dit il après, à la violence de mon amour, les bontés que vous avez eu pour moi devoient, il est vrai, me persuader que j'étois aimé; mais ma Princesse, plus le bonheur dont on joüit est grand, & plus on tremble au moindre accident qui semble devoir nous l'ôter; oubliez donc mon injustice. Ces derniers mots furent prononcés avec une posture suppliante, Pharsamon se jetta aux genoux de Cidalife ; oubliez donc mon injuflice, lui dit-il, je veux déformais m'en punir moi-même par un excès de paffion plus grand qu'il n'en fut jamais.

Il fe tut après cela, Cidalife attendrie baiffa les yeux fur lui, & lui tendant la main, que le Chevalier baifa refpectueufement : Levez-vous, Seigneur, lui dit-elle ; cette paffion que vous me promettez, peut bien plus fur mon cœur, que le jufte reffentiment que vous m'aviez donné contre vous ; ne doutez jamais de la mienne, & fouvez-vous qu'il faut que je la reffente auffi fortement que vous reffentez la vôtre, puifque je n'ai pû gagner fur moi de vous la cacher.

Ce pardon tendre accordé, Pharfamon fe leva, & répondit avec un excès de joye, prélude de cet excès de paffion qu'il promettoit ; il étoit tard, quelque tems après l'on foupa, après quoi on s'alla de part & d'autre mettre au lit, ou feindre du moins de s'y mettre ; car, à minuit, Fatime devoit aller avertir Pharsamon de sortir de sa chambre; elle avoit pris de si justes mesures, qu'elle n'avoit eu besoin de confier leur secret à personne, on avoit fait même ensorte après soupé, que les domestiques se couchassent de bonne heure; de sorte qu'environ dix heures tout ronfloit dans la maison, à l'exception de Cidalise, de Pharsamon & de Fatime qui avoit trouvé moyen d'avoir les clefs de l'écurie pour en tirer les chevaux qu'il leur falloit: elle étoit dans la chambre de Cidalise, où elle attendoit en causant, que l'heure de décamper arrivât. Pour Pharsamon la fuite avanturiere qu'il devoit faire avec Cidalise, le tenoit en extase dans la chambre où on l'avoit mis, &, quoiqu'on ne lui eût donné cette Chambre que par ménagement pour sa santé, & pour qu'il prît du repos, il n'étoit point homme, avec une si belle matiere de rêverie, à s'amuser au sommeil comme un homme du commun, pendant que la situation où il se trouvoit, pouvoit fournir à son esprit les plus nobles & les plus agréables réfléxions. A l'égard de Cliton, il se reposoit du soin de la fuite, sur les justes mesures que Fatime avoit prises; il s'étoit abandonné à un doux repos que la réplétion de son estomac, & son heureuse disposition à dormir, rendoient complet & profond.

Les choses étoient en cet état, & il n'étoit encore que dix heures du soir, quand un grand bruit se fit entendre à la porte de la maison. Cidalise & Fatime enfoncées dans leurs réflexions, n'entendirent point les coups qu'on donnoit à cette porte; la cuisiniere & le portier, plus à portée d'entendre le bruit que les autres, se réveillent, & se levent chacun de leur côté; ils demandent qui c'est, ils connoissent que c'est leur Maîtresse, ils ouvrent, & tout cela, sans que Cidalise & Fatime en soient averties.

De quoi s'avisoit cette femme, dira-t-on, d'arriver chez elle à dix heures du soir? Bon, de quoi s'avisent toutes les Dames d'avoir des caprices? N'y eut-il que cette raison, elle suffiroit pour autoriser l'arrivée imprevûë de la mere de Cidalise; mais il y en avoit d'autres. Cette Dame avoit eu, toute la soirée, compagnie chez elle; elle avoit affaire dans la maison où elle arrivoit, pour donner quelques ordres pressans le lendemain matin, & le peu de distance de son Château à cette maison, l'avoit aisément déterminée à venir y coucher: elle avoit, avec elle, Dame Marguerite, femme de bon conseil, & sans l'avis de laquelle la Maîtresse ne faisoit rien. En entrant, elle demanda si sa fille étoit couchée. Oüi, Madame, & tout le monde l'est aussi; lui répondit la cuisiniere, trop endormie pour prendre la peine, ou pour penser à informer sa Maîtresse de la visite de nos nouveaux venus; cette conversation se fit à la porte, & par conséquent fut courte: on alluma des chandelles, Madame monte à sa chambre, & Dame Marguerite à la sienne.

Qu'on soit averti maintenant que la chambre où l'on avoit mis notre amant, étoit justement celle où couchoit la mere quand elle venoit à cette maison ; & comme il n'y en avoit point de plus propre dans la maison, Cidalise avoit ordonné qu'on la donnât au Seigneur Pharsamon ; cela est dans les regles, & les loix romanesques s'accordent, en cet article, aux loix que nous prescrit l'honnêteté.

Madame entre donc dans sa chambre avec cette confiance qu'on a quand on est absolument chez soi, & qu'on est seule. Pharsamon n'étoit point alors dans cette chambre, ses douces rêveries l'avoient, sans réfléxion, conduit dans un petit cabinet qui étoit dans la même chambre, & le moment où la mere de Cidalise entra, étoit justement un moment où cet amant extasié, les yeux fixés à terre, & assis dans un fauteüil, pensoit profondement aux étranges avantures de sa vie, à celle qu'il alloit commencer, aux difficultés qu'il prévoyoit à épouser un jour Cidalise : son imagination échauffée le transportoit en mille endroits où tantôt il seroit obligé de la chercher, ou quelque fois il seroit contraint de fuir ; ces grandes & vastes idées étoient suivies de mille combats dont la nécessité qu'il prévoyoit l'affectoit dès-lors d'un plaisir si grand, que combinant secrettement, & la posture où il se trouvoit, & l'avanture qu'il alloit entamer, avec le génie de Cidalise, & l'espece de tendresse qu'ils avoient l'un pour l'autre, il n'étoit point de Chevalier antique dont l'état & la vie fussent à son gré plus satisfaisans du côté du grand, & du merveilleux, que l'étoit & le seroit dans les suites sa propre histoire.

C'étoit-là les réflexions qui occupoient Pharsamon, quand la mere de Cidalise entra dans sa chambre : La rêverie de Pharsamon lui donna le tems de se deshabiller & de se coucher, & j'ajoûterai aussi de souffler sa chandelle. Il y avoit déja quelques instans qu'elle étoit au lit;

déja le sommeil commençoit à fermer ses paupieres, quand l'illustre Pharsamon surpris lui-même des beaux traits dont il prevoyoit que son histoire seroit semée, exprima son entousiasme par ce peu de mots qu'il prononça d'une voix de héros, qui refléchit sur son amour. Dieux ! exposez Pharsamon aux dangers les plus grands, sa valeur peut l'en tirer ; mais conservez-lui sa Princesse. A cette voix, noblement tonnante, la mere de Cidalise se mit à faire un cri terrible. A ce bruit, Pharsamon, qui dans l'accès des réflexions où il étoit, ne connoissoit pour accident que des avantures conformes à ses idées, se leve avec précipitation, tire son épée d'une main, non pas son épée cassée ; mais une épée dont j'ai oublié de dire que Cidalise l'avoit armé après soupé, & tenant de l'autre, le flambeau qui l'éclairoit, entre dans la chambre avec un air aussi terrible & aussi martial que l'étoit celui d'Achille au combat. Qu'entens-je, s'écria-t'il ? & quel infortuné a besoin du secours de mon bras ? Le bruit qu'il avoit fait en se levant, celui de son épée tirée du foureau, avoient redoublé l'allarme de la mere ; mais ce fut bien pis quand, tirant son rideau pour voir celui qui sortoit du cabinet, elle apperçut la figure de notre heros, dont les yeux étinceloient de ce feu noble, que prêtoit autrefois cette illustre & antique valeur, accompagnée de grandeur de sentimens : A cet aspect moins horrible qu'effrayant, la mere de Cidalise tombe dans une épouvante qui s'exprime d'abord par des cris funestes, & qui finit par un évanoüissement plus dangereux ? La valeur avec laquelle s'avançoit Pharsamon contre ces ennemis que lui supposoit son imagination, ne fut cependant pas si ferme, qu'il ne la sentît ralentie par une juste surprise : il approche de cette Dame, la regarde, & la reconnoît enfin.

Pendant qu'il l'examine, & qu'il s'étonne de l'accident qui met dans sa chambre cette femme qu'on disoit être ailleurs ; Dame Marguetite à gorge déployée, promenoit dans tous les appartemens de la maison, la frayeur que lui avoit fait Cliton ; & voici comment la chose étoit arrivée de ce côté-là.

J'ai dit que Cliton dormoit de tout son cœur dans la chambre où il étoit ; cette chambre étoit celle où couchoit toujours Dame Marguerite ; la cuisiniere & le portier qui leur avoient ouvert la porte à elle & à sa Maîtresse, n'avoient point parlé de nos avanturiers; cette bonne vieille entra dans sa chambre, & se hâta de se mettre au lit, elle étoit en chemise, & avoit tiré le rideau pour se coucher, quand Cliton par hasard alors arrivé à un sommeil plus tendre, sentant remuer au tour de lui, allongea le bras sur Dame Marguerite qui se mettoit au lit, & cria: Qui va-là ? Le qui va-là ne fut pas sans replique, Dame Marguerite s'épuise en cris, sa voix rauque & cassée tire des sons qui jettent Cliton dans une frayeur égale; il n'a pas le tems d'examiner si c'est lui qui cause la frayeur, ou non, il se
jetta

jette sur la vieille, la frappe en sourd, de cinq ou six pesantes gourmades, accompagnant ces démonstrations violentes d'un, à moi continuel, & s'imaginant avoir mille diables à combattre. Après les coups donnés qui laisserent maintes contusions, il la quitte comme un homme qui s'échappe ; éperdu de frayeur, il ouvre la porte en criant, le diable est ici. La vieille dont la foible cervelle étoit entierement dérangée, se leve en chemise comme elle étoit, suit Cliton sans sçavoir où elle va, ni ce qu'elle fait : devant elle, on eût vû Cliton, son chapeau sur une tête rasée, car, pendant le combat qu'il avoit eu avec le diable femelle, sa perruque étoit tombée dans la ruelle du lit ; après lui venoit donc Dame Marguerite échevelée, nuds pieds, en chemise flottante au gré du vent, qui pouvoit, en cette occasion, trahir sans indiscretion, sa pudeur. Cliton descend du haut en bas, parcoure les appartemens, se disant toujours poursuivi du diable ; car il ne comptoit pas pour moins celle qui couroit après lui, & qu'il entendoit crier d'un cri qui approchoit du heurlement, on les eut crû enforcelés tous deux, l'un à fuir, l'autre à pourfuivre.

Cependant, l'allarme eft portée en un inftant dans toute la maifon, valets, fervantes, cuifinier, tout tremble, tout fe leve, vingt chandelles s'allument (car chacun allume la fienne) L'un plus pâle que la mort ouvre fa porte en chemife, pour voir ou pour juger de la caufe d'un tel bruit ; on en voit un qui fort d'une chambre, & qui à l'afpect de Dame Marguerite qu'il rencontre, & qu'il prend en cette occafion pour une ombre fugitive, refte, de frayeur, à la place où il eft, pendant qu'un autre qui défcend un degré & qui, peut-être, couchoit au grenier, tombe à la vûë de la pauvre vieille, en une frayeur fi grande, que dans la précipitation avec laquelle il veut fuir ce fpectre qu'il croit vouloir fe jetter fur lui, roule comme un tonneau tous les degrés ;

& peu soucieux du sang qui découle de sa tête, & de mille contusions, se releve au bas de l'escalier, &, dès l'instant, se mettant à courir, augmente le nombre des esprits fuyards. Ce nouvel effrayé, dont l'attirail, ou l'habillement est merveilleusement bien assorti à ce qui peut composer la peur, ce nouvel effrayé, dis-je, sans bonnet qu'il a perdu dans sa chûte, ses cheveux plus broüillés que le cahos, l'estomac débraillé par l'agitation qui en a fait tomber l'épingle qui attachoit sa chemise, ses deux bas ravallés, une veste ou un habit, dont il n'est habillé que d'un bras, courre entre Cliton & Dame Marguerite; Cliton qu'il voit fuir comme lui, est un exemple, qui, bien loin de le rassurer, fortifie dans son imagination les raisons qu'il croit avoir de fuir.

Cependant, tout est levé, il n'est pas jusqu'aux chats de la maison, qui, dans la bagarre, craignant pour leur vie à laquelle ils s'imaginent qu'on en veut (je dis s'imaginent;

car je n'ai point à préfent d'autre terme pour exprimer le raifonnement d'un chat) fautent l'un fur un lit, l'autre au plancher qu'il grimpe en miaulaut d'un ton affreux; l'autre, d'un faut leger, court auffi la prétentaine, en jurant à fa maniere après ceux qu'il croit avoir de mauvais deffeins contre lui. Que les fouris furent, à leur tour, effrayées cette nuit-là! Avec quel faififfement ne dûrent-elles pas s'enfoncer dans leur retraite inacceffible.

Mais quoi! mauvais hiftorien, qu'ai-je affaire ici de mentionner ces viles animaux, quand, dans la maifon; il n'eft plus que les murailles exemptes de la courfe, qui d'un mouvement comme circulaire, agite & paffe dans les pieds de ceux qui y demeurent? quelle étrange proceffion! Déja plus de deux tiers des domeftiques fuyent, fe rencontrent en fuyant, fe heurtent, renverfent les meubles dont la chute augmente & l'embarras & la peur : j'en vois qui montent au grenier, qui fe verroüillent, & qui ne fe croyant pas encore en sûreté, passent sur la lucarne, & vont sur les goutieres attendre le succès d'une désolation si generale; l'autre conduit par le hazard, se trouve dans les caves, dont l'horreur redouble son effroi. En vain se fait sentir le fumet du Champagne & du Bourgogne, le malheureux qui a perdu l'odorat, ne choisit contre les esprits qu'il fuit, pour noble défense, que l'abri d'un tonneau, dont le jus peut-être pour la premiere fois, cede alors en utilité, & presente moins d'appas que le vase qui le loge. Que ne suis-je encore dans ce tems où la pointe étoit la preuve du bel esprit! Que j'aurois de plaisir à m'écrier à l'occasion du vin, que celui qui étoit rouge palit de rage de se voir du vil bois préféré & que celui qui fut blanc rougit de honte du mépris qu'on faisoit de lui. Mais revenons à la confusion qui regne & qui dure plus que jamais: en voilà donc deux logés, l'un à la cave, l'autre au grenier, deux extremités où les a portés leur effroi. Je ne parlerai point de l'évanoüissement d'un nombre de domestiques causé par celui qui s'étoit caché derriere les tonneaux, & qui fit peur à ceux qui vinrent comme lui pour y chercher retraite ; j'ajoûterai seulement, que les degrés étoient perpetuellement, ou descendus ou montés & que la terre fut jonchée de bonnets de nuit, de culottes, & d'habits dépoüillés pour courir plus légèrement sans sçavoir où ; que la plûpart des flambeaux furent brisés, les chandelles soufflées, écrasées ; que les cris & les heurlemens remplirent la maison un quart d'heure entier.

Dans cet effroi general, Pharsamon quitte la mere de Cidalise à qui son évanoüissement épargna bien de la terreur, & l'épée d'une main, le flambeau de l'autre, le cœur rassuré à force de courage, & partagé pour ainsi dire, entre le plaisir d'assister à une avanture qui lui paroissoit affreuse, s'il en devoit juger par le tintamare & la crainte que le même tintamare lui donnoit;

il avance, la lumiere qui l'éclaire lui fait voir le débris du funeste reveil des gens de la maison; en même tems, vingt spectres se presentent devant lui, presque tous en chemise & avec cet air effaré qu'imprime la terreur. Le grand Pharsamon, à cet aspect, sent presque son sang se glacer dans ses veines ; il se rappelle alors l'histoire de mille enchantemens qu'il a lus, &, dans un instant, il trouve dans son cerveau la veritable raison de tout ce qu'il voit : C'est sans doute, dit-il en lui-même, cette malheureuse femme qui tient Cidalise en son pouvoir, qui me presente tant de spectres pour m'empêcher de l'enlever, & pour me faire mourir: mais, en vain les enfers & toute la magie s'arment pour elle, mon bras triomphera d'elle & des enfers.

Après cette courte reflexion, le voilà qui avance pour monter un degré qui conduisoit à la chambre de Cidalise, les malheureux qui le descendent, voyant un homme armé, reculent avec un redoublement de frayeur qu'on ne sçauroit exprimer ; Pharsamon interprête cette action en sa faveur, il pense que tout lui cede, il suit ces esprits, & arrive en les poursuivant dans l'appartement de la Princesse : Dieux! quel spectacle d'abord s'offre à ses yeux! Des chaises, des fauteüils, des tables renversées, Cidalise entre les bras de Fatime, & récemment revenuë d'un évanoüissement où, sans la vûë de son cher Pharsamon, elle alloit sans doute retomber : Autour d'elle sont étendus deux ou trois domestiques que leur frayeur & leur chûte ont réduit dans cet état : Dans cette chambre sont encore deux ou trois autres spectres qui voltigent autour de la chambre, courent deçà & de-là, sans pouvoir trouver la sortie qu'ils rencontrent à tous momens. Pharsamon les écarte en faisant le moulinet ; par bonheur ils sortent, & vont pour avoir plûtôt fait se précipiter du haut en bas des degrés dans la cour.

En ce moment arrive Cliton & Dame

Dame Marguerite, dont la frayeur n'avoit fait que continuer la course sans la déranger; ils s'étoient toûjours suivis l'un & l'autre avec un ordre admirable. Malgré le fer qui reluit entre les mains de Pharsamon, Cliton se jette aux genoux de son Maître en lui criant : sauvez-moi des griffes du diable. A ce terme de diable, Pharsamon est fortifié dans son idée; il veut s'avancer contre Dame Marguerite, qui, d'une course rapide, évite ses coups, & va rejoindre ceux qui ont roulé les degrés. Ah ! Monsieur, s'écrie alors Cliton en tenant toujours son Maître, c'est ici l'enfer ! Avez-vous vû lucifer acharné contre moi ; il couroit comme un vrai diable qu'il est : sans doute il est estropié, car il n'a pû m'attraper ; fuyons, Monsieur. Ne me quitte pas, répond Pharsamon, d'un air à rassûrer les plus poltrons, ne me quitte pas, & ne crains rien.

Après ces mots il se tourne du côté de Cidalise, & se mettant à genoux devant elle : allons, ma

Princesse, lui dit-il, sortons de ces lieux où l'on s'efforce envain de nous retenir, suivez-moi, ne retardez point ; le péril peut augmenter ; & quelle que soit la valeur de mon bras, ma mort seroit peut-être, & pour vous, & pour moi l'accident le moins funeste qui nous pût arriver. Ah ! Seigneur, je m'abandonne à votre conduite, Oüi, Prince, tirez-moi de ces lieux ; c'est en ce moment que je connois que j'étois abusée, quand j'ai crû que celle qui nous suscite ces redoutables ennemis étoit ma mere ; partons, Fatime, continua-t-elle en se tournant languissamment du côté de cette femme de chambre, partons, & profitons de la valeur de Pharsamon qui triomphe des enfers. Après ce discours, Cidalise donna la main au Chevalier, & de l'autre bras se soûtint sur Fatime : Cliton les suit tenant Pharsamon par la basque de son juste-au-corps. Qui peut exprimer l'audace avec laquelle le Chevalier traversa tout le chemin qu'il falloit faire pour arriver à la porte de la Maison ? car les Spectres continuoient. La nouvelle frayeur qui avoit saisi Dame Marguerite à la vûë du Chevalier armé, la faisoit encore errer par toute la Maison; & comme les esprits des domestiques étoient trop troublés, pour qu'ils osassent la regarder en face, personne, dans ce désordre, ne se reconnoissant, chacun sans oser s'arrêter nul part, ne se fioit de sa vie qu'à la vitesse de ses jambes.

Le redoutable conducteur de Cidalise, dans le court trajet qu'il avoit à faire, rencontra tout le sabat, étrange effet de l'imagination. Cet accident dont Cidalise ignoroit la burlesque cause, & qui dans un autre tems l'eût, de frayeur, renduë immobile, ne lui inspira pour lors qu'une émotion de vanité, qu'elle concevoit à la vûë de tout ce qu'on faisoit pour la retenir, & dans l'incertitude de ce qu'elle étoit née, & du pouvoir de celui qui s'armoit pour l'enlever à

Pharsamon, & qui l'avoit confiée à la Magicienne qu'elle avoit crû sa mere : elle se bâtissoit dans sa tête le sort ou la naissance la plus grande & la plus merveilleuse : elle se sentoit interieurement charmée de cet interêt prodigieux qui armoit pour la retenir un bras inconnu, & qui la faisoit aller de pair avec les Princesses dont l'histoire avoit paru la plus incroyable : elle marchoit donc au travers de ces malheureux qui fuyoient avec l'assûrance nonchalante d'une Princesse du premier ordre. Pharsamon dont les idées étoient de la même espece, tenoit son épée avec une contenance qui marquoit combien son cœur étoit au-dessus des obstacles qu'on lui opposoit. Fatime, confusément, préjugeoit bien que tout cela n'étoit que pour empêcher Pharsamon d'enlever sa maîtresse ; mais elle ne laissoit pas que de craindre, s'ils ne sortoient pas triomphans, qu'elle ne fût du nombre de ceux qu'on sacrifieroit à la vengeance de

celui qui fufcitoit de pareils ennemis. A l'égard de Cliton, jamais il ne
fut moins Ecuyer que dans cette occafion. L'avanture étoit trop forte,
& la dofe d'extraordinaire qui s'y
trouvoit jointe, avoit fi fort dérangé fa foible imagination, qu'il n'a-
voit plus, pour ainfi dire, l'ufage
de fon efprit que pour trembler.

Cependant malgré les efprits courans, déja la troupe conduite par
le chef hardi, étoit arrivée dans la
Cour. Pharfamon avance vers la
porte, & fe prépare à l'ouvrir ;
mais elle l'étoit déja, les efprits ou
les diables lui en avoient épargné
la peine ; car un d'eux qui avoit
été le moins étourdi, avoit encore
confervé affez de prefence d'efprit
pour concevoir que le meilleur
moyen d'éviter l'affreux malheur
qui les menaçoit tous, étoit de fortir de la Maifon : dans cette penfée, le fruit d'un refte de raifon,
il avoit été l'ouvrir, & avoit été
fe perdre, & courir au large dans
la campagne. Ce hafard auquel
Pharfamon fe promettoit de fup-

pléer à force de valeur, lui parut; & à Cidalise aussi, une faveur du Ciel, qui marquoit visiblement combien il prenoit part à sa vie, & à celle de la Princesse. Cette pensée dans les suites enfla toujours son courage de plus en plus, & lui donna même la hardiesse de se regarder quelque fois comme le plus illustre sujet romanesque qui eût jamais paru. La petite troupe favorisée du Ciel sortit donc de la Maison, sans que personne s'opposât à son passage; & nos amans triomphans des efforts de leurs ennemis imaginaires, sortoient sans avoir la sage précaution de prendre des Chevaux, qui leur devenoient nécessaires pour fuir la poursuite qu'ils devoient juger qu'on feroit après eux: Les voilà donc en pleine campagne échapés de l'avanture la plus tragique, qui pronostique celles qui désormais doivent remplir leur histoire: les voilà libres & maîtres de leurs actions; mais dans une situation qui n'étoit à Pharsamon que matiere d'un respect, & d'une tendresse plus soumise ; car l'ordre des amans romanesques est different de celui des nôtres : il seroit aujourd'hui dangereux pour une fille de se confier à la discretion du plus humble de ses adorateurs. L'amour parmi nous est un libertin, que le seul plaisir détermine, qui n'a que les sens pour guide, & que la vertu travestie du moins en tendresse, ne soûtient plus.

Quelle étrange histoire, dit un certain critique sérieux ! le désordre est en verité mille fois plus dans votre esprit que dans celui de ces extravagans intimidés, dont vous nous racontez la frayeur ; des meubles renversés, une Dame Marguerite en chemise qui fait la baccante; trente domestiques qui pêlemêle, montent & roulent des degrés, & tout cela parce que Cliton s'éveille, & crie qui va là?

Voyez, je vous prie, le grand sujet de surprise, Monsieur le critique. Si pareille Avanture vous arrivoit, vous seriez, je pense, de meilleur grace le liévre, que vous n'en avez à me critiquer. Vous vous étonnez qu'un rien produise un si grand effet ; & ne sçavez-vous pas, raisonneur, que le Rien est le motif de toutes les plus grandes catastrophes qui arrivent parmi les hommes ? Ne sçavez-vous pas que le Rien détermine ici l'esprit de tous les mortels ; que c'est lui qui détruit les amitiés les plus fortes ; qui finit les amours les plus tendres, qui les fait naître tour à tour ? Que c'est le Rien qui éleve celui-ci, pendant qu'il ruine la fortune de celui-là ? Ne sçavez-vous pas, dis-je, qu'un Rien termine la vie la plus illustre; qu'un Rien décredite ; qu'un Rien change la face des plus importantes affaires ? qu'un Rien peut innonder les Villes, les embraser ; que c'est toujours le Rien qui commence les plus grands Riens qui le suivent, & qui finissent par le Rien ? Ne sçavez-vous pas, puisque je suis sur cet article, que vous n'êtes rien vous-même ; que je ne suis rien ; qu'un Rien a fait votre critique, à l'occasion du Rien qui me fait écrire mes folies.

Voilà bien des Riens pour un véritable Rien : Il faut cependant me tirer de ce discours; car j'aime à moraliser, c'est ma fureur ; & s'il étoit séant de laisser mes personnages en pleine campagne sans leur donner du secours, j'ajoûterois par dépit pour le Rien qu'on a repris dans mon histoire, que les fameuses inutilités qui occupent aujourd'hui les hommes, & qu'on regarde comme le sujet des plus dignes travaux de l'esprit, sont peut-être, à qui les regarde comme il faut, de grands Riens plus méprisables, ou pour le moins plus dangereux, que les petits Riens, semblables à ceux qui sont en ce moment ici courir à ma plume la pretentaine sur le papier ; mais quittons un Rien pour revenir à un autre.

Je ne sçai si je ne dois pas dire un mot de ce qui suivit l'enlevement de Cidalise ; car on peut juger que l'évanoüissement de sa mere ne fut pas éternel. Elle revint une grosse heure après que Cidalise & Pharsamon furent échapés de la Maison : Cette Maison étoit alors semblable à ces lieux qu'un incendie à remplis de désordre : on ne juge jamais mieux du désastre arrivé, que quand le malheur est passé. La lassitude avoit enfin arrêté la course égarée des domestiques; Dame Marguerite étenduë sur le degré, suoit à grosses goutes, & s'émerveilloit de voir que tout étoit rentré dans la tranquillité ordinaire : on entendoit de toutes les chambres les profonds soupirs de ceux à qui l'haleine manquoit à force d'avoir couru : cependant personne n'osoit encore se lever. Un flambeau que le hasard avoit laissé entier, & dont la chandelle brûloit encore, éclairoit d'une lueur triste & pâle la fin de la catastrophe : chacun prêtoit l'oreille au moindre bruit, pour juger s'il ne paroîtroit pas encore quelque chose qui revînt pour achever de lui ôter le peu de force qui lui restoit. Près d'une demi heure se passa dans cette terreur commune : La lueur de la chandelle qui étoit au haut du degré donnoit jusque dans la chambre de la mere de Cidalise, qui, revenuë de son évanoüissement, ne démêloit point encore, ni où elle étoit, ni l'Avanture qui l'avoit surprise.

Dans cet embarras, d'une voix foible & languissante, elle appelle Marguerite. Dame Marguerite tressaillit en s'entendant nommer, & fut prête à recommencer la scéne. Sa Maîtresse redouble : la vieille l'entend, & comprend que c'est sa Dame : elle répond. Je me meurs, dit la mere de Cidalise, je ne sçai où je suis, venez à moi. Ah ! Madame, repliqua Marguerite, je n'ose me remuer ; je suis morte, je pense, ou si je ne le suis pas, je mourrai sans doute en chemin en vous allant trouver ; venez plûtôt à moi, Madame. Hélas, dit la Maîtresse, qu'on m'apporte au moins de la chandelle. A ce colloque l'allarme se ralentit dans le cœur des autres domestiques épars çà & là. Qui est-ce qui parle là, dit un Paysan gros bouvier, qui cette nûit avoit pour le moins fatigué autant que ses bœufs? Un autre à ces mots en prononce quelques autres mal articulés : de l'un à l'autre la voix se fait entendre; ils répondent, & demandent tous avec tant de confusion, que la mere de Cidalise qui continuoit à demander de la chandelle, ne pouvoit plus se faire entendre : enfin chacun s'enhardit un peu; celui-là se traîne un peu plus près de la lumiere ; l'autre se remuë aussi doucement que s'il eût marché sur des œufs ; un autre plus hardi se leve entierement, avance quelques pas en tremblant encore, appelle, & comme ceux qui demandent le mot du guet, consulte la voix de tous ceux qu'il entend, pour sçavoir s'il peut avancer ou non : enfin il arrive auprès de la chandelle ; il apperçoit Dame Marguerite à terre qui faisoit le ploton : il recule ; mais Marguerite le rassûre. C'est moi, George, lui dit-elle. Je vous ai pris pour le Diable, repondit-il naturellement. Non, non, mon fils, dit-elle, je m'appelle Marguerite, & Dieu nous soit en aide. Ainsi soit-il, replique l'autre, n'y a t-il plus de danger? Hélas, dit-elle, je n'entends plus rien; prend la chandelle, mon fils, & porte-la à Madame qui se meurt. Bon, repliqua le craintif personnage, & si elle étoit déja morte, ma foi je mourrois de peur aussi. Elle vient de me parler, répond Marguerite. Ah! que sçait-on, repartit le domestique, c'est peut-être le diable qui parle pour nous égorger dans la chambre. Non, non, mon fils, dit Dame Marguerite, que le péril & la peur de la mort rendoient douce, au-lieu de revêche qu'elle étoit toujours, & tu vas en juger. Est-ce bien vous au moins qui parlez, s'écria-t-elle à la mere de Cidalise? nous craignons que ce ne soit le diable? Approchez, mes enfans, répond bénignement la Maîtresse, c'est moi-même. Après cette assûrance, le domestique aide à Marguerite à se relever, qui fait tous ses efforts de s'entortiller dans ses habits composés d'une chemise, de peur de scandaliser la modestie de Georges, qui, sans l'habitude qu'il avoit à la voir, l'auroit absolument prise pour une diablesse sexagenaire. Tous deux de compagnie ils arrivent dans la chambre de la Maîtresse avec la chandelle: ils la trouvent pâle & défigurée: elle demande une robe de chambre : elle se leve, & après regarde de tous côtés. Ah! grands Dieux, dit-elle, que m'est-il arrivé ? Ma fille, où est-elle ? Ah! par ma foi, répond le domestique, elle est où le diable l'a voulu mettre ; car je ne l'ai pas vûë. Ah! Madame, reprit Dame Marguerite, que signifie tout ce que nous avons vû ! A cette exclamation, la mere de Cidalise les interroge : Ils racontent un fait où toute l'horreur imaginable se trouve exprimée. Ce sont, disent-ils, des hurlemens affreux qu'ils ont entendus, des chaînes qu'on a traînées, des esprits de telle & telle maniere qui les ont poursuivis, ils en ont été battus.

Marguerite montre, pour prouver le fait, des bras étiques, où le peu de chair qu'il y reste est tout noir des coups que Cliton lui a donnés; l'autre montre sa tête pleine de bosses, sans se ressouvenir que c'est en se coignant contre les murailles qu'il s'est fait son mal.

Cependant les autres domestiques qui avoient entendu Marguerite se lever, viennent en tremblant faire chacun leur récit qui étoit toujours de pis en pis: Ils entrent l'un après l'autre; bientôt la chambre est pleine de petites filles, de plus grandes, de bouviers, de Paysans, & sur tout de femmes; car la Maison étoit grande, aussi bien que la terre considerable; ainsi la mere de Cidalise avoit besoin d'un grand nombre de domestiques. Jamais la confusion des voix ne régna plus, pas même au bâtiment de la tour de Babel, qu'elle régnoit parmi ces malheureux; chacun effrayé raconta une histoire differente suivant le dégré de la foiblesse de son imagination; ils parloient tous à la fois, sans même s'appercevoir qu'ils ne s'entendoient pas. Il est doux, dit-on, de se ressouvenir de ses maux passés. Nos gens verifierent le proverbe ; car ils trouverent tant de charmes à babiller, qu'aucun d'eux ne remarqua que l'unique chandelle qu'ils avoient tiroit à sa fin ; déja même la mere de Cidalise alloit en déleguer trois ou quatre, ou se preparoit à se faire accompagner de tout son monde, pour aller sçavoir ce qu'étoit devenuë notre Princesse fugitive ; mais la lumiere qui finit tout d'un coup replongea la bande imprudente dans des frayeurs qui allerent jusqu'à interdire le moindre mouvement, & que le jour seul pût entierement dissiper : ils passerent donc encore trois ou quatre heures tous entassés dans cette chambre ; & je les laisse respirans avec plus de peine que les asmatiques, attendre & presser par les vœux les plus ardens, le jour qui doit terminer leur crainte, montrer à la mere de Cidalise la suite de cette Princesse, & lui faire enfin

enfin démêler la vraye cause de l'Avanture qui les avoit troublés, en apprenant l'arrivée de nos Avanturiers chez elle, l'acüeil obligeant que sa fille leur avoit fait, & lui faire juger que c'est avec Pharsamon que fuit Cidalise. Revenous à nos amans : tout conspira à favoriser leur fuite, la terreur panique excitée par Cliton, & la fin subite de la lumiere qui retint tous les gens de la Maison renfermés dans une chambre.

Ils eurent donc le loisir de s'éloigner, & de se mettre à l'abri des poursuites qu'ils redoutoient. Quand Pharsamon & Cidalise se virent en pleine campagne, & qu'ils s'apperçurent qu'ils étoient à pied, peu s'en fallut que Pharsamon ne se résolût de retourner chez la Magicienne, pour tirer de son écurie le nombre de chevaux qu'il leur falloit ; mais Fatime & Cidalise le détournerent de cette action, qui lui auroit aussi bien réüssi que la premiere, & sur tout Cliton qui n'avoit encore osé quitter la basque de l'habit de son Maître, qui lui dit: Et où allez-vous, Seigneur? car il est bon de remarquer, par parenthèse, que le danger imaginaire dont Cliton se voyoit tiré par la valeur de son Maître; l'idée des diables qu'il croyoit avoir couru après lui, & qu'il avoit vû fûir à la lueur de l'épée de Pharsamon, il est bon, dis-je, de remarquer que tout cela avoit agi dans son cerveau d'une manière encore plus efficace, pour ainsi dire, que la lecture de tous les Romans; qu'alors il avoit un véritable respect pour Pharsamon, & pour le métier qu'ils professoient tous deux, parce qu'il croyoit devoir bien plus sûrement conclure par lui-même, que tout ce qu'on rapportoit des anciens Chevaliers étoit vrai par comparaison à ce qu'il venoit de voir; ainsi le terme de Seigneur dont il qualifia alors Pharsamon, contre son ordinaire, étoit l'effet prompt & vif qu'avoit produit dans sa tête l'Avanture en question: & où allez-vous, Seigneur? lui dit il, ne cherchez point à irriter le diable ; voyez-vous, nous avons besoin de vous, & je ne donnerois pas une obole de moi, de Fatime & de la Princesse, si vous nous perdez de vûë d'un instant ; qui sçait même si le diable n'est pas autour de vous qui vous inspire cette méchante pensée, pour pouvoir plus sûrement nous gober tous trois ? Quand vous n'y serez plus, nous aurons beau crier au meurtre, il nous avalera la tête la premiere ; croyez-moi, Seigneur, ayez pitié de votre fidéle Ecuyer, qui jure de vous fermer les yeux si vous venez à trepasser devant lui ; ayez pitié de Fatime qui me vaut bien, & plus, & de la Princesse qui vaut encore davantage. Ce discours au tour près, qui tenoit toujours d'un caractere un peu grossier, fut au reste prononcé d'une maniere si persuasive, qu'il parut beau, touchant, & digne de l'Ecuyer du grand Pharsamon, qui véritablement ne s'étoit jamais trouvé dans une réplétion de satisfaction de lui-même plus complete ; car aux paroles de l'Ecuyer, la belle Cidalise en ajouta d'autres. Non, Seigneur, lui dit-elle, gardez-vous bien de vous exposer encore à cette sinistre avanture ; Dieux, vous péririez ! Est-il rien pour moi de plus affreux: je ne sçaurois aller loin à marcher; j'en conviens ; mais suis-je la premiere Princesse qui se trouve dans l'embarras ? souvenez-vous, Seigneur, que les peines où nous sommes sont un sûr préjugé du bonheur qui nous attend sans doute, quand nous aurons retrouvé nos parens : pour à present, tâchons par de justes mesures de remedier à l'inconvenient qui nous arrête.

Eh bien, Madame, repliqua Pharsamon, ma volonté sera toujours soumise à la vôtre ; vous êtes la souveraine de mon cœur, vous voulez que je reste, & je le ferai: voyons, comme vous dites à pourvoir au present inconvenient. Là-dessus Cidalise, à l'aide de Pharsamon qui lui donna la main, s'assit sur un gazon que la lueur de la lune faisoit paroître assez beau : Le Chevalier prit place auprès d'elle ; Fatime alla se mettre un peu plus loin à la droite de sa Maîtresse, & Cliton, ombre assiduë de son Maître, s'assit tout auprès de lui en lui demandant excuse s'il ne s'éloignoit pas davantage.

Chacun ayant pris place, on commence à consulter sur ce qu'il étoit à propos de faire. Ne semble-t-il pas, dira mon critique, que c'est le Senat de l'Aréopage qui va décider d'une importante affaire ; ou ne diroit-on pas que c'est le Conseil du Roi Priam pendant le Siége de Troye, ou tout au moins le récit des avantures de Telemaque, qui tient attentives Calipso & ses Nymphes ? Je suis charmé, Monsieur le critique, que la séance de nos quatre personnages sur le gazon vous donne occasion de citer Troye, Priam, l'Aréopage & Telemaque, je ne m'attendois pas à de si grandes comparaisons ; mais continuons. Pharsamon entama le discours : à peine avoit-il prononcé les quatre premiers mots, que Cliton pressé d'opiner, l'interrompit brusquement, en ouvrant cet avis de bon sens. Seigneur, & vous grande Princesse qui m'écoutez ici, je vous remercie de l'attention que vous me donnez ; je n'aurois jamais dit que j'eusse eu de pareilles auditeurs, & par parenthese, il est bon de placer ici certain vieux proverbe, que j'ai souvent entendu dire par un certain vieux oncle à moi ; je dis vieux, car je crois qu'il étoit aussi vieux que son proverbe, puisque c'est lui qui l'avoit fait, qui grand voit, grand lui vient: Si j'étois toujours resté parmi nos poules & nos bœufs, je n'aurois harangué que dans la basse cour & dans l'écurie: or, pour venir à la solution, est-il besoin de nous asseoir ici sur l'herbe avec tant de cérémonie, où nous courons risque de gagner un bon rumathisme qui vengeroit le diable, pour sçavoir ce que nous devons faire pour avoir des chevaux ? Le tems que nous perdons nous ne l'employons pas;

peut-être tout l'enfer est à notre quête, s'il a pris le chemin que nous avons tenu ; les diables ont bonnes jambes, & nous sommes fatigués, adieu la voiture ; j'opine donc que la premiere chose que nous devons faire, c'est de fuïr d'ici, & de voir pendant que nous trotterons, comment nous nous y prendrons pour avoir des chevaux ; car, prix pour prix, il vaut bien mieux que Madame la Princesse en soit quitte pour s'écorcher les jambes, que s'il falloit qu'elle tombât entre les mains du diable qui lui en veut, & à vous aussi ; elle regretteroit tout à loisir les écorchures qu'elle auroit évitées ; outre cela, nous serions pris aussi, nous autres, & par ma foi, vaille que vaille, mes jambes me sauveront la vie, dussent-elles tomber de mon corps comme deux bequilles ; croyez-moi donc, grande Princesse, & vous notre liberateur, quittons cette place, il ne seroit plus tems d'avoir des chevaux quand nous ne pourrions plus voyager, ce seroit ce qu'on appelle de la moutarde après dîné ; mais arrêtez encore un moment, car comme on dit, en courant l'on s'en va, un ruisseau qui coule ne demeure pas, un clou chasse l'autre, & c'est tout. Par ainsi.. Car il me vient de venir une salutaire pensée qui nous peut tirer de peine, pourvû que le diable ne s'en mêle pas : marchons jusqu'à la premiere maison ou métairie que nous trouverons ; mais en marchant doublons les morceaux, & quand nous serons arrivés à cette métairie, nous ne serons plus ici ; ne m'interrompez pas, sur tout car je ne sçai plus où j'en suis ; c'est à force d'esprit que je le perds : j'y suis. Quand nous serons arrivés-là, nous demanderons à acheter des chevaux ; les Paysans ont toujours quelque mauvaise rosse à vendre, & il ne nous en faut davantage pour nous éloigner entierement.

Quelqu'impatience qu'avoit eu Pharsamon de voir finir Cliton, le conseil qu'il donnoit lui parut cependant d'assez bon sens :

Il demanda à Cidalise son avis, qui ne retrancha rien de ce que l'Ecuyer venoit de prononcer. Oh, s'écria Cliton, glorieux d'avoir trouvé du remede à leur embarras, il y en a bien au conseil de notre Baillif qui ne me valent pas! J'étois né pour porter un bonnet à corne, mais je dis des cornes d'importances, & non pas de celles qui viennent aux peres de familles ; car pour ces cornes là, il ne faut pas sçavoir grand chose pour les porter.

Pendant que Cliton déployoit ainsi la gayeté de son cœur, & que semblable à ceux qui échappés du naufrage, goûtent en paix sur le rivage le plaisir de se voir à l'abri des flots, il babilloit avec une volubilité de langue que lui inspiroit le plaisir d'avoir sauvé sa vie ; Pharsamon & Cidalise s'étoient levés, & se déterminoient à choisir le chemin qui leur paroîtroit le plus uni. Le choix est fait ; déja i's marchent ; Cidalise est entre son amant & Fatime, qui la soûtiennent; Cliton marche à côté de son Maître pendant quelques momens.

Cependant quand il se sent un peu éloigné, il s'apperçoit qu'il a manqué à la bienséance en n'aidant point Fatime à marcher; il a pour la premiere fois du regret d'un oubli qui lui paroit indigne d'un homme qui fait profession d'être le compagnon du plus grand Chevalier de l'univers. Dans cette réflexion, il quitte insensiblement le côté de Pharsamon, & va très doucement se ranger du côté de Fatime ; il la gratieuse en l'abordant d'un air demi rustre & galant. Belle Fatime, lui dit-il, je vous demande pardon si je vous ai laissé marcher toute seule comme une galeuse, c'est que je n'ai pas crû que dans l'occasion où nous sommes, vous & moi, Monseigneur & sa Princesse, il fallut.... Vous entendez mieux que moi ce que je veux dire ; c'est que j'ai crû que nous étions obligés d'accompagner chacun notre Maître, ainsi excusez s'il vous plait ; à present je ne crois plus cela, car je m'apperçois qu'il n'a plus besoin de moi ; je m'ennuye auprès de lui, & vous me permettrez de babiller un peu avec vous: je suis un peu Pie de mon naturel ; les femmes le sont tout à fait, & si nous nous mettons à parler, nous nous en acquiterons aussi bien que de notre soupé quand nous avons bon appétit. A ce discours mixte, je veux dire composé de badinerie romanesque & campagnarde, la belle femme de chambre croit devoir répondre d'un stile dans le même goût; car ce qu'il y avoit de campagnard & de rustre dans celui de l'Ecuyer lui avoit échapé en faveur de la plaisanterie demi romanesque qu'elle avoit crû y remarquer. En verité, Seigneur, lui dit-elle, je ne sçaurois que penser de votre indifference; il y a près d'une heure que nous marchons sans que vous vous soyiez donné la peine d'approcher; j'étois dans une véritable colere, & je vous ferai payer sans doute cette heure de tems que vous avez négligé de passer avec moi; en attendant, causons], j'y consens bien encore, je ne veux pas vous faire tout le mal que je pourrois vous faire.

On s'étonnera sans doute de la conversation que je fais faire à nos deux sujets subalternes. Cidalise, dira-t-on, est entre Pharsamon & Fatime, comment donc Fatime peut-elle, sans blesser ce respect éxact qu'elle doit avoir pour sa Maîtresse, comment peut-elle babiller comme une Pie avec un homme aussi babillard qu'elle, & dont la voix assortie au caractere n'étoit pas aussi plus délicate ?

Oh, je réponds à cela que... mais plûtôt je n'y réponds rien du tout, la question n'en vaut pas la peine. Ne peut-on pas se dire tout ce qu'il faut là-dessus ? Cidalise avoit la tête tournée du côté de Pharsamon, & faisoit avec lui une conversation à part, pendant que Cliton & Fatime, le plus bas qu'ils pouvoient, se contoient leurs raisons. Si cela paroît impossible, je renvoye ceux qui croiront que cela ne se peut à l'experience. Il me semble à moi que rien n'est plus facile, & je vois cela aussi clair que le jour.

Or, pour revenir à nos gens, il y avoit près de deux heures qu'ils cheminoient: Déja Cidalise, en Princesse qu'on a gâtée, & qui en est à sa premiere échapade, témoignoit, en geignant, combien elle étoit prête à se rendre. Pharsamon soupiroit de la cruauté du sort qui s'attaquoit toujours à la vie des plus illustres Princesses. O Dieux! s'écrioit-il, par une noble sensibilité à la lassitude que sentoit Cidalise, ô Dieux! les grandes destinées payeront-elles toujours par les plus tristes accidens la noblesse que les Dieux y ont attachée! Ma Princesse, l'état où vous êtes a été celui de presque toutes vos pareilles; leur fermeté a surmonté tout : surpassez-les dans dans la vertu qui les a rendues victorieuses, comme vous les surpassez déja, & par l'éclat de votre naissance, & par la nouveauté des avantures dont vos jours paroissent être tissus.

Cependant on avance à force de marcher: ils apperçurent à la lueur de la lune une Maison assez grande, où de loin il sembloit qu'il y eût encore de la lumiere dans quelques chambres. Nos voyageurs se hâtent d'y arriver: Allons, Madame, dit alors Pharsamon, le Ciel semble être dans nos interêts, avançons: enfin ils arrivent. En entrant dans la cour le bruit de nombre d'instrumens vient agréablement frapper leurs oreilles: les cuisines de la Maison sont pleines de cuisiniers qui préparent d'excelens mets, pendant que d'autres domestiques rapportent tour à tour, & desservent des viandes: tout annonce la joye; ce n'est qu'éclats de rire, que murmure de voix d'hommes qui se divertissent, qui chantent & qui mangent. Dans une salle basse sont des Paysans & des Paysannes qui dansent au son d'une musette. Pharsamon & Cidalise s'arrêtent un moment dans la cour pour écouter tout le bruit & pour juger de ce que c'est. Cliton se sent renaître: Il me falloit cela, dit-il en se tournant vers Fatime, pour me remettre entierement ; pour le coup le diable nous a quitté : avançons, Madame. Et en passant, éxaminez, s'il vous plaît, la qualité que je vous donne, souvenez-vous de ce dont nous sommes convenus.

Après ces mots, Pharsamon dit à Cidalise qu'il étoit à propos de sçavoir où ils étoient, & pour cet effet il appelle Cliton, qui, plus vif & plus allerte qu'il n'avoit été tremblant, se presente, & lui demande ce qu'il veut. Allez-vous-en, lui dit Pharsamon d'un ton de voix sérieux, different de celui qu'il avoit ordinairement, allez-vous-en parler à ces gens, priez-les d'avertir leur Maître qu'on voudroit lui dire un mot.

A peine Pharsamon a commandé, que déja Cliton est à moitié chemin, il vole ; le fumet des viandes est un appas qui l'entraîne, & la joye universelle qu'il voit répanduë dans la Maison, remplit son ame d'une gayeté d'autant plus sensible qu'elle avoit suivi l'état le plus triste: il entre dans la cuisine. Ceux qui le voyent entrer, & qui sont surpris de voir un inconnu, lui demandent à qui il en veut. Dieu vous gard, leur répondit-il en ôtant son chapeau de dessus sa tête pelée, Messieurs, c'est apparemment ici le pays de Cocagne, vous avez ici plus de viandes qu'il n'en faudroit pour engraisser tout un Village: Or ça, ce n'est pas cela que je veux vous dire, mais marguenne on a toujours envie de parler de ce qu'on voit, & de ce qu'on sent encore plus; voyez-vous, c'est que voilà des perdrix qui ont bonne mine, & je viens ici pour vous prier de dire à votre Maître d'avoir la bonté de m'en donner..... & non, non, ce n'est point cela, foin de moi, je me trompe toujours; aussi la cuisine n'est-elle pas faite pour haranguer, je me servirois mieux de mes dents que de ma langue; mais excusez, s'il vous plaît, si je ne parle pas si bien que je mange, vous m'entendez bien;

vous avez de l'esprit, & bonne chere, & moi bonne appétit, & cela vient comme une semelle de cuir aux souliers : Or, je voulois donc vous prier. Oh palsanguenne, priez-nous donc toute la nuit, mais nous avons autre chose à faire que de vous entendre, dit certain gros & trapu marmiton en sauſſant une cuisse de dindon dans un saupiquet, & en l'emportant toute entiere avec ses dents, mettez-vous plûtôt dans ce coin là, on va vous donner un reste de fricassée de poulets, avec du vin tout votre saoul, vous nous en prirais après de meilleur cœur. Comment ! Monsieur le Marmiton ou Cuisinier, repartit l'Ecuyer, vous parlez mieux que votre broche ne tourne.

Cliton alloit en dire bien davantage, & peut-être eût-il, alléché par la fricassée, oublié de revenir à son Maître qui l'attendoit dans la cour impatiemment ; mais les noms de marmitons & de cuisiniers qu'il avoit confondus, courroucerent le cuisinier, qui, assis sûr une table, prenoit avec ses cinq doigts trois ou quatre andoüilles à la fois d'un plat, éloigné de lui de la longueur de son bras. Au peu de difference qu'il vit que Cliton faisoit de lui avec un marmiton, il s'arrêta en le regardant fixement, tenant en main quatre andoüillettes qu'il alloit porter à sa bouche, dont les deux extrêmités, qui étoient les oreilles, étoient reluisantes de graisse : Parlez donc, lui dit-il son bonnet sur l'oreille, & se quarrant d'une main, sans s'appecevoir que les andoüillettes qu'il tenoit de l'autre, dégoûtoient par tout sur lui, parlez donc, âne, ou bœuf, peu m'importe des deux, où avez-vous appris que marmiton & cuisinier ne soient qu'un ? Sçachez, Monsieur le cheval, que vous auriez besoin d'une étrille. Oh dame, repartit Cliton, affectant d'être doux, de crainte qu'irritant le cuisinier, le vin & la fricassée de poulets ne fussent perdus pour lui, quand je dis marmiton, je m'entends bien, & c'est à cause de la marmitte que vous faites boüillir : je ne suis pas si sot que je suis gros, je sçai ce que c'est que de bons morceaux, & l'honneur que l'on doit à ceux qui les apprêtent : vive les cuisiniers, Dieu beniſſe leur poſterité. Si j'étois Roi je les marierois tous de peur qu'il ne mouruſſe ſans enfans : Les marmittons ſont de plaiſans tourne-broches pour faire comparaiſon. A cet imprudent mot de tourne-broche, ſe levent deux ou trois écumeurs de pots, de qui le vin & le feu échauffoient la tête : A qui en veut donc ce ſaquin-là ? s'écrierent-ils, morbleu faiſons le boüillir dans la grande chaudiere. Bon, repliqua Cliton au déſeſpoir contre le deſtin qui s'armoit contre lui pour le ſevrer de la fricaſſée, laiſſez moi plûtôt comme je ſuis, je ne vaux rien ni boüilli, ni rôti, ni en ragoût. Vous vous mocquez donc des marmittons, l'ami ? dit l'un en s'approchant, vous meriteriez bien quelques coups d'écumoire. Oh parſambleu, Meſſieurs, repliqua Cliton à ſon tour, un peu piqué de l'inutilité de ses excuses, & rassûré par la présence de son Maître qui viendroit au moindre bruit, pour un pauvre petit mot que j'ai lâché sans y penser, vous faites autant de bruit qu'un mousquet qui creve, ç'auroit donc été bien pis si je vous avois appellés laveurs d'écuelles, car sans reproche, vous l'êtes; mais marguenne quand on est trop gras on ne se connoît plus; parce que vous êtes parmi les perdrix & les fricassées, vous êtes aussi glorieux que vous êtes crasseux: Eh la, la, vos tabliers sont de toiles, la graisse y tient encore, vous n'avez qu'à la sentir quand vous oublirez vôtre nom.

Ce discours un peu vif fut à peine achevé, qu'un des marmitons tirant un torchon de dessous son bras, en brida violemment le nez à Cliton, en ajoûtant à cette insulte: tiens, dis moi comment je m'appelle, bourique que tu es? A ce coup, que la fricassée & le vin ne furent point capables de balancer dans lo cœur de Cliton tout gourmand qu'il est, le feu lui monte au visage: Je vous prends à témoin, dit-il en s'adressant au cuisinier, comme il me frape: vous êtes obligé de prendre mon parti, Monsieur le Cuisinier, car c'est à votre honneur & gloire que je suis en querelle; & s'il recommence je le boure d'un coup de poing dans le museau. Le Cuisinier à ces mots, se croyant effectivement insulté lui-même de la hauteur avec laquelle cet homme avoit relevé la distinction que Cliton faisoit de lui avec le marmitton: Pourquoi frape-tu cet homme? lui dit-il, laisse-le en repos, ou ce sera à moi que tu auras à faire. C'est bien penser, repliqua l'Ecuyer, & par avance il me prend envie de lui rendre ce qu'il m'a donné. Tu n'oserois, repartit le marmitton. Oh palsanguienne, dit l'Ecuyer, j'ai autant de cœur que d'appétit; & tiens, & voilà pour toi. Au coup que reçut le marmitton il avance un pas, & se jette sur l'Ecuyer: Cliton crie à son secours : Jour de Dieu, dit-il Monsieur le Cuisinier, défendez donc ceux qui font la guerre pour vous ! Le Cuisinier n'avoit pas besoin d'être excité ; les loix qu'il avoit prescrites au marmitton, & qu'il avoit passées, étoient suffisantes pour échauffer sa bile animée déja, & par le feu, & par le vin ; il se leve de dessus une table qui lui servoit de siége, & jette au nez du marmitton une carcasse de volaille qu'il venoit de prendre. Le marmitton qui tenoit notre Ecuyer aux cheveux, se sentant rudement frappé, crie, à moi Pierrot, Cristophe, & autres gens de cette espece ! Effectivement les appellés viennent à son secours, pendant que ceux de la Maison se rangent du parti du Cuisinier ; car il est bon d'avertir que c'étoit une nôce qui causoit la fête de la Maison, & que le Cuisinier, pour être aidé a, voit engagé nombre de gens de cuisine à venir travailler avec lui.

Voilà donc la guerre allumée dans la cuisine. De pesans coups de poing, des coups de poële, lèchefrittes sont les armes des combattans ; la place, quoique grande, ne suffisoit pas pour près d'une douzaine de guerriers : déja maintes bosses à la tête témoignent avec quelle vigueur on combat ; le sang même coule ou du nez ou de la bouche, tout se renverse ; le cliquetis des armes est bruyant ; la table, les coffres sont à terre, & la noirceur que les poëles, & les chaudrons contractent à la cheminée, passe & défigure le visage de ceux qui en sont frappés.

Qui pourroit décrire les hurlemens, les cris bachiques de nos vaillans goujats : tout sert d'armes dans la mêlée ; les assiettes, les plats, les bouteilles, le vin même est la victime de leur fureur : des poulets entiers, des demi-levraux, & tous les restes des metz qu'on avoit rapportés, sont les traits dont on combat de part & d'autre : on en voit qui, se disputant un plat de ragoût pour se le jetter à la tête, trempent les doigts dans la sausse, & les rapportent après mutuellement sur leurs visages, pendant que deux autres renversés à terre, se roulent dans une lêchefritte pleine de graisse.

Cependant le bruit & le tumulte se font entendre, les plus maltraités font des cris nourris, qui retentissent dans la salle où l'on danse au son de la musette. Pharsamon, Cidalise & Fatime, qui s'ennuyoient de la lenteur avec laquelle Cliton s'aquittoit de sa commission, au tintamare qui frappe leurs oreilles, s'approchent dans l'instant que toute la bande des danseurs venoit aussi pour sçavoir d'où venoient les cris lamentables qu'ils entendoient; Pharsamon avance le premier, & entre dans la cuisine, il appelle Cliton d'une voix puissante; mais hélas, le pauvre garçon n'étoit guére en état de lui répondre, il le voit dessous deux ennemis, qui pour poussiere lui font mordre & lui font écraser de son visage une tourte, que dans un autre tems, il se seroit trouvé trop heureux de manger morceaux

à

à morceaux : en même tems il est frappé lui-même par une perdrix toute entiere, que le hazard conduit ; il est frappé, dis-je justement à l'estomac ; il recule dans une irresolution de ce qu'il doit faire ; d'un côté son Ecuyer est maltraité, c'est à lui à le défendre ; de l'autre, quel parti le grand Pharsamon peut-il prendre parmi des combattans, qui n'ont pour arme que l'attirail d'une cuisine ? Tout d'un coup cependant il se détermine, il fait briller dans sa main son épée redoutable, & s'écriant d'une voix imperieuse : viles canailles, dit-il, je vous extermine tous, si vous ne lâchez mon Ecuyer. Au fer qui brille, les plus près de la porte sortent & s'enfuyent, saisis de la crainte de la mort, & s'imaginant que Pharsamon est tout au moins le centiéme gendarme qui va paroître ; ce premier trait de poltronnerie que le grand Chevalier avoit bien prévû, acheve de le resoudre à chasser les autres de même ; il approche de ceux qui tenoient

VI. Partie.   Q q

Cliton, les frappe du plat de son épée ; la différence des armes effraye d'abord ceux-ci ; mais le peril pressant leur rend le courage ; ils quittent Cliton, & se jettent sur Pharsamon, dans l'instant qu'il ramenoit son épée, les uns le saisirent aux jambes, d'autres par les bras, il tombe enfin, mais d'une chute qui le venge : car tous ses ennemis tombent avec lui, de maniere que Pharsamon en tient deux dessous lui, son épée est encore entre ses mains ; mais en ennemi genereux, il refuse de s'en servir contre ceux qu'il ne tient qu'à lui de sacrifier à sa gloire offensée.

Nos goujats peu touchés de la noblesse avec laquelle le Chevalier en use avec leurs compagnons, s'arment, l'un d'un poëlon, l'autre d'une écumoire, & déployent leurs bras sur ses épaules, qui retentissent des grands coups qu'on leur porte. Dieux ! qui l'eût jamais crû que ces épaules ausquelles le sabre ou l'épée seule devoit porter des atteintes, fussent indignement profanées par des meurtriſſeures d'une eſpece ſi honteuſe? O ſiécle! ô mœurs! autre fois pareil accident eut été ſuivi du carnage de tous ceux qui travailloient à la cuiſine, les Chevaliers juſtement irrités, auroient, dans la rage d'un tel affront, exterminé les cuiſiniers, les marmittons, leurs fils, leurs neveux, leurs femmes, peres, meres, ayeux, & toute la race, & peut-être auroient-ils fait défenſe au genre humain, d'en renouveller jamais l'eſpece: ce noble tems n'eſt plus; mais les coups que reçoit Pharſamon ne ſont pas la ſeule indignité que commettent ces malheureux! O Soleil, c'eſt ici ſans doute que l'horreur de ce qui va ſuivre, t'auroit encore fait une fois reculer.

Cidaliſe & Fatime, quand Pharſamon entra dans la cuiſine, étoient reſtées ſur le pas de la porte. Dès que Cidaliſe eut vû qu'on attaquoit Pharſamon lui-même, ſa tendreſſe indignée de l'inſulte qu'une telle attaque portoit à ſon Prince, lui fit perdre à elle-même, & l'attention

& le respect qu'elle devoit avoir pour sa propre personne, elle voulut l'aller retirer & le délivrer, Fatime l'en avoit empêchée : Où voulez-vous aller, Madame, lui dit-elle ? Songez-vous qui vous êtes ? Que diroient les siécles à venir, si on lisoit dans l'histoire d'une illustre Princesse comme vous, qu'elle eût été se jetter dans la mêlée, & parmi des hommes qui ne sont à votre égard que des malheureux insectes, qu'une seule de vos paroles peut anéantir, quand il sera tems ? Ce discours avoit un peu calmé l'imprudente impétuosité de la Princesse ; mais les coups d'écumoires & de poëlon, portés sur les nobles épaules de Pharsamon, saisirent par contre-coup le cœur de la Princesse, d'une animosité si témeraire, que n'écoutant plus rien de tout ce que pouvoit lui representer Fatime, elle s'échappa d'entre ses bras, & courut les larmes aux yeux, & comme éperduë au milieu des viles combattans, qu'elle apostropha de cette ma-

niere : Misérables que faites-vous ?
Vous armez vos indignes bras contre un homme respectable aux Princes même ? Arrêtez, malheureux, vous perirez ; mais que pouvoit cette harangue, toute vive qu'elle étoit, sur des hommes qui avoient osé se défendre contre une épée ; cependant Cliton qui dans la chaleur du combat, voit & entend la Princesse : retirez-vous, s'écrie-t'il, Madame, n'allez pas vous attirer sur la face quelque coup d'écumoire, retirez-vous morbleu : En prononçant ces mots il s'animoit plus que jamais, & la Princesse qui se mêloit parmi les combattans, Pharsamon qui soûtenoit vigoureusement pour lui, tous les coups qu'on lui portoit, étoient comme des aiguillons qui excitoient sa vaillance ; il se battoit par goût, s'imaginant bien qu'il en seroit quitte pour quelques contusions qui ne feroient rien à sa vie ; aux coups d'écumoires réïterés sur les épaules de Pharsamon, il se leva pour s'en venger contre ceux

qui ne respectoient pas son dos ; les deux marmittons qu'il tenoit sous lui, se relevent ; dans la bagarre la Princesse infortunée reçoit un vigoureux coup de poing, porté sur le chignon du cou, elle tombe comme évanoüie, & ce fut alors que Pharsamon plus qu'homme, fit des choses qu'on ne peut rapporter ; la rage & le désespoir s'allument dans son cœur, il frappe à droit & à gauche de son épée, qui trahit sa valeur, parce qu'elle est épointée.

La nécessité de suivre Pharsamon dans le combat, m'a fait oublier de parler de trois ou quatre goujats, qui dans un coin de la cuisine, se gourmoient deux contre deux, les uns pour le cuisinier qui étoit du nombre, & les autres contre ; le parti du Cuisinier étoit le plus fort : Ah, ah Messieurs les coquins, disoit-il, d'une voix de basson, vous attaquez le chef d'une cuisine, je vous apprendrai le respect que vous me devez : Ces derniers ne demeuroient pas sans replique ;

j'en sçai plus que toi, disoit l'un, en accompagnant sa réponse d'un coup de pied allongé, & je vais gager, gros cochon, que tu ne sçais pas faire un ragoût. Tiens, repartoit le Cuisinier, en voilà l'assaisonnement, s'il n'est pas assez fort je redoublerai.

On verra la suite de ce combat dans la partie suivante.

Fin de la sixiéme Partie.

PHARSAMON,

OU

LES NOUVELLES FOLIES

ROMANESQUES.

Par Monsieur DE MARIVAUX.

SEPTIE'ME ET HUITIE'ME PARTIES.

A PARIS,
Chez PRAULT pere, Quay de Gêvres,
au Paradis.

M. DCC. XXXVII.
Avec Approbation & Privilege du Roy.

PHARSAMON,
OU
LES NOUVELLES FOLIES ROMANESQUES.

SEPTIE'ME PARTIE.

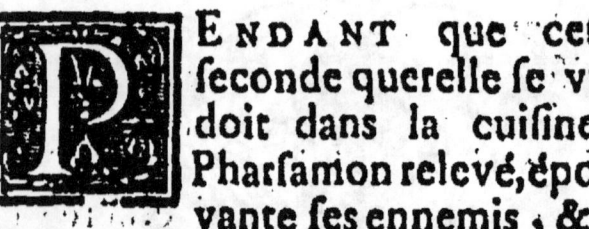ENDANT que cette seconde querelle se vuidoit dans la cuisine, Pharsamon relevé, épouvante ses ennemis, & sa victoire va même jusqu'à les faire fuir; l'état où Cidalise est réduite, lui fait oublier la distance qu'il y a des combattans à lui, il veut les sacrifier à sa vengeance: ceux-ci pour échaper au fer qu'ils croyent assassin, & dont ils n'ont pas le tems de

remarquer le défaut, courrent çà & là dans la cuisine, en ramassant de tems en tems les débris des viandes, qu'ils jettent à la tête de Pharsamon, en maniere de pierre, son propre Oncle n'eût pas reconnu notre Chevalier dans l'état où il étoit; les mains des goujats avoient imprimé sur son visage, des traces de la noirceur des chaudrons, comme si le Dieu des Romans, s'il en est un, pour sauver à l'illustre Pharsamon, la confusion de se battre contre de tels ennemis, eût voulu, pour un tems, lui donner, avec eux, ces traits de ressemblance, pour l'assortir aux autres combattans, & le déguiser aux yeux de ceux qui le regarderoient. Les goujats enfin, plient devant lui, chacun d'eux s'efforce d'échapper à sa colere; ils reculent épouvantés, ils fuyent & montent les degrés qui conduisent aux appartemens. Pharsamon plus furieux qu'un lion, court après eux & les poursuit, son épée d'une main, & une lêchefrite de l'autre, qu'il avoit ramassée pour s'en servir comme de bouclier, contre les morceaux de volailles ou gibier, qu'on lançoit sur lui. Ces malheureux, qui de l'air dont les poursuit Pharsamon, jugent que c'est fait de leur vie, s'ils ne cherchent un lieu de sûreté, dans la crainte qui les transporte, ils entrent en courant dans la chambre où mangent leurs Maîtres : la compagnie étoit grande, nombre de Gentilshommes d'alentour y étoient avec leurs femmes, on étoit à la fin du repas, chacun chantoit sa chanson, ou commençoit à parler des yeux à à celle que le vin, le caprice, ou le penchant lui peignoit la plus aimable.

Ces malheureux troubles-fêtes, jetterent l'allarme dans toute la compagnie, chacun se retourne aux cris qu'ils font ; &, semblables à ceux que la tête de Meduse arrêtoit & rendoit immobiles ; l'un tient un verre en main qu'il alloit boire, l'autre tient un bras suspendu qu'il allongeoit, pour prendre quelque chose, pendant que celui-ci interrompt, la bouche ouverte, un discours ou une chanson qu'il avoit commencée; on en voit un qui, saisi du bras d'une belle, se retourne la bouche panchée dessus, sans y donner la caresse dont il la menaçoit.

Cependant nos fuyards ou marmitons éperdus s'écrient: Messieurs, sauvez-nous la vie. A peine eurent-ils prononcé ces mots, que Pharsamon entre avec eux dans un attirail plus propre pourtant à faire rire qu'à épouvanter; son visage noirci prouve déjà que la bataille a été opiniâtre, & la lêchefrite qu'il tient d'une main ne signifie que trop contre quelle espece d'ennemis il s'est battu; la colere qui l'agite fait qu'il n'apperçoit presque pas le dérangement qu'il apporte, ni les conviés même: il courre, & ne respire que le carnage & la mort: Déja, pour préluder, l'épouvante de ceux qui le fuyent, est cause qu'un nombre de bouteilles pleines de vin, se brisent par la chûte du buffet renversé; à cet accident les conviés se levent, tout le plaisir du repas leur paroît évanoüi : à peine sont-ils levés, que les fuyards courans au milieu d'eux, à force de pousser en renversent quelques-uns de qui le fumet du vin a déja broüillé la cervelle ; la chûte de ceux-ci jette une nouvelle confusion, qui pour surcroît de malheur est suivie du renversement de la table. Quel désastre ! Grand Dieu ! Est-ce ici un second repas des Lapithes ? Plus de vin, plus de mets, plus de verres, tout est brisé, accidens de mauvais augure, pour un mariage dont les sujets, par bonheur pour eux, ont déja depuis deux heures couronné la ceremonie.

Cependant, à ce désordre qui paroît effroyable, & dont les Dames, ennemies du bruit, sont épouvantées, les unes en criant se sauvent çà & là ; celle-ci descend l'escalier sans sçavoir ce qu'elle fait ; l'autre pousse une porte, parcourre des appartemens, arrive enfin jusqu'à celui des époux, dont par ses cris effrayans elle trouble la felicité. Les Cavaliers au désespoir contre ceux qui terminent leurs plaisirs, s'efforcent d'abord de saisir Pharsamon, ils cherchent leurs épées; mais où sont-elles? Le moyen de les trouver? les domestiques les avoient emportées dans une autre chambre; ils s'arment donc, l'un d'une chaise, l'autre d'un tabouret, celui-ci d'une bouteille à demi brisée, dont il tâche de fraper l'invincible Chevalier. Plus ferme qu'un roc, il reçoit nombre de coups des meubles qu'on lui jette à la tête; mais il a le plaisir de voir ses ennemis reculer de tems en tems, s'embarrasser les uns avec les autres, & tomber. Il n'en veut cependant qu'aux marmitons; pour arriver jusqu'à eux, il marche & trepigne ceux qui sont tombés. Que de doigts, que de mains meurtries! Arrête, arrête, s'écrie l'un; A moi, s'écrie l'autre: mais la lèchefritte & l'épée sont des armes dont tous éprouvent les atteintes.

Pendant que ce charivari se passe

dans la chambre où se faisoit le repas, une des Dames qui avoit cherché son salut dans les appartemens, & que sa frayeur avoit conduit jusqu'à celui des nouveaux mariés, les prie de vouloir lui ouvrir. Quel contre-tems ! Cependant les cris prouvent qu'il est arrivé quelque chose de funeste. L'amour, dit-on, n'aime point les allarmes. Nos Epoux interrompus sont livrés à l'inquiétude ; l'amour s'envole, & les laisse à tout ce qu'un pareil accident peut apporter de trouble. L'Epoux infortuné se leve, jette sur ses épaules une robe de chambre, qu'il n'avoit pas quittée pour reprendre sitôt ; il ouvre la porte : qui est-ce, dit-il, Madame ? & à qui en voulez-vous ? Ah ! Monsieur, répond la Dame, dont la frayeur a fasciné les yeux, on se bat dans la chambre du repas ! des inconnus sont venus l'épée à la main pour tout tuer ! A ces mots que la mariée entend de son lit, elle se leve en criant, ah mon pere ! ah ma mere ! Ils sont peut-être assassinés : Cette juste crainte la saisit, elle quitte le lit en chemise, & avec une précipitation qui effarouche & qui écarte une de ses pantoufles dessous le lit, elle la cherche quelque tems ; mais enfin elle prend le parti de n'en avoir plûtôt qu'une, son mari veut envain la retenir & l'assurer qu'il y court ; c'est une fille bien née à qui le danger où se trouve ses parens fait perdre la tête, elle échape des bras du mari, couverte seulement d'un cotillon, qui lui tient au col, elle vole un pied en pantoufle, & l'autre n'ayant pour toute semelle que la chair. Le jeune époux la suit, & la Dame reste dans la chambre. Nos amans : car ils le sont encore, arrivent dans le lieu, où se passe le combat ; la mariée appelle tantôt son pere, & tantôt sa mere ; l'époux se mêle parmi les combattans ; il n'en est pas un dont la tête soit couverte, les chûtes frequentes & l'agitation ont fait tomber les perruques & les chapeaux. Dans deux coins de cette chambre, sont deux Dames comme évanoüies, dont deux Cavaliers tâchent de rappeller les esprits, pendant que leurs maris sont dans la mêlée; & sans attention au tendre secours que des étrangers donnent à leurs femmes, s'exposent en nigauds à des coups de lèchefritte.

Cependant un ou deux des Marmitons qui sortent de la chambre, déterminent encore Pharsamon à les suivre; il méprise les autres, il sort en poursuivant ses véritables ennemis. Les Cavaliers qui restent se regardent tous, & semblent se demander ce que cela signifie : Les Epoux trouvent chacun leurs parens qui ne peuvent les instruire de ce qui a pû causer cette sinistre avanture ; ils sont consternés ; & leur surprise suspend l'envie qu'ils ont de sçavoir d'où provient le désordre.

Mais un malheur est toujours suivi d'un autre ; c'étoit trop peu pour Pharsamon que de voir à les yeux, non-seulement maltraiter son Ecuyer, mais encore sa Maîtresse : il étoit marqué que le sort épuiseroit contre lui toute sa malignité cette nuit-là. Quand il eut descendu tous les degrés, en poursuivant le reste des Marmitons, son ardeur le porta dans la cuisine, où étoient encore les débris du combat qui s'y étoit donné. O Ciel ! Quel spectacle s'offre à ses yeux ! Fatime évanoüie parmi des ragoûts & des chaudieres, & Cliton beuglant comme un bœuf auprès d'elle : Madame ouvrez vos beaux yeux, lui disoit ce malheureux Ecuyer, en lui tenant les mains, dont il ternissoit la blancheur par la noirceur des siennes : je m'en vais me tuer avec ce couperet si vous ne me signifiez que vous êtes envie ; il en étoit-là de ses plaintes & de ses regrets, quand Pharsamon entra : Eh Seigneur, lui dit-il, j'ai tout perdu ! Fatime a passé de cette cuisine en l'autre monde, & je suis tout résolu de la suivre ! Non, jamais Ecuyer ne fut plus malheureux que moi ! O Romans ! ô Romans ! l'honneur est bien cher à ceux qui en veulent : ces regrets marquent assez qu'enfin, Cliton à proportion de sa capacité, étoit entré dans le veritable goût des avantures. Pharsamon regarda Fatime d'un air de pitié, digne d'un aussi grand Chevalier que lui, & après avoir donné ce moment à une compassion genereuse & légitime : Où est la Princesse, demanda-t'il à Cliton ? Helas Seigneur, repliqua l'Ecuyer, depuis que j'ai vaincu mes ennemis, je ne sçai ce qu'elle est devenuë ; je l'ai appellée ; mais apparemment, ou qu'elle est cachée quelque part, ou qu'elle est sourde, ou qu'elle est trop loin pour m'entendre, car elle ne m'a pas répondu : j'ai vû alors Fatime expirante, & vous jugez bien comment j'ai pris la chose. Dame, chacun a ses soucis.

Cliton alloit continuer de parler : mais Pharsamon à qui il apprenoit qu'on ne voyoit point Cidalise, sortit avec vîtesse de la cuisine, en appellant sa Princesse à toute voix ; mais hélas, pas même un écho n'osa lui répondre, de peur de l'accabler encore en trompant sa douleur: Ah ciel! ma Princesse n'est point ici, dit-il en levant les yeux; Dieux cruels! Ôtez moi la vie. Ces mots prononcés, une subite foiblesse le fit chanceller: enfin, il tomba à la vûë de plusieurs Paysans qui avoient calmé la querelle que les marmitons qui étoient restés en bas achevoient de vuider avec Cliton; cet Ecuyer infortuné, sans eux, eût sans doute peri: mais ces Paysans avoient retiré ses ennemis, & les tenoient encore, pendant que Cliton étoit resté seul dans la cuisine avec Fatime, qu'un coup de poing donné je ne sçai où, avoit mise dans l'état où je viens de dire. La chûte de Pharsamon dont les paroles n'avoient point été comprises, fit croire à ces Paysans (& c'étoit ceux qui dansoient au son de la musette) que notre Chevalier étoit apparemment expiré de quelques blessures; ils avancerent pour voir s'il étoit mort: on lui mit la main sur le cœur, & l'on jugea que ce n'étoit qu'une foiblesse qui l'avoit fait tomber. Pendant qu'on délibere sur le secours qu'il est le plus à propos de lui donner, deux ou trois Cavaliers de la chambre en haut descendoient avec des flambeaux pour sçavoir ce que c'étoit que ces marmitons ou domestiques qui étoient venus se refugier parmi eux, & après lesquels couroit un homme armé d'une si grotesque maniere : ils approcherent de la troupe de Paysans qui tâchoient de faire revenir Pharsamon ; ils le reconnurent pour celui qui avoit tenu la lêchefritte, ils s'informerent du sujet de la colere & de l'emportement de ce Cavalier dont l'air & la figure étoient asséz distingués ; Les Marmitons que les Paysans empêchoient d'aller pour achever d'assassiner Cliton, ignorant le fracas qu'avoit produit leur querelle, raconterent au plus juste le sujet du combat : le Cuisinier, sur tout, qui étoit parmi ceux qu'on retenoit, de peur qu'il n'étranglât deux ou trois écumeurs de pot étrangers, exagera l'insulte qu'on lui avoit faite à lui en particulier, & l'impertinence de celui qui avoit frappé le domestique du Cavalier évanoüi, parce que ce domestique avoit fait une juste différence de lui aux autres marmitons. Ce recit fut accompagné de nombre de juremens & de sermens qu'il faisoit, d'embrocher ces maroufles-là s'ils étoient jamais assez hardis pour remettre le pied dans la cuisine : je me donne au diable, dit-il, en finissant son discours, si je ne fais un hachi de ses animaux-là.

Ces Cavaliers furent, comme il est aisé de penser, très-émerveillés, qu'une querelle pareille eût occasionné le désordre de leur repas, car on acheva de leur raconter comment le Chevalier étoit venu à l'entrée de la cuisine sommer, l'épée à la main, les combatans de lui rendre son Ecuyer ; qu'au refus qu'ils en avoient fait, il avoit été les frapper, & qu'enfin il s'étoit battu lui-même, & avoit été battu, & que, dans sa colere, il en avoit poursuivi jusqu'en haut : on ajouta que ce Chevalier étoit accompagné de deux femmes, qui devoient être dans la cuisine, étourdies des coups qu'elles avoient elles-mêmes reçû dans la mêlée; ce dernier article piqua la curiosité de ces Messieurs, qui, sans aigreur pour le Cavalier dont l'avanture étoit trop plaisante pour mériter qu'on eût du ressentiment contre lui, allerent sur le champ dans la cuisine, pour y voir les deux femmes dont on parloit. Les Dames qui, pour fuir, avoient descendu de la chambre où se faisoit la nôce, & qui s'étoient refugiées les unes dans des étables, les autres dans le fond de la cour, s'apperçurent que tout étoit calme, approcherent de la troupe; on les mit tout d'un coup au fait, aussi-bien que les autres Cavaliers qui n'entendant plus aucun bruit, descendirent en même tems; & se joignirent comme les Dames, après avoir été instruits par ceux qui alloient voir les deux femmes en question. On entra donc dans le champ de bataille, jonché de viandes, de carcasses, de poëlons, & de tous les uftenfiles qui fervent à la cuifine; Au milieu de tout cela, étoit Cliton, toujours auprès de Fatime qui commençoit à ouvrir les yeux, Cliton, dis-je, qui dans le moment que la troupe des curieux entra, entoufiafmé d'un certain plaifir qu'il n'avoit point encore fenti, de fe trouver après un combat à gémir auprès de fa Maîtreffe évanoüie, citoit à haute voix auprès d'elle, plus de vingt endroits qu'il fe reffouvenoit d'avoir lûs, & qui approchoient de fon avanture : Vous êtes bien plus heureux que moi, Meffieurs les anciens Ecuyers, mes confreres, s'écrioit-il alors, jamais vous ne vous battiez contre quatre comme j'ai fait, ou plûtôt vous ne vous battiez jamais, & vous en étiez quittes pour étancher le fang des bleffures de vos Chevaliers, ou pour les prendre entre vos bras; mais, pour moi, c'eft bien pis que tout cela, & l'on peut dire ajoûtar'il d'une voix grave & étudiée, que

que je vous surpasse autant en malheur que ma Maîtresse que voilà surpasse les vôtres en beauté: Ah! Marmitons ah! Cuisiniers & tous les suposts que la gourmanderie a créés pour la cuisine, paroissez ici, venez voir l'état où vous m'avez réduit, au lieu d'une malheureuse fricassée de poulets que vous m'aviez promise: Venez, canaille maudite, qui privez de l'objet le plus aimable, le plus respectable de tous les Ecuyers passés, presens ou à venir: Venez, achevez à coup de poëlons ou d'écumoire, de m'arracher une vie qui m'est plus odieuse, que le foüet aux petits enfans: Ah! ma chere Fatime, vous ne dormez point; vous êtes morte; attendez encore quelques jours si vous pouvez, je mettrai ordre à mes petites affaires, afin de partir plus en repos pour vous joindre. C'étoient-là les lamentations que Cliton fit entendre à ceux qui entroient dans la cuisine, & qui, surpris de l'apostrophe extraordinaire qu'il faisoit auprès de Fatime, s'étoient arrêtés par curiosité pour un si beau discours.

Quand Cliton eut achevé : ah, Messieurs, dit il, venez-vous secourir cette belle personne qui est morte ? Apportez du vinaigre, cela est fort, & cela fait tousser; ayez pitié de ma douleur, vous voyez devant vous l'Ecuyer fameux du plus grand Chevalier du monde : voilà ce que c'est que notre fortune, ce soir nous sommes échapés des griffes du diable, & nous tombons quelques heures après dans les pates des Marmitons : vous avez l'air d'honnêtes gens, Messieurs; peut-être que vous ne valez rien non plus, car la mine est trompeuse : mais du moins secourez cette aimable personne, qu'un coup de broche sur les épaules, réduit dans l'extrémité où vous la voyez; elle est l'Escuyere d'une grande Princesse, qui, peut être à present, est rapetissée de moitié par la frayeur : qu'on la cherche, on la trouvera sans doute derriere quelque porte qui n'ose groüiller : A l'égard de Monsieur Pharsamon, mon Seigneur & mon Maître, Dieu lui fasse paix, le pauvre homme, il a suivi trois ou quatre malheureux qui l'auront peut-être égorgé derriere une haye.

Cette maniere de parler, ces mots d'Ecuyer, de Pharsamon, noms de Romans, de Princesse, augmentent la surprise. Ne seroit-ce pas, disoit l'un, quelques fous échapés des Petites-Maisons ? Cependant on s'approcha de Cliton, & on secourut Fatime qui revint entierement, avec un grand hélas qu'elle tira du fond de sa poitrine. Où suis-je, dit-elle ? Ah ! Seigneur, je vous vois. Oüi, Madame, repartit Cliton, c'est moi même, un peu plus meurtri de coups que je n'étois tantôt ; prenez courage, Madame ; voilà d'honnêtes gens qui alloient vous chercher du vinaigre. Après ces mots, l'envie de sçavoir tout ce que cela signifioit, fit prendre aux Messieurs & aux Dames, le parti de faire porter en haut, & Fatime & Pharsamon, que l'eau abondante qu'on avoit versé sur son visage, faisoit insensiblement revenir aussi: Les Dames voulurent le voir, sa figure parut jolie, & on le trouva, quand il fut débarbouillé, d'une phisionomie très-aimable. C'est apparemment quelque honnête homme à qui l'amour a tourné la cervelle, dit l'un de ces Gentilshommes, aux Dames, & voilà dans quel état vous jettez les Cavaliers. Une d'entre elles d'un caractere tendre & sensible, dit: Il m'en paroîtroit mille fois plus aimable, si l'amour étoit l'origine de son extravagance; & j'avoüerai de bonne foi, que rien au monde ne me paroîtroit ni plus digne de pitié ni d'amour qu'un amant à qui la passion qu'il auroit pour moi, auroit ôté la raison; je serois capable de l'aimer mille fois plus tendrement, que le plus raisonnable de tous les amans. On dit encore nombre de jolies ou désennuyantes choses sur cet article, pendant qu'on transportoit Fatime & Pharsamon de la cuisine en une chambre en haut. Le Maître de la maison qui marioit son fils, & qui étoit du nombre de ceux qui avoient assisté à la grotesque harangue de Cliton, les fit mettre chacun dans une chambre. Il ne laissa pas que de se trouver quelques Cavaliers qui avoient quelque animosité contre Pharsamon, pour tous les coups de lêchefrite en bouclier qu'il leur avoit donné; mais on leur fit comprendre qu'apparemment il falloit que le jeune homme eût perdu l'esprit, & qu'ainsi ce ne seroit pas être sage que de ne pas rire de tout ce qui étoit arrivé ; bref, lorsque Pharsamon & Fatime furent couchés on les laissa jusqu'au lendemain, dans le dessein de s'en divertir, Cliton vouloit rester auprès de Fatime, pour empêcher, disoit-il, que sa foiblesse ne la reprît, je l'amuserai toute la nuit, & elle aime à rire, & je suis aussi drôle que brave, quand je veux; il eut beau pourtant débiter de bonnes raisons, on lui fit quitter; en lui représentant qu'il devoit son secours à son

Maître, qui paroissoit accablé de chagrin. Il sortit donc avec les autres, de la chambre de sa Maîtresse, pour aller dans celle où l'on avoit mis Pharsamon. Avant que d'y arriver, il falloit traverser la chambre où l'on avoit fait le repas de la nôce. Cliton, en la traversant, s'arrêta, & contemplant le débris des mets qui lui paroissoient excellens: Peste! voilà de bons morceaux à terre, dit-il, en se retournant de tous côtés ; s'il venoit du bled comme celui-là sur terre, on n'auroit que faire de batteur en grange : A-t-on donné bataille encore ici ? Sans doute, lui dit-on, votre Maître est venu batailler jusqu'ici. Par la sambleu, dit-il, je n'ai jamais vû d'homme plus sobre ! Avant que de renverser de pareils mets, je me laisserois plûtôt arracher la barbe poil à poil. Est-ce que vous auriez envie de manger, Monsieur l'Ecuyer, lui dit un de ces Gentilshommes ? Je ne dis pas cela, répondit-il ; mais si vous aviez envie que je mangeasse, par complaisance je mangerois bien encore un poulet jufqu'à la carcaffe, voir davantage, moyennant une bouteille de bon vin : car je n'aime point à faire du mortier. Eh bien, Monfieur l'Ecuyer, répondit un de la compagnie, voyez, confultez lequel des deux vous aimez le mieux, ou de dormir, ou de vous mettre à table avec nous ; car on va la relever. Ah ! morbleu Meffieurs, dit il, fi vous le prenez comme cela, vous me piquez au jeu, il vaut mieux manger & boire une heure en bonne compagnie, que d'en ronfler huit tout feul.

A peine Cliton eut-il marqué qu'il feroit bien aife de manger avec eux, que le Maître de la maifon ordonna à quelques domeftiques qui fe trouverent-là, de relever la table, & de leur préparer de nouveaux mets, qui excitaffent l'appétit, cela fut fait en un inftant. La mariée retourna avec fon époux dans fa chambre, pour s'habiller plus décemment ; mais l'occafion fait le larron, & je le pardonne à ceux qui le deviennent en pareille occasion, nos nouveaux mariés avoient promis de revenir sur le champ, apparemment qu'ils s'amuferent, comme l'on dit à la moutarde; car ils ne revinrent que deux heures après. Mais revenons, nous, à notre Écuyer, qui ne peut, dit-il, comprendre comment il est possible que les choses changent sitôt de face ; l'espoir de faire bonne chere, & de bien boire, lui font faire des moralités qui ne finiront que pour joüer des dents : mais déja l'on sert, chacun prend sa place, les Dames se remettent comme elles étoient ; le Maître de la maison place Cliton au milieu d'eux, qui s'y asséoit gravement, après avoir fait quelques façons d'un air aussi sérieux qu'un Medecin qui dicte une ordonnance.

Que l'imagination est une belle chose ! dit un certain esprit froid ! Quel galimathias de combat ; quel désordre! & tout cela dans un instant pacifié : les tables sont renversées, le vin répandu, les viandes foulées,

le

le repas de la nôce interrompu, de nouveaux mariés troublés, & tout cela, encore une fois, finit d'un air aussi aisé que si l'accident n'avoit dérangé que deux ou trois personnes.

Grand sujet d'étonnement, en verité! Quand on se bat, on croit devoir se battre, & quand on cesse, apparemment qu'on croit avoir des raisons de cesser. Les Cavaliers conviés à la nôce, jugent que la folie est le principe de tout ce qui est arrivé, le parti qu'ils prennent est de se divertir de celui même qui les a troublés, c'étoit le meilleur, & le second repas que je leur fais faire, est une suite raisonnable de l'avanture plaisante qui les avoit dérangés. Mais retournons à Cliton, qui mange d'aussi bon cœur qu'il se plaignoit ; le Maître de la maison lui servit de tout ce qu'il y avoit sur la table, chaque coup de dent qu'il donnoit interrompoit ses paroles, il buvoit d'une main, & mangeoit de l'autre, avec un ménagement de tems incroyable. On ne peut rien voir de plus diligent

VII. Partie.   T t

que vous, lui dit une Dame de la compagnie. Oh dame, répondit-il, Madame, c'est que j'ai toujours entendu dire que le tems est cher, on ne l'a pas plûtôt perdu qu'on ne sçait plus où il est, on retrouve tout jusqu'à sa bourse, quand on l'a égarée ; mais, marguienne, je défie à tous les devins de France, de retrouver une miette de cette nuit, quand il sera demain jour ; parguienne, pendant qu'on a les choses il faut bien s'en servir ; Mais Madame, avec votre permission, puisque nous parlons de tems, laissez-moi le prendre, & ayez pour agréable de ne me plus interrompre : quand j'aurai dit quelques mots à cette fricassée, que je vous prie de m'approcher, le tems viendra pour vous parler ; pour à present, motus. Aussitôt dit aussi-tôt fait, la fricassée fut sur le champ approchée, jamais on ne fit plus d'honneur à un mets ; il la trouva si bonne, que la voyant à moitié : Tiens, dit-il, à un des domestiques qui servoit, tiens, mon ami ; prends mon assiette, il n'y a plus que des os ;

jette-les par la fenêtre, le plat me servira d'assiette, & je n'aurai pas la peine d'avancer le bras: Notre Ecuyer qui, à propos de tems perdu dont il a parlé, ne perdoit jamais l'appétit, se fit admirer par sa rapidité à dévorer ce qu'il mangeoit, il vuida le plat, & ne voulut pas même laisser la moindre trace de sausse sur le plat; il est vrai qu'en revanche il en laissa tomber sur sa cravatte & sur son habit; mais le plat vuide il fit une revision dessus lui, & s'appercevant de ce qui étoit tombé: Voilà, dit-il, encore des morceaux qui ne sont point à leur place, il les prit effectivement avec les doigts, & les avalla comme des dragées Ah! dit-il, en soupirant de repletion, un ventre vuide est une sotte chose; morbleu que me voilà bien! A boire, à boire, pour aider à la digestion. On lui apporta un verre qu'il bût sans saluer personne. Quand il eut bû: A propos, dit-il, eh, ma foi, je suis bien loin de mon compte: Reverse, mon ami, j'ai tout avallé comme un sourd;

À votre santé notre hôte : Grand bien vous fasse, Monsieur l'Ecuyer, répondit le Gentilhomme. Ce n'est point-là comme on m'appelle, repartit Cliton, je ne suis point Monsieur, une autre fois quand vous me répondrez appellez-moi Seigneur : je ne suis encore qu'un Ecuyer ; mais par lasanguienne j'ai fait d'assez belles choses pour être Seigneur ; & tel que vous me voyez si je sçavois bien ma généalogie, je vais gager que je sors d'un Prince aussi droit qu'une chandelle, ainsi soit dit une fois pour tout : on croit cependant que je ne suis que le fils d'un paysan, encore, à y bien regarder, j'ai quelquefois entendu dire qu'il me prête son nom ; mais tout cela beau compte. Si vous m'aviez vû seulement deux jours, vous verriez comme je sens le Prince, au reste, si je le suis jamais, ne vous mettez point en peine, je vous donnerai du pain, du vin & de la fricassée pour le reste de vos jours : Je vous suis bien obligé, Seigneur Ecuyer, repartit le Gentilhomme ;

Oh dame, vous parlez mieux qu'un Maître d'école, dit Cliton ; vous n'avez point la tête dure, on y pique ce que l'on veut. Il dit encore nombre de choses sur sa prétenduë naissance qui auroient défrayé la compagnie de la complaisance qu'elle avoit de l'écouter, quand la table ne lui eût point fait de plaisir.

Cependant, comme on avoit envie de sçavoir au juste ce que c'étoit que son Maître & ses avantures, on le pria d'en faire l'histoire. Oüi dà, dit-il, je vous l'accorde ; mais je viens de m'imaginer une chose. Je rêve que dans la querelle de tantôt, un de ces marmittons de là-bas a levé le bras sur moi : Oh, oh, Messieurs, je vous crois raisonnables; il faut me recompenser de la hardiesse qu'il a euë ; & je demande qu'il soit ordonné, que lui, ou les autres marmittons viennent tout à l'heure ici, me demander pardon bonnets bas & les mains jointes. Merci de ma vie, j'ai du cœur, & il ne sera pas dit qu'un Prince, où peu s'en faut, ait reçû des coups de serviette dans le nez sans le sentir : Or donc, notre hôte, si vous voulez avoir part à mes bonnes graces, ordonnez ce que j'ordonne, & vous ferez bien. La proposition fit rire toute la compagnie ; & comme on en trouvoit l'éxécution divertissante, un des Cavaliers de la compagnie, parent du Maître de la Maison, se chargea du soin de la réparation qu'éxigeoit l'Ecuyer. Vous allez être content, Seigneur Ecuyer, lui dit-il, & je vais faire assembler tous ces coquins là, à condition que vous nous raconterez votre histoire, & celle de votre Maître. Ce que j'ai promis vaut mieux qu'une chanson, repartit Cliton ; fiez vous y comme sur le plancher ; je vous attends, ayez soin d'ordonner la cérémonie. Ce gentilhomme partit aussi-tôt, & descendit dans la cuisine. Les marmittons & les cuisiniers y étoient en aussi bonne intelligence que jamais ; le vin avoit tout racommodé avec l'aide de quelques Paysans du Château, qui les avoient fait boire ensemble. Parsambleu je suis fâché de tous les coups que je vous ai donnés dans le museau, disoit certain laveur d'écuelle au cuisinier, quand le gentilhomme entra, mais il faut tout oublier ; le bras frappe, mais le cœur guérit tout quand on l'a bon. Oüi dà, repartit le cuisinier, vuidons cette bouteille, cela vous racommodera vos épaules : je m'imagine qu'elles sont un peu noires ; mais qu'importe, on n'en voit rien. Le gentilhomme interrompit leur conversation : Mes enfans, leur dit-il, ceux contre qui vous vous êtes battus sont gens de la premiere qualité ; on dit même que le Maître est un Prince, l'autre est son Ecuyer, homme de consideration : quelqu'un de vous autres a insulté cet Ecuyer, & l'a frappé d'une serviette, & votre Maître éxige que vous veniez lui demander excuse, parce que, dans les suites, il pourroit se venger en se plaignant à son Maître. A ces mots, le cuisinier répondit : Ventrebleu ! Monsieur le Chevalier, que ceux qui ont cassé les pots les refondent ; je n'ai point fait la moindre égratignure à cet Ecuyer ; je suis cuisinier de ma profession, je mange & je fais de bons morceaux, j'ai encore du vin pour boire, & je me moque des rats. Mais quoi ! voulez-vous que votre Maître soit obligé de vous donner votre congé, plûtôt que de vous soumettre à une bagatelle avec de gros Seigneurs ? Ah, marguienne, repartit certain marmitton, s'il n'y a que cela je suis aussi gros qu'eux, & plus ; & si je ne suis pas Seigneur, c'est que c'est ma faute ; j'ai refusé la fille du bâtard du Maître d'Hôtel de notre Gentilhomme. Il ne s'agit pas de cela, consultez-vous, on va vous renvoyer ; & vous n'en serez pas quitte pour cela, car ces gens là vous trouveront par tout. Eh bien, puisqu'il le faut, dit le cuisinier, c'est Maître Jacques qui l'a frappé. Non seulement, dit le Gentilhomme, il faut que Maître Jacques y vienne, mais tous ceux qui l'ont battu : pour vous, continua-t-il en s'adressant au cuisinier, il ne se plaint pas de vous. C'est marguienne signe qu'il est honnête homme, & il mérite bien qu'on lui témoigne un peu de fâcherie des coups qu'il a reçûs; ainsi, Messieurs, allons, allons, il faut passer par là comme par la porte; préparez-vous, je menerai la bande, & je suis bien aise de lui témoigner que je suis son serviteur. Dès que le cuisinier eut prononcé, les marmittons, par respect à la reconciliation qui venoit de se faire, n'oserent disputer davantage: ils suivirent le Gentilhomme & le cuisinier, qui les faisant suivre un à un se mit à leur tête avec autant de fierté qu'un Colonel à la tête de son Regiment: Suivez moi, leur dit-il, & gardez vos rangs; il faut que tout se fasse dans l'ordre, & sans cela il vous faudroit recommencer.

Dans cet ordre de marche ils arriverent à la porte de la chambre où l'on mangeoit: Le Gentilhomme entra étouffant l'envie qu'il avoit de rire. Le cuisinier fit faire alte à la troupe suppliante, avant que d'entrer dans la chambre; & après leur avoir à tous fait ôter leur bonnet, & fait joindre les mains, il entra le premier en leur ordonnant de ne paroître que quand il fraperoit du pied. Monsieur ou Monseigneur, tout comme il vous plaira, dit-il en s'adressant à Cliton, qui, pour recevoir la réparation, s'étoit mis au milieu de la chambre dans un fauteüil où il s'étendoit en croisant les genoux, Dieu vous tienne en paix, & garde vos épaules de tout mal: vous sçavez bien que je ne vous ai jamais donné le moindre coup; or, je vous amene ici ceux qui vous ont frappé; j'espere que vous leur pardonnerez; car je me doute que vous êtes un bon homme: je m'en vais faire entrer mon monde, & pour me l'ordonner, vous n'avez qu'à hocher la tête, & aussi-tôt ils entreront, quand j'aurai frapé du pied: Fraperai-je? Cliton exécuta alors, à la lettre, la maniere qu'on lui prescrivoit de marquer sa volonté, je veux dire qu'il hocha la tête : cette action fut suivie du frappement de pied du Cuisinier, & ce frappement de pied, de l'entrée des marmitons, qui entrerent un à un lentement comme il leur avoit été ordonné. Le Cuisinier que toute la compagnie laissoit commander, les fit ranger tout au tour de l'Ecuyer : Ça, Monseigneur, comment voulez-vous qu'ils vous parlent, l'un après l'autre, ou tous à la fois dit le Cuisinier. Je veux qu'ils me parlent, repartit-il en rêvant, je veux qu'ils me parlent comme on a coûtume de parler. Allons Maître Jacques, s'écria le Cuisinier, vous qui avez donné le premier coup; venez faire vos excuses. Maître Jacques commençoit son discours sans approcher; mais le Cuisinier, maître éxact des cérémonies, le prit par le bras, & le mit devant Cliton. Maître Jacques avance comme une machine qu'un fil d'archal fait agir, dit : Je suis bien fâché, Monseigneur, du coup de serviette que je vous ai donné, dame je suis vif comme de l'eau-de-vie, quand on me boute en colere : vous me parliez mal, & j'ai mal répondu ; mais une autre fois j'y regarderai à deux fois quand vous m'attaquerez. La peste étouffe le complimenteur, dit Cliton en se retournant ; quand tu y auras regardé à deux fois, tu me frapperas donc à la troisiéme ? Ce n'est pas cela que j'ai voulu dire ; mais tant-y-a que si vous ne comprenez pas mieux, repartit Maître Jacques, je n'y sçaurois que faire ; aussi bien à vous dire la verité, je donne mieux un coup de poing que je ne parle. Qu'on le mette à l'écurie, dit Cliton, il fera mieux le cheval que l'homme. Ne voilà-t-il pas encore, dit Maître Jacques ? Dame si vous me disiez cela dans la cuisine je vous ruerois un coup de pied tout aussi bien que la meilleure Jument de l'écurie. Nouvelle insulte, dit Cliton en se levant ; Messieurs, qu'en ferai-je ? Ah ! Seigneur Ecuyer, lui dit une Dame, ce malheureux ne sçait pas vivre, il ne sçait ce qu'il dit, & vous ne devez pas le juger comme il le mérite. Parbleu, Madame, repartit Cliton, soit fait comme vous l'ordonnez : Que ce coquin me donne à boire, & que les autres portent la serviette chacun par un bout pour m'essuyer la barbe. Dès que notre Ecuyer eut donné ses ordres, le Cuisinier donna les siens, Maître Jacques s'en alla au buffet ; les autres prirent la serviette, & Cliton but en saluant la Dame : A vous ma Princesse, lui dit-il. Et quand il eut bu, il regarda Maître Jacques ; & lui jettant au nez ce qui restoit dans le verre : Tiens, lui dit-il, voilà pour le coup de serviette que tu m'as donné ; sors, & ne parois jamais devant mon excellence ; je renvoye les autres absous, & leur fais grace.

Après ces mots, le Cuisinier les rangea tous dans le même ordre qu'ils étoient entrés, & saluant Cliton, il lui dit : Je vois bien, Monseigneur que c'est à ma consideration que vous êtes si debonnaire ; je ne suis pas ingrat, & si vous dînez ici demain je vous servirai d'un plat de ma façon qui vous fera juger qu'on ne perd rien avec les honnêtes gens. Parbleu ! dit Cliton, voilà un bon garçon : approche, mon fils, que je t'embrasse : si c'est un ragoût, souviens-toi d'y mettre force poivre, & beaucoup de lard, car j'aime le cochon & le haut goût. Le Cuisinier approcha. Cliton le baisa proprement au menton, & finit son embrassade en lui donnant un petit soufflet. Le Cuisinier partit en faisant à lui, & à toute la compagnie une reverence qui dura jusqu'à l'escalier. N'est-il pas vrai, dit Cliton en se remettant à sa place, que j'avois l'air d'un Prince dans ce fauteüil ; & le baiser que j'ai donné au Cuisinier, qu'en pensez-vous ? cela s'est fait bien noblement : On ne peut rien de mieux, lui répondit-on, ni de plus conforme à la grandeur où vous êtes né, que la générosité avec laquelle vous avez pardonné à vos ennemis. Je suis ravi, répondit-il, que vous approuviez ce que j'ai fait; mais, Messieurs, cette cérémonie nous a interrompu: Qu'on nous apporte à boire, le vin me donne de l'esprit; mais il ne paroît pas quand je n'ai point bu. Taupe, dit le Maître de la Maison, mais: Seigneur, tenez votre parole; vous sçavez bien ce que vous avez promis. Je la tiendrai mieux qu'un fer chaud, dit-il, & pour vous prouver que je me ressouviens de tout, ça voyons, que demandez-vous? Ayez donc la bonté de nous raconter les avantures de votre Maître, & les vôtres, lui dit un Dame, car je suis grosse de les sçavoir. Oh bien je vous servirai de sage-femme, dit Cliton; mais, par paranthese, si vous n'accouchez jamais que comme cela, vos enfans n'auront que faire de nourrice: Or ça, par où commencer? Par où il vous plaira, répondit la Dame. C'est fort bien parlé, repartit-il, j'aime à faire ce qu'il me plaît, & je vais commencer par moi de peur de m'oublier : écoutez, & ne me regardez pas, car vous me feriez rire.

Pour revenir à moi, je vous dirai donc, Messieurs & Dames, ce que vous ne sçavez pas encore : Je m'appelle Colin de mon nom, & je l'ai quitté pour prendre celui de Cliton qui me va tout aussi bien que mon habit. Je suis né dans un Village qu'on appelle.... Mon pere, ou soit disant, étoit un homme qui chauffoit en bois, & il étoit le premier ouvrier de France pour faire un soulier de cette espece ; témoin deux mille Paysans qui le payoient toujours par avance. Ma mere s'appelloit Mathurine : c'étoit une bonne femme qui alloit tout droit devant elle. On m'a dit qu'elle vendoit du lait & des œufs, car je ne l'ai jamais vûë ; tout ce que j'en sçai, c'est qu'elle étoit si jolie qu'elle mérita l'amitié de notre Seigneur, qui la fit sa gouvernante du vivant de mon pere. Il en fut si aise qu'il mit un enfant au monde dix mois après, quoiqu'il y eut six ans qu'il
n'eût

n'eût pû y réüſſir. Les malins du tems l'ont chicanné là-deſſus; mais ma mere qui ſçavoit bien ce qui en étoit, lui mit l'eſprit en repos ſur cet enfant : On dit auſſi que c'étoit moi, & pour vous dire le vrai, je n'en crois rien ; car lorſque je fus grandelet, mon pere voulut m'apprendre ſon mêtier de ſabotier, & je lui gâtai pour plus de dix francs de bois ſans avoir jamais pû faire qu'une toupie : cela fit qu'il me planta là ; mais comme j'étois ſémillant, je m'amuſai à garder les vaches de notre Seigneur, & quelque fois à dénicher des Pies, car j'étois adroit, & je montois auſſi bien un arbre qu'un Ecureüil. Mes gentilleſſes furent rapportés à notre Seigneur : ma mere me mena chez lui, & il me traita ſi bien, que comme il faiſoit froid, il me fit mettre dans le coin de la cheminée pour me chauffer tout à mon aiſe, avec une bonne écuelle de ſoupe à la viande qu'on m'apporta ; & un reſte d'éclanche que je mangeai juſqu'à la moële de l'os, Dieu ſçait si je fis bonne chere! Aussi, je me trouvai si aise que je babillai comme une Pie. Notre Seigneur en rit de tout son cœur, & depuis ce moment il m'affectionna si fort que je restai dans la Maison avec son neveu, qui est le Chevalier qui vous a tant battus, & qu'on vient de coucher. Voilà le beau de ma vie, à présent préparez-vous tous à être émerveillés. Or, me voilà donc dans la Maison: A vous dire le vrai, j'avois bon besoin de changer de condition ; car mon pere voyant que je ne lui servois de rien dans son métier, n'avoit jamais la charité de m'appeller quand il faisoit ses repas, & j'arrivois toûjours comme il n'y avoit plus rien. La gourmandise n'a jamais été mon vice ; mais aussi quand j'ai faim je mange comme quatre, & le bon de l'affaire est que j'ai toujours faim : Cela est d'une grande ressource, car on peut toujours avoir le ventre plein; mais à parler de ventre, l'appétit vient. Voilà du fromage qui me paroît de bonne mine, je m'en vais vous dire au juste ce qu'il vaut.

Après ces mots, Cliton fit une petite paranthese en mangeant ; il but encore deux ou trois coups : Me voilà bien pour le present, dit-il, Dieu pourvoira à l'avenir. Où en étois-je? Vous en étiez, lui dit un des Messieurs, au jeûne que vous faisiez chez votre pere. Ah bon, vous avez raison, repartit-il : Oüi, je jeûnois sans qu'il y eût ni vigiles, ni carêmes ; mais enfin, le tems est passé, & comme j'ai fort bien dit tantôt, il ne reviendra plus, & par ma foi l'on se passera bien de lui : Or, quand je fus chez notre Seigneur, dame, je faisois mes quatre repas, & j'avois si peur d'y manquer, que de peur d'en oublier un, j'en faisois huit pour mettre mon estomac en repos : ce n'est pas le tout. Mon pere, tout fameux sabotier qu'il étoit, me laissoit marcher nuds pieds, pour m'accoûtumer, disoit-il, à n'avoir point besoin de souliets ; & par ma foi, j'allois aussi hardiment dans la forêt, que si j'avois marché sur du velours; mais peste! ce ne fut pas de même chez notre beau Seigneur: j'avois une bonne paire de sabots tous les mois, sans compter tous les vieux souliers de son neveu qui me servoient tous les Dimanches quand j'allois chanter à l'Eglise; outre cela, on m'habilla d'un vieux manteau du Seigneur qui lui avoit servi il y avoit près de trente ans à la premiere campagne qu'il avoit faite: on trouva cependant le secret de m'en faire un habit tout neuf, avec une culotte de la même étoffe : j'avois avec cela la mine d'un petit Roi; &, par ma foi, dès ce tems là, ceux qui me voyoient disoient que j'avois l'air de faire fortune. J'étois bien jeune encore, & je pense que je n'avois que sept ans; mais, en vivant, l'âge vient avec les dents. Dans les premieres années, on me fit garder une troupe de dindons, &, dans l'espace de deux ans, je n'en perdis que trois; encore faut il que le diable les eut emportés pour me faire piéce: insensiblement je devins grand, & le neveu de mon Maître s'accoûtumoit à joüer avec moi ; marguenne, j'étois plus mutin qu'un âne qu'on veut faire boire quand il n'a pas soif; dame, je ne lui cedois pas la valeur d'une épingle, sans en avoir ou la queüe, ou la tête. Un jour, & je m'en souviendrai toûjours, aussi bien que de vos marmittons, & de vous, Messieurs, un jour donc, nous prîmes chacun deux pistolets pour aller tuer des moineaux sur des hayes ; nous voilà à l'entour du Château à épier quand il s'en amasseroit: Les pestes de bêtes nous firent attendre aussi long-tems que s'ils avoient été quelque chose de rare ; cependant en voilà quatre qui viennent se percher justement auprès de moi, qui les regardois sans groüiller. Attendez, attendez, dis-je en moi-même, je m'en vais vous faire descendre d'une branche plus bas ; dame, je me preparois à les tirer, quand mon étourdi de camarade banda son arme, elle fit du bruit, adieu les moineaux, il n'y resta que les branches sur lesquelles ils étoient perchés: Dame, cela touche un homme de cœur; je lui dis que je lui jetterois des pierres s'il m'empêchoit une autre fois de tuer mon gibier. Il me répondit qu'il me casseroit la tête. Je lui répondis qu'il n'oseroit; cela le piqua: il me dit, veux-tu voir? Oüi dà, dis-je, prends garde à toi, dit-il: Je ne te crains pas, dis-je, & je m'en allai ramasser un gros caillou en cas qu'il me raisonnât; mais marguenne il ne fut ni sot, ni fou: dans le tems que je me baissois, il me planta dans le bras droit toute la charge des moineaux. Je tombai roide mort à terre; cela lui fit peur: Il vint voir comment j'étois; & comme il vit que je ne groüillois ni pied ni patte, il me laissa là, & s'enfuït dans une métairie de son oncle en pleurant. On lui demanda ce qu'il avoit; & il dit qu'il m'avoit tué. Pendant qu'il racontoit sa malice, je revins pour ainsi dire au monde, & je commençai à crier comme un chat qu'on écorche. Le sang me dégoutoit par tout : on vint à moi du Château : je dis que le neveu m'avoit tué : on m'emporta, on me mit au lit, & quelques jours après je fus guéri.

Or, le petit coquin n'osoit paroître devant son oncle qui vouloit lui donner le foüet. Ma mere, la gouvernante, voyant que je n'avois point de mal, obtint qu'on ne lui feroit point de mal. Aussi, & il faut le dire à sa louange, jamais je n'ai vû garçon si fâché qu'il l'étoit : nous fûmes après bien meilleurs amis que nous ne l'avions jamais été. Nous nous battions quelque fois, mais ce n'étoit qu'à bons coups de poings, & en nous arrachant les cheveux : on a beau dire & beau faire, qui bien aime, bien châtie ; nous nous aimions tous deux comme deux veaux de la même écurie ; & si je ne lui avois pas rendu autant de coups qu'il m'en avoit donné, par ma foi, nous ne serions pas si bons amis que nous le sommes, car je voudrois que vous nous vissiez ensemble; nous sommes aussi familiers que les Epices de Ciceron; cependant je ne suis pas déraisonnable, il est mon Maître aujourd'hui ; mais Dieu aidant & ses Saints, il ne le sera pas toujours : Or ça, ce n'est pas le tout que du sel, il faut de la viande; vous sçaurez donc, & par la marguienne, il y a long-tems que je dis que vous sçaurez, & vous ne sçavez presque rien encore, mais cela viendra ; en allant l'on avance, comme en travaillant l'on acheve: je disois que nous étions bons amis mon Maître & moi. Vous ai-je parlé d'un jour où nous allâmes voler des pommes ? Dame ! cela me fit connoître, & vous allez voir comment. Un soir, nous avions envie de manger du fruit, & il n'y en avoit plus dans le verger du Seigneur; mais auprès de ce verger il y en avoit un autre qui appartenoit au Tabellion du Village, & nous méditâmes d'en aller voler : mon Maître, ce jour là, étoit un vrai niguedoüille, il n'osa jamais

sauter

sauter la haye: dame! pour lui montrer que j'étois brave, je la sautai avant lui, car pour n'en pas démordre j'avois commencé par jetter mon chapeau par dedans le verger: Voilà ce qui s'appelle du cœur! Quand mon Maître vit que j'étois passé, le voilà qu'il s'anime: vive les bons exemple! il saute comme moi, & nous nous coulons tout doucement auprès d'un arbre que Dieu avoit béni, car il étoit aussi chargé de pommes que de feüilles. Allons, montons dessus, fis-je à mon Maître. Monte toi, me dit-il, je te servirai d'échelle. Et comment cela, ce lui fis-je? Tu le vas voir, ce me fit-il; alors il appuya la tête à l'arbre, en tendant le derriere ou le dos, car les paroles ne puent point: pour moi je n'y regardai point de si près, je mis bel & bien mes deux jambes sur ses reins comme il me disoit: Tu peses autant qu'un sac de bled, me dit-il. Ce n'est rien que cela, lui dis-je, c'est marque que je me porte bien. Cependant me voilà bientôt au haut de l'arbre, je grimpe de branche en branche; car je ne vous en manque pas d'un iota: Quand on conte quelque chose, il faut y mettre la paille & le bled, & dire tout: Dame quand je fus au milieu de l'arbre, je commencai par secouer les branches, prou, prou, les pommes tomboient dru comme la grêle en été: mon Maître en remplit ses poches, ses culottes, & son chapeau, & moi je m'en saoulai d'abord; & cela est de bon sens. On n'est jamais sûr de ce qu'on emporte, mais on est assûré de ce qu'on a mangé. Après cela, je fis mon profit du reste: mais oüi! La fortune est une vraye chate, elle égratigne quand elle a caressé: Les pauvres pommes! Tenez, quand on m'a fait de la peine je ne l'oublie jamais. Le diable ne vint-il pas nous joüer d'un tour: Comme je me préparois à dévaler de l'arbre, voici venir un petit Paysan, fils de Satan, qui nous avoit lorgné en passant auprès de la haye; or, ce petit Paysan étoit justement l'enfant de celui là à qui appartenoit le verger, le voilà qui crie : Papa ! papa ! on emporte nos pommes, les voleurs sont sur l'arbre, & en disant cela il ramassa des pierres qu'il nous jetta avec une fronde ; brou, cela retentissoit tout comme un boulet de canon : C'est là morbleu qu'il faisoit chaud ! La maison du Tabellion étoit au bout du verger ; dame, le voilà qui accourt plus vite qu'une bête à quatre jambes : mon Maître s'enfuit, & eut si peur, qu'il n'osa ramasser son chapeau qu'il avoit laissé tomber : pour moi, je regardai vîtement si j'étois bien haut, & j'avisai lequel des deux je choisirois, de me rompre le cou, ou de me laisser prendre : je pris tout d'un coup mon parti, crac, je me jettai en bas ; mais bon ! j'étois une bête, car je ne songeois pas que je ne pourrois plus courir quand je me serois rompu une jambe, & cela arriva. Je criai comme une rouë mal graissée. Ah, je suis mort ! La peste soit des pommes, & du fils du putain qui m'a fait peur ! Me voilà estropié ; je n'aurai plus qu'une jambe de bois. Pendant que je faisois mes lamentations, le Tabellion & son fils arriverent. Ah ! petit fripon ! vous me volez donc mes pommes, me dit-il en me donnant un coup de chapeau dans le nez, pendant que son fils me tiroit les cheveux par derriere. Ah ! Monsieur le Tabellion, lui dis-je, pardonnez-moi, je n'y reviendrai plus, & je vous rendrai pour votre fruit, trois paires de sabots pour votre fils que j'irai voler chez mon pere. Petit voleur ! tu seras pendu si tu continues. Ah ! Monsieur, je vous promets qu'il n'en sera rien, si vous me sauvez ce coup ci. Cependant ils vouloient me mettre dehors ; mais il auroit autant valu faire rouler une charette sans roüe, que de me faire remuer de ma place. Ce bon homme, il est mort ; & je ne doute pas qu'un jour on ne le fête à notre Paroisse, il se repentit de m'avoir frappé ; & de dépit il donna un grand coup de pied à son fils qui me tiroit les cheveux, & qui alla choit à deux pas de là : Ce petit malheureux s'est cassé la jambe, dit-il, va-t-en appeller ta mere qu'elle vienne avec Guillaume, on le portera chez notre Gentilhomme, & je lui ferai donner les étrivieres, quand il sera guéri. Le petit garçon partit; Guillaume & la mere vinrent. La peste soit des femmes! Par ma foi ce fut bien une autre chance quand elle fut arrivée. Comment ! s'écrioit-elle, mon arbre est sans fruit ! il faut le rouer à coup de bâtons notre homme ! Laisse-moi faire ; puisqu'il s'est rompu une jambe c'est tant mieux, il ne s'enfuira pas si vîte, & j'aurai tout le loisir de le bien frotter. Non, non, notre femme, disoit le benin Tabellion, il a bien assez du mal qu'il s'est fait. Vois-tu Claude, répondit-elle, j'aimerois mieux avoir perdu jusqu'à ma chemise, que de ne l'avoir pas éreinté : Là-dessus elle se prépara à sauter sur moi, comme un Loup sur une Brebis ; mais Maître Claude l'en empêcha, elle l'appella sot, faquin ; il se mit en colere ; elle en fut pour quelques soufflets qu'il lui donna : elle s'en retourna pleurant : tout ci, tout çà ; que vous dirai-je encore ? Il y a bien long-tems que je suis à terre ; je ne sçai pas quand on m'en tirera. Oh bien, voilà comme Guillaume & Maître Claude me prirent, l'un par la tête, l'autre par dessous la ceinture, & me porterent comme une fournée de pain chez notre Seigneur, car ils me connoissoient ; après cela, l'on rendit le chapeau du neveu ; après cela, vous vous doutez bien du reste : On me pansa, & ce fut Maître Martin. Comment diantre ! j'aimerois mieux avoir la crampe qu'une jambe cassée : c'étoit la plus plaisante chose du monde que de m'entendre crier : on auroit pardi pas entendu joüer vingt orgues à la fois, quand je me mettois à brailler. Ah ! je fis plus de sermens, qu'il n'y a de lettres dans mes heures, que je ne monterois jamais sur les épaules de personne, pour grimper sur des arbres ; mais ce malheur ne pouvoit manquer de m'arriver, & je me souviens d'avoir lû quelque part que ce sont les pommes qui nous ont tous perdu; ce seroit bien pis s'ils nous avoient à tous cassé aussi une jambe! Depuis ce jour, voyez-vous, il me semble voir la femme de Claude avec un gros bâton pour me rosser, quand je vois des pommes ; on n'en devroit engraisser que les cochons : mais je suis bien loin, vraiment je n'acheverai jamais mon histoire. Pour abreger, je dirai donc qu'après cet accident je devins plus sage, j'appris à lire dans des livres, mon Maître aussi: notre Seigneur, vouloit, disoit-il, faire quelque chose de moi, & j'ai depuis sçu qu'il avoit envie de me faire apprendre la pâtisserie ; mais je ne devois pas être si heureux, cela valoit bien des pommes, & j'aurois déja mangé bien des milliers de petits gâteaux : Mais, écoutez ceci, voici bien une autre histoire. Il y avoit dans un vieux cabinet de l'oncle une belle bibliotheque de livres, & nous y entrions souvent mon Maître & moi : c'étoit de beaux Romans : l'on voyoit là dedans des Messieurs qui devenoient amoureux de belles Dames ; cela étoit tendre comme du pain frais ; cela nous donna au cœur à mon Maître & à moi : nous lisions toûjours. Notre Seigneur étoit charmé de nous voir si sages ; nous lui rapportions tout ce que nous apprenions dans ces livres, & nous en étions si charmés, que mon Maître s'imaginoit quelquefois que j'étois une Princesse, & qu'il m'aimoit : Dame, après cela nous supposions, comme dans nos livres, qu'il y avoit long-tems que j'étois perdu, & il faisoit semblant de me trouver par hasard, comme quand on rencontre une bourse, & qu'on ne la cherche pas. Vous voilà donc, ma Princesse, me disoit-il en se jettant à mes genoux ; & moi je faisois le beau, je redressois mon col, & je lui répondois d'une voix plus douce qu'une flûte ou qu'un hautbois : Oüi Prince, me voilà ; j'ai couru les mers, on m'a enlevée là, secouruë dans cet endroit, & enfin je vous revois. Après cela, je faisois semblant de pleurer des persécutions que je disois qu'on nous faisoit, & pour cet effet, j'avois un peu d'oignon dans ma main dont je me frottois les yeux. Dieu sçait si les larmes venoient ! & je pleurois quelque fois plus long-tems qu'il ne falloit ; car il avoit beau me dire : Madame, consolez-vous, arrêtez vos larmes : Oüi dà, la fontaine alloit toujours son train ; tant-y-a souvent que c'étoit une autre maniere de nous divertir : quelque fois nous nous battions avec des épées de bois faites exprès, & je vous avouë qu'il me sembloit que j'étois plus propre à faire l'amour qu'à batailler, car mon Maître m'avoit tout d'un coup fait rendre les armes ; après cela, je me confessois vaincu, & le reste qui seroit trop long à vous rapporter : bref.... Mais à propos, par ma foi, il y a bien long-tems que je parle sans boire : Oh, parguienne, l'histoire est bonne, mais le vin vaut encore mieux. Là-dessus on apporta à boire à Cliton; mais on lui marqua qu'il étoit trop tard pour qu'il achevât son récit, & l'on remit le reste à sçavoir le lendemain : ce n'est pas que la maniere burlesque dont il avoit conté n'eût fait rire de pitié la compagnie ; mais on jugea bien que si on lui prêtoit audience, du train dont il alloit, il en auroit encore pour vingt-quatre heures. Par ma foi, Messieurs, vous faites mal, dit-il, de ne pas tout entendre; car vous en avez jusqu'à demain dîné, & il n'y a marguenne que l'histoire de France qui soit aussi belle que la mienne, encore c'est à tirer ; mais puisqu'il vous prend envie de vous en aller dormir, bon soir & bonne nuit : c'est demain le jour du ragoût qu'on m'a promis ; cela vaut bien les étrennes du jour de l'an.

Après ces mots, toute la compagnie se leva, chacun alla se reposer, & le Maître de la Maison fit conduire Cliton dans la chambre de son Maître.

Ah, l'ennuyant personnage que

votre Cliton quand il parle trop long tems, dit un sérieux lecteur à qui les pommes ont fait mal au cœur; & que je sçai bon gré à la compagnie qui nous épargne le reste de sa vie! Ecoutez, Sieur lecteur, je pourrois prendre le parti de défendre l'histoire de mon Ecuyer, & vous soûtenir qu'elle est excellente. Quoi, vous dirois-je, parce qu'il y a des pommes, des moineaux, & des enfans qui se divertissent, vous concluez de là qu'elle est ennuyante: ce ne sont point les choses qui font le mal d'un récit; & l'historien le plus grave, en racontant la décadence d'un Empire, en rangeant en bataille cent mille hommes de part & d'autre, & en faisant triompher l'une, tandis qu'il décrit la défaite de l'autre, ce grave historien, dis-je, n'ennuye quelque fois pas moins que le pourroit faire le simple récit de deux enfans qui jouent les yeux bandés à s'attraper l'un l'autre. La maniere de raconter est toujours l'unique cause du plaisir ou de l'ennui qu'un récit inspire, & la naiveté de ces deux enfans bien écrite, & d'une maniere proportionnée aux sujets qu'on expose, ne divertira pas moins l'esprit, qu'un beau récit d'une histoire grande & tragique est capable de l'élever : Une pomme n'est rien ; des moineaux ne sont que des moineaux ; mais chaque chose dans la petitesse de son sujet est susceptible de beautés, d'agrémens : il n'y a plus que l'espece de difference, & il est faux de dire qu'une Paysanne de quelques traits qu'elle soit pourvûë, n'est point belle & capable de plaire parce qu'elle n'est pas environnée du faste qui suit une belle & grande Princesse.

Mais lecteur, je ne prends point le parti de vous dire, que vous avez tort d'être ennuyé, ou du moins je veux faire semblant de ne le point prendre ; ce peut être ma faute, ce peut être la vôtre, voilà tout ce que je puis répondre, & cela est bien modeste ; mais quand même il seroit certain que Cliton est un fade historien, je dirai que Cliton, par ci par là, est amusant, & que cela lui suffit comme à bien d'autres qui sont flatés d'un peu de succès, pour avoir droit de dire quelque fois mal. S'il étoit toujours plaisant, il seroit trop égal, on s'accoûtumeroit trop à sa plaisanterie ou à sa vraye naïveté, on ne la sentiroit plus; &, prix pour prix, il vaut mieux qu'il hasarde du bon & du mauvais, pour que les traits qui peuvent lui échaper ne deviennent point si familiers.

Où en sommes nous ? C'est un grand embarras que de répondre à tous les goûts, & que de les contenter tous ! Mais parbleu, arrive ce qui pourra; si vous me prenez pour un auteur vous vous trompez, je me divertis, à la bonne heure, si je vous divertis quelque fois aussi; n'allez pas, benin lecteur, vous choquer de ce trait de vivacité: par exemple, il n'est pas pour vous, vous êtes un bon esprit, & vous me prenez pour ce que je vaux; je n'en fais point le fin avec vous, je ne suis pas auteur ; je passe mon tems à vous conter des fagots, cela vaut encore mieux que de le passer à ne rien faire : Continuons. Voilà tous nos gens couchés, il n'est encore que trois heures du matin pour eux, mais il n'est que neuf heures du soir pour moi, & ainsi je vais les faire agir tout comme s'ils avoient ronflé vingt-quatre heures.

Debout ! Tout m'obéit : déja les domestiques allongent leurs bras, & se frottent les yeux : le vin est cuvé ; ils sont un peu fatigués ; les Palfreniers, Cochers, Marmittons, Cuisiniers, Servantes, tous se levent ; j'en apperçois déja qui vont voir le tems qu'il fait ; les avantures de la veille reviennent dans leur esprit ; les uns en rient, les autres n'en pensent rien. Le Maître de la maison se leve comme les autres, ordonne qu'on prépare à déjeûner, & qu'il soit prêt dès que la compagnie qui est chez lui sera éveillée. Le cuisinier allume son feu ; de nouveaux mets se préparent. En attendant que tout se cuit, les domestiques vuident quelques bouteilles de vin qui étoient restées de la veille.

Déja une partie des Cavaliers paroît sur l'horison, pendant que les Dames tranquilles dans leur lit, & éveillées, consultent leurs yeux pour connoître s'ils ont assez dormi: J'en entends deux qui sont dans la même chambre, qui, selon la loüable coûtume des aimables femmes, minaudent à qui mieux mieux, & se plaignent, l'une d'un étourdissement qu'elle qualifie du nom d'affreux: J'ai, répond l'autre, une douleur d'estomac terrible, je suis fatiguée à n'en pouvoir plus, je me porterai mal aujourd'hui, j'en suis sûre: La moindre chose me dérange & m'incommode, dit l'autre; en verité je me sens accablée, j'ai eu une insomnie terrible cette nuit; & vous, Madame, avez-vous pû dormir? Ah! grand Dieu, non, Madame, une indigestion cruelle m'en a empêchée: Quelle heure est-il? nous leverons-nous? Je ne sçai, repars l'autre, est-il tard? Peut-être, dit l'autre; mais par bienséance il faut aller rendre visite à la mariée. Cela étant, répond la seconde, levons-nous donc: après cela on sort du lit avec cette nonchalance aimable qui fait partie du mérite extérieur des Dames; car on a beau les critiquer là-dessus, il faut avoüer que tout cela contribuë à leur donner quelqu'agrément de plus, & ce qui a fourni occasion de critique là-dessus n'est pas assûrement cette nonchalance dont je viens de parler, il en faut un peu dans une femme agréable. Une santé parfaite dont on ne se plaint jamais, une vigueur mâle dans toutes les actions ne convient qu'aux hommes; mais une santé parfaite à laquelle une femme a l'art de prêter par une juste affectation, un peu d'imperfection; geindre agréablement; alleguer tantôt une migraine; un battement d'yeux attrapé par la maniere de regarder; une démarche lasse & fatiguée; un peu de migraine, un ton de voix languissant,

guissant ; mais d'une langueur douce, & non pas malade, voilà ce qui sçait à propos, & dans une juste proportion employer ces petits secrets : voilà, dis-je, les charmes peut-être les plus forts & les plus dangereux pour le cœur de l'homme : un rien nous séduit, nous attendrit. Tout ce que je viens de dire rentre dans le caractere de la tendresse, de beaux yeux languissans trouvent plus secrettement, & pour plus long-tems, le chemin du cœur; la vivacité le divertit plus qu'elle ne le gagne; à mon égard ce seroit là mon goût, je suis jeune, & je suis par conséquent plus à portée de sçavoir ce qui convient aux femmes, pour plaire, qu'un amant barbon dont le cœur ne laisse pas que d'être touché de tout ce que j'ai dit ; mais qui les désaprouve par un caprice dont la seule origine est la jalousie.

Oüi, quoi que veulent dire les critiques des aimables affectations des femmes, toutes ces petites manieres sont, pour ainsi dire, de veritables las dans lesquels notre cœur se laisse prendre; la beauté frappe d'abord, le reste émeut & nous attire; & si ces manieres doivent être désaprouvées, c'est dans ces femmes mal-à-droites, à qui la nature a refusé l'art de plaire, & qui ne leur ayant donné que l'avantage des traits, n'y a point joint ce qui ne peut les faire valoir. C'est dans ces femmes qui, mauvais singes de l'artifice innocent qu'employent les aimables, rebutent en imitant mal, par les mêmes endroits que nous aimons dans les autres; par ces endroits qui agissent sur nous, mais si délicatement, que nous en recevons l'impression sans appercevoir souvent à quoi nous la devons; ou, si nous nous en appercevons, nous y trouvons tant de charmes, que c'est après une longue passion, ce à quoi nous tenons le plus.

Cela fait souvent un effet si prodigieux sur le cœur de l'homme, qu'il s'en est trouvé, (je parle des hommes, qui remarquant les appas que ces petites affectations donnent aux femmes, ont tâché par une imitation monstrueuse & extravagante, de s'accoûtumer à se donner les mêmes manieres) mais la beauté du plumage du Paon, ne pare que le Paon seul ; des oiseaux d'une autre espece ont beau vouloir s'en parer, ce qui plaît, ce qui enchante dans les Paons, fait pitié, ridiculise les autres, c'est une citroüille plantée en espalier, comme dit un agréable Auteur de nos jours, c'est une perle dans du fumier, c'est une selle magnifique, appliquée sur le dos d'un âne, c'est un âne qui brait, au lieu du chant tendre de l'aimable Rossignol. Fades adonis, extravagans demi hommes, revenez à votre espece ; vous êtes des monstres qu'on ne peut caracteriser ; c'est la noblesse dans l'air, la vigueur dans vos actions, c'est une politesse mâle qui peut vous faire valoir : voilà vos charmes, voilà les dons que vous fait la nature, le reste est l'appanage du sexe le plus aimable ;

mais aussi le plus foible, ce que la nature lui donne de mérite, est assorti au reste de ses armes, les pleurs, la langueur, les manieres douces & insinuantes, sont les voyes par où elles arrivent à la victoire contre vous ; une noble & fiere soumission, une complaisance qui marque la superiorité sur elles & qui est l'effet du respect que nous doit inspirer leur foiblesse, de la valeur & de la probité : voilà ce qui vous convient, c'est-là votre partie, c'est-là le rôle que vous devez joüer. Si vous joignez à ce que je viens de dire, le bonheur d'être né de bonne mine, n'allez pas l'alterer & la défigurer, pour ainsi dire, par un mêlange de minauderie discordant.

Mais c'est assez moraliser à l'occasion d'une petite conversation de deux femmes ; Et quoique je me donne la liberté de tout dire, & de changer de discours, à mesure que les sujets qui se presentent me plaisent, je suis mon goût, cela est naturel : revenons à nos deux

Dames, elles se levent enfin, après avoir bien disputé contre la douce envie de se tranquilliser encore quelque tems: ma foi, sans être femme, j'en connois qui, le matin, se trouvant dans leur lit, ne se déterminent jamais qu'à regret d'en sortir, & je vous avoüe, mon cher & veritable Lecteur, que le plaisir de se trouver chaudement dans une attitude amie du repos, est un plaisir auquel je renonce avec le plus de peine: je dis renoncer, car quelque long-tems que je le prolonge, j'y renonce toujours. Mais de quoi m'avisai-je ici de parler de moi & de mon humeur? Fi, voilà une sotte phrase, sans ma négligence, ma passion favorite, par ma foi, elle ne passeroit pas, mais j'espere qu'elle sera sans compagnie.

Une fille de chambre de la maison, dont je ne sçai pas le nom, vint sçavoir si nos Dames étoient levées, & si elles avoient besoin d'elle, elle acheva de les habiller; quelque tems après les Messieurs entrerent avec d'autres Dames moins paresseuses, & peut-être à cause de cela, moins aimables; le Maître de la maison les suivoit de près, l'on se donna le bon jour, & l'on se fit toutes les demandes qu'on a coûtume de se faire en pareil cas; la compagnie sortit après de la chambre pour s'en aller dans celle de la nouvelle mariée, qu'une fatigue légitime retenoit encore au lit. On fut long-tems à plaisanter sur l'avanture de la nuit, & sur tout on badina du désordre qu'une des Dames craintive avoit apporté chez les nouveaux mariés. Je vous plains tous deux du meilleur de mon coeur, dit un certain goguenard de la compagnie, après un an de mariage passé, d'être obligé de sortir de son lit à deux heures du matin? Mais déguerpir la première nuit des nôces, je ne trouve rien de plus cruel! Vous n'êtes point assez galant, répondit un des parens du plaisant, quand vous dites, passe un an après le mariage, & je crois que nos nouveaux époux tous deux faits comme ils sont, sentiroient un trouble pareil à cette nuit, aussi vivement, qu'ils ont dû le sentir. On ne peut rien de plus obligeant pour moi, repliqua le nouveau marié, car la chose est juste à l'égard de Madame, puisque mon empressement sera toute ma vie le même. Bon! langage de nouvel Epoux, repliqua certain vieux routier, qui avoit une experience de trente années de mariage. Vous serez trop heureux dans quelques années de vous en tenir à l'estime; il y a long-tems que c'est ma ressource avec ma femme. Parbleu je te trouve plaisant, Comte, dit un égrillard de la compagnie, de mesurer les autres à ton aulne; qu'on me donne une femme de la taille, de l'humeur & de l'air, enfin pareil à celui de Madame, je m'en vais m'obliger par un Billet de vingt mille francs, à être aussi amoureux, aussi passionné d'elle dans vingt ans, chaque jour l'un portant l'autre, que je le serai du premier jour. Tu parles en témeraire, répondit le grison, crois-en tes anciens, tu perdrois tes vingt mille francs, mon cher Chevalier. Je n'en crois rien, répondit certain Damoiseau aux yeux doux, une femme comme Madame paroîtra toujours un objet nouveau. En verité, dit la jeune mariée, qui n'avoit encore presque rien dit, Messieurs, vous me faites rougir, je ne sçai de quel égalité de passion vous voulez parler ; mais j'espere par ma conduite, par mes manieres, & j'ajouterai encore par ma tendresse, engager Monsieur qui m'aime, à conserver éternellement pour moi, la sienne. L'époux ne répondit rien à cet obligeant discours, il prit la main de son épouse, & la baisa d'un air à lui donner une assurance de ce dont elle se flattoit. Par ma foi finissons cette conversation, dit certain Cavalier de moyen âge, & garçon, j'ai résolu de vivre toute ma vie sans femme, & vous ébranlez ma résolution, c'est un veritable écüeil pour la liberté, que d'entendre de tels discours. Je te conseille, lui répondit un de ses amis, assez nouvellement

vellement marié, & qui peut-être eût souhaité ne pas l'être, je te conseille de nous priver d'une conversation qui nous affermit tous dans le devoir de sa moitié, j'en ai une depuis quelque tems, & tout ce que Monsieur & Madame se disent m'attendrit davantage pour la mienne. Oh! pour le coup, c'est pousser trop loin la délicatesse, dit le vieux Cavalier, & je ne croi pas qu'on puisse la pousser jusque-là pour sa femme. Oh! parbleu, répondit l'autre, il y a trop long-tems que vous êtes dans l'ordre, pour qu'on vous demande de la ferveur pour la regle : mais pour moi, je n'en suis encore qu'à mon noviciat.

On se dit encore mille choses qu'on tourna le plus galamment qu'on le put, & l'on parla insensiblement de l'homme à la lêchefritte, de son digne Ecuyer, & de la Demoiselle qui étoit avec eux.

Fin de la septiéme Partie.

VII. Partie.   Zz

PHARSAMON,
OU
LES NOUVELLES FOLIES
ROMANESQUES.

HUITIE'ME PARTIE.

PHARSAMON & Fatimé étoient encore dans leurs chambres, ou pour spécifier mieux les choses, Pharsamon étoit levé ; mais sa rêverie & son chagrin avoient comme suspendu l'envie qu'il avoit d'aller chercher Cidalise ; à l'égard de Fatimé, les coups qu'elle avoit reçûs & qui l'avoient étourdie, la veille de la nuit, & l'inquiétude de sa Maîtresse, tout cela l'avoit empêché de s'endormir de bonne heure, & quand le sommeil l'eut une fois prise, il la garda long-tems; de sorte qu'elle dormoit encore tout de son mieux. Pour Cliton, que j'ai pensé oublier, une chaise lui servoit de matelats: étourdi de tout le vin qu'il avoit bû, rempli des viandes qu'il avoit mangées, il n'avoit pû se donner le tems ni la peine de se deshabiller pour se coucher. Son Maître plein de rêverie ne l'avoit point entendu venir, & il s'étoit assis sur une chaise, où la tête avoit emporté le reste du corps dans le moment qu'il défaisoit ses bas pour se coucher.

Cependant toute la compagnie trouva à propos d'envoyer dans la chambre du Chevalier, je veux dire Pharsamon, pour sçavoir dans quel état il étoit; & une niéce du Maître de la maison, se donna la peine d'aller elle-même dans celle de Fatime, où la trouvant ronflante, elle la laissa en attendant qu'elle s'éveillât: à l'égard de Pharsamon, le valet qui entra dans sa chambre le retira de ses profondes rêveries, en lui criant assez haut que la compagnie envoyoit demander comment il avoit passé la nuit. Pharsamon lui répondit d'un air triste, que le repos ne convenoit pas à un malheureux, qui avoit perdu l'objet de sa tendresse, qu'il alloit remercier ses Maîtres de la part qu'ils prenoient à son inquiétude, & qu'il partiroit après. Le valet alla rendre la réponse qu'il avoit faite à toute la compagnie, & l'on jugea à peu près du caractère de l'homme, par le discours qu'on rapportoit de lui.

Cependant Pharsamon songea à sortir dès que le domestique fut parti; avant que de quitter sa chambre, il se mit dans la posture d'un homme outré de désespoir, & croisant les mains, les yeux élevés au ciel, il dit: O lieux! Témoins de la douleur la plus affreuse, qui fut jamais. O nuit cruelle que j'ai passée! Il ne dit que ces mots qu'un soupir interrompit. Quelques tours de chambre arpentés dans une agitation terrible, fermerent d'un langage expressif, quoique muet, la période triste qu'il avoit commencée; après quoi, se tournant du côté de son Ecuyer, qui le menton appuyé contre son estomac, ne songeoit ni au lieu où il étoit, ni au malheur affreux de son Maître; il dormoit la bouche ouverte & le nez bouché, c'est-à-dire en bon françois, qu'il souffloit & qu'il renifloit; ses joües étoient peintes d'un incarnat bachique que le sommeil & la posture où il étoit, rendoient encore plus vermeil. Quoi, malheureux, s'écria Pharsamon; Tu dors & je me meurs? Mais en vain son Maître l'apostrophoit de la manière la plus pitoyable, le sommeil étoit assez profond pour lui sauver toute la confusion de pareils reproches. Pharsamon voyant qu'il ne remuoit point, l'appella d'une voix assez haute, néant, il fallut redoubler le ton; Cliton dormoit comme il mangeoit, je veux dire que son sommeil étoit incomparable comme son appétit. Pharsamon l'appella plus fort, & le tirant par le bras : Laisse-moi en repos, repartit Cliton encore endormi & qui n'avoit senti que machinalement le tirement de manche : Que diantre ? n'avons-nous pas assez troté. Ces mots finis, le ronflement recommença ; mais son Maître qui comprit bien qu'il n'étoit pas éveillé, ne lui donna pas le tems d'en faire tout au plus une demie douzaine : Allons donc malheureux, que tu es ! Eveille-toi, ou je t'abandonne à la lâcheté de ton procedé. Lâche toi-même, repartit Cliton, en ouvrant les yeux ; je me suis batu comme un Cesar. Te moques-tu de ton Maître, lui cria Pharsamon ? Et ta rêverie sera-t-elle éternelle ? A ces mots le sommeil s'enfuit, & Cliton ouvrant davantage ses yeux regardoit son Maître d'un air effaré : Oh, oh, c'est vous ! Parguienne je ne me trompe pas : Faites-vous le guet contre les souris pendant la nuit ? Ingrat ! lui dit alors Pharsamon, ton Maître est au désespoir, & tu dors tranquillement

A propos de désespoir, vraiment vous avez raison, dit Cliton, en se frottant les yeux; je pense que vous avez les épaules meurtries : faites apporter du vinaigre. Cette idée d'épaule meurtrie chagrina pour le moment Pharsamon : Que veux-tu dire, repartit-il ? Ne sçais-tu pas que la Princesse est perduë ? Eh bien, répondit-il, on retrouve bien une épingle à terre; ne retrouvera-t'on pas la Princesse? Leve-toi, leve-toi, dit Pharsamon, tu dors encore. Ah parguienne pour le coup c'en est fait, dit-il, adieu le sommeil jusqu'au revoir, me voilà plus éveillé qu'un cocq : Allons, Monsieur, partons, je me souviens de tout ce que vous voulez dire : oüi vous êtes bien à plaindre, & je vous aimerois autant mandiant votre pain de porte en porte, que dans l'état où vous êtes; mais quoi, quand vous vous jetteriez dans le puits la tête la premiere, vous ne gueririez pas vos maux. Ah Ciel ! La mort est la chose que je crains le moins, après l'accident qui m'est arrivé : Ah, Cidalise, Cidalise, où êtes-vous ? Grands Dieux ! Comment vous le diroit-elle, dit l'Ecuyer, si elle ne le sçait pas elle-même ? Mais, Seigneur, que faut-il faire ? Partir, redit Pharsamon. Eh bien, Seigneur, partons. Mais quoi, irons-nous sur nos pieds comme des gruës. Je prierai le Maître de ces lieux, de me donner des chevaux. Oh parbleu, dit Cliton, trois chevaux qu'il nous faut ne se trouvent pas comme un caillou dans l'eau ; & de l'argent il en faut ; vous n'avez que celui qui est sur votre habit, encore n'y en auroit-il que ce qu'il faudroit pour payer un gîte. Il me reste un diamant que je donnerai, il est de prix, & l'on ne me refusera point ce que je demande dessus : sortons. Mais, Seigneur, dit Cliton, d'un air assez respectueux (car le sommeil & son vin passé, le goût du Roman le reprit) mais Fatime dort, il ne faut pas oublier de la prendre avec nous. Ah ! Cliton, il n'est pas besoin, répondit Pharsamon, que tu m'en fasses ressouvenir, elle tient de trop près à ma Princesse, pour n'avoir point pour elle, toute l'attention imaginable : Il lui suffit d'être femme & d'avoir besoin de moi, pour que je la prenne sous ma protection. Je n'en attendois pas moins de votre grand cœur, repartit Cliton, en le remerciant ; & le grand Pharsamon est un homme qui.... Je veux dire que vous êtes un grand homme : Ce témoignage de grandeur d'ame, que Cliton exprimoit à demi à son Maitre, ne laissa pas de lui faire plaisir, il lui presenta sa main pour la baiser. Seigneur, dit Cliton, qui ne comprenoit pas cette action, & qu'un effort d'imagination avoit fait inventer à Pharsamon de son chef, comme convenable à sa grandeur, & à la distance de son Ecuyer à lui : Seigneur, que voulez-vous que je fasse à votre main ? Je vous l'offrois pour la baiser, répondit Pharsamon, un peu fâché qu'il n'eût pas tout d'un coup entré dans son sens. Ah Seigneur, permettez que je repare ma bêtise, dit Cliton en saisissant cette main comme il la retiroit, il la baisa effectivement de la maniere qu'il put inventer la plus respectueuse, sentant en lui-même quelque plaisir d'appartenir à un homme, dont c'étoit un honneur que de baiser sa main: Après quoi Pharsamon & Cliton s'en allerent joindre la compagnie qui les attendoit. Le Maître de la maison, comme on étoit convenu, marcha au-devant de lui d'aussi loin qu'il l'apperçut: Seigneur, lui dit-il, nous sommes au désespoir de l'avanture qui vous arriva hier: l'ignorance où nous étions, & de ce que vous étiez, & de ce qui vous faisoit venir armé contre nous, nous obligea à nous défendre contre l'homme le plus grand & le plus respectable, je vous prie d'oublier tout ce que nous avons fait, & de demander en réparation tout ce que vous jugerez à propos. Ne parlons plus de cela, Seigneur, repliqua Pharsamon, je n'y songe pas; des soins bien differens occupent à présent mon cœur; j'ai perdu ce que j'aimois ; j'avois avec moi la Princesse Cidalise, que l'injustice avec laquelle un ennemi retenoit captive, obligeoit à fuir avec moi : Je l'ai perduë, Seigneur ; & je ne la reverrai peut-être jamais. Quoi, Seigneur, répondit le Maître de la Maison, Qu'a-t'elle pû devenir dans le tumulte & le trouble ? Se seroit-il trouvé quelque téméraire qui eût osé l'obliger à le suivre ou l'enlever ? Il n'est que trop vrai, Seigneur, repartit Pharsamon, il ne me reste qu'une grace à vous demander après toutes les bontés que vous me témoignez ; c'est que vous m'accordiez trois chevaux de votre Ecurie : acceptez, en même tems, cette petite bague que je vous donne. Le Gentilhomme prit la bague, & voyant que c'étoit un diamant de prix, il le présenta à une des Dames de la compagnie, qui étoit curieuse de le voir ; & puis se retournant du côté de Pharsamon, il lui dit : Seigneur, tous mes chevaux sont à votre service, & non seulement cela, mais moi-même, si je puis avoir l'avantage de vous être utile en quelque chose. A l'égard de votre bague, je la garderai, puisque vous le voulez, mais, Seigneur, je serai toujours prêt à vous la rendre, quand vous me la demanderez. La Dame qui l'avoit regardée, pria le Gentilhomme de la Maison, de vouloir bien la lui remettre entre les mains: Vous me suivrez chez moi, dit-elle, en s'adressant à Pharsamon, je demeure à une lieuë d'ici seulement, nous partirons dans une heure ou deux, & je vous donnerai tout autant de chevaux que vous en voudrez, avec la même promesse de Monsieur, de vous rendre cette bague quand vous voudrez. Pharsamon y consentit, & le Gentilhomme aussi, qui jugea que la Dame avoit envie de se faire honneur du diamant. Pharsamon seulement témoigna à la Dame qu'il étoit pressé, & que ce seroit l'obliger beaucoup que de partir incessamment. Cependant toute la compagnie mouroit d'envie de sçavoir l'histoire d'un extravagant de cette espece, on le pria de la raconter ; mais il répondit qu'il étoit accablé d'un si grand chagrin, qu'il étoit hors d'état presque de prononcer une seule parole.

On descendit après en bas dans une grande salle, où l'on avoit apprêté le déjeûné. Pharsamon suivit la compagnie ; mais, d'un air enseveli dans la douleur : Je le plains, disoit une des Dames, & c'est dommage qu'un Cavalier aussi bien fait soit attaqué d'une si étrange folie ! On voulut le faire placer le premier, de concert, avec les Dames ; mais son chagrin ne lui déroboit rien de la bienséance qu'il sçavoit qu'on devoit garder pour le beau sexe de quelque naissance que l'on fût, il se mit après elles. On le servit, & l'on peut dire de lui, que jamais posture ne fut ni plus triste (mais de cette tristesse respectable) ni plus proportionée à la perte qu'il avoit faite. Il ne parla que pour prier le Maître de la maison d'avoir soin qu'on allât chercher Fatime. La niéce du Gentilhomme se leva pour y aller une seconde fois. Cette femme de chambre s'étoit éveillée depuis quelque tems, & se hâtoit alors de s'habiller; elle remercia fort honnêtement cette niece du soin qu'elle prenoit d'elle, & descendit avec elle dans la salle. Fatime étoit bien faite, d'une phisionomie fine & agréable; elle fut du moins du goût de presque tous les Cavaliers. Il y en eut même qui la cajolerent; mais, à quelques degrés de moins de noblesse, elle conserva une tristesse que rien ne put égayer. On la força de se mettre à table avec les autres, malgré le refus qu'elle faisoit, disoit-elle, de manger avec un grand Prince. La compagnie fut surprise de ce mot; mais ce que Cliton leur avoit raconté la nuit précedente, développa tout d'un coup l'énigme.

Cependant, Cliton qu'on avoit voulu faire asseoir aussi, se tenoit debout derriere la chaise de son Maître; émerveillé de voir sa Maîtresse au rang des autres; il souffrit plus patiemment qu'il n'auroit fait dans un autre tems, la différence qu'on mettoit entre lui & Fatime, se disant en lui-même: qu'une fille méritoit plus de consideration, qu'un homme, & même l'honneur qu'on faisoit alors à cette fille, augmenta si fort son amour pour elle, que, dans un moment où l'on gardoit le silence, il s'écria tout d'un coup, Madame, je veux dire l'Ecuyere de la Princesse qu'on a perduë, par ma foi, je ne puis vous voir là sans être assuré que vous êtes peut-être aussi grosse Dame que votre Maîtresse! & dorénavant je veux qu'on me soüette si je vous appelle autrement que ma Princesse, cela marguienne est écrit sur votre front! Fatime rougit à ce compliment qui ne lui auroit cependant point déplu s'il avoit été tourné autrement: mais les discours de Cliton étoient alternativement nobles & comiques. Je n'ai point tant de vanité, répondit-elle, d'un air modeste. C'en seroit une, repartit Pharsamon qui n'avoit jusqu'alors remué que les

yeux qu'il levoit de tems en tems au ciel, c'en feroit une dont vous êtes fans doute exempte, belle Fatime, puifque le rang que vous tenez auprès de celle dont on parle, peut contenter l'ambition la plus grande ; mais fi l'on donnoit la qualité de Princeffe au mérite, vous feriez une des premieres qui la receveriez ! On ne pouvoit rien de plus galant que cette réponfe, & en même tems, cependant de plus conforme aux fentimens de modeftie que Fatime devoit avoir fur fon chapitre. Pourquoi ne le feroit-elle pas ? dit Cliton, qui n'étoit pas content de ce qu'avoit dit Pharfamon ; vous êtes bien un Prince vous Seigneur, & fi pourtant, à prendre les chofes à la lettre ; vous êtes le fils du frere de notre Gentilhomme, je raifonne jufte, ou je fuis un fot. Taifez-vous, répondit Pharfamon, en fe tournant gravement du côté de Cliton, ce n'eft point à vous à parler quand j'y fuis. Ce que je dis là n'eft pas pour vous fâcher, repartit l'Ecuyer, chacun
prends

prends le parti de sa chacune ; & je parle à la compagnie qui est bien aise de m'entendre. Sans doute, reprit un des Cavaliers, une Princesse n'est point autrement faite que Fatime ; & il ne tiendra qu'à elle d'être la mienne. Tout beau ! s'il vous plaît, dit alors l'Ecuyer, il faut que je parle, ma langue m'en dût-elle tomber, c'est un morceau trop friand pour vos dents, & il n'y a que l'Ecuyer de l'illustre personnage que voici, qui mérite une telle aubaine. Cette saillie ne déplut point à Pharsamon qui laissa pour lors à son Ecuyer toute la liberté de défendre ses droits. Mais Seigneur Ecuyer, repartit le Cavalier, si Mademoiselle vouloit m'accepter pour amant, vous ne sçauriez l'en empêcher ! Palsanbleu ! je ne l'en empêcherai pas, dit brusquement Cliton : mais si cela arrivoit, je me pendrois de rage, & nous verrions beau jeu ! Ne craignez rien, dit alors Fatime, en jettant un regard consolant sur son amant, ne craignez rien, Seigneur, ce Cavalier n'en sera rien, & quand il le seroit, je ne suis point volage ; un amant comme vous fait trop d'honneur pour qu'on y renonce. Ouf ! dit alors Cliton, j'avois besoin de ces douces paroles : le Ciel vous tienne en santé, ma Princesse, & vous rende au centuple ce que vous me donnez, vous me faites plus aise, que si vous me chatoüilliez à la plante des pieds. On dit encore quelque chose sur ce chapitre où l'esprit & l'amour de Cliton brillerent toujours également, après quoi, l'on se leva de table. La Dame qui devoit donner des chevaux à Pharsamon, prit congé de la compagnie, & fit monter Pharsamon & & Fatime dans son carrosse, pendant que le maître de la Maison fit seller un cheval à Cliton, que la Dame se chargea de renvoyer.

On me demande, sans doute compte de la Princesse Cidalise ; il paroît même extraordinaire qu'elle ait pû s'éclipser. Par quelle étrange avanture, dira-t-on, est-il possible qu'elle ne soit pas retrouvée ? Par une avanture que vous ne sçavez pas, Monsieur le Lecteur; mais que vous sçaurez quand il me plaira, en attendant voyons lequel des deux est le plus pressé, ou de vous informer de ce que fit Pharsamon, ou de vous apprendre ce qu'est devenuë sa Princesse. Ma foi je ne sçai lequel prendre, il faut pourtant me déterminer, suivons Pharsamon, puisque nous sçavons où il est, & le hasard nous remontrera Cidalise.

Le carrosse dans lequel il étoit, étoit déja éloigné d'une demie lieuë du Château où s'étoit fait la nôce, quand, en traversant un petit bois, Pharsamon & la Dame, apperçurent une jeune Paysanne qui fuyoit un Berger qui la poursuivoit: La jeune fille faisoit de grands cris, & sembloit fuir avec la plus grande frayeur, celui qui couroit après elle. Pharsamon à cet aspect, crie au cocher d'arrêter, saute à bas du carrosse l'épée à la main, ordonne à Cliton de descendre, qui dans la précipitation avec laquelle il obeït, culbute en bas d'un cheval qui lui avoit déja plus d'une fois fait servir la croupe de selle. Pharsamon d'une vitesse incroyable, saute sur le cheval, & galoppe à toute bride sur le Berger : il l'attrapa bien vîte, & lui donnant un coup du trenchant de son épée sur le dos, le renversa par terre ; après quoi, il courut à la fille, qui s'arrêta en le voyant venir à elle. Ah ! Monsieur, lui dit-elle, que j'ai de graces à rendre à votre generosité ! Vous me sauvez des mains du plus cruel de mes ennemis. Venez belle fille, lui répondit Pharsamon, si j'en crois votre phisionomie, vous n'êtes pas ce que les viles habits que vous portez, vous font paroître ; acceptez le secours que je vous offre, & montez sur ce cheval qui vous portera jusqu'à l'endroit où m'attend un carrosse. Après ces mots, il descendit de cheval, & remonta le plus adroitement du monde. Quand la jeune Paysanne fut placée, il galoppa avec la même vîtesse jusqu'au carrosse, y fit monter l'inconnuë, & prit place lui-même auprès de Fatime, après avoir rendu le cheval à Cliton. La frayeur de l'inconnuë avoit été si grande, qu'à peine pouvoit-elle en revenir, quoiqu'elle se vît en sûreté : La Dame à qui appartenoit le carrosse lui marqua tout l'interêt possible, & comme Pharsamon l'avoit fort bien remarqué, cette jeune fille avoit l'air de cacher une naissance illustre sous les habits qui la déguisoient : on ordonna au cocher d'aller le plus vîte qu'il seroit possible ; & une demie heure après, l'on arriva chez la Dame qui étoit veuve, & qui étoit une de ces femmes qui commencent leur retour ; coquette déja surannée, mais qui ne pouvoit renoncer au plaisir du bel âge, elle n'avoit pas dit grand chose dans la compagnie d'où elle venoit : la figure de Pharsamon lui avoit plû beaucoup; & la demande qu'elle avoit faite du diamant, n'avoit été que pour l'engager à venir chez elle, pour essayer si elle ne pourroit lui faire oublier sa Princesse perduë ; elle esperoit en lui parlant raison, de le faire revenir de son égarement, & le conduire insensiblement à l'aimer à force de bonnes manieres, enfin à l'épouser, se doutant bien qu'il étoit homme de naissance, & pourvûë d'assez de bien pour faire la fortune d'un homme qui n'en auroit point, & qui lui plairoit (Je dis l'épouser, car je ne suis pas d'humeur à mettre sur la scene un amour scandaleux.)

Cependant on est arrivé. L'inconnuë parut avoir besoin de repos; on lui prépara une chambre où elle fut long-tems à se reposer sur un lit; les soupirs qu'elle avoit fait le long du chemin, ne marquoient que trop combien les raisons qu'elle avoit d'être affligée, étoient considerables : Pharsamon la recommanda à la Dame que j'apellerai Felonde, & lui témoigna qu'il étoit dans la résolution de partir sur le champ. Elle fit semblant de se mettre en devoir de lui faire donner ce qu'il demandoit; mais elle eut soin secrettement de faire dire qu'on avoit emmené la meilleure partie de ses chevaux à une de ses Terres, & que ceux qui restoient, n'étoient point propres à l'usage où les vouloit employer Pharsamon; qu'au reste, on les rameneroit le lendemain l'après-dîné. Ce trait d'adresse fut suivi d'un discours, où elle lui representa vivement, en se conformant à ses idées, que l'inconnuë qu'il avoit tirée des mains de son ennemi, pouvoit avoir encore besoin de son secours dans les suites, qu'il falloit attendre qu'elle lui eût confié son histoire: Pharsamon qui malgré l'interêt de son amour, étoit capable d'arrêter pour cette unique raison, consentit d'attendre jusqu'au lendemain. On servit le dîné, & l'on envoya demander à la Paysanne inconnuë, si elle vouloit venir manger. Cette jeune fille se leva du lit où elle s'étoit couchée, & parut dans la salle, avec cet air languissant qu'une vive douleur répand sur le visage, elle paroissoit consternée; Pharsamon la salua d'un air convenable au mistere que ses habits cachoient sans doute, & malgré l'attirail de Paysanne, Felonde ne laissa pas de lui faire toutes les honnêtetés qu'elle auroit pû exiger dans un habillement plus distingué: Il est vrai que la jeune Paysanne y répondoit de maniere, qu'il étoit aisé de voir que ce que l'on soupçonnoit de noblesse chez elle, étoit très-réel; la beauté qu'on voyoit dans ses traits étoit le moindre de ses agrémens: Cependant ces traits composoient une phisionomie fine & délicate, c'étoit un teint qu'une Paysanne ne sçauroit se conserver, une main charmante & telle qu'une Princesse pourroit la souhaiter, un certain geste, & je ne sçai quoi dans sa maniere de remercier, ou de répondre & de manger même, qui respiroient une éducation noble. Felonde en dînant, essaya par les discours les plus obligeans, de calmer ses inquiétudes: Elle parut sensible aux obligeans efforts que faisoit cette Dame, elle se contraignit même jusqu'à parler beaucoup plus qu'elle n'auroit n'auroit fait ; & le repas étant fini, Felonde la conduisit avec Pharsamon, Fatime qui avoit mangé avec eux, & Cliton à qui on avoit donné à manger à part, sous un agréable berceau, où l'on avoit ménagé des siéges de gazon. On agita d'abord quelques questions indifferentes, où la belle Inconnuë parut avoir autant de délicatesse dans l'esprit, qu'elle en avoit dans ses traits. Pharsamon cependant curieux de sçavoir par quelle avanture elle fuyoit ce Berger qui la poursuivoit, & charmé de l'occasion favorable qui s'offroit d'entretenir ses idées, par des matieres convenables à ce qu'elles étoient, pria l'Inconnuë de vouloir bien leur raconter son histoire, si elle le pouvoit faire. La jeune Inconnuë répondit, je vous ai trop d'obligation, Seigneur, pour vous refuser ce que vous me demandez ; d'ailleurs je n'y vois nul danger, ainsi je suis bien aise que vous me procuriez l'occasion de vous faire plaisir : quand elle eut répondu de cette maniere, d'un air de modestie à inspirer du respect & de la tendresse pour sa personne, elle commença ainsi.

Histoire de Tarmiane.

JE m'appelle Tarmiane, mon pere étoit Lieutenant de Vaisseau; il n'avoit que vingt-deux ans lorsqu'il épousa ma mere, ils étoient François tous deux : La tendresse que ma mere avoit pour son mari, la détermina à le suivre dans un voyage sur mer qu'il alloit faire, avec quelques Vaisseaux que le Roy envoyoit dans une Isle où l'on avoit besoin de François : le commencement du voyage fut, dit-on, très-heureux ; mais quinze ou seize jours avant d'arriver où l'on alloit, des Vaisseaux d'un pavillon étranger, avertirent les nôtres qu'il falloit se tenir sur ses gardes. Ces vaisseaux nous ayant apperçûs de leur côté, approcherent à force de voiles, & quand nous fûmes plus près les uns des autres, on vit que c'étoient des Turcs en bien plus grand nombre que les François, ils nous attaquerent brusquement, esperant de contraindre les nôtres à se rendre bientôt ; mais ils se tromperent ; & malgré l'inégalité, jamais on ne se défendit avec tant de valeur ; les Turcs à force de monde, demeurerent cependant victorieux, mais la victoire leur coûta bien cher, & ils ne la remporterent qu'ensanglantée du sang de plus des deux tiers des leurs.

Mon pere fut un de ceux qu'ils admirerent le plus, quand ils se furent rendus maîtres de nos Vaisseaux, il s'étoit battu le dernier contre trois jeunes Turcs, dont il avoit irrité le courage par la vigoureuse resistance qu'il fit à leurs efforts pour entrer dans son Vaisseau ; mais enfin il fut percé de tant de coups d'épée qu'il tomba. Après le combat, on le fit prendre : Celui qui commandoit les Turcs le fit mettre dans sa Tante, par un sentiment de generosité naturelle, & qu'excitoit encore ce qu'on lui rapportoit du courage de mon pere. Les Turcs firent soixante prisonniers. Le butin partagé, Tarmiane ma mere resta au Chef des Turcs: Ils prirent encore en s'en retournant quelques Vaisseaux Marchands. J'avois alors dix-huit mois, & quand nous fûmes débarqués, quelque soin que le Corsaire Turc (car c'en étoit un) prît de mon pere, il expira de ses blessures entre les bras de son épouse.

Le Corsaire Turc, qui aura nom Hasbud, m'emmena chez lui avec ma mere dont la jeunesse & la beauté l'avoient touché dès le premier instant. Il demeuroit dans un Village près de la mer: C'étoit un endroit, où son pere qui avoit possedé des emplois considerables auprès du Grand Seigneur, avoit été obligé de se retirer pour éviter des malheurs plus funestes, où sans doute l'envie & l'artifice de ses ennemis l'auroient exposé dans les suites. Dans ce lieu, sa femme encore jeune, avoit accouché d'Hasbud qui y avoit toujours été élevé. La mort de son pere & de sa mere, qui ne vêcurent que trois années après leur retraite, l'avoit laissé sous la conduite d'un simple parent, qui n'avoit pas eu soin de cultiver en lui toute la disposition que la nature lui avoit donné pour la vertu. Quoique privé des grands biens que la fortune de son pere lui avoit amassés, il en avoit encore assez pour vivre, sinon en gros Seigneur, du moins en particulier puissant. Son parent mourut comme il n'avoit encore que quinze ans. Maître d'un patrimoine plus que médiocre, l'amour & les plaisirs l'avoient d'abord occupé les premieres années. La proximité de la mer & de nombre de Vaisseaux Corsaires qui abordoient près des lieux où il demeuroit, l'encouragea à tenter fortune comme eux: Il s'associa à un d'eux avec qui il courut quinze années les mers avec tout le succès qu'on peut attendre dans ce genre de vie. Ce succès l'anima davantage encore: Enfin, après avoir fait long-tems le métier de Corsaire par intérêt, il s'en fit une si douce habitude, que dans les suites il le continua par goût & par inclination. Son associé fut tué dans un combat : Hasbud épousa une de ses filles, & s'empara presque de tous les biens que son pere avoit laissés. Chaque année il revenoit au lieu de sa naissance où il avoit mis son épouse : il agrandit ses terres, & se bâtit une Maison si superbe, se fit servir d'un si grand nombre d'esclaves, que dans tout le Pays Hasbud étoit cité comme le plus riche & le plus puissant. Ce fut dans ce lieu qu'il nous conduisit ma mere & moi : Mais avant que d'entrer dans le détail de mes avantures, & de tout ce qui y a rapport, il est bon de vous dire dans quelle situation étoit alors la Maison & la famille d'Hasbud.

Cet homme étoit âgé de cinquante ans : Sa femme qu'il avoit épousé très jeune, n'en avoit encore que trente. Elle étoit une des belles femmes qu'on pût voir ; mais ses inclinations étoient cruelles, méchantes, & d'autant plus dangereuses, qu'elle sçavoit à force d'artifice, & d'un artifice qui ne lui coûtoit rien, cacher le plus mauvais caractere, sous des apparences naïves de bonté & de douceur. Elle avoit un fils, & c'étoit le seul enfant qu'elle eût eu d'Hasbud. Ce Turc, quand nous fûmes arrivés, fit récit à sa femme de la valeur de mon pere, & de la générosité qu'il lui avoit fait paroître avant de mourir : il ajoûta que cet homme avant de mourir l'avoit prié de traiter doucement sa femme, & de lui laisser la liberté d'élever sa fille à son gré. Je lui promis d'éxécuter ce dont il me prioit, dit-il à sa femme, & je veux tenir ma parole : ayez soin d'elle, & qu'on ne la trouble point dans l'éducation qu'elle voudra donner à sa fille. Alcanie, c'étoit ainsi que se nommoit la femme du Corsaire, lui voulut persuader qu'il n'étoit pas nécessaire que cette esclave demeurât dans sa Maison, qu'on n'avoit qu'à l'envoyer dans une autre de ses Maisons, qu'elle y seroit moins gênée, & que ce seroit aussi pour eux un embarras de moins. Alcanie n'alleguoit ces raisons que pour juger par la réponse de son mari, s'il ne s'interessoit que par générosité pour sa captive : elle avoit vû Tarmiane, sa beauté lui avoit paruë extraordinaire, & les soins qu'Hasbud ordonnoit qu'on prît d'elle, pouvoient être un effet des impressions de sa beauté.

Hasbud répondit à ce qu'elle lui disoit, qu'il étoit bien aise que Tarmiane restât dans la Maison ; qu'on seroit plus à portée de la servir, & que ce seroit une mauvaise maniere de tenir la promesse qu'il avoit faite à son mari mourant, que de commencer par l'éloigner de lui, & de l'envoyer dans des lieux où elle n'auroit pas les agrémens qu'elle trouveroit chez lui ; qu'au reste, c'étoit une femme d'une grande condition qui méritoit qu'on respectât son malheur. Sa passion naissante, & le dessein qu'il avoit de tromper Alcanie, le faisoient parler en ces termes. Alcanie ne fut cependant point abufée à travers la générofité qu'affectoit fon mari, & qu'elle fçavoit bien ne lui être point naturelle: elle démêla la véritable raifon des inconveniens qu'il alleguoit. Pour en être plus certaine, elle ne s'obftina pas davantage à lui parler fur cet article, & elle diffimula avec tant d'adreffe, que fon mari prit aifément le change, & crut l'avoir perfuadée à fon avantage.

Depuis ce moment, Alcanie traita Tarmiane le plus obligeamment du monde: Ma mere, quoique captive, n'avoit qu'à fouhaiter, tout ce qu'elle vouloit étoit fur le champ fait à fon gré. Elle remercioit tous les jours Hasbud & fa femme de la douceur qu'ils avoient pour elle: C'eft à vos foins généreux, leur difoit-elle quelques fois, que je dois ma vie; la mort funefte de mon mari, & la perte de ma liberté l'auroient dès long-tems terminée, fi vos bontés n'avoient charmé ma douleur. C'étoit ainfi que Tarmiane leur parloit quelques fois.

Cependant Hasbud aimoit de plus en plus ma mere: Une véritable passion inspire de la timidité aux ames les plus hardies & les plus cruelles. Hasbud, quoiqu'accoûtumé à ne trouver jamais de résistance, n'avoit cependant osé jusqu'ici faire connoître son amour à Tarmiane. La tristesse continuelle où cette captive étoit plongée, une douceur majestueuse empreinte sur son visage, un je ne sçai quoi que lui prêtoit de grand la noblesse du cœur & des sentimens, tout cela retenoit le Corsaire dans les bornes de la simple honnêteté: il l'abordoit cent fois dans la résolution de lui avoüer ce qu'il sentoit, & cent fois une crainte respectueuse le mettoit hors d'état de lui en parler; mais sa passion vint à un point, qu'enfin un excès d'amour prévalut sur l'excès de respect qui gênoit son cœur: il résolut de l'aller trouver un jour qu'elle se promenoit dans une espece de labyrinthe qui étoit dans un Jardin magnifique joint à la Maison.

Jusqu'ici Alcanie, malgré les soins qu'elle prenoit d'observer son mari, n'avoit encore rien vû qui pût lui prouver qu'il fût amoureux de Tarmiane, & elle se disoit quelque fois à elle-même qu'il pouvoit effectivement se faire qu'Hasbud en usât par générosité pour Tarmiane qui le méritoit, & par ressouvenir à la vertu de son mari; mais le hasard qui trouble & répare tout successivement, lui apprit, enfin, ce que l'adresse du Corsaire à son égard, & son respect pour Tarmiane lui renoient depuis long-tems caché. Je vous ai dit, Seigneur, continua la jeune Inconnue en s'adressant à Pharsamon, que Tarmiane se promenoit dans un labyrinthe de la Maison: Hasbud alla l'y joindre, croyant sa femme occupée avec ses domestiques: il entre dans ce labyrinthe, il jette les yeux de tous côtés pour appercevoir Tarmiane; mais le bruit des soupirs de son cœur le conduit vers elle: il l'aborde en tremblant. Elle étoit assise sur l'herbe, & appuyée sur un bras. Votre douleur ne finira-t-elle jamais, lui dit-il d'un ton mal aſſûré, & avec une rougeur qui prédiſoit l'intention qui l'amenoit ? Ne pourra-t-on malgré tout ce que l'on fait pour vous ſoulager, ſe flatter d'y réüſſir ? Tarmiane, qu'il ſurprenoit, voulut ſe lever pour le ſaluer, mais il la retint avec précipitation. Ma douleur ou ma joye, lui répondit-elle, doivent importer peu à tout le monde, Seigneur, & c'eſt pouſſer vos bontés trop loin que de ſouhaiter ſi ardemment de voir finir mes maux : vous avez fait pour moi, & vous faites tous les jours aſſez pour m'empêcher de regretter ma fortune paſſée : mais, Seigneur, de quelle retour de gayeté eſt capable une malheureuſe qui a perdu ſes biens & ſon mari qu'elle cheriſſoit plus que toute autre choſe ; je ne dis point la liberté ; l'état où je vis ne reſſemble point à l'eſclavage ; croyez, Seigneur, que la reconnoiſſance que j'ai pour vous me feroit oublier mes malheurs, si quelque chose pouvoit en effacer le souvenir de mon cœur. Mais quoi, Madame, repartit Hasbud, un peu remis de son émotion par la douceur avec laquelle lui parloit Tarmiane, quand on a été une fois malheureux, doit-on l'être toujours : Malgré les efforts que l'on voit faire pour terminer notre infortune, le tems & l'amitié que nous témoignent nos amis, n'effacent-ils pas dans le cœur de tous les hommes un funeste & fâcheux souvenir ? Nos malheurs enfin, laissent-ils d'éternelles blessures quand tout s'empresse à les guérir ? Parlez, Madame. Jusqu'ici, j'ai tout employé pour adoucir la situation où vous êtes ; mais que faut-il faire encore ? Vos larmes me touchent & me percent le cœur : je ne connoissois point avant vous la pitié & la compassion : vous m'inspirez pour vous des sentimens que je n'ai jamais sentis : vous pouvez tout éxiger de moi, mes biens, ma vie, mon sang, tout est fait pour vous. Il y a long-tems que je voulois vous le dire ; mais je ne sçai quelle crainte me retenoit en vous abordant ; & puisque j'ai commencé à parler, je ne le cache plus, je vous aime éperduement, & c'est vous dire assez, Madame, que si vous répondez à mon amour, votre bonheur avec le mien est assûré pour jamais. Je suis marié, il est vrai, mais on trouve des remedes à tout. Depuis que je vous connois je hai ma femme : Quelle difference, grand Dieux, de vous à elle ! Ah ! Tarmiane, dites un seul mot de favorable, & les obstacles qui s'opposent à ma fecilité disparoîtront ; car enfin, mon dessein n'est pas d'abuser du pouvoir que me donne sur vous votre esclavage : J'ai bien prévû que vous ne consentiriez pas à mon bonheur à moins d'un engagement qui permette à votre cœur de se rendre aux empressemens du mien : encore une fois, dites un mot, Tarmiane, gardez le secret, & j'aurai soin de hâter notre félicité.

Que devint Tarmiane à cette brusque déclaration d'Hasbud! L'horreur de ce qu'il lui proposoit se joignoit dans ce moment au peu de panchant qu'elle avoit pour lui, & au mépris qu'elle en devoit faire, puisque ce n'étoit plus qu'à une passion criminelle à laquelle elle devoit des honnêtetés qu'elle avoit cruës généreuses. D'abord, elle lui répondit avec une espece de fureur sans éclat, mais dont la froideur n'étoit pas moins expressive; insensiblement le malheur de sa situation lui arracha des larmes, & ce ne fut plus que par des soupirs & par des mots entrecoupés, qu'elle lui marqua tout l'effet que son discours avoit produit sur elle. Que je suis malheureuse, s'écria-t-elle! A qui m'adresser maintenant, ô Ciel! pour avoir du secours? Ah! barbare, si tu m'aimes, ne devois-tu pas m'épargner le tourment que tu me fais souffrir! Envisage mon état, sans bien, sans amis, sans soûtien. Je n'avois que toi & ta femme : tu avois fait mes malheurs :

tu semblois les réparer par la géné-rosité que je croyois voir en toi: Dieux ! cette générosité n'étoit qu'une feinte ! Il me reste une fille dont la vûë soutenoit ma vie contre tous les chagrins qui l'attaquoient. Ma Religion est differente de la tienne : je suis une miserable captive hors de son Pays, dans un climat barbare : Tes bontés étoient l'unique ressource que me laissoit le Ciel. Ressource vraiment affreuse ! A present, que deviendrai-je ? A qui me plaindre ? Je suis ton esclave : je n'ai que toi pour juge, & tu veux être mon bourreau ! A cet endroit de sa réponse, ses sanglots l'empêcherent d'en dire davantage. Elle se jetta sur moi, qui étois assise auprès d'elle : elle m'embrassa avec des gémissemens qui auroient interessé les plus insensibles : il sembloit que sa douleur avoit redoublé son amour pour moi, & la jettoit même comme dans une alienation d'esprit. Hasbud eut la constance d'attendre que cet excès de désespoir contre lui

fût

fût rallenti ; & dans le tems qu'elle paroissoit être un peu plus calmée, il lui dit : Je vous laisse, Tarmiane ; l'aveu de ma passion vous fait plus de mal que je n'avois envie de vous faire, perdez cette horreur que vous avez conçuë contre moi. Votre chagrin me touche sensiblement : Je ne vous parlerai plus d'une chose qui ne serviroit qu'à vous faire perdre pour moi l'estime que vous aviez conçuë : je tâcherai d'étouffer ma passion ; & pourvû que votre douleur n'éclate point, je puis vous promettre que la fureur que vous m'avez marquée ne diminuera en rien les bontés, que vous dites que j'ai jusqu'ici euës pour vous.

Après ces mots, il quitta Tarmiane qui avoit écouté ses dernieres paroles la tête baissée, & les yeux fixés à terre. Fasse le Ciel, lui dit-elle quand il la quitta, que les sentimens que vous faites paroître soient sinceres ! La reconnoissance que j'aurai pour vous ne finira qu'avec ma triste vie !

VIII. Partie.   Ccc

Elle resta encore quelque tems dans ce labyrinthe. Hasbud s'en retourna dans la Maison agité de mille passions à la fois. Le repentir qu'il avoit marqué à Tarmiane n'étoit qu'une feinte dont il vouloit se servir comme d'un moyen plus sûr pour arriver à ses desseins. Dans le désordre où le jettoient mille résolutions incertaines, celle de se mettre sur mer, & d'emmener Tarmiane avec lui, étoit celle où son esprit s'arrêtoit le plus : Il devoit, pour cet effet, flatter Tarmiane de l'esperance de revoir sa Patrie, & lui dire que dans peu de tems il prétendoit l'y rendre lui-même : Il sçavoit bien que quand elle seroit dans son Vaisseau il en seroit infiniment plus le Maître que chez lui, où sa femme, qu'il craignoit un peu, & le désagrément de passer pour un cruel, le retenoient ; mais, comme j'ai dit, le hasard traversa ses desseins en instruisant sa femme de l'avanture qui s'étoit passée entre Tarmiane & lui.

Alcanie étoit entrée dans le labyrinthe un moment avant qu'Asbud y vînt : Elle avoit apperçû de loin Tarmiane au travers des arbres ; mais je ne sçai par quelle humeur sombre ou mélancolique, ou peut-être par un sentiment secret de jalousie qu'elle conservoit contre elle, elle ne l'avoit point abordée.

Elle se promenoit d'un autre côté, quand elle entendit parler son mari, qui effectivement parloit très haut. La curiosité de sçavoir ce qu'il disoit à Tarmiane dans une occasion dont elle préjugeoit bien qu'il se serviroit s'il l'aimoit, la fit avancer de leur côté, & ne s'approchant qu'autant qu'il étoit nécessaire pour écouter distinctement ce que disoit son mari ; elle entendit, à quelques premiers mots près, toute la déclaration passionnée d'Hasbud, & les desseins violens, sans doute, qu'il avoit contre elle, & qu'il confioit à Tarmiane. Mille fois la fureur, la rage & la jalousie la poussoient à paroître pour accabler Hasbud de justes reproches, mais son caractère fourbe & artificieux l'emporta par interêt pour sa vie, & pour d'autres desseins sur la rage qui la transportoit. Elle se retira quand il eut cessé de parler, sans attendre la réponse de Tarmiane, car elle craignoit que son mari, par accident, ne la vît, & par cette raison ne méditât plus promptement sa mort.

Alcanie n'avoit d'abord été jalouse de Tarmiane que par un amour sincere pour son mari ; mais lorsqu'elle eut appris qu'il se soucioit assez peu d'elle pour ne point balancer à la sacrifier aux désirs qu'il avoit de contenter sa passion, cet amour jaloux s'évanoüit entierement, & fit place à une résolution emportée de se venger de lui, avant qu'il eût le tems de se défaire d'elle : Cette résolution fut cachée sous un air content. Il la trouva, je dis Hasbud, dans une cour où elle ordonnoit quelque chose à ses domestiques : elle lui demanda d'un air indifferent d'où il venoit. Il ne lui cacha point qu'il fortoit du labyrinthe, où il avoit eu un moment de conversation avec Tarmiane qui y étoit encore : De son côté, il lui dit cela d'un air libre & naturel, qui ne servoit qu'à prouver à Alcanie avec quelle précipitation elle devoit prendre des mesures avant les siennes. La nuit vint, Tarmiane sortit du labyrinthe, & supposa une indisposition pour n'être point obligée de manger ce soir là avec Hasbud & sa femme. Malgré le feint repentir d'Hasbud, elle avoit été frappée d'étonnement, elle s'étoit trouvée si saisie d'horreur, qu'elle ne pouvoit encore arrêter ces justes larmes que lui arrachoit le souvenir d'un si terrible compliment.

Alcanie & Hasbud mangerent donc seuls à table. Alcanie feignit d'être en peine de la santé de Tarmiane, & quand le repas fut fini, elle se hâta de sortir de la chambre pour aller trouver ma mere : Elle y vint effectivement. Tarmiane étoit couchée, & me serroit entre ses bras, quand Alcanie entra dans la chambre: elle la vit son visage appuyé contre le mien, & fondant en larmes. Qu'avez-vous donc, Madame, lui dit-elle d'un air de pitié maligne ? votre douleur est opiniatre ? Pleurerez vous toujours ? Je ne pleurerai peut-être pas encore long-tems, répondit Tarmiane. Je vous laisse donc ce soir à votre tristesse, dit Alcanie, elle aura plus de charme pour vous que ma compagnie. La compagnie d'Alcanie me fera toujours un vrai plaisir, repartit honnêtement Tarmiane, & dans l'état où je suis, je n'ai assez de malheur encore, ni assez d'ingratitude pour m'ennuyer de voir ceux qui me font du bien. Ce n'est point moi, Tarmiane, lui dit Alcanie, à qui vous devez sçavoir gré de l'adoucissement qu'on apporte à vos malheurs ; Hasbud mon mari a tout fait, & je n'ai tout au plus que l'avantage de voir avec plaisir tout ce qu'il fait pour vous: Adieu, Madame, je m'en vais lui rendre compte de votre maladie, & lui dire que ce n'est qu'une douleur ordinaire qui vous rend indisposée ; vous jugez bien qu'il en doit être inquiet. Elle finit là une conversation qu'elle auroit encore rendûë plus maligne, si elle s'en étoit crûë ; mais elle n'osoit encore faire rien deviner, & s'il lui étoit échapé quelque chose qui dût paroître trop vif, c'étoit son ressentiment contre son mari qu'elle ne pouvoit entierement contraindre.

Cependant elle avoit mis à profit tous les instans : sa vengeance n'étoit plus à faire, & Hasbud le soir même avoit été empoisonné. Alcanie, de retour de la chambre de Tarmiane, étoit rentrée dans celle d'Hasbud qui se trouvoit mal. Elle en sçavoit bien les raisons, mais elle ne laissa pas que d'aller le soulager, & de lui marquer l'allarme la plus vive. Dans le tems qu'elle feignoit d'imaginer tout ce qui pourroit lui faire du bien, un Esclave entra. C'étoit un homme qui depuis vingt ans étoit à Hasbud, qui le suivoit dans ses courses, & qui le servoit avec une fidelité incorruptible. Cet Esclave ferma la porte sur lui avec un air effaré, & s'approchant de son Maître avec precipitation : Prenez ce breuvage, Seigneur, lui dit-il, c'est un contrepoison dont vous avez besoin ; vous êtes mort si vous ne l'avalez sur le champ ! Quoi donc, s'écria Hasbud en se levant malgré sa foiblesse, je suis empoisonné ! Oüi, Seigneur, repliqua l'Esclave, mais, sans demander comment, hâtez-vous de triompher de la rage de votre ennemie.

Hasbud prit le verre, après ces mots, & but la liqueur qui étoit dedans, & le rendant à l'Esclave : Mehella, lui dit-il, ce n'est point assez de sauver ton Maître, nomme moi l'ennemi qui en veut à ma vie ? Alcanie jusqu'ici avoit été muette, interdite : tout son artifice n'avoit pû tenir contre un accident imprevû qui rendoit l'éxécution de ses desseins inutile, & qui selon toute apparence, en trahissant son crime, la trahissoit elle-même. Cependant

pendant elle fit un effort fur elle, & fe remettant autant qu'il lui étoit poffible: Quelle eft donc la malheureufe perfonne qui en veut à mon Seigneur, s'écria-t-elle en embraffant Hasbud! L'Efclave héfita quelque tems à répondre, comme un homme qui fufpend ce qu'il a envie de dire; & puis, la regardant avec des yeux que le fervice qu'il rendoit à fon Maître enhardiffoient: Seigneur, dit-il en s'adreffant à Hasbud, voilà celle qui vous arrachoit la vie: Moi! infolent, repartit Alcanie en rougiffant plus de rage que de frayeur: Vous-même, répondit l'Efclave; je fçai tout, & je vais tout dire. A ces mots Hasbud jetta des regards effrayans fur fa femme; Parle? dit-il à Mehella; & convainques cette malheureufe de la perfidie qu'elle méditoit contre moi. Alcanie, à ces mots, fe jetta aux pieds d'Hasbud pour le diffuader de ce qu'on lui difoit contre elle; mais la pouffant de fon pied: Leve-toi, lui répondit-il; en vain tu t'éfforces de me calmer;

tu ne réüssiras point : Tu m'as voulu faire mourir, & tu mourras! leve-toi, & laisse parler ce fidéle Serviteur, sans qui je perdois la vie, Hé bien, dit Alcanie en se levant avec fureur, il est inutile qu'il te raconte ce que j'ai fait ; je l'avoüe, j'ai voulu t'ôter la vie, & si je pouvois le faire, je le tenterois encore : Si je me repens de quelque chose, c'est d'avoir été trahie ; tu méritois la mort, puisque tu me la preparois ; juge-toi toi-même, & voi quelle résolution je devois prendre : J'ai tout entendu quand tu parlois de ta passion à Tarmianne ; souvien-toi de ce que tu disois des nœuds qui nous attachent l'un à l'autre ; il y avoit du remede, disois-tu, & pourvû qu'elle te répondît favorablement, tu me haïssois, & les obstacles qu'apporteroit sans doute sa délicatesse, devoient être levés. Tu vois que j'ai retenu tes paroles : Quel parti pouvoit prendre, infâme traître que tu es, que pouvoit de moins une femme qui t'a toujours cheri, & qui, malgré le tendre attachement qu'elle avoit pour toi, se voyoit récompensée de son amour par une perfidie? Ah, cruel! Va, fais-moi mourir! Je n'emporte en quittant la vie, non pas le chagrin d'avoir attenté sur la tienne, non pas la douleur de perdre la mienne; mais le juste désespoir de ne t'avoir pas payé de tes lâches desseins comme tu le méritois: Frappe avec toute l'ardeur d'un ennemi cruel qui tuë celle qui te feroit encore mourir si elle le pouvoit! Ces mots furent prononcés avec la rage que peuvent inspirer, le désespoir d'avoir mal réüssi, la haine, la jalousie, & le chagrin de mourir.

Hasbud porta la main à son sabre pour se délivrer, tout d'un coup, des justes reproches d'une femme que la justice de ses plaintes ne rendoit cependant pas moins criminelle; mais Mehella le retint, & lui representa qu'il pouvoit se venger sans s'exposer aux suites de l'action qu'il alloit faire:

Seigneur, dit-il, les preuves de sa perfidie sont évidentes, elle l'a éxécutée, & ce n'est pas sa faute si vous ne mourez pas : vous êtes empoisonné ; en faut il davantage pour la faire punir par le Juge ? En même tems il raconta à Hasbud de quelle maniere il sçavoit que sa femme l'avoit empoisonné.

Alcanie, dit-il, a séduit celui qui prepare à manger. Comme tous vos domestiques ici lui sont dévoués, elle n'a pas eu de peine à le mettre dans ses interêts : elle l'a engagé par des presens dont elle l'a comblé sur le champ, par des pierreries qu'elle lui a remises, à jetter dans deux plats des mets que vous aimez, une certaine poudre, qui apparemment est un poison bien subtil, puisqu'elle lui a dit que vous ne passeriez pas la nuit. Cet homme a pris la poudre en promettant de l'employer avant que de servir ces mets : il a tenu parole. Après le repas, le hasard m'a conduit dans la cuisine. A quelque pas de la porte, j'ai apperçû ce cuisinier qui parloit d'action à l'Esclave Murcie: cette Esclave sembloit le quereller. La curiosité, sans autre dessein que de la satisfaire, m'a porté à écouter ce qu'ils se disoient, & j'ai entendu qu'elle disoit ces mots: Hally, tu as mal fait de jetter cette poudre dans les plats: ce poison ne fera point sur ton Maître un effet si prompt qu'il n'ait le tems de soupçonner sa femme par les douleurs qu'il ressentira, & de la faire arrêter sur le champ; apparemment quils sont mal ensemble. Notre sexe est timide, & montre souvent la plus grande foiblesse, après avoir prouvé la plus ferme résolution: Tu ne devois point servir sa vengeance; & quand ton Maître ne s'appercevroit pas qu'il est empoisonné, ta Religion devoit t'en empêcher. Tu sçais bien que j'aime la vertu, & que malgré ton peu de fortune je ne me suis jamais plaint de ton peu de bien: Je t'ai promis de t'épouser quand mon Maître m'auroit donné la liberté; ne t'en prends qu'à toi-même si je te refuse à présent souillé comme tu es du plus noir & du plus grand des crimes.

A peine ai-je entendu ces mots, continua Mehella, que je suis entré le sabre à la main dans la cuisine pour en frapper ce malheureux cuisinier. La frayeur qu'il a eu l'a fait tenter de se sauver; mais plus prompt que lui, je suis sorti, & l'ai enfermé dans la cuisine avec l'Esclave, que sa vertu mérite qu'on récompense; après cela, j'ai couru le plus promptement que j'ai pû, chercher de ce breuvage, dont je me souviens qu'un Turc m'avoit fait présent pour un service que je lui avois rendu. Il m'en avoit appris la vertu; j'en ai rempli ce verre, & je suis accouru à vous. Seigneur, vous voyez que les complices du crime d'Alcanie ne peuvent vous échaper par les précautions que j'ai prises, car j'ai la clef de la cuisine sur moi.

Pendant ce récit, Alcanie s'étoit assise dans la posture d'une femme au désespoir. Quand elle vit que

Mehella avoit tout dit, elle tira un petit sac de papier de sa poche, & le montrant à Hasbud: Vois-tu cela, lui dit-elle, voilà le poison dont tu as pris; mais puisqu'il ne m'a servi de rien contre toi, j'en tirerai du moins l'avantage d'en terminer ma vie, contre laquelle tu ne pourras plus rien dans un quart d'heure. A peine eut-elle fini ces mots, qu'elle avalla toute la poudre qui étoit dans le papier. L'effet de ce poison fut bien plus prompt qu'elle ne l'avoit dit, car dès qu'elle l'eut avalé, une pâleur mortelle parut sur son visage, sa bouche devint hideuse, ses yeux jetterent des regards que l'horreur de la mort, le tourment qu'elle souffroit, & la rage rendoient épouvantables; d'affreuses contorsions témoignerent qu'elle alloit rendre l'ame; elle mourut, en disant d'un ton de voix terrible: Que ne peut l'impression de ton poison passer dans ton cœur, & celui de ta Captive! A peine eut elle prononcé ces mots, qu'elle expira.

D d d iiij

Cependant, dès l'instant même, Hasbud en informa le Juge: Il se transporta lui-même sur le lieu. Hasbud, en plusieurs occasions lui avoit fait plaisir. On ouvrit la cuisine où le malheureux cuisinier, prévoyant sans doute le sort qui l'attendoit, avoit fini sa vie avec un couteau qu'il s'étoit enfoncé dans le cœur. Malgré l'horreur que son crime avoit inspiré à l'Esclave Murcie, on la trouva auprès du corps de ce malheureux dans un état de douleur qu'il ne méritoit pas. Hasbud lui donna la liberté, & une somme d'argent considérable : Elle sortit de la Maison, & l'on ne sçait ce qu'elle devint dans les suites. Tarmiane étoit dans son lit pendant que tout cela se passoit. Quand elle fut levée le lendemain, Hasbud, charmé d'être délivré d'une femme dont sa propre fureur l'avoit défait, lui envoya Mehella l'informer de tout. Vous pouvez aisément imaginer quelle fut la surprise de ma mere quand elle apprit des accidens si funestes : elle ne répondit presque rien à cet Esclave qui avoit charge de rapporter à Hasbud la maniere dont elle prendroit la chose. Mehella voyant qu'elle gardoit un profond silence, s'en retourna en informer son Maître ; mais il espera qu'en lui parlant lui même il la gagneroit à force de douceur & de biens. Cependant il jugea à propos de lui laisser le reste de la journée, pour lui donner le tems de faire de sérieuses réflexions ; il sortit même, & ne revint chez lui que sur le soir : il soupa seul. Tarmiane sçachant qu'il n'étoit point chez lui s'étoit couchée de bonne heure pour se disculper d'aller manger avec lui. Mais de quoi lui servoient ces précautions ! Pouvoit-elle échaper toujours aux haïssables empressemens de cet homme ? Il vint la trouver le lendemain dès qu'il sçut qu'elle étoit levée ; il l'aborda d'un air très respectueux : Le Ciel, dit il, Madame, m'a défait d'une perfide qui avoit médité ma mort. De rage d'avoir manqué son coup, elle s'est empoisonnée elle-même; & puisqu'elle n'est plus, je puis dire que jamais mon sort ne fut plus heureux. L'avanture tragique qui fait périr votre femme, & qui a manqué à vous faire périr vous-même, Seigneur, lui répondit Tarmiane, doit vous prouver ce que le Ciel que vous remerciez injustement, vous prépare si vous ne renoncez à vos criminels desseins. Alcanie n'est morte que pour avoir voulu vous faire mourir, c'est à vous de voir si vous ne méritiez pas ce qui lui est arrivé : C'est un avertissement pour vous que sa mort, & je vous conseille d'en profiter. Le Ciel ne met pas au nombre de nos crimes, répondit Hasbud, ceux qu'une passion violente nous fait ou entreprendre, ou commettre : On est trop peu Maître de soi même pour écouter les remords de son cœur. Ce que je voulois éxécuter contre Alcanie est de cette espece de crimes ; ainsi, je n'ai rien à aprehender. Mais, Madame, je ne venois pas vous trouver pour m'attirer de mauvais préfages : ma paſſion pour vous devroit m'épargner le diſcours que vous me tenez : Vous ſçavez la promeſſe que je vous avois faite, de ne vous parler jamais d'un amour que mon engagement avec Alcanie me faiſoit juſtement haïr ; j'aurois tenu ma promeſſe ſi ſon crime ne m'eût exempté de tenir mon ſerment. Je ne ſuis plus marié, je ſuis libre, & vous n'avez plus rien à m'alleguer, à moins que vous ne fondiez votre répugnance ſur l'averſion que vous avez peut-être pour moi ; mais cette répugnance ſeroit injuſte ſi elle tenoit contre la reconnoiſſance que vous devez avoir pour tout ce que j'ai fait pour vous, & contre les biens dont je veux à preſent vous combler ; ainſi j'eſpere, Madame, que ſi vous y avez mûrement penſé, vous ne vous oppoſerez plus à mon bonheur. Ah ! Seigneur, dit alors Tarmiane, vous repentez-vous ſi-tôt des ſentimens que vous m'avez témoignés en me quittant ? Penſez-vous que votre femme fût le seul obstacle légitime qui s'opposât à ce que vous exigiez de moi? Ma Religion différente de la vôtre, que vous me forceriez de changer quand je serois à vous: Ma fille dont l'éducation m'est plus chere & plus precieuse que tout les biens du monde, & dont je ne serois plus la maîtresse, tout cela ne suffit-il pas pour m'excuser auprès de vous, si vous écoutez la raison, quand même mon cœur ne sentiroit pas de répugnance à se donner à vous? Ce sont là, dit Hasbud, de foibles raisons contre la mienne. A l'égard de votre Religion, il ne tient qu'à moi, dès à present sans être votre époux, de vous obliger à la quitter; mais, Madame, encore une fois, je ne veux point vous traitter avec violence: consultez-vous: je puis être heureux; & si je ne le suis pas, à qui voulez-vous que je m'en prenne, sinon à vous? Ah! cruel, s'écria alors ma mere, je vois bien que votre cœur est sans compassion pour moi! Pourquoi s'adresser à moi pour choisir un objet à votre passion ? Quelle felicité peut vous donner une malheureuse que ses malheurs & sa situation condamnent à des larmes éternelles ? Laissez - moi plûtôt finir mes tristes jours dans un repos qui est l'unique bien que je souhaite ! Traitez - moi comme une Esclave ; mais cessez de m'aimer ? Je ne suis point aimable ; la douleur & les chagrins où je suis plongée, ne s'accordent point aux idées de bonheur que vous attendez de moi. Elle alloit continuer à en dire davantage, quand Hasbud l'interrompant tout d'un coup : Je n'espere point, dit-il, vous convaincre à force de raisonnemens ; je vois bien que vous voulez vous même être la cause de votre peine ; mais, Madame, je vous laisse encore deux jours à songer à ce que je vous ai dit : déterminez vous à tout ce que vous pourrez imaginer de plus funeste, ou à faire mon bonheur : C'est avec regret que je vous le dis ; mais je sens bien que ma passion est arrivée à un point qui ne peut plus supporter de resistance : Adieu, Madame, songez-y.

Après ces mots, il quitta ma mere, & l'abandonna à tout ce que le désespoir a de plus horrible. Mais le Ciel qui se joüe des desseins des hommes, & qui sçait arrêter tout ce qu'ils méditent d'illegitime, preserva Tarmiane des accidens affreux qui la menaçoient. Un Esclave, parent du cuisinier, outré de la mort de cet homme auquel il étoit joint, non seulement par les liens du sang, mais encore par l'amitié, & qui se voyoit privé des agrémens & des douceurs dont il adoucissoit souvent son état, resolut secrettement de mettre le feu dans l'appartement d'Hasbud, afin qu'il perît le premier, se flattant que dans le désordre il pourroit emporter plus qu'il ne lui en falloit pour aller vivre ailleurs. Il exécuta sa résolution le soir du second jour qu'Hasbud avoit donné à Tarmianne pour songer à ce qu'elle devoit faire. Personne ne s'apperçut des precautions qu'il prit pour cela ; mais, entre minuit & une heure, Hasbud éveillé par la fumée qui l'étouffoit, vit en ouvrant les yeux les flames les plus ardentes dévorer les meubles de sa chambre : il se leve effrayé, crie, appelle. Ceux qui couchoient un peu plus loin de lui s'éveillent, aussi & sont étonnés de cette épaisse & noire fumée qui remplissoit déja la Maison : ils se levent pour voir d'où vient le feu : l'appartement d'Hasbud étoit déja à moitié consumé, Hasbud lui-même avoit peri dans les flammes malgré ses efforts pour se sauver. Son fidéle Mehella arrive ; sa fidelité le fait périr lui-même.

Cependant le feu gagne le reste de la Maison. Les domestiques effrayés fuyent avec épouvante, & font des cris terribles : Tous les voisins éveillés par le bruit, se levent, chacun tâche de garentir son bien & sa Maison de l'accident funeste qui les menace. Dans ce désordre, l'Esclave qui avoit pris ses mesures pour emporter effective-ment de quoi pouvoir aller passer sa vie ailleurs, fuit, & laisse au reste des domestiques & aux voisins le soin d'éteindre l'incendie.

Fin de la huitiéme Partie.

CONCLUSION
DE
PHARSAMON,
OU
LES NOUVELLES FOLIES
ROMANESQUES.

Par Monsieur DE MARIVAUX.

NEUVIE'ME ET DIXIE'ME PARTIES.

A PARIS,
Chez PRAULT pére, Quay de Gêvres,
au Paradis.

M. DCC. XXXVII.
Avec Approbation & Privilege du Roy.

PHARSAMON,
OU
LES NOUVELLES FOLIES
ROMANESQUES.

NEUVIEME PARTIE.

TARMIANE éveillée à son tour, par le fracas que cause cet embrasement, dans la frayeur qui la transporte, fuit, court çà & là, plus effrayée pour moi qu'elle tenoit entre ses bras, que pour elle-même : & comme le trouble & la confusion étoient répandus partout, elle s'égara long-tems dans le Jardin sans sçavoir où elle portoit ses pas : enfin, après s'être long-tems fatiguée à fuir, elle arrive à la porte de la Maison, & transportée d'épouvante, elle entre nuds pieds & n'ayant qu'une simple jupe, dans une autre maison éloignée de soixante pas de celle qui brûloit. La Maîtresse de cette maison étoit à sa porte ; elle attendoit des gens qu'elle avoit envoyés pour sçavoir si l'incendie étoit dangereux. Les flambeaux que quelque domestiques tenoient pour éclairer leur Maîtresse, découvrirent la beauté de Tarmiane. D'abord ces domestiques l'arrêterent par le bras pour l'empêcher d'entrer; Tarmiane alors se jetta aux genoux de cette femme pour la supplier de la recevoir avec son enfant chez elle : Je fui, s'écria-t-elle, & la flame & la mort, & la perte de mon honneur qu'on veut m'ôter; cachez-moi chez vous, Madame. Mais en vain Tarmiane s'expliquoit-elle de la maniere du monde la plus pitoyable, la Maîtresse n'entendoit point sa langue, elle comprit seulement que Tarmiane lui demandoit du secours:

il n'étoit pas bien difficile de le deviner dans l'état où elle étoit. Cette femme lui fit signe de rester ; & ceux qu'elle avoit envoyés voir le feu lui ayant rapporté que les flames diminuoient, elle rentra chez elle avec Tarmiane à qui elle fit donner une chambre : Le reste de la nuit se passa tranquillement.

Le lendemain, la Maîtresse du logis qui paroissoit riche, & qui avoit nombre d'Esclaves, se doutant que Tarmiane parloit françois, lui envoya une jeune Françoise, pour lui demander la raison qui l'avoit fait fuir avec tant de frayeur. Tarmiane expliqua tout à cette jeune fille, & lui fit connoître les desseins d'Hasbud. Cette jeune Esclave la consola, & lui fit mille caresses : Ne craignez plus rien, Madame, lui dit-elle, la personne chez qui vous vous êtes réfugiée est la tante d'Hasbud ; mais elle ne lui ressemble pas. Vous avez trouvé l'azile le plus sûr ; & quand j'aurai rapporté votre histoire à ma Maîtreffe, & ce que vous êtes, je ne doute point qu'elle ne vous traite avec toute l'honnêteté que vous pourriez attendre de la plus charitable de toutes les chrétiennes.

Cette jeune fille, après avoir ainsi raffûré Tarmiane, s'en alla rendre compte à sa Maîtresse de ce qu'elle avoit appris. Cette vieille femme que j'appellerai Bosmir, fut véritablement touchée du malheur de cette Dame, & de la perfidie de son neveu. Elle avoit déja sçu qu'il avoit péri.

Le fils d'Hasbud s'étoit cependant sauvé. Il n'avoit encore que six ans, & quelques domestiques fidéles l'avoient enlevé à la fureur des flames. Ce jeune enfant, dès le lendemain de ce terrible acident, avoit été apporté chez Bosmir. Quelque tems après, le Juge de ces Cantons avoit chargé cette vieille femme, & d'autres parens, du soin de conserver ses biens : Il resta chez Bosmir qui l'éleva.

A l'égard de Tarmiane, elle vit

le repos succeder à tous ces troubles & à tous les dangers qui l'avoient allarmée. Bosmir eut pour elle les manieres les plus douces & les plus obligeantes: elle vivoit paisiblement en m'élevant, & en attendant la mort. Il ne se passa rien d'extraordinaire pendant dix années qui s'écoulerent encore depuis le malheur d'Hasbud.

Je croissois cependant en âge: le fils d'Hasbud étoit grand, & me regardoit souvent avec attention. Ma fille, me disoit quelque fois Tarmiane, le Ciel a prolongé ma vie autant que je le souhaitois pour vous instruire de la véritable Religion: Ceux parmi lesquels vous vivez en professent une abominable. Vous avez treize ans, & vous allez entrer dans un âge où mille écüeils menacent votre honneur & la vertu que j'ai tâché de vous inspirer. Ma santé diminuë tous les jours; je sens que je ne vivrai pas long-tems. Ma vie a été malheureuse; mais ces malheurs qui l'ont remplie me paroissent doux, puisqu'ils m'ont appris à adorer la main qui m'affligeoit, pour me faire mériter une récompense éternelle. Je n'aurois jamais connu Dieu comme il le faut s'il ne m'avoit mis dans un état où son amour étoit le seul bien qui me restoit: Heureux ceux qui sçavent en profiter, & qui le regardent comme l'unique & le plus grand de tous. Souvenez-vous, ma chere fille, de ce que je vous dis à present: Hélas! je prévois que vous ferez exposée à bien des dangers! Je m'apperçois que le fils d'Hasbud vous regarde souvent; vous avez peut-être allumé dans son cœur une passion qui pourroit dans les suites vous être funeste: Bientôt il joüira de tous ses biens: vous lui appartenez; il se verra Maître d'une personne qu'il aime. Ah! ma fille, promettez moi de négliger votre vie s'il en veut à votre honneur: apprenez, dès à present, à gémir de ces appas dangereux que le Ciel vous a donnés peut-être moins pour vous rendre heureuse pendant votre vie, que pour vous donner les moyens de mériter une félicité éternelle. Tout entre dans les desseins du Ciel; déterminez-vous à mourir mille fois, plûtôt que de blesser en rien votre vertu. Que peut-il vous arriver que la mort? Et la mort est-elle un mal quand elle affranchit des écüeils qui menacent notre honneur & qu'elle termine une vie dont la fin commence un bonheur éternellement durable.

C'étoit là les vertueuses instructions que Tarmiane me faisoit tous les jours. Le fils d'Hasbud continuoit à me regarder d'une maniere qui me prouvoit sa passion. C'étoit un jeune homme bien fait: sa phisionomie étoit belle; il me paroissoit même que toutes les actions que je lui voyois faire, marquoient par tout un caractere de noblesse & de vertu: Insensiblement il atteint l'âge où il pouvoit joüir de son bien; on le mit en possession des richesses qu'avoit laissé son pere. Dans ce tems, ma mere tomba malade; Bosmir n'oublia rien pour la soulager, & pour lui rendre la santé. Cette vieille femme avoit trouvé ma mere d'une phisionomie si charmante; sa paisible langueur l'avoit si fort attendrie, que quoiqu'elle n'entendit point notre langue, elle vouloit toujours l'avoir auprès d'elle. Cependant malgré tout ce qu'on fit pour lui rendre la vie, elle mourut entre mes bras, regretée de tous ceux qui l'avoient connuë, & particulierement de Bosmir qui fut touchée si sensiblement de sa mort, qu'une tristesse sombre s'empara de son cœur, qu'elle ne la perdit qu'avec la vie. Elle ne survêcut ma mere que d'un an : j'étois restée avec elle depuis la mort de Tarmiane. Le fils d'Hasbud, que j'appellerai comme son pere, en rentrant dans ses biens, avoit pris tous les Esclaves qui lui appartenoient : Bosmir l'avoit prié de me laisser auprès d'elle, & il lui avoit accordé cette grace avec des sentimens pour moi si obligeans, que je je n'avois pas laissé d'y être sensible malgré le ressouvenir qui me restoit des paroles de ma mere.

Bosmir, avant de mourir, qui avoit donné la liberté à beaucoup d'Esclaves, me témoigna qu'elle étoit au désespoir de ne pouvoir me faire la même grace. Hasbud dans le moment n'étoit point avec elle : car, dans sa maladie, il ne l'avoit guéres quittée : Bosmir ordonna qu'on allât le chercher, je veux, dit-elle, en s'adressant à la jeune Esclave Françoise qui étoit dans la chambre, je veux l'engager avant de mourir, à me promettre qu'il affranchira Celie ; c'étoit ainsi qu'on me nommoit. Celui qu'on envoyoit chercher Hasbud partit sur le champ pour l'avertir, il fut quelque tems à revenir avec ce jeune Turc, & quand ils arriverent, Bosmir avoit entierement perdu la parole. Le trouble que la foiblesse jetta dans le cœur de ceux qui avoient entendu ce qu'elle avoit dit pour moi, empêcha qu'on instruisît Hasbud, de la raison pour laquelle on l'avoit été chercher. Ce jeune Turc n'en imagina point d'autre, que la foiblesse de sa Tante, je lui vis répandre quelques larmes, comme il me regardoit. Hélas, j'en répandois aussi ; car la reconnoissance que j'avois pour toutes les bontés de Bosmir, avoient gravé dans mon cœur une tendre affection pour elle. Cette bonne Dame mourut, & laissa tout le monde dans l'affliction. Elle n'avoit point d'enfans. Hasbud herita des Biens qu'elle avoit. Je restai encore trois jours dans la maison, consternée & accablée de douleurs, sans biens, sans ressource, à la merci de la volonté d'un Maître, que son pouvoir sur moi, pouvoit enhardir à bien des choses. Au bout de ces trois jours, Hasbud entra dans ma chambre où je pleurois. Belle Celie, me dit il en langage Turc, quoiqu'il eût appris un peu le François par des Esclaves de ce Pays que Bosmir lui avoit donné pour l'instruire : Belle Celie, vous perdez par la mort qui vous ravit Bosmir, une amie qui vous cherissoit; mais ne vous abandonnez point au desespoir; tout n'est pas perdu pour vous, le fils d'Hasbud n'est point un Maître qui doive vous épouvanter; vous ne serez pas moins bien traitée chez moi, que vous l'étiez chez Bosmir: Les malheurs de votre famille que je me suis fait rapporter, & les vôtres, sont des droits qui vous rendent respectable à mes yeux : calmez votre douleur, c'est le seul mal qui vous reste désormais, & venez chez moi avec toute la confiance que doit vous donner la vertu que je vous connois.

Ces paroles, je l'avoüerai, me surprirent; je sentis couler dans mon cœur une douce tranquillité, & je n'en devois pas moins attendre d'un homme que la vertueuse Bosmir avoit élevé, & à qui elle avoit eu soin d'inspirer les sentimens les plus nobles, tels qu'elle les avoit elle-même.

Seigneur, lui répondis-je en langage Turc, que je sçavois fort bien, après ce que vous venez de me dire, mon cœur seroit bien injuste s'il conservoit encore quelque crainte à vous suivre ; ce n'est point-là le langage d'un homme qui veüille me faire de la peine, & la bonté que vous avez euë de me laisser une année entiere chez Bosmir quand vous pouviez me faire passer chez vous, m'est un garand de la noblesse avec laquelle vous me promettez d'en agir avec moi. Après ces mots je me levai, & le suivis dans sa maison. Je ne sçaurois vous exprimer la maniere honnête avec laquelle j'y fus traitée, je n'avois d'Esclave que le nom : Hasbud attentif à tout ce qui pouvoit me faire plaisir, avoit pour moi des empressemens qui me charmerent : il gardoit en me parlant un veritable respect, & mon cœur lui en sçavoit tout le gré dont il étoit capable. Je restai trois mois dans cet état, sans que rien m'apprît encore positivement qu'il m'aimoit. Je vivois contente : le ressouvenir de ma mere me donnoit quelquefois de la tristesse; mais Hasbud s'étudioit si fort à m'en distraire, qu'il y réüssissoit par les sentimens de reconnoissance & d'estime qu'il me donnoit pour lui: Un jour qu'il me parloit du malheur de mon pere, & qu'il paroissoit sensible aux maux que le sien avoit faits à Tarmiane: Belle Celie, ajoûta-t'il, si j'avois été le Maître dans ce tems-là, vous ne me regarderiez pas aujourd'huy comme le fils du plus cruel de vos ennemis, Tarmiane vivroit encore, j'aurois tâché en la comblant de biens, de lui faire oublier ses malheurs; & sa fille ne verroit en moi, à present, qu'un ami plus reconnoissant des bontés qu'elle auroit en acceptant ces mêmes biens, qu'elle ne l'est elle-même malgré tout ce qui lui parle contre moi dans son cœur. Les malheurs de Tarmiane, lui répondis-je, avec une douceur où cette reconnoissance dont il me parloit, & peut-être quelque chose de plus, avoit part, les malheurs de Tarmiane causés par le pere d'Hasbud, ne versent dans mon cœur aucune inimitié contre le fils; la difference de son caractere ne sert qu'à faire briller davantage sa generosité, & la sensibilité obligeante qu'il témoigne pour le passé, m'est un sûr garant des bontés qu'il doit avoir à l'avenir, lui assure de ma part une parfaite reconnoissance & une estime éternelle. C'est me l'accorder trop tôt cette précieuse estime, répondit Hasbud; j'espere la mériter un jour; mais en attendant, belle Celie, que mes manieres vous engagent à me l'accorder telle que je la souhaite, croyez que mon cœur n'aura jamais de plus cher interêt que celui de la mériter: Ces paroles furent prononcées, non pas avec cet emportement que donne une passion qu'on ne gêne plus, mais avec une maniere douce & respectueuse, & telle enfin qu'il le falloit pour trouver le chemin de mon cœur. Je baissai modestement les yeux après qu'il eût cessé de parler, & je lui dis: Seigneur, ne souhaitez point si vivement des sentimens de reconoissance d'une malheureuse captive, qui ne peut vous donner que cela, & qui sans doute vous le donnera toute sa vie. Cependant, Seigneur, si cette reconnoissance a quelques charmes pour vous, vous pouvez dès à present être persuadé que mon cœur en sent une infinie. Je ne dis que ces mots. Oüi, belle Celie, me répondit-il, ce que vous voulez bien me dire a des charmes pour moi, & je n'ose vous avoüer encore à quel prix je mets vos paroles, un jour quand mes actions vous auront prouvé.... Il s'arrêta-là, & parut embarrassé. Non, je n'ose continuer, belle Celie; je vous quitte, & rien ne peut encore excuser ce que j'ai pensé prononcer. Il me quitta. Je demeurai interdite, immobile, & peut-être tendre : car enfin ce jeune Turc, m'avoit toujours paru estimable, il joignoit aux qualités de son cœur la figure la plus aimable ; toutes ses actions avoient une certaine grace que je n'avois trouvée qu'à lui seul. Du vivant de ma mere même, malgré tout ce qu'elle avoit pû m'inspirer d'horreur pour la passion naissante d'Hasbud, quand il jettoit les yeux sur moi, je ne pouvois m'empêcher quelquefois de sentir une émotion de plaisir, dont je ne connoissois point la vraye cause : il m'étoit même échappé des regards sur lui qui n'avoient rien d'ennemi; & dans la situation où je me trouvois alors, la reflexion des manieres obligeantes qu'il avoit eues pour moi, pendant l'année que j'étois restée chez Bosmir après la mort de ma mere, se joignoit encore, & à ce qu'il faisoit actuellement pour me plaire, & à ce secret penchant qui me portoit à l'aimer. Je ne laissai cependant pas que de me trouver embarrassée quand il m'eut quittée : Que veux-tu faire, me disois-je? Hasbud est d'une religion differente de la tienne; Hasbud est aimable, il m'aime; mais Hasbud est-il préferable à la religion, à la vertu, aux sages instructions de ma mere, qui m'a recommandé de ne l'écouter jamais. Quel fort prétens-je avec lui ? Dieu ! Que je suis malheureuse ! N'étoit-ce pas assez des malheurs où je suis née, sans avoir encore celui d'avoir de la foiblesse pour un homme que tout m'ordonne de haïr ?

C'est ainsi que je m'entretins long-tems avec moi-même. Dans les suites Hasbud vécut toujours avec moi dans la même retenuë; ses yeux seuls & ses empressemens me parloient d'une tendresse que par respect il renfermoit dans son cœur : Nous en étions en ces termes tous deux, quand il débarqua un Vaisseau Turc, qui avoit fait nombre d'Esclaves chrétiens : on en offrit à Hasbud qui en acheta trois ou quatre de différens pays de France; entr'autres il y en avoit un qui n'avoit que dix-neuf à vingt ans, beau & bien fait, & qu'on disoit homme de qualité en son pays. Hasbud me les fit voir, & me dit en me les presentant, que ce n'étoit point pour lui qu'il les avoit achetés, mais que comme il avoit appris qu'ils étoient François, il me les donnoit pour que j'eusse le plaisir de m'entretenir avec eux, & leur parler ma langue naturelle, qu'il croyoit que cela me désennuyeroit de tems en tems; & se tournant en même tems du côté de ces Esclaves: Je vous ai achetés, leur dit-il, mais, désormais, voilà votre unique Maîtresse, & vous serez traités à proportion de l'ardeur avec laquelle vous lui obéïrez. On ne pouvoit rien faire de plus généreux pour moi; ce dernier trait de bonté me charma, & je ne lui avois jamais parlé avec tant de marque d'estime que je fis alors: Les malheurs de ma vie, lui dis-je, Seigneur, seront plus que réparés, & vous m'ôterez jusqu'au pouvoir de m'en souvenir. Vous m'avez moins d'obligation que vous ne pensez, me répondit-il, belle Celie, & c'est plus à mon cœur que je satisfais en vous obligeant, qu'aux malheurs que vous avez soufferts de la part de mon pere. Ces Esclaves, depuis ce moment me servirent, les autres n'aprocherent plus de moi, & effectivement je leur faisois très-souvent parler de leur pays, je m'en faisois raconter les maximes & les mœurs, je leur parlois de notre Religion, & cela ne contribua pas peu, avec les bontés d'Hasbud, à calmer insensiblement ma tristesse. Il me demandoit, de tems en tems, si j'étois contente de mes Esclaves, c'étoit ainsi qu'il les appelloit. Oüi, Seigneur, lui répondis je, & quand ils n'auroient pour toutes qualités que celle d'être un presént de votre part, ma reconnoissance me les rendroit agréables; mais après tout, Seigneur, quand j'aurois à m'en plaindre, je ne suis pas plus qu'eux, & ils ne sont obligés de servir que vous seul. Celie, me répondoit-il, n'usez plus de ces termes, je vous prie ; vous êtes leur Maîtresse, & je ne connois personne ici qui ne soit mille fois plus esclave que vous ne l'êtes : Ceux que je vous ai donnés, ne sont pas tous les vôtres, & quelque jour je vous en offrirai un que vous ne connoissez pas encore, & qui ne connoît, lui-même d'autre bien que son esclavage.

Il y avoit près de six mois que ces Esclaves me servoient; ce jeune homme dont j'ai parlé beau & bien fait, étoit celui qui s'empressoit le plus à me servir : je remarquois qu'il y avoit dans ses actions, quelque chose de plus fort que l'amitié. Un jour que j'étois seule avec lui & que ses camarades étoient occupés à autre chose : C'est, dit-il, un grand bonheur pour moi que d'être tombé en partage à Hasbud, puisque j'ai le plaisir de servir la plus aimable Maîtresse qu'on puisse voir; la conformité de sa Religion à la mienne, la même Patrie, tout contribuë à adoucir mes fers, & quelquefois même à me les faire préferer à la liberté que j'ai perduë, & aux avantages que je pouvois esperer dans mon pays, sans le malheur de ma captivité. Je suis bien aise lui répondis-je, de l'adoucissement que vous dites que j'apporte à votre esclavage : Cleonce

(c'étoit ainsi qu'il avoit nom) il ne tiendra pas à moi, avec le tems, de vous procurer la liberté qui doit faire votre unique souci. Ah! Madame, s'écria-t'il alors, quand vous me la feriez rendre, cette liberté, en serois-je plus libre, puisque je tiens plus à vous par les sentimens de mon cœur, que par les chaînes qu'on m'a données? Cleonce, lui dis-je, vous abusez de la confiance que je vous ai témoignée: si celui à qui vous appartenez sçavoit ou apprenoit jamais ce que vous venez de me dire, je ne répondrois pas un moment de votre vie. Ce seroit, me dit-il, la perdre pour une si belle cause, que je ne la regretterois pas: Mais, Madame, pourquoi prendre de cette maniere l'aveu que je vous fais, vous êtes chrétienne, je suis chrétien; j'ai de la naissance, & je n'en suis pas moins honorable pour avoir des fers ici: Voyez, Madame, & écoutez ce que je vais vous dire, Hasbud vous aime, je le vois. Hasbud nous a donnés à vous: L'amour de ce

Turc pour vous ne sera pas toujours aussi respectueux qu'il vous le paroît à présent, & enfin, tout ce que vous pourriez espérer de lui, ce seroit qu'il vous épousât; mais après ce mariage, si vous tenez sincerement à votre Religion, que pensez-vous que vous aurez à souffrir de la part d'un homme qui voudra vous faire embrasser la sienne, & qui, plus brutal encore qu'il n'étoit tendre, vous y contraindra par tout ce qu'il imaginera de plus violent ? Envisagez cela avec reflexion, & voyez maintenant ce que je vous propose : Vous êtes notre Maîtresse; il n'est ici de loix que celles que vous imposez, on vous abandonne à votre conduite, facilitez mon évasion, confiez-vous à moi, & venez dans les lieux de votre naissance, me voir vous jurer une fidelité éternelle.

Cleonce finit là son discours, & me regarda tendrement, en attendant ma réponse. Cleonce, lui dis-je alors, ce que vous me proposez seroit raisonnable, si Hasbud étoit tel que vous le peignez ; mais je le connois mieux que vous: Je n'épouserai jamais ce Turc, je sçai que ma Religion est un obstacle, & j'espere qu'il ne me forcera jamais, ni au mariage, ni à quitter ma Religion : ajoûtez à cela, que les manieres qu'il a pour moi, seroient payées avec bien de l'ingratitude, s'il n'en remportoit pour prix qu'une perfidie, que je puis m'épargner, en le priant de me donner ma liberté ; je suis persuadée qu'il ne me la refuseroit pas : Il m'aime, il est vrai, mais les sentimens qu'il a pour moi, sont tels qu'il aimeroit mieux me perdre pour jamais que de m'affliger : Ainsi, Cleonce, n'esperez pas que j'accepte jamais le parti que vous me proposez: Je hais les ingrats, & je le deviendrois moi-même si j'abusois, comme vous me le conseillez, de la liberté qu'Hasbud me donne.

Si vous regardez comme une ingratitude de vous sauver d'un danger que vous ne voyez pas à présent, mais que vous connoîtrez sans doute un jour, dit-il, c'est une marque, Madame, que vos sentimens pour Hasbud prévalent & l'emportent sur la crainte raisonnable que vous devroit donner l'avenir : Vous l'aimez. Je rougis à ce mot : Hé bien, Cleonce, lui répondis-je, après tout, quand je l'aimerois, ma tendresse pour lui nuiroit-elle à ma vertu ? Puisque quand je l'aimerois, il ne le sçait au moins pas encore ; c'est un homme à qui j'ai mille obligations, & qui me traite moins en esclave, qu'en Maîtresse, qui m'obéit & qui n'a d'attention que pour me plaire, au lieu de la dureté dont ses pareils usent ordinairement avec les miennes : Croyez-vous qu'il me seroit plus pardonnable de vous aimer, vous qui, dès la premiere fois que vous m'avoüez votre amour, me proposez une perfidie, & par-là, me donnez à préjuger que vous seriez peut-être capable de devenir un perfide vous-même : Quels droits auriez-vous plus que lui sur mon

cœur

cœur, à moins que vous ne vous imaginiez que c'en soit un d'avoir été élevé dans une Religion, que peut-être vous ne respectez guére ? Je veux croire que vous avez de la naissance, je vous dirai que j'en ai jugé de même; mais je puis me tromper, il est impossible ici de vous convaincre du contraire, & ainsi, à tout examiner, un Turc de l'espece d'Hasbud, quand il a rendu les services qu'il m'a rendus, vaut bien, Cleonce, un Chrétien qui peut ne l'être que de nom, & dont la naissance doit paroître suspecte. Je ne m'attendois pas, répondit Cleonce, à de pareils soupçons, & je croyois que c'étoit ce que j'avois de moins à craindre : je ne vous parlerai plus, ajoûta-t'il d'un ton de voix chagrin, d'une passion qui fera désormais ma peine : dure à jamais mon esclavage, puisque je perds l'esperance de vous toucher ; tout genre de vie m'est désormais indifferent ; mais que dis-je ? ajoûta-il en se reprenant, je sens bien que si je restois

IX. Partie.

avec vous, je vous forcerois par mes importunités à faire terminer une vie qui me seroit à charge; épargnez-moi le chagrin de voir unjour ma mort être un effet de votre haine : épargnez-vous à vous-même, Madame, les remords que vous laisseroit la fin tragique d'un miserable que votre indifference accable mille fois plus que son esclave: Demandez ma liberté à Hasbud, il ne vous la refusera pas. Hé bien, lui répondis-je alors, je vous promets d'employer pour vous, tout ce que sa bonté me donne de pouvoir sur lui ; je lui parlerai dès aujourd'huy, & même je ferai ensorte que vous puissiez retourner chez vous plus aifément. Cleonce me remercia d'un air fort triste, Hasbud venoit à nous, & cet Esclave se retira. Il m'aborda en riant : Hé bien, me dit-il, Celie, cet Esclave vous parle de son Pays? Oüi Seigneur, lui dis je, mais ce n'est pas-là ce dont il m'a toujours entretenuë. Et que vous disoit-il reprit Hasbud, avec précipitation ? Vous l'avoüerai-je,

Seigneur, dis-je alors, il me prioit de vous demander sa liberté. Moi! Madame, reprit Hasbud, je ne sçai ce que c'est que liberté, ce n'est point de moi qu'il la doit obtenir, je ne suis point son Maître, il n'est point mon Esclave, il est le vôtre. Ah! Seigneur, toutes vos bontés ne m'aveuglent point, repartis-je, & je sçai ici le resepect qui vous est dû. Le mot de respect pour moi, ne convient point dans la bouche de Celie, répondit Hasbud, & je la prie de n'en plus parler ; à l'égard de la liberté de cet Esclave, je vous le repete encore, il est à vous, vous pouvez disposer de lui entierement non-seulement de lui, mais de tous ceux qui sont à moi. Vous me réduisez, Seigneur, lui répondis-je, à lui laisser ses fers. Quoi! Celie, me dit Hasbud, en me regardant fixement, ne voulez-vous pas me donner la satisfaction de vous les voir rompre vous même. Ah ! Seigneur, m'écriai je, je les romprai ; cette délicatesse de generosité ne vous sera point inutile, le prix le

Ggg ij

plus digne dont on la puisse payer; c'est de l'écouter: Ainsi, Seigneur, cet Esclave est libre. Oüi, Cleonce, désormais vous ne dépendrez que de vous, c'est moi qui romps vos chaînes, & c'est moi que vous en devez remercier: Vous voyez, Seigneur, continuai-je, en m'adressant à Hasbud, vous voyez si je vous refuse le plaisir de me voir employer comme vous le souhaitez, les bontés que vous avez pour moi.

Après ces mots, Cleonce se jetta à mes pieds, & me remercia; je le fis relever, & j'acceptai tous ses remercimens, je m'appercevois pendant qu'il me parloit, qu'Hasbud voyoit son action avec plaisir. Vous avez beau, me dit-il, affranchir des Esclaves, belle Celie, il vous en restera toujours; mais ajoûta-t'il, c'est peu que de donner la liberté à Cleonce: si vous ne lui facilitez les moyens d'en joüir sans doute comme il le souhaite; mais comme ce seroit un embarras pour vous, je veux bien me charger, ditit en riant, de ce que vous devriez faire vous-même : que cet Esclave reste encore huit jours ici, il part un Vaisseau dans lequel je le mettrai; c'est un Vaisseau marchand, je connois celui à qui il appartient, il s'en va en Angleterre, & Cleonce arrivé dans ce pays n'aura pas de peine à passer dans le sien ; après ces mots, Cleonce se retira. Dès le même jour Hasbud lui donna une somme d'argent considerable, avec des diamans, & d'autres pierreries : Il faut bien, dit-il, qu'un Affranchi de Celie ait de quoi prouver qu'il l'a servie. Cleonce accepta tout ce que ce Turc lui donna, avec des marques de reconnoissance qui auroient trompé tout le monde. Le septiéme jour arriva. Pendant l'espace de ce tems, Cleonce n'avoit fait que me remercier de la grace que je lui avois accordée. Je tiens de vous une liberté, Madame, me dit-il, que je vous sacrifierois pour toujours, si la haine que vous auriez bien-tôt pour moi ne m'interdisoit ce plaisir. Le soir du septiéme jour, il vint me dire adieu, accompagné d'Hasbud lui-même, qui l'avoit averti de se tenir prêt pour le lendemain matin à quatre heures, que le Vaisseau devoit partir. Je viens, dit-il, à vos genoux vous jurer, Madame, une reconnoissance éternelle; fasse le Ciel que vous soyez comblée de tous les biens que je vous souhaite, & que vous méritez! Allez Cleonce, lui répondis-je, c'est assez me faire honneur d'un bien que vous devez au seul Hasbud, c'est à lui à qui vous devez toute cette reconnoissance; & sans sa generosité à mon égard, vous ne me remercieriez pas aujourd'hui de la grace que je vous ai faite.

Après ces mots, Cleonce se retira, Hasbud resta avec moi à m'entretenir à son ordinaire de mille choses agréables qu'il racontoit avec tout l'esprit & la vivacité possible, il étoit charmé quand il s'appercevoit que ses petites histoires me divertissoient. L'heure du soupé arriva, & après que nous eûmes mangé, il me remena dans ma chambre qui donnoit dans le jardin, & dont les fenêtres n'étoient que de sept à huit pieds à hauteur de terre! Ô Dieu! Je m'en souviendrai toujours, que cette nuit pensa m'être funeste. Que la passion fait imaginer de choses à ceux dont le cœur n'est pas fait pour n'écouter que la vertu.

Ce malheureux Cleonce à qui j'avois donné la liberté, m'avoit caché le desespoir où l'avoit mis la derniere conversation que j'avois euë avec lui; j'avois cru de bonne foi, qu'il avoit étouffé son amour, & que la liberté même qu'il m'avoit demandée, n'étoit qu'un moyen qu'il employoit pour se guérir; mais le traître avoit bien d'autres desseins! Les huit jours, pendant lesquels il avoit eu la liberté de sortir; l'argent que lui avoit donné Hasbud lui avoient servi à gagner deux malheureux qu'il avoit trouvés, dont l'un étoit aussi un François, qu'un nauffrage avoit réduit à demeurer dans ces lieux avec son camarade; ils vivoient comme ils pouvoient depuis qu'ils y étoient: je ne sçai comment ni par quel hazard Cleonce les connut; mais enfin, avec l'argent que cet Esclave leur avoit donné, ils avoient acheté, avec nombres d'autres, une Chaloupe qui devoit, le lendemain, partir une ou deux heures après le Vaisseau: ils devoient la nuit du septiéme au huitiéme jour, m'enlever de ma chambre, & me forcer en étouffant mes cris à les suivre, & à entrer dans la Chaloupe, où personne qu'eux ne connoissoit Cleonce. Les mesures qu'ils avoient prises pour passer dans le Jardin, étoient immanquables: Cleonce avoit prié Hasbud de permettre qu'ils couchassent avec lui la nuit de son départ, parce que, disoit-il, c'étoit des gens de sa patrie qui ne sçavoient où se refugier, qui partoient le lendemain, & qui depuis long-tems vivoient miserables: Cleonce n'eut pas de peine à obtenir cela d'Hasbud; ce Turc lui accorda même

cette

cette grace avec plaisir, par considération pour moi dont il étoit l'Affranchi.

Cleonce fit donc le soir entrer ces deux hommes; il étoit fort tard, il fit d'abord semblant de se retirer avec eux dans sa chambre; mais il les conduisit dans le Jardin par une allée obscure dont la porte y aboutissoit. Il les plaça lui-même, & se tint avec eux, munis de tout ce qu'il lui étoit nécessaire, afin de n'être pas obligé de retourner dans sa chambre. Il y avoit bien près de deux heures que j'étois couchée, quand ils s'approcherent de ma fenêtre pour y monter, & entrer dans ma chambre : Je dormois alors d'un sommeil assez profond. Cleonce fut le premier qui, le poignard à la main monta par la fenêtre. Il ordonna aux autres d'en faire autant quand il seroit sauté dans la chambre. Pour cela il rompit sans beaucoup de bruit, un carreau de vître, & n'eut pas de peine, après, à ouvrir la fenêtre : mais, ô Dieu ! que ceux qui font de mauvaises actions doivent trembler ! Le Ciel les confond presque toujours dans le tems qu'ils n'ont plus qu'un pas à faire pour accomplir leur crime. Cleonce avoit ouvert ma fenêtre, je dormois, & sans doute que la peur de la mort, la surprise & la violence m'auroient mise hors d'état de lui resister ; mais, en sautant dans ma chambre, ses habits qui s'étoient accrochés à la fenêtre le firent tomber, & l'inquiétude ordinaire qui suit de pareilles entreprises, ayant fait oublier à Cleonce qu'il tenoit un poignard en main, au lieu de le jetter à terre, il le garda ; & sa chute fut si funeste pour lui, qu'en tombant il se l'enfonça dans le corps. Le coup qu'il se donna lui fit faire un cri terrible. Ses complices, dont l'un escaladoit déja la fenêtre, au cri qu'il fit, s'enfuirent épouvantés; & ne sçachant ce qui lui étoit arrivé, chercherent de tous côtés dans le Jardin un endroit par où ils pussent sortir, mais ils furent obligés de se cacher dans un petit bois assez toufsu, n'attendant que la mort pour prix de leur entreprise s'ils étoient trouvés.

Cependant le cri de Cleonce & le bruit qu'il fit en tombant, me reveillerent ; je l'entendis qui se plaignoit, & qui disoit : Ah Ciel ! Que vais-je devenir ? La frayeur qui me saisit alors, jointe à un reste d'assoupissement qui n'étoit pas encore dissipé, fit que je ne reconnus point sa voix : je sortis de mon lit en faisant des cris épouvantables. Hasbud qui logeoit un peu plus loin de moi sur la même ligne, se reveilla, entendit crier & reconnut ma voix, & comme un homme qui court pour sauver ce qui lui est mille fois plus cher que sa vie même : Sa coutume par bonheur étoit de laisser toute la nuit une lampe allumée, il prend cette lampe, avec précipitation, & ouvre sa porte le sabre à la main, & couvert d'une robe qu'il mettoit le soir, il traverse toutes les chambres pour venir jusqu'à moi : il me trouve tombée & pleine de sang à la tête, d'un coup que je m'étois donné en tombant. Ah Ciel, dit-il, avec des yeux pleins de tendresse & de fureur : Qu'avez-vous Celie ? Dans quel état est l'aimable Celie ! Celie, ma chere Celie, qu'avez-vous ? A peine pouvois-je lui répondre, tant la frayeur m'avoit saisie : Ah ! Seigneur, lui dis-je, je ne sçai ce que c'est, mais au nom de tout ce que vous avez de plus cher au monde, n'avancez pas plus avant, & n'entrez pas dans ma chambre. Dussé-je y périr mille fois, me dit-il, je verrai quels sont les ennemis qui en veulent à ma chere Celie. J'eus beau vouloir le retenir alors par la manche de sa robe, il s'échappa, & entra dans ma chambre. Quel horrible spectacle s'offrit à ses yeux ! Cleonce nageant dans son sang qui sortoit à gros bouillons de sa blessure, & le poignard qu'il s'étoit arraché lui-même, à terre à ses côtés.

A cet aspect Hasbud recula surpris, & Cleonce le regardant d'un air mourant : Acheve Hasbud, lui dit-il, acheve d'ôter la vie au plus malheureux de tous les hommes. Tu vois l'effet funeste d'une passion que mon cœur avoit conçûë pour Celie: je n'ai demandé la liberté que pour tâcher à te l'enlever; je suis puni de ma perfidie, je mérite la mort: épargne-moi le chagrin de voir Celie me reprocher mon action & mon ingratitude: Frappe, Hasbud. Pendant qu'il parloit ainsi, je m'étois approchée de la porte de ma chambre, pour juger de ce que c'étoit; je reconnus la voix de Cleonce aux premieres paroles qu'il prononça: j'entrai, mais il ne me vit point. Malheureux! lui répondit Hasbud, tu mérites la mort; le sang coule de la tête de celle que tu voulois enlever, peut-être, hélas, malgré le peu de succès de ta perfidie, cette aimable personne ne vit-elle encore que pour quelques instans: Cruel, comment as-tu osé lui porter le coup dont elle est blessée? Ne devois-tu pas, malgré ta fureur, respecter une vie qui devoit t'être plus chere que le succès le plus heureux? Moi! Hasbud, repartit

Cleonce? Moi! j'ai porté des coups à Celie? Ah! ma fureur a bien pû me pousser à te l'enver pour la posseder; mais mon bras ni mon cœur ne sont point coupables du coup dont tu parles. Non, Hasbud, ne te l'imagine pas: je meurs, mais je meurs avec la satisfaction de l'aimer plus que toi, & que personne. C'est un bien que ton juste ressentiment & son indifference ne peuvent m'ôter, & quand je n'aurois que la douceur de le sentir autant que je le sens, je ne me plains plus du malheur qui m'arrache à la vie, & qui enleve cette aimable personne à mon amour. Tu n'es point digne de l'aimer autant que tu le fais, repartit Hasbud, indigné de tout l'amour dont se vantoit Cleonce: Celie auroit trop à rougir d'avoir allumé dans ton cœur des feux qui ne doivent brûler que dans ceux qui la respectent & la craignent autant qu'ils l'aiment; & de peur que tu ne jouïsses long tems d'une satisfaction que tu ne mérites pas, ressens du moins, le chagrin de la perdre avec la vie. Après ces mots, Hasbud levoit son sabre pour tuer Cleonce, quand presente & attentive à toute leur conversation, j'arrêtai son bras & le priai de laisser vivre ce malheureux. Vous me vengeriez mal, Seigneur, lui dis-je, puisqu'on peut encore lui sauver la vie, ne me donnez pas la douleur de le voir expirer à mes yeux ; ma Religion & mon caractere n'approuveroient par l'action funeste que vous voulez faire. Au nom de ce respect que votre cœur genereux a pour moi, tâchons plûtôt à secourir ce malheureux. Qu'on appelle du monde, qu'on étanche son sang, & qu'il vive pour se repentir de ce qu'il vouloit faire, & pour se corriger de ses fureurs, par l'exemple de moderation que vous lui donnerez. Ah ! Celie, s'écria Hasbud je l'avoüerai, la moderation que vous m'ordonnez, est la preuve la plus forte que vous puissiez jamais avoir de mon respect : Hé ! comment puis-je voir ce sang qui coule sur votre visage, & n'être pas animé à verser celui qui le fait couler, & le mien même de désespoir? Cependant, voilà mon sabre, belle Celie, vous ne voulez pas que je m'en serve, & je ne veux plus le tenir. Après ces mots, il appella du monde. Presque tous les domestiques se leverent; on porta Cleonce sur un lit par ordre même d'Hasbud: on arrêta son sang, il s'étoit évanoüi après les dernieres paroles qu'il avoit prononcées. Le lendemain on lui donna un Chirurgien, sa playe étoit grande, mais moins dangereuse par elle-même, que par la quantité de sang qu'il avoit perdu, il demeura évanoüi entre les mains de celui qui lui mit le premier appareil à sa blessure. J'avois dit alors à Hasbud, que quand il seroit guéri, il falloit le faire partir, & le laisser libre: Il doit faire plus de pitié que de courroux, lui dis-je, &, sans doute, il ne peut plus rien contre moi.

Cependant, ses deux complices qui s'étoient cachés dans le Jardin, n'avoient encore ofé fortir, il étoit plus de huit heures du foir quand l'un d'eux s'approchant de la maifon, rapporta à l'autre, qu'affurément les portes étoient fermées, & qu'à moins de fe refoudre à mourir de faim où ils étoient, ils n'avoient point d'autre parti à prendre que d'attendre que les Domeftiques fuffent couchés & d'entrer fecrettement dans la maifon, le fabre à la main, égorger tout ce qui fe prefenteroit devant eux, fi quelqu'un les entendoit, emporter tout ce qu'ils pouroient, & tuer Hasbud lui-même, s'il fe prefentoit : De quelque maniere qu'ils fiffent, ils voyoient leur mort affurée. Ils n'héfiterent point à executer leur projet ; c'étoit un deffein bien hardi, mais le défefpoir pouvoit engager à bien des chofes, des malheureux que la fimple avidité du gain avoit fçu engager à une méchante action. A l'égard de leur retraite, ils efperoient contraindre quelqu'un de la maifon à leur ouvrir la porte, & d'ailleurs, ils sçavoient que quand même la chalouppe qu'ils avoient achetée seroit partie, ils pourroient encore partir la même nuit avec un Vaisseau corsaire, qui devoit se mettre en mer le matin à cinq heures.

Toutes ces refléxions faites ils attendirent que l'heure d'executer leur dessein fût venuë; & quand ils jugerent qu'il étoit tems, ils escaladerent la même fenêtre, par laquelle Cleonce avoit sauté dans ma chambre. Qui auroit pensé qu'un accident affreux eût été suivi d'un accident encore plus funeste! Malheureusement pour Hasbud, il étoit couché, cette nuit, dans la chambre à côté de celle où ces deux malheureux étoient entrés. Ce jeune Turc avoit changé de lit cette nuit-là, pour être plus à portée de me secourir, s'il m'arrivoit encore quelque chose. Quelque peu d'apparence qu'il y eût à un second malheur, sa tendresse allarmée lui faisoit prendre cette précaution. Hasbud n'étoit pas encore endormi, quand ces deux hommes sauterent dans la chambre. Il entendit qu'ils parloient : Dieu! que devint-il alors? Quoi! s'écria-t-il, le Ciel me condamne-t-il à perdre Celie? En difant ces mots il se leve & paroît de la même maniere que la nuit précédente : mais hélas! bien plus funestement pour lui ; car à peine ouvroit-il sa porte, que ces deux hommes s'avançant, lui donnerent chacun un coup de sabre, il tomba, ils le jugerent mort, & le laisserent.

Cependant le bruit qu'ils firent éveilla tous ceux qu'Hasbud avoit fait coucher auprès de moi pour me garder aussi. Ils se leverent tous : il y en avoit qui avoient encore de la lumiere, & ils étoient égorgés, dès qu'ils ouvroient leurs portes. Je ne sçaurois vous exprimer le carnage que ces deux hommes firent dans la maison ; ils tuerent près de trente personnes, & on les trouva presque tous étendus sur le pas de la porte de leurs chambres. Ces deux assasfins cherchèrent par tout ; & prirent l'argent qu'ils purent emporter, dans une chambre qu'ils enfoncerent, & où Hasbud en avoit mis une grande quantité ; ils s'emparerent aussi d'un nombre de bijoux sans prix. Quand ils eurent pillé tout ce qu'ils trouverent de meilleur, ils parcoururent presque toutes les chambres sans trouver personne ; car ce qui restoit de monde dans la maison, épouvanté & ignorant le petit nombre de ceux qui faisoient tout le carnage, n'avoit osé sortir & paroître. Nos deux malheureux trouverent la chambre où étoit Cleonce ; il les reconnut tout d'un coup, ils furent surpris de le voir, lui qu'ils croyoient, ou mort, ou assassiné : Ils lui dirent en peu de mots tout ce qu'ils avoient fait. Ce jeune homme les pria de l'emporter avec eux, aussi-bien que moi, dans la chambre de qui ils n'avoient point encore entré. Vous ne serez point en peine pour nous emmener avec vous, leur dit-il, puisque rien ne vous a resisté, hâtez vous de faire ce dont je vous prie, allez enlever Celie, venez me reprendre, & nous trouverons ici plus de chevaux qu'il n'en faut pour nous conduire jusqu'à la Mer.

Vous vous étonnerez sans doute, Seigneur, continua la jeune Inconnuë, en parlant à Pharsamon, qu'une avanture si tragique ait pû arriver dans une maison, dans laquelle il y avoit quarante domestiques, sans compter un nombre d'Esclaves, qui à la verité ne pouvoient ni se défendre, ni défendre les autres, puisqu'ils étoient enchaînés tous les soirs, par celui qui les gouvernoit, & qui les faisoit travailler, & que même ils étoient dans un endroit séparé de la maison, où les deux assassins n'entrerent pas; mais Seigneur, le sommeil avoit endormi tout le monde, & les Domestiques étoient tués dès qu'ils paroissoient.

Pour revenir à ces deux malheureux, coupables de tant de meurtres, ils ne refuserent point de servir Cleonce, ils parcoururent encore toutes les chambres, & arrivèrent enfin à la mienne. Effrayée du bruit & des coups de sabres que j'avois entendu donner, j'appellois depuis long-tems à mon secours, sans oser ouvrir ma porte. Ces deux hommes l'enfoncèrent, & y entrèrent le sabre à la main. Je fus saisie à leur vûë, & je m'évanoüis, je ne sçai comment ils firent pour m'emporter, mais je me trouvai une heure après sur un cheval entre les bras d'un d'eux, pendant que les deux autres, je veux dire Cleonce & l'autre, marchoient devant un peu lentement, pour ne point incommoder Cleonce, qui arrêté sur son cheval, pouvoit à peine en tenir la bride. O Ciel ! où suis-je, m'écriai-je alors, quand je me reconnus ? Cleonce m'entendit me plaindre, & tâchant d'avancer son cheval auprès du mien ; Vous êtes, me dit-il, Madame, entre les mains de Cleonce, qu'un heureux hazard a servi ; ne vous inquiétez de rien, belle Celie, si vous ne trouvez point avec moi tous les biens dont Hasbud vous eût comblée, vous trouverez en revanche, une tendresse plus durable & plus de fidelité, que n'en eût eu Hasbud. Ah; cruel ! m'écriai-je alors : Quoi c'est à toi que le Ciel a remis mon sort ? Par quel crime, grand Dieu ! ai je donc mérité le dernier des malheurs ? Madame, me dit alors Cleonce, je n'en attends pas moins des premiers momens de votre douleur ; mais quand vous serez désaccoûtumée de voir Hasbud, j'espere que vous me regarderez avec des yeux differens. Qui, toi ? malheureux, répondis-je ? Ah, si je t'honore d'un de mes regards, ce sera moins par haine ou par fureur, que parce que tu te presenteras à mes yeux : Ce que tu fais aujourd'huy, malgré les bontés que j'ai euës pour toi, te rend même indigne de mon inimitié ; le hazard te fait joüir d'un bonheur, que le Ciel est trop juste pour te laisser ; & si la fortune aujourd'huy te favorise, ce n'est apparemment que pour te faire arriver au comble des crimes qui doivent attirer ta perte. Je ne puis répondre à présent à l'éloge que vous faites de moi, me répondit-il, aussi bien mes réponses, quand je pourrois les continuer, ne seroient que vous irriter davantage ; ainsi, Madame, je garderai un profond silence jusqu'à ce qu'il soit tems que je parle. Va, lui dis-je, peu m'importe que tu me répondes, les sentimens que j'ai pour toi ne peuvent ni augmenter ni diminuer, & quand tu m'accablerois des noms les plus odieux, je ne t'en haïrai ni ne t'aimerai davantage.

Après ces mots il recula : je ne puis exprimer l'état où je me trouvai alors, il passe toute expression. Je me voyois arrachée d'entre les mains d'un homme aimable, & la noblesse du procedé qu'il avoit tenu avec moi, ne m'avoit jamais paru plus estimable & plus digne de ma tendresse : Hélas ! que je me repentis de la retenuë sévere que j'avois toujours gardée avec lui, dans mes paroles ! Il me semble que j'eusse été

été consolée, s'il avoit sçu combien je l'aimois; mais la tranquillité avec laquelle j'avois vêcu chez lui, avoit pour ainsi dire, dérobé à mon cœur toute la sensibilité qu'il m'avoit inspirée; je la sentois alors toute entiere, par l'impossibilité que je voyois à lui témoigner désormais. Son respect, ses tendres empressemens pour moi vinrent en foule m'interesser pour lui; jusqu'au fond de mon cœur je me le representois avec cet air timide qui le retenoit, & qui moderoit l'excès de sa passion : Il me sembloit lui entendre dire: Belle Celie, souvenez-vous que mon interêt le plus cher est de mériter votre reconnoissance. Les moindres choses qu'il avoit faites pour moi, & qu'il avoit accompagnées de tant de noblesse me charmoient & me désesperoient tout ensemble. Au lieu de cette situation tranquille, maîtresse d'un cœur que le moindre de mes desirs touchoit, je me regardois à la merci d'un malheureux qui n'avoit que ses infames desirs pour regle : Quelle chûte, grand Dieu ! & qu'il est difficile que le désespoir ne s'empare pas absolument d'une ame en pareille situation.

Cependant nous arrivâmes à la Mer. Déja les Matelots étoient rangés; on alloit partir. Un des deux complices de Cleonce demanda à parler au Maître du Vaisseau qui étoit un Corsaire ; il revint un moment après à nous, & nous entrâmes dans le Vaisseau : Ah Ciel ! Ce fut alors que je ne pus conserver cette douleur muette, dans laquelle je m'étois laissée entraîner jusques-là sans resistance. Je fis des cris affreux, je me jettai à terre, j'appellai mille fois la mort ; je priai qu'on me la donnât ; mais malgré mes cris & mes larmes, on m'emporta dans le Vaisseau. Le Corsaire touché cependant de mes chagrins, me donna pour me servir une jeune fille dont la mere sa captive étoit morte quelques jours avant. Cette fille avoit de la douceur, sa naissance n'étoit pas illustre, mais elle étoit compatissante aux maux qu'elle voyoit souffrir ; cette jeune fille m'aborda dans une Tente où j'étois abandonnée aux larmes. On me charge, Madame, me dit-elle en langage Turc, d'avoir soin de vous ; vous avez besoin de repos, & je vous conseille de vous mettre au lit. Hélas ! mon enfant, lui répondis-je dans le même langage, je n'ai besoin de rien que de la mort. Ce seroit bien dommage, me répondit-elle, d'un air ingénu, que la mort finît sitôt la vie d'une si jeune & si belle personne : allez, Madame, consolez-vous un peu, il ne nous arrive rien, m'a souvent dit ma mere, que le Ciel ne le permette ; vous n'avez point l'air d'une personne qui doive être toujours malheureuse, & sans sçavoir les sujets de chagrins qui vous affligent, j'ai un pressentiment que vous serez délivrée de vos peines. Hélas ! vous qui tâchez de me persuader que mes maux finiront : fasse le Ciel, m'écriai-je, interieurement ranimée des paroles qu'elle venoit de dire: fasse le Ciel que ce que vous dites en ce moment par hazard, m'arrive un jour! Hélas, je ne demande pas que toute la felicité que j'ai perduë me soit renduë, pourvû que celui qui fait mes malheurs périsse, & ne soit pas maître de mon sort, je n'en demande pas davantage à ce Ciel, qui permet tout ce qui nous arrive. Après ces mots cette fille s'approcha pour me déshabiller, je la laissai faire; Cleonce ni aucun de ses miserables Camarades, n'oserent m'approcher ce jour-là, je me couchai. Quel repos, grand Dieu! Et que le lit est affreux à ceux que le malheur accable. Je ne vous ferai point un détail de toutes les pensées tristes qui m'occuperent l'esprit, il me suffira de vous dire pour vous donner une juste idée de ma situation, que la vie, ce bien si précieux pour lequel on s'expose, on renonce, on tente tout, me parut de tous les maux qui m'accabloient le plus épouvantable. Il me sembloit que je n'étois née, que ma mere ne m'avoit mise au monde, que pour me faire detester le jour qu'elle m'avoit donné.

Je passai toute la journée dans cet état : on eut soin, & ce fut Cleonce sans doute, de m'apporter à manger ; mais je regardai les mets qu'on m'apporta comme des moyens dont on se servoit pour prolonger mon suplice. Je ne dis rien quand on me les presenta. La fille qui restoit avec moi eut beau m'exciter à prendre quelque nourriture ; pour la satisfaire, je tâchai d'avaler quelque chose, mais je ne pus. Tant de douleur la fit pleurer. Cette marque de compassion me trouva sensible. Ce me fut une espece de douceur de trouver quelqu'un assez humain pour s'affliger de mes maux, dans un endroit où tous ceux qui m'environnoient me sembloient comme autant d'ennemis conspirés contre moi. On remporta les viandes comme on me les avoit servies. La nuit vint; la jeune fille coucha auprès de moi. Vous pouvez juger de la nuit que je paſſai. Le matin, Cleonce me vint voir. Dès que je le vis paroître, je me mis à pleurer, & je lui dis en le regardant d'un air deſeſperé : Que viens-tu faire ici, malheureux Cleonce ? Eſpere-tu de me calmer ? Hé quoi, oublie-tu les maux que tu me fais ? tu m'arraches à l'homme le plus aimable, qui, malgré le pouvoir qu'il avoit ſur moi, me traittoit encore avec plus de reſpect, que tu n'as de cruauté & de perfidie ? Va, miſerable, tu m'as enlevée ; joüis, ſi tu le peux, du plaiſir de me rendre malheureuſe : mais n'eſpere pas que tes plaiſirs aillent plus loin ; & ſi tu es capable encore de quelques remords, ſois toi-même au deſeſpoir d'avoir fait à celle que tu aimes, les derniers maux, ſans remporter d'autre fruit de ta cruauté, que le chagrin de la faire mourir dans un âge où tout ſembloit me promettre de l'agrément & du bonheur.

Cleonce fut embarraſſé par ces reproches ; il s'aſſit auprès de moi, & fut long-tems sans me répondre : Je cessai de parler aussi. Il me regarda alors avec un visage où la fureur, l'amour & l'emportement étoient peints. Je l'avoüe, me dit-il, le désespoir dont vous me parlez agit sans doute sur moi autant que vous le souhaitez : Plus vous me faites voir tout le mal dont je vous accable, plus je sens la justice de vos reproches ; & plus ma fureur & mon amour augmentent. Cette mort même qui sera, dites-vous, le seul fruit de ma cruauté, est une idée, Madame, qui me met hors de moi. Je suis capable de tout si vous me representez encore ces choses-là aussi vivement. Quoi ! j'aurois rendu ce que j'aime miserable ! & malgré toute ma fureur, cette même fureur seroit le seul fruit qui m'en resteroit ! Il s'arrêta à ces mots, & je lui vis faire des gestes & des contorsions qui m'effrayerent. Infortuné que je suis ! me dit-il après : Quoi, Madame, vous n'aurez point pitié d'un homme que vous avez vous même rendu criminel ? C'est à vous à qui je dois me plaindre de tout ce que j'ai à me reprocher à votre égard ; c'est vous, ce sont vos yeux qui m'attirent votre haine. Je ne dois qu'à vous ces mouvemens terribles, ces sentimens furieux qui changent mon caractere. Non, Cleonce, lui répondis-je, ce n'est point moi qui vous rends criminel : un cœur né pour être vertueux n'est point capable des extrêmités où le vôtre s'est abandonné. Hélas ! sans les maux que vous me faites souffrir, quand je demandai votre liberté à Hasbud, cette tendresse que vous m'aviez témoignée, la promesse que vous me fites de tâcher de l'étouffer, m'inspirerent une compassion pour vous que vous méritiez alors ; je suis à vous maintenant, & ce sentiment de pitié dont votre respect vous rendoit digne, fait place à tout ce que l'indifference & le mépris peuvent composer de plus vif dans une ame. Après ces mots, il fut long-tems sans répondre : Je me me retire, dit-il, Madame; je ne sçai que vous répondre: je vous aime & je vous hais avec un mêlange de ces deux sentimens qui ne me rend plus maître de moi: Je vous trouve cruelle & juste dans tout ce que vous dites; mon malheur & celui dont je vous accable, m'irritent; je ne sçai ce que je suis: consultez-vous, Madame; mes emportemens sont votre ouvrage, ne vous plaignez plus si vous les portez jusqu'à l'excès. Il me quitta après m'avoir dit ces mots d'un ton, certainement qui marquoit l'égarement où le jettoit, & la douleur dans laquelle il me voyoit plongée, & l'indifférence que je lui témoignois. Le dirai-je? Malgré toute l'horreur que je sentois pour lui, je me trouvai, sans le moins haïr, un mouvement secret de pitié pour lui. Il étoit jeune, ce pouvoit être sa première passion: il étoit d'un temperament très-vif, tout cela pouvoit, si-non le justifier, du moins engager à le plaindre; & je compris par le chagrin où me jettoient mes malheurs, la peine que devoit ressentir un homme qui aime éperdument, quand il s'accuse lui-même d'avoir fait l'infortune de celle qu'il aime. Cleonce, depuis ce moment, sembla me traiter plus doucement, & avec des marques de quelque repentir. Quelque tems après notre derniere conversation, il revint dans un moment où l'inanition, car je ne mangeois presque pas, jointe à ma tristesse, m'avoient renduë si foible, qu'il sembloit à la fille qui étoit avec moi, que j'allois expirer. Elle appella du monde à mon secours. Cleonce & le Corsaire accoururent. Ce premier fut si touché de l'état où j'étois, qu'il s'évanoüit au pied de mon lit, en prononçant ces mots : Ah! Tuez-moi, je ne mérite pas de vivre. Le Corsaire le fit emporter. Ma foiblesse augmentoit ; il s'approcha de mon lit : je prononçois le nom d'Hasbud, mais d'un ton de voix si foible, qu'on n'entendoit pas ce que je disois. Dans ma foiblesse je m'imaginois le voir auprès de moi, plus touché mille fois de la situation pitoyable où j'étois, qu'il ne l'avoit été de la perte de tous ses biens, & de sa vie même : je me le representois avec cet air doux & aimable qu'il avoit quand il parloit des malheurs de ma famille ; je voyois couler ses larmes ; en un mot, je me le figurois tel qu'il auroit sans doute été, s'il eût été present.

Cependant le Corsaire tira de sa poche une petite phiole dont il me dit d'avaller une goutte. Je l'entendois qu'il disoit à ceux qui étoient autour de lui : Cette Dame me fait une véritable compassion, je ne sçai ce qui l'afflige ; mais il me semble qu'elle n'aime point à voir Cleonce. Après ces mots, il me pressoit d'ouvrir la bouche pour me faire prendre une goutte de la liqueur qui étoit dans la phiole : il me le demandoit avec tant d'ardeur que je crus qu'il y auroit de l'ingratitude à lui refuser la satisfaction de m'avoir soulagée. Je pris de cette liqueur, qui effectivement me rendit mes forces : cette grande pâleur qui me rendoit comme mourante me quitta. Le Corsaire, après ce secours qu'il m'avoit donné, me laissa, & recommanda à la jeune fille qui me servoit, d'avoir bien soin de moi.

Fin de la neuvième Partie.

PHARSAMON,
OU
LES NOUVELLES FOLIES
ROMANESQUES.

DIXIEME PARTIE.

ENDANT qu'on me soulageoit d'un côté, Cleonce se mouroit presque de l'autre: sa playe qu'un excellent baume, qu'il avoit trouvé dans le Vaisseau avoit presque refermée, se rouvrit par les efforts des convulsions qui le saisirent, pendant lesquelles il perdit une quantité de sang; enfin, à force de remede & de secours, on l'arrêta. Il revint un peu à lui, & on le cou-

cha. Ah! Malheureux que je suis! s'écrioit-il quelque fois, j'ai vû l'état où je reduis Celie; c'est moi qui suis la cause des maux qui finissent sa languissante vie! Cruelle! disoit-il après, en parlant de moi, ma rage contre vous, va jusqu'à me venger de tout ce que je vous voi souffrir. Je l'entendois lorsqu'il prononçoit ces paroles; l'endroit où il étoit couché joignoit celui où l'on m'avoit mise. Quelques jours se passerent sans qu'il pût se lever: Il demandoit à tous momens comment je me portois; je l'entendois successivement se livrer au désespoir contre lui, contre moi-même, & puis me demander pardon des malheurs où il m'avoit jettée.

Pendant le tems qu'il resta couché, je priai la fille qui étoit auprès de moi, de dire au Corsaire qu'il eût la bonté de m'envoyer un des camarades de Cleonce: Il me prit une envie de sçavoir le sort d'Hasbud, à laquelle je ne pus resister; & qui me fit vaincre l'aversion que j'avois pour ces deux malheureux

Le Corsaire en avertit un ; il vint, & parut devant moi avec honte. Ce n'est point, lui dis-je, pour vous reprocher votre action que je demande à vous parler ; je ne veux sçavoir de vous qu'une chose. Qu'avez-vous fait d'Hasbud ? Qu'est il devenu ? Si vous y prenez quelqu'interêt, Madame, me répondit cet homme, contentez-vous du silence que je garde là-dessus. Ah! barbare, vous l'avez assassiné ! m'écriai-je alors. Mais cet homme, sans me répondre davantage, se retira, & me laissa désespérée. Quoi! disois-je, Hasbud est mort! Ah! Ciel, quelle récompense pour tant de vertu ! Hélas! que je lui ai été funeste ! Sans moi, Hasbud vivroit content, aimé de tout le monde ; sans moi, l'homme le plus généreux & le plus estimable respireroit encore ! Cher Hasbud, c'est moi qui finis vos jours ! Ce sont vos bontés pour moi qui vous ont procuré la mort ! que ne puis-je vous en payer du moins par l'aveu le plus tendre ! Par un aveu que ma delicatesse m'a

Kxx iiij

toujours fait retenir ! Mais c'en est fait, Hasbud, l'aimable Hasbud n'est plus. Que ces réflexions aigrissoient ma douleur ! que Cleonce me paroissoit affreux ! Gémis ! gémis ! cruel, m'écriois-je quand je l'entendois soupirer ! jamais remords ne fut plus juste que le tien !

Pendant que Cleonce étoit encore au lit, on avertit le Corsaire qu'il paroissoit un Vaisseau de loin ; en même tems il fit armer & tenir prêts tous les siens. Ce Vaisseau venoit à nous d'abord ; mais dès qu'il eut reconnu notre Pavillon, il parut qu'il vouloit nous éviter. Le Corsaire voyant le mouvement qu'il faisoit, poussa le sien à toutes voiles : Nous le joignîmes enfin. C'étoit un Vaisseau qui portoit des marchandises : il y avoit bien soixante hommes d'équipage. Notre Corsaire lui fit signe de se rendre ; mais il s'éloignoit toujours. Les Soldats, cependant, paroissoient armés sur le tillac : on tira d'abord sur eux, & on les approcha de si près, qu'ils furent forcez d'en venir à l'abordage. Le combat fut quelque tems assez opiniâtre : ceux qui se battoient contre nous montrerent tout ce que le courage & l'intrepidité ont de plus admirable ; ils se rendirent, cependant, accablez par le nombre des nôtres.

Malgré la victoire que le Corsaire avoit remportée, il fut contraint de relâcher dans une Isle, pour faire radouber son Vaisseau qui étoit très endommagé ; mais le gain considerable qu'il tira de cette prise le dédommagea bien du tems qu'il perdit.

On mit pied à terre. Cleonce, à cause de sa blessure, resta dans le Vaisseau, où ses deux camarades avoient soin de lui. Pendant qu'on racommodoit le Vaisseau, le Corsaire regala tous ses gens, d'eau-de-vie, de liqueurs, & d'autres provisions qui s'étoient trouvées dans celui qu'il avoit pris. La bonne chere & la debauche durerent assez long-tems pour les endormir tous. La nuit vint, les sentinelles qu'on avoit mises pour veiller à la sûreté des autres, s'endormirent aussi. La jeune fille qu'on m'avoit donnée se livra, pendant la nuit, au sommeil, & je me vis seule éveillée parmi tous ces gens étendus, les uns à terre, les autres appuyez contre des arbres. Mon chagrin alors m'inspira un dessein, qui, dans un autre tems, m'auroit fait trembler. Je resolus de m'enfuir, & de m'exposer plûtôt au danger d'être devorée par les bêtes farouches, ou de trouver des Barbares, qu'à rester davantage à la merci de Cleonce. Dès que cette pensée me fut venuë dans l'esprit, je ne balançai pas un moment à l'éxécuter. Je suivis un sentier couvert d'arbres, & je m'avançai toujours sans sçavoir où je portois mes pas. Ma douleur, & la forte envie d'échaper à Cleonce me donnerent des forces : je marchai toute la nuit par des chemins presque impraticables. Le jour commençoit à paroître ; je me sentis accablée de lassitude, & je m'assis sur la pointe d'un Rocher qui me decouvroit tout le vaste Ocean. Je ne puis exprimer la joye que j'eus d'être éloignée & sauvée de la main de Cleonce: La douceur que je trouvois à penser que je ne le reverrois plus, me cachoit toute l'horreur qui vrai semblablement devoit suivre ma resolution; & je me trouvai même si soulagée, que, sans frayeur pour l'état où j'étois, je m'endormis.

Il y avoit long-tems que je n'avois pris de repos, & je demeurai autant que je puis en juger, près de douze heures en cet état. Je me reveillai presque sans sçavoir où j'étois; enfin, je jettai les yeux de tous côtés, & j'apperçus en me levant une vaste forêt qui commençoit au bas du Rocher; & à laquelle je n'avois point encore pris garde. Je me sentis alors saisie de crainte & d'inquiétude. Je descendis dans cette forêt; je la parcourus presque toute entiere sans rencontrer rien qui me marquât que ce Canton fût seulement habité par des Barbares. Je vis des arbres qui portoient une espece de fruits que je ne connoissois pas; je me hasardai d'en manger, ils me parurent bons: Je retournai sur le Rocher, & la vûë des mers me fit soupirer, par réflexion aux malheurs qui m'avoient enlevée à ce que j'aimois le plus. Ma situation me parut alors véritablement horrible; je me representois abandonnée à tout ce que le sort peut avoir de plus affreux. Sans défense que mes cris & mes larmes, livrée aux insultes des Sauvages, qui sans doute habitoient l'Isle, je m'arrachai de ce lieu pour me retirer dans la forêt. J'avois déja fait quelques pas, quand un homme vêtu de la peau d'un animal que je ne connoissois pas, m'aborda comme surpris de l'avanture qui frapoit ses yeux. J'étois assez magnifiquement habillée, car les camarades de Cleonce en m'enlevant avoient avec eux emporté tous mes habits après m'avoir vêtuë d'une simple robe. Ce Sauvage m'effraya; il avançoit vers moi avec des gestes qui m'aquoient son étonnement ; il levoit les mains au Ciel. Il m'approcha en riant : Il prit un bout de ma robe, & sembloit l'admirer. Cependant ce Sauvage avoit une trousse de bois penduë sur ses épaules avec un nombre de fleches & l'arc qui étoit dedans. Il me vint dans l'esprit de paroître aussi charmée de lui qu'il témoignoit l'être de moi, & je regardai sa trousse en le laissant éxaminer ma robe, dont l'or & quelques pierries qui la couvroient, lui faisoient plaisir. Je me hâtai d'en détacher un petit diamant qui étoit à ma ceinture, & je lui presentai : Il le prit avec une action qui marquoit la joye que lui faisoit ce present. Je lui fis signe de de me donner à tenir quelques unes de ses fleches & son arc. Il fut si reconnoissant pour ce que je venois de lui donner, qu'il me presenta ce que je lui demandois : j'ajustai une des fleches sur l'arc. Il fut surpris de ce que je faisois ; mais il se mit à rire quand il vit que je tirois la fleche en l'air. Je lui témoignai que c'étoit un divertissement pour moi, & cela lui fit plaisir. Il me parla un langage auquel je ne repartis que par des signes qu'il comprit; car je voulois lui dire que je ne l'entendois pas, & il cessa de parler; il me montra un chemin qu'il prit devant moi après m'avoir fait signe du doigt de le suivre; je ne balançai point à le faire. Nous sortîmes de la forêt qui aboutissoit à un valon que nous descendîmes. Dans ce valon j'apperçus une petite cabanne bâtie d'une maniere extraordinaire, & composée de bois, de terre, & de branches d'arbres: En jettant mes yeux partout, j'en vis encore d'autres de la même façon. Le Sauvage entra le premier dans celle que j'avois d'abord apperçuë; je le suivis, résoluë cependant à me servir des flèches qu'il m'avoit données s'il vouloit m'insulter. J'entrai dans la cabanne après lui; j'y vis une femme assez noire, très petite, & à ses pieds deux petits Sauvages presque tout nuds. Cette femme se leva de terre où elle étoit assise, & témoigna tout autant d'étonnement qu'en avoit d'abord marqué le Sauvage que je jugeai être son mari : leurs enfans s'empressoient à me regarder. Le Sauvage parla longtems à sa femme, & je les examinois tous deux avec attention : comme je vis, cependant, que leur air ni leur gestes ne signifioient rien de mauvais, je détachai de ma ceinture une seconde pierre que je presentai à sa femme : elle s'en saisit avec vîtesse, craignant sans doute que je me repentisse de lui avoir presenté : elle me fit signe de m'asseoir ; je lui témoignai que je n'étois point lasse ; alors ils me regarderent avec plus d'attention qu'ils n'avoient encore fait ; je me laissai examiner, & leur marquai même par quelques gestes que leur curiosité m'obligeoit. J'oublie de vous dire que je gardai toujours entre mes mains, & l'arc, & les fleches. Après qu'ils m'eurent regardée tout à leur aise, le Sauvage tira d'une espece de coffre fait de petites branches d'arbres, de beaux fruits dont il me préfenta, & prenant un vafe de terre, il fortit, & s'en alla puifer de l'eau dans une fontaine qui étoit au milieu du valon, il me le rapporta, & me le donna pour boire: je bus effectivement, & je mangeai même de leurs fruits. Après que j'eus fuffifamment mangé, je vis entrer d'autres Sauvages à qui je caufai les mêmes fentimens de furprifes, & il fallut pendant près d'une heure, que j'euffe la complaifance de me faire voir, & de leur laiffer toucher à tout ce qu'ils trouvoient de curieux dans mes habits. Je tirai un miroir de ma poche devant eux: je leur montrai: ils s'y virent, & femblerent ne pouvoir comprendre comment il étoit poffible que cela leur repréfentât leur vifage. Cette imagination qui m'étoit venuë à force de rêver à tout ce qui pouvoit leur infpirer de la vénération pour moi, me réüffit plus que tout le refte; & comme dans l'état où j'étois je ne me fouciois guére de toutes ces chofes, choses, je le donnai à la femme du Sauvage chez qui j'étois. Les autres furent jaloux de cette faveur; ils voulurent l'arracher d'entre les mains de cette femme, & je vis le moment qu'ils s'alloient battre pour voir à qui l'auroit; quand me servant de toute ma présence d'esprit, & de toute l'autorité que l'admiration qu'ils avoient pour moi sembloit me donner sur eux, je pris le plus furieux de tous, & le regardant fierement en l'arrêtant par le bras, je lui marquai que sa colere me faisoit de la peine : A cette action il parut adouci tout d'un coup, & pour faire connoître aux autres que j'avois la même amitié pour eux tous, je fis signe à la femme du Sauvage de me rendre mon miroir : Elle le fit sans hésiter, tant l'opinion que ma hardiesse & ma figure leur donnoient de moi étoit grande. Je remis mon miroir dans ma poche : Les autres Sauvages parurent contens de l'attention que j'avois fait à leur jalousie; & pour prouver qu'ils étoient aussi bons amis que je le souhaitois, ils se mirent tout d'un coup à danser au tour de moi avec des cris & des exclamations qui me parurent extraordinaires. Ils furent long-tems à sauter de cette maniere. Je leur montrai un visage riant, & la satisfaction que j'avois de les voir si bien unis. Quelques-uns sortirent avec precipitation, & coururent dans leurs cabannes pour m'apporter de leurs fruits. Il fallut que je mangeasse un peu de ce que chacun d'eux m'offroit ; après quoi, ils se mirent tous à terre, & mangerent le reste entre eux. Pendant leur repas, j'étois assise sur une espéce de siége qu'ils avoient approché de moi. Quand ils eurent mangé, & qu'ils se furent parlé long-tems, ils vinrent tous l'un après l'autre, baiser ma robe. Je les laissai faire, & ne leur témoignai aucune surprise ; je recevois toutes les marques de respect qu'ils me faisoient paroître, d'un air à leur persuader que je sçavois bien que cela m'étoit dû. Cette maniere n'augmenta pas peu leur vénération, & quand ils m'eurent rendu tous les honneurs dont ils jugeoient que j'étois digne, ils sortirent tous, à l'exception du Sauvage à qui appartenoit la cabanne, qui se tenoit auprès de moi d'un air fort respectueux. Une demie heure après, ils revinrent, les uns avec des morceaux de terre où l'herbe tenoit, les autres avec des branches d'arbres, & de grosses pierres. Je ne sçavois ce qu'ils prétendoient faire de tout cela, lorsque je les vis tous travailler à faire dans la cabanne comme un lit de gazon, qu'ils ornerent avec des branches d'arbres, qu'ils tournoient de toutes sortes de figures bizarres, & en forme de Berceau. Bien-tôt ce qu'ils pretendoient faire fut achevé. Ils me marquerent par des gestes qu'ils seroient bien aises de m'y voir placée. Je m'y assis en effet comme ils le souhaitoient, en mettant auprès de moi l'arc & les fleches que j'avois toujours gardé. Quand je fus en cette posture, ils commencerent d'abord à mettre à mes pieds chacun leur trousses, & le reste de leurs armes, & se prosternans après devant moi, ils me témoignoient par là, qu'ils me sacrifioient leurs armes comme à une Déesse. Dans un autre tems, je me serois opposée très-fortement à ces marques de vénération qui ne sont dûës à aucuns mortels, & que mérite seul celui de qui ils dépendent ; mais je crus que, dans la situation où je me trouvois, je pouvois me servir de l'erreur grossiere de ces malheureux Sauvages, pour sauver, non-seulement ma vie, mais encore plus mon honneur des insultes que ces hommes auroient pû me faire : je n'empêchai donc point ce qu'ils firent pour me prouver leur vénération. Après cette action, ils reprirent tous leur trousses, mais avant que de la remettre sur leurs épaules, chacun d'eux la fit toucher au bout de ma robe : A l'égard des fleches & de l'arc que j'avois auprès de moi, ils parurent me demander la permission de les prendre ; je leur rendis moi-même : alors ils rompirent l'arc & les fleches, & en prirent chacun un petit morceau.

Cependant, je demeurai dans la posture où je m'étois mise: le Sauvage & deux autres resterent à la porte comme pour me garder. La femme & les enfans de celui chez qui j'étois, s'en allerent apparemment dans une autre cabanne; car elle ne retourna plus dans la sienne que pour venir de tems en tems me marquer sa vénération, baiser le bas de ma robe, & la faire baiser à ses deux enfans. Je vécus près de trois mois de cette maniere, toujours suivie d'une foule de Sauvages & de leur femmes. Quand je m'allois promener, ils dansoient autour de moi en jouant d'un certain instrument qui me parut nouveau & très ingenieux. Quand je m'asseyois quelque part, ils se plaçoient un peu loin de moi par respect, ou s'en alloient arracher des branches d'arbres dont ils se battoient ensemble comme pour me divertir. J'oubliois de vous dire aussi qu'ils m'avoient fait une trousse; mais plus belle que la leur: Elle étoit peinte de toutes sortes de couleurs, & travaillée même assez délicatement: A l'égard des fleches & de l'arc, ils avoient aussi leur ornement particulier. Cette trousse m'avoit été donnée dès le troisiéme jour que j'avois été avec eux, & je la portois derriere moi comme eux.

Un jour, après un repas composé de toutes sortes de fruits excellens; il me prit envie d'aller revoir le Rocher d'où j'étois descendue dans la forêt; car, quoique je me visse en sûreté avec les Sauvages à la faveur de la vénération qu'ils avoient pour moi, je ne laissois cependant pas de soupirer interieurement du genre de vie particulier que j'étois obligée de tenir avec des créatures qui ressembloient plus à des monstres qu'à des hommes. Je sortis donc de ma cabanne accompagnée comme à mon ordinaire, de beaucoup de Sauvages, & je pris le chemin que je jugeai conduire au Rocher: J'y arrivai effectivement, quand une avanture qui me parut très heureuse pour moi, arrêta tout court les Sauvages qui me suivoient, & les fit à tous bander leur arc. C'étoit soixante ou quatre-vingt hommes qui grimpoient le Rocher, la plûpart mouillés: En bas du Rocher j'apperçûs un Vaisseau qu'on remettoit en mer, & qu'on avoit apparamment radoubé en cet endroit. Ceux que nous voyions grimper le Rocher, étoient des Matelots & des Soldats qui avoient travaillé à ce radoube du Vaisseau, & qui revenoient au haut du Rocher où ils avoient laissé leurs habits; on voyoit encore d'autres hommes, qui, étendus à terre, & mangeant, attendoient le moment que le Vaisseau partît. Dès que les Matelots & les Soldats apperçûrent les Sauvages avec leurs arcs, ils s'armerent, les uns de leurs fusils, les autres de leur Sabre, & vinrent pour les charger. La frayeur de ces malheureux Sauvages fut si grande, qu'il y en eut qui tomberent en fuyant, pendant que les autres se jetterent tous à mes pieds en faifant signe d'empêcher qu'on ne leur fît du mal: J'avançois alors vers ceux qui venoient à nous. Celui qui étoit le plus ardent étoit un jeune homme bien habillé qui s'arrêta tout d'un coup en prononçant: O Ciel! Ces mots qu'il difoit en françois, firent que je lui parlai la même langue: Seigneur, lui dis-je, accordez une grace à une femme dont les malheurs vous infpireroient de la compaffion fi vous les fçaviez: Ces malheureux parmi lesquels j'ai été obligée de vivre affez long-tems, ont quelque confiance en moi; vous les voyez la plûpart profternés à mes genoux, pour me prier de leur fauver la vie; faites enforte qu'on ne les pourfuive pas, ils ne feront aucun mal. Quand ils mériteroient qu'on leur ôtat la vie, me dit il; Madame, il fuffit pour les faire refpecter qu'une auffi belle perfonne que vous s'intereffe à leurs jours. A peine eut-il prononcé ces mots, qu'il dit aux autres de ceffer

de

de poursuivre les Sauvages: Il leur fit signe qu'ils n'avoient rien à craindre. Ces malheureux épouvantés restoient toujours à mes genoux: Je leur marquai que je souhaitois qu'ils s'en retournassent: Ils se leverent en me témoignant qu'ils craignoient de s'en retourner sans moi; je leur fis croire que je les suivrois bien-tôt. Ils me quitterent alors, mais avec chagrin, & en regardant toujours si je ne les suivois pas. Les marques de reconnoissance que je recevois de ces hommes sans mœurs, ne laisserent pas de me toucher; tant ont de forces les moindres sentimens du cœur de quelque part qu'ils viennent. Cependant je dis au jeune Officier (car c'en étoit un) que mon dessein étoit de partir avec le Vaisseau: Il m'apprit qu'ils s'en retournoient en France, & qu'ils revenoient de.... Il me nomma un Port qui étoit justement celui d'où je m'étois mis en mer en quittant la Maison d'Hasbud. Je tressaillis en lui entendant nommer cet endroit.

X. Partie. Mmm

Il me donna la main pour m'aider à descendre du Rocher sur le rivage, où jettant mes yeux de tous côtés, je vis un homme couché sur l'herbe, dans la posture d'une personne qui rêve avec tristesse; Il étoit tourné de maniere que je ne pouvois voir son visage; mais, ô Ciel! qui peut comprendre ce que je devins, quand cet homme s'étant retourné de mon côté, je reconnus Hasbud avec des marques de la langueur la plus tendre! Je fis un cri en me reculant. Celui qui me conduisoit s'apperçut que je pâlissois, & me soûtint entre ses bras. Je tombai dans une extrême foiblesse, pendant qu'Hasbud, qui m'avoit aussi reconnuë, s'étoit levé avec une émotion dont la vivacité le fit avancer vers moi comme un homme éperdu.

La belle Gelie en étoit là de son histoire, quand on vint annoncer à la Maîtresse de la Maison, que des Dames, sçachant qu'elle étoit de retour, venoient lui rendre visite.

Pharſamon vit avec chagrin interrompre une hiſtoire qu'il trouvoit ſi intereſſante. Celle qui avoit long-tems parlé, prit congé de lui pour aller, à ſon aiſe, s'affliger dans ſa chambre; & Pharſamon ſe retira dans la ſienne, frappé, comme on le peut croire, de toutes les belles avantures que cette belle fille venoit de rapporter.

Je dis belles avantures, peſte, voici un mot qui choque mon critique, & qui lui arrache un ri moqueur: Belles avantures, dit-il! Comment ſont donc les laides, ſi celles-cy méritent le nom de belles? Je ne ſçai comment elles ſont, les laides, trop importun critique: mais je vais gager l'endroit le plus joli de mon hiſtoire que celles-ci ſont belles. Bon, courage, reprend nôtre bizarre; le plus joli endroit de ſon hiſtoire; il y a donc du joli & du beau de répandu ici? Voilà qui eſt à merveille; mais il eſt apparamment bien clair ſemé ce joli ou ce beau, car le laid l'offuſque. Je ne gagnetois jamais contre vous, Monſieur le critique, & nous ne réüssirions tous deux après avoir bien contesté, vous, qu'à prouver votre méchante humeur, & peut-être votre peu de goût (car il faut bien que j'ajoûte encore ce mot) & moi, qu'à montrer la vanité avec laquelle je ne puis m'empêcher de regarder mon ouvrage. J'aimerois autant rien que de composer sans s'aplaudir un peu soi-même de ce qu'on écrit, & principalement quand on n'écrit que pour se divertir, & qu'en voulant se divertir on croit s'appercevoir qu'on plaît. Allons, disent ce que voudront les faux modestes, je ne serai qu'un Autheur vain, mais plus sincere, pendant qu'ils ne sont que des hipocrites, qui joignent au défaut d'une vanité orgüeilleuse, l'art trompeur de paroître se blâmer eux-mêmes. Ma foi, il vaut encore mieux ne tromper personne, & avoir un vice de bonne foi, que de l'agraver par une hipocrisie mille fois plus blâmable, & qui est le rafinement, & la quintessence des vices du cœur. Mais finissons ma critique moi-même sur les défauts des hipocrites Auteurs; c'est aujourd'hui l'hipocrisie la plus pardonnable. Orgon n'auroit jamais eu le chagrin de se voir chassé de sa maison par Tartuffe, & de lui entendre suborner sa femme, s'il n'y avoit eu dans le monde que des hipocrites pareils à ceux que l'effronterie de ma vanité ose attaquer ici. Revenons où nous en étions.

Pharsamon s'enferme dans sa chambre, pénétré du bonheur que son imagination attribue à l'infortunée Celie, pour avoir essuyé tant de funestes avantures; son respect même pour elle avoit augmenté à chaque accident qu'elle racontoit lui être arrivé; & lorsqu'elle rapportoit l'état où elle s'étoit trouvée dans cette Isle habitée par des Sauvages, & cette vénération que ces hommes avoient eu pour elle, ou bien sa situation déplorable dans le tems qu'elle étoit au pouvoir de Cleonce, peu s'en falloit, qu'interieurement,

& sans qu'il s'en apperçût, il ne souhaitât que sa Princesse Cidalise se retrouvât pourvûë de l'avantage d'avoir couru tant de mers, de s'être égarée dans des Isles aussi desertes, de s'être vûë enlevée hors de son lit, & à cheval, en pleine campagne, à la merci d'un homme aussi emporté que Cleonce; il n'étoit pas jusqu'au petit Rocher dont Celie avoit fait mention, qui lui fit envie; & il auroit été charmé, si, après avoir été séparé de sa Princesse par une avanture aussi funeste que celle qui lui avoit fait perdre: il pouvoit avoir l'agrément Romanesque de l'appercevoir sur un Rocher en se retournant assis tristement sur l'herbe.

Ces idées, dont l'histoire de Celie avoit rempli l'extravagant cerveau de Pharsamon, n'étoient point dans son esprit aussi cruës que je les lui donne ici; c'étoit de ces réflexions vives qui agissoient imperceptiblement sur lui; de ces charmes interieurs qu'il appercevoit d'une vûë prompte & legere,

& qu'il souhaitoit secrettement ne devoir un jour qu'au cours de ses propres avantures.

Cependant Cliton & Fatime avoient assisté aussi au récit de Celie : il est vrai que je n'ai point parlé d'eux, parce que les principaux personnages m'ont entierement occupé : les subalternes ne doivent marcher qu'après, & c'est à present ici leur legitime place. Or, Fatime & Cliton avoient été tous deux très enchantés des incidens qui remplissoient l'avanture de Celie. Ne vous sembloit-il pas, dit quelque tems après Cliton à Fatime, que vous lisiez quelqu'un de ces beaux livres où l'on voit de ces Dames & de ces Princesses à qui il arrive tant de belles Histoires ? Peste ! je n'en sçaurois revenir : Ah que c'est une merveilleuse chose que de pouvoir être témoin de tout cela ! le voir de ses deux yeux ! Dame ! cela m'a bien mis le ventre au cœur. On ne peut sans doute rien de plus magnifique, répondit gravement Fatime, que ce que nous a raconté la belle Celie. Tout y est grand, tout y est noble & extraordinaire; mais, Seigneur, chacun a ses avantures particulieres, & ce que vous avez entendu doit vous prouver à quels évenemens, vous & moi nous sommes reservés. Hélas! peut-être le sort nous prépare-t-il, & de plus grandes extrêmités, & de plus étranges malheurs. Ah morbleu! s'écria Cliton, tout transporté d'un entousiasme d'avantures & d'amour, du ton que je vous entends soupirer, ma foi, vous méritez bien que le sort vous donne une grande réputation: il me semble nous voir déja tous deux éloignés l'un de l'autre; moi, périr dans les eaux ou d'un coup de fusil; vous, mourir de faim sur un Rocher, & puis après, quand nous y songeons le moins, vous rencontrer quelque part, je ne sçai où, sur un Rocher, ou dans une caverne; ou sur l'eau dans un petit batteau de quatre sols, ou bien le dos apuyé contre quelqu'arbre dans une forêt, pendant que de mon côté, plus jaune que de l'ocre, de chagrin de vous avoir perduë, je serai assis auprès de quelque rivage, les pieds jusqu'au bord de l'eau, & regardant rouler les ondées en homme que le froid a gelé, & qui ne remuë plus ni pieds ni pates. Dame! ma Princesse, cela sera beau cela, si jamais cela nous arrive! A vous dire le vrai, pourvû que je trouve à manger par tout, je serai du meilleur accord du monde avec le Sort; car pour jeûner, en verité je ne puis, & si l'avanture me prenoit de ce côté-là, je la recevrois de fort mauvaise grace.

Fatime eût été charmée de la vivacité avec laquelle l'illustre Cliton prononçoit ces mots, s'il ne les eût entremêlés de certaines façons de parler triviales, qui deshonoroient les belles & grandes idées de Rocher, de Caverne, de batteau, de forêt, de rivage; mais elle tâchoit de s'étourdir elle-même là-dessus, à force de discours grands & nobles, & de faire rentrer Cliton en lui-même, en lui faisant appercevoir le défaut de sa manière de parler, par le contraste de la sienne : Aimez-moi toujours, soyez fidele, Seigneur, & laissez-le destin s'interesser en notre faveur ; nous sommes sans doute ses objets les plus considerables. A propos de considerables, repliqua Cliton, songeons donc à notre affaire, Madame ; car vous voyez que les noms de Seigneur & de Madame, sortent de notre bouche plus aisément que l'eau ne sort d'un pot cassé : Ce diantre de bruit avec les Marmittons, le combat du diable contre nous, tout cela nous a mis un peu en oubliance de ce que nous avions dit ; mais remettons-nous ; nous serions bien fous de n'être moi qu'Ecuyer, & vous qu'Ecuyere, quand nous pouvons être plus gros Seigneurs, & avoir chacun nos domestiques aulieu de servir : Et vous seriez une grande bête, & moi un franc animal ? Pardonnez cependant si je vous nomme une bête, vous ne l'êtes point encore ; ne le devenez point. Mais voyons, comment prétendons nous faire ? Fatime alloit répondre à Cliton, & examiner sans doute, avec lui, de quelle maniere ils s'y prendroient pour parvenir à la Principauté qu'ils vouloient avoir ; mais la compagnie qu'ils entendirent sortir de la cour, leur fit remettre à une autre fois le choix de la résolution qu'ils devoient prendre. Dès que Felonde se trouva libre, elle envoya dire à Pharsamon, qu'elle souhaitoit lui montrer quelques beautés de sa maison, & qu'il l'obligeroit de vouloir répondre à l'envie qu'elle avoit de l'amuser, de peur qu'il ne s'ennuyât.

Le Domestique chargé de cette commission, trouva Pharsamon appuyé sur une fenêtre qui donnoit sur le Jardin. La noble ardeur de faits, d'avantures où le recit de Celie l'avoit jetté, lui avoit fait ouvrir cette fenêtre. Cette action n'étoit pas indiferente, & jamais peut-être la reverie dans laquelle il étoit enseveli alors, n'avoit été plus conforme au grand mêtier qu'il faisoit. C'est une situation convenable aux Heros Romanesques, qu'une tristesse accompagnée d'une pareille posture. Tout se joignoit à cela, non-seulement l'air noble de sa rêverie à la fenêtre, mais encore la vûë de cette fenêtre qui offroit aux regards du Chevalier amoureux, ces mêmes objets, qui frappoient jadis les yeux de ces antiques heros; quand leur douleur les faisoit rêver. Le commissionnaire repeta ce que sa Maîtresse l'avoit chargé de dire. Point de réponse. Le Chevalier n'avoit point d'oreille, il étoit, dans ce moment, aux genoux de sa Princesse, dans l'état d'un homme transporté, qui voit ce qu'il aime, & qu'il a retrouvé après une longue & cruelle absence. L'idée du Rocher dont avoit parlé Celie, la rencontre des Sauvages, celle de son cher Hasbud, l'avoient jetté hors de lui-même. Sans cette histoire, la perte de Cidalise eût sans doute affecté son ame d'un chagrin bien plus grand; mais le plaisir secret que lui laissoit l'esperance de retrouver Cidalise d'une maniere aussi merveilleuse, esperance fondée sur la perte qu'il en avoit faite, & sur l'avanture de Celie, qui ne devoit pas être la seule favorisée du Ciel, jusqu'à ce point, paroit les grands coups dont son cœur eût été frappé par les malheurs qui avoient enlevé cette Princesse à son amour. Or, comme son imagination travailloit beaucoup en peu de tems, & qu'elle étoit même d'une espece à prévenir le sort sur les avantures qu'il lui reservoit dans la suite, notre Chevalier, de la reflexion à l'histoire extraordinaire de Celie, en étoit venu à une reflexion sur lui-même & sur sa situation. De cette reflexion, il étoit passé insensiblement au moment heureux qui lui remontroit Cidalise, & voici comment il imaginoit cela.

Il voyageoit sur Mer, après avoir parcouru tous les Royaumes, & demandé Cidalise à toutes les Cours, Villes, Villages, Forêts,

Bois, Ornieres, Buissons, &c. Inutile recherche qui n'avoit servi qu'à redoubler son desespoir. Le malheur de n'en rien apprendre lui avoit fait prendre la résolution de se mettre en Mer. Il y avoit déja quelque tems qu'il étoit dans un Vaisseau, lorsqu'il se trouva attaqué par un Corsaire. On en vint à l'abordage. Je laisse à penser s'il avoit eu moins de valeur que d'amour. Son bras avoit porté la mort aussi sûrement que la foudre ; il s'étoit battu contre un brave inconnu, le combat avoit été long-tems incertain, il avoit même suspendu les coups que se portoient les autres. On peut juger que son imagination lui cedoit la victoire. Il avoit renversé son ennemi ; il alloit lui ôter la vie quand les cris d'une femme l'avoient tout d'un coup arrêté : Alors en regardant, il avoit vû le Corsaire vouloir contraindre cette personne qui crioit, à entrer dans une petite Chaloupe, sous la conduite de deux hommes qui l'alloient mettre en sûreté, pour servir aux infames desirs de ce Corsaire : mais, qu'à peine cette femme avoit-elle tourné son visage de son côté, qu'il avoit reconnu la Princesse Cidalise. Qu'alors plus furieux qu'un lion, il avoit quitté le soin de se faire avoüer pour vainqueur par l'ennemi qu'il avoit terrassé, pour aller à corps perdu se jetter au milieu de ceux qui faisoient violence à sa Princesse. Il en étoit justement là de son avanture, quand le Domestique de Felonde entra.

Ce Domestique avoit déja repeté plusieurs fois ce que sa Maîtresse lui avoit ordonné de dire, quand Pharsamon, légitimement transporté de rage & d'emportement contre le Corsaire, & contre ses indignes satellites, s'écria tout d'un coup: Arrêtez, malheureux ! Et toi barbare qui oses attenter à la liberté de la plus grande Princesse de la terre... Il s'arrêta après ces mots, apparemment pour n'apostropher le Corsaire & ses gens qu'à grands coups de sabre (car on ne peut bien se battre & haranguer en même tems, & je suis persuadé, qu'il eût bientôt mis la troupe insolente en déroute, ou) pour parler Roman antique, en déconfiture.

Le Domestique qui étoit un pauvre villageois, qui n'avoit jamais entendu d'autres emportemens que ceux des Bouviers contre leurs bœufs, ou des Paysans contre leurs femmes, & qui étoit plus corps qu'esprit, épouvanté des grandes & effrayantes paroles de Pharsamon, recula jusqu'à la porte, & s'enfuit, n'apportant pour toute réponse à sa Maîtresse, que sa frayeur & l'extravagance du Chevalier, qui continuant sa douce & noble erreur, & vainqueur absolu de ses ennemis, s'étoit jetté tout sanglant & même blessé, aux pieds de sa Maîtresse encore éperduë de crainte, pour son honneur & pour sa vie. Ah! ma divine Princesse, s'écrioit-t-il, les Dieux vous rendent donc à mon amour? Quoi, vous alliez, sans moi, être livrée à la puissance de l'infame dont
je

je viens de finir les jours ? Ciel !
Qu'ai-je à redouter du sort maintenant, puisque j'ai le plaisir de voir ma Princesse en sûreté ? Il disoit encore bien des choses, que son amoureuse saillie lui faisoit prononcer avec transport, quand Felonde à qui le Domestique effrayé avoit raconté les terribles mots que Pharsamon lui avoit répondu, arriva. La posture de Pharsamon la fit rire, & soupirer. Elle plaignit veritablement ce jeune homme, de l'impression que la lecture des Romans lui avoit laissée & son action avoit en même tems quelque chose de si singulier, qu'elle ne put s'empêcher d'éclater alors.

Qui diroit que la vûë d'un extravagant comme Pharsamon, ne dût pas, à une femme de bon goût, être un veritable remede d'amour. Cependant cette extravagance de Pharsamon, ne fit point cet effet sur Felonde ; j'ai dit que la figure de ce jeune homme, lui avoit plû, & lui avoit paru même spirituelle, ajoutez à cela, que sa folie ne provenoit que d'un fond de caractere tendre, qui, se joignant à sa bonne grace naturelle, le rendoit encore plus aimable à ses yeux; d'ailleurs, elle espéroit le faire revenir à elle; enfin, elle se flattoit: elle étoit encore assez belle, ce qu'elle avoit de trop en âge pouvoit être corrigé par la propre extravagance de Pharsamon, qui ne démêleroit peut-être pas au travers de la folie qui lui silleroit les yeux, ces années de trop qui commençoient à émousser la vivacité de ses traits. Ainsi, elle s'étoit absolument déterminée à suivre le penchant qui lui parloit pour Pharsamon. Seigneur, lui dit-elle, pour s'accommoder à ses idées, Vous rêvez apparemment à vos malheurs; & la posture où je vous surprens, en est une preuve. Je l'avoüerai, Madame, repliqua Pharsamon, qui rougit cependant un peu d'avoir été vû dans son transport; ils sont assez grands ces malheurs pour qu'on me pardonne tout ce que me fait faire la reflexion que j'y donne; & les maux que j'éprouve, sont d'une espece à pousser à bout la raison la plus solide & la constance la plus forme. Détournez votre esprit de ces tristes pensées, Seigneur, repliqua Felonde, les reflexions que vous faites, aigrissent vos maux: tâchez, au contraire, de les dissiper: le Ciel travaille peut-être en votre faveur, méritez ses bienfaits par une tranquillité sage & prudente. Venez, Seigneur, je vais vous montrer, dans cette maison, quelques curiosités dont la vûë ne laissera pas de vous dissiper. A ces mots, Felonde donna la main à Pharsamon & ils descendirent dans le Jardin. Toujours des Jardins, dira-t-on? Oüi toujours des Jardins. Que seroit-ce, s'il vous plaît qu'une Maison de campagne, ou qu'un Château sans Jardin ? J'aimerois autant une Masure; & le Jardin à la campagne n'est pas moins nécessaire que le vin ou le gibier, pour y faire bonne chere. Revenons. Celui de Felonde étoit

N n n ij

un Jardin magnifique. D'abord s'offroit à la vûë, un grand & merveilleux jet d'eau, qui s'élançoit jusqu'aux cieux ; ce jet-d'eau étoit soûtenu d'un Dieu marin, il representoit un Fleuve, dont les cheveux plats & mouillés dégoutoient l'eau, qui, d'une Urne, panchée, & sur laquelle il s'appuyoit négligemment, sembloit donner la source à l'eau qui se perdoit dans les airs. Après cela, paroissoit dans un vaste Parterre, où on voyoit le Mont Parnasse avec ses habitantes, Appollon étoit au milieu d'elles, son atitude étoit un si grand chef-d'œuvre de l'Art, qu'il sembloit les regarder toutes & leur sourire. Les neuf Muses avoient chacune leur occupation, l'une joüoit de la lire, l'autre chantoit, celle-ci faisoit des vers, ainsi du reste. Au surplus il sembloit que le Sculpteur avoit saisi dans ses differentes figures, sa derniere perfection. Elles étoient d'une proportion admirable, leur aspect étoit moins propre à amolir le cœur, qu'à inspirer du respect & de l'admiration. Plus loin, on voyoit un petit Bois touffu, partagé en routes sombres, & étroites, lieux enchantés pour des cœurs unis par une mutuelle tendresse. Près de ce Bois, étoit un espace de terre assez grand, où naissoit le gazon, siége le plus aimable & le plus doux pour ceux qui ne respirent que cette agréable simplicité, dont se pare la nature. On y voyoit encore.. Mais on ne voyoit plus rien : car en voilà bien assez, & ces beautés avoient assez de quoi satisfaire un homme du caractere de Pharsamon. Le petit Bois & le gazon, prêterent à l'entretien qu'il eut avec Felonde, cette tendre douceur que contractent les Amans malheureux, quand ils se promenent dans des lieux convenables à la situation de leur âme. Que dites-vous de ces lieux ? lui dit Felonde, enchantée elle-même de la belle occasion qui s'offroit à Pharsamon, s'il avoit été d'humeur à lui conter fleurette ? Je dis, qu'ils semblent être faits pour le plaisir du cœur & des yeux : ici le faste des Rois & leur grandeur ne seroient rien au prix des tendres douceurs que deux Amans goûteroient dans ce séjour éloigné du commerce bruyant des villes. Que vous entrez bien dans ma pensée, Seigneur, repartit Felonde, Hélas! je n'y viens jamais que je ne me sente émuë, & je ne sçai quoi même, à présent, m'attendrit plus qu'à l'ordinaire ; la situation de votre ame, votre phisionomie qui ne respire que tendresse, vos paroles, & peut-être quelque chose de plus, contribuent sans doute, à cette tendresse qui va jusqu'à mon cœur : & qui pourroit y passer ses jours avec un Cavalier de votre caractère, pourroit aussi espérer de ressentir tout ce qu'un amour de cœur peut fournir d'appas & de charmes. Je ne sçai comment répondre à votre honnêteté, repartit Pharsamon en rougissant un peu, je ne sçai si mon caractère est de ceux qui sont faits pour faire sentir ce qu'une passion délicate donne de plaisirs touchans ; mais je sçai bien, Madame, qu'il est fait ce caractere pour être susceptible de tout ce que la tristesse peut inspirer de plus affreux. Eh quoi, Seigneur, dit Felonde, ne sortirez-vous point de cette profonde mélancolie, qui ravit à ceux qui sont avec vous, le plaisir de vous dire ce qu'ils pensent : Vous n'avez qu'à me regarder, Seigneur, mes yeux si vous les écoutez, vous diront quel parti vous pouvez prendre. Vous cherchez, dites-vous, une Princesse que vous avez perduë, Seigneur ? La violence seule de votre amour, la rêverie de cette qualité, & peut-être aussi vous la peint-elle avec des charmes qu'elle n'a pas? Ces lieux que vous aimez & qui vous plaisent, il ne tiendra qu'à vous de les voir, d'y demeurer toujours, & d'y passer de doux momens avec une personne, à qui son penchant pour vous, fera faire tous les efforts imaginables pour que vous y trouviez de vrais plaisirs : Voyez-vous ces agréables routes que l'amour semble avoir ménagées pour n'avoir d'autres témoins que lui-même, où les doux soupirs, & les vifs transports de deux cœurs unis se confondroient sans crainte. Ce Gazon dont la verdure peint les agrémens naïfs de la nature, & qui fait glisser dans les cœurs cette première innocence, qui jadis, se joignoit à la sincere tendresse des Amans de ces siécles heureux. Ce sont-là, Seigneur, les lieux charmans où cette personne vous donneroit sans cesse mille témoignages de l'amour le plus tendre : c'est là, où vous verriez ses yeux attachés sur les vôtres, joindre le langage le plus doux à tout ce que la bouche prononceroit de vif; consultez - vous, Seigneur, mais consultez la raison, cette personne n'est pas loin. Ah, Dieux ! s'écria Pharsamon, qu'allez-vous me proposer pour cette personne ? Suis-je maître du cœur qu'elle voudroit tout entier ? Ces Gazons charmans, ce Bois fait pour l'amour, loin de me plaire avec elle, redoubleroient

l'horreur

l'horreur de la tristesse que verse dans mon ame la perte de l'aimable Cidalise: Non, Madame, non Cidalise est la seule capable de m'occuper, sans Cidalise je meurs, je languis par tout, & ma langueur toute affreuse qu'elle est, a mille fois plus de charmes pour moi, que n'en auroit l'aspect de la plus aimable personne, dont le cœur à tous momens m'exprimeroit sa tendresse. Au nom des Dieux, Madame, si vous avez quelque compassion pour moi dans l'état où je suis, ne cherchez point à combattre ma douleur: Ma Princesse, dites-vous, n'emprunte cette haute qualité que de mon amour: Ah Ciel! dites plûtôt que quand elle ne l'auroit pas, que quand le Ciel lui auroit refusé l'éclat de cette haute naissance, que ses charmes, sa beauté, la noblesse & la grandeur de son caractere, ses malheurs même, dites que cela en dépit du sort, lui rendroit ce que son injustice lui auroit refusé. Ah! si vous la voyez, que vous auriez peu de peine, à avoüer, que jamais les plus grandes Princesses n'ont approché ce mérite qu'elle possede au dessus de la naissance qui imprime du respect à tout le monde, & qui s'attire les hommages de toute la terre ; mais, Madame, n'en doutez point, Cidalise est née Princesse, les surprenantes avantures dont ses jours sont tissus, prouvent mieux que toute autre chose, qu'elle est née d'un sang considerable, & que le Ciel semble avoir destiné pour servir d'exemple de la noblesse, de la grandeur qu'il verse dans le cœur de ceux qu'il protege.

Non, Seigneur, repartit Felonde, ne vous imaginez point de pareilles choses : Cidalise est sans doute née Demoiselle, je le veux croire, puisque vous l'aimez ; mais Seigneur, voilà tout son rang. Cependant cette Cidalise vous l'avez perduë, qui sçait si vous la retrouverez ? qui sçait si elle vous sera fidéle ? Vous voulez me persuader en vain, reprit Pharsamon : Eh quoi, parce que Cidalise est perduë, il faut que je cesse de l'aimer! Non non, Madame, ce sont des épreuves que ces pertes de part & d'autres; ce sont des épreuves dignes des cœurs de ceux qui nous ressemblent; l'amour s'en allarme encore plus fortement. O Ciel! Ces illustres Chevaliers, separés de leurs Maîtresses par des coups du hazard, en étoient-ils pour cela moins constans? Ah! vous ne sçavez pas ce que ces cruelles séparations préparent de plaisirs au moment qu'elles cessent. A l'égard de l'infidelité, je ne puis croire que jamais Cidalise puisse en être coupable; mais quand cela seroit, ma constance pour elle en seroit plus noble & plus digne d'envie : Oüi, toute infortunée qu'elle seroit, je la prefererois au changement le plus tendre, puisqu'elle m'égaleroit à ceux qu'une grandeur d'ame excessive a même distingué d'avec leurs pareils. Que je plains donc cette personne, Seigneur : hélas, elle se flattoit d'attendrir votre cœur. Seigneur, ajouta-t-elle, d'un air tendre & séduisant; que le don de votre cœur m'auroit fait de plaisir !

On peut aisément juger du caractere de la Dame, par tout ce qu'elle disoit à Pharsamon ; jamais discours ne pouvoient être plus conformes à la tournure d'esprit de notre Chevalier, que ceux dont Felonde avoit tâché de suborner la fidelité de ce Heros, & c'étoit peut-être à ce beau langage assorti aux idées romanesques, qu'elle devoit l'air simplement touchant avec lequel Pharsamon avoit reçû la déclaration détournée qu'elle lui avoit faite ; ce langage lui avoit plû, & par un secret plaisir de s'entendre dire des choses si convenables à la belle passion, s'étoit contenté de s'attendrir en les contant, & de representer tout l'amour qu'il voüoit à sa Princesse ; mais encore une fois, comment, dira-t'on, est-il possible que tant de folie ne rebuta point cette Dame ? Au contraire, c'étoit peut-être à cette tendre folie de Pharsamon, que son cœur tenoit le plus. Il est des goûts dépravés, & suivant le caractere, on aime, ou les défauts ou les vices, qui ont quelque rapport au fond dominant de ce caractere. Ajoutez à cela, que l'âge de Felonde est pour les femmes l'âge ou la raison semble le plus souvent, & dans la plûpart, s'éclipser un peu pour faire place à une envie hors de saison, de plaire autant que dans le bel âge, envie que suit un aveu secret de l'impuissance où les met leur déclin de plaire; aveu secret qu'accompagne toujours moins de ménagement qu'elles n'en avoient autrefois dans le discours, & dans leurs efforts, pour y réüssir; mais revenons à Pharsamon, de peur de choquer ces femmes qui composent une troupe assez grande, & toujours trop fatigante pour ceux que leur ingrate coquetterie attaque; elles tiennent un milieu de vie assez mortifiant pour elles, sans leur en montrer encore tout le désagrément. Ce milieu de vie qui répand comme un charme sur des appas qui subsistent encore; mais qui ne subsistent que pour servir d'époques à cet argument, & qu'on préjuge qu'ils avoient par un peu de forme qui leur reste encore.

Or, les dernieres paroles que Felonde prononçoit en son nom, furent dites d'un air à charmer le plus insensible, & même à faire quelque plaisir à un homme, qui, comme Pharsamon, auroit été touché de cette passion tendre, plus propre à inspirer de la pitié, que de la colere. Il la regardoit alors. Quand elle eut cessé de parler, il retira de dessus elle ses yeux, mais d'un air embarrassé, de cet air de noble cruauté, d'illustre ingratitude dont une constance à l'épreuve armoit le cœur de ce fameux Héros, quand il lui arrivoit quelque tentation pareille : Hé bien, Seigneur, continua-t-elle, quoi, me repentirai-je de ce qui vient de m'échaper?

Pharsamon alors avoit les yeux baissés; il sçavoit son rôle, & il ne les détacha de terre que quand il eut fait une réponse basse, avec un visage sérieux & glacé. Je ne sçavois, Madame, de qui vous vouliez parler, dit-il ; mais vous sçavez ce que j'ai répondu, & il est inutile d'en dire davantage, vous pouvez vous en ressouvenir : Cependant, Madame, permettez que je vous quitte ; après la réponse que je vous fais, mes yeux soutiendroient mal les vôtres.

Felonde qui sçavoit bien que l'emportement en pareille occasion n'étoit pas le moyen de ramener son cœur à plus de complaisance, lui dit : Seigneur, je ne veux point vous gêner, retirez-vous ; ce que je vous ai dit ne doit point choquer votre délicatesse ; nous ne ne sommes point les maîtres des impressions qui se font au cœur. Pharsamon, après ces mots, lui fit une grande reverence, & la quitta.

Quoique nous ayions dit que Pharsamon s'étoit éloigné de Félonde, nons n'avons pas prétendu faire entendre qu'il l'avoit entièrement quittée. En effet, plus incertain que jamais sur le parti qu'il devoit prendre, il ne tarda pas à retourner dans son appartement, où je vais le laisser quelques momens, pour rendre compte d'un événement singulier, qui contribua à le guérir de sa folie.

Son oncle ayant sçû qu'il étoit dans le Château de Félonde, dont il n'étoit pas connu, mais dont il avoit entendu parler comme d'une veuve fort riche, s'étoit mis en chemin pour le venir chercher. Il avoit passé par l'endroit où Cidalise avoit été obligée de rester à cause des blessures qu'elle avoit reçûës dans ce burlesque combat qui s'étoit donné dans une cuisine où Pharsamon & Cliton avoient été si bien étrillés par les marmitons ; & là il avoit appris que la mere de Cidalise étoit venuë la prendre ; qu'elle avoit été parfaitement guérie, non seulement de ses blessures, mais encore de sa folie romanesque, par les soins d'un fameux Empirique dont nous parlerons ci-après. Mais pour ne pas differer l'éloge qui est dû au rare sçavoir de ce grand homme, il est à propos de dire ici qu'il s'étoit distingué par des cures admirables, & sur tout par celles des cerveaux dérangés ; ce talent seul auroit dû faire sa fortune, mais supposé qu'elle ne fût pas encore faite, nous devons nécessairement présumer qu'elle l'aura été dans la suite, attendu le grand nombre des maladies de cette espece.

Retournons à l'oncle de Pharsamon. Il arrive donc chez Félonde ; il va d'abord lui rendre ses devoirs, & la remercier de l'asyle qu'elle a eu la bonté de donner à son neveu, dont les écarts le mettent au désespoir. Cette veuve, uniquement occupée de son amour, & encore toute émûë de l'aveu qu'elle venoit d'en faire, répondit seulement qu'elle étoit sa maîtresse, & qu'elle souhaiteroit fort..... Un reste de pudeur la fit hésiter. L'oncle de Pharsamon, qui devina la cause de son embarras, lui renouvella ses remercimens, & la quitta pour aller voir son neveu.

Il entre dans la chambre où il s'étoit retiré ; il lui parle, il le conjure de lui répondre, il n'en est écouté, ni reconnu ; Cidalise l'occupoit tout entier, & son nom étoit le seul qui sortoit de sa bouche. Enfin, las de tenter des efforts superflus, il retourne chez Félonde, dont le cœur sensible partage sa douleur. Après avoir discouru quelque temps sur le déplorable état de Pharsamon, auquel cette veuve prenoit beaucoup d'intérêt, il lui propose d'associer aux résolutions qu'il convient de prendre, ce même Empirique dont nous avons parlé.

J'avois oublié de dire, & c'est une faute qu'il est encore temps de réparer ; j'avois, dis-je, oublié de marquer qu'après la cure surprenante de Cidalise, l'oncle de Pharsamon qui étoit de ses amis, l'avoit prié de l'accompagner, & que charmé de montrer l'excellence de son art, il s'étoit fait un plaisir de le suivre.

Félonde ne doutant point du succès, & charmée en secret des suites qu'il pourroit avoir, applaudit à cette idée, & envoye chercher le Seigneur Géronimo (c'étoit le nom de l'Empirique.) Il arrive, on vante beaucoup son mérite, on lui fait des propositions avantageuses, & l'on finit par lui proposer de guérir Pharsamon. On va s'imaginer, sans doute, que le Seigneur Géronimo, affamé de louanges, & plus avide de gain, va promettre des merveilles; point du tout, plus modeste, & moins intéressé que ses confreres, il avouë franchement que la guérison de Cidalise n'a été que l'effet du hazard, & qu'il en est surpris lui-même. Vous êtes étonnés, continua-t-il, de m'entendre parler de la sorte, mais louez ma bonne foi, à la vérité elle est rare parmi nous; pour moi je l'ai toujours aimée, & quoique je sois persuadé que ce n'est pas la plus sûre voye pour s'enrichir, je n'ai pas balancé à la prendre pour la seule regle de ma conduite. Grace au ciel, je m'en suis bien trouvé jusqu'à present, & je puis dire, sans vanité, que je me suis acquis une grande réputation, sans qu'elle ait été jamais traversée par l'envie ou la jalousie de mes confreres. Il est vrai que je n'habite pas les grandes Villes, où les Médecins sont sûrs d'amasser des richesses considerables, mais aussi, content d'une médiocre fortune, je cherche plus l'utilité du public que son bien.

Jamais étonnement ne fut pareil à celui des deux assistans; ils redoublerent leurs éloges, & ne se lasserent point d'admirer un si rare exemple de modestie, d'honneur, & de désintéressement. Félonde, dont l'ame étoit tout-à-coup devenuë généreuse, ne se borna pas à de simples paroles, elle y joignit encore une bourse assez bien garnie, croyant que c'étoit le moyen le plus efficace pour engager le Seigneur Géronimo à mettre en œuvre tout son savoir: mais lui, loin d'être tenté par cet objet, pensa se fâcher tout de bon, & voulut sortir. L'oncle de Pharsamon l'arrêta, & enfin vaincu par les larmes & les instances réïterées de l'un & de l'autre, il s'appaisa,

& promit d'agir sur l'heure. En effet, il sortit pour aller préparer toutes les drogues nécessaires dans une operation de cette importance.

Laissons-le travailler, & satisfaisons la curiosité du Lecteur, qui aura raison de me dire qu'il est en peine de ce que sont devenus Cliton & Fatime. La réponse ne sera pas difficile, ils sont l'un & l'autre dans le Château de Félonde ; & comme leur maladie n'est pas differente de celle de Pharsamon, on peut prévoir qu'ils serviront à éprouver les remédes qu'on veut employer.

Il ne falut pas beaucoup de temps au Seigneur Géronimo pour rassembler toutes les choses qui lui étoient nécessaires ; il fit d'abord ramasser toutes les herbes aromatiques qui étoient dans le Château, les fit calciner, & réduire en poudre ; il y joignit des drogues qu'il portoit toujours avec lui, car le parti qu'il avoit pris d'être Médecin voyageur, l'obligeoit à se munir de bien des choses qu'il n'auroit pû trouver au besoin, & dont l'usage est indispensable dans la diversité des maladies.

Les préparations étant finies, le Seigneur Géronimo alla rejoindre la compagnie ; & sans sortir de son caractere modeste, assûra seulement qu'il ne négligeroit rien de tout ce qui pourroit contribuer à remplir ce qu'on attendoit de lui. Il ajoûta en peu de mots, que le reméde dont il alloit se servir, n'étoit autre chose que la *Fumigation*, dont les Médecins avoient, dans tous les temps, tiré des secours surprenans, ce qui venoit d'être justifié par l'état où se trouvoit Cidalise ; mais que ce premier coup d'essai en demandoit un second, & qu'il trouvoit à propos de commencer par Cliton & Fatime ; que par ce moyen il connoîtroit mieux les dozes qui convenoient ; que pour cela il iroit la nuit dans leurs chambres, & que pendant qu'ils seroient bien endormis, il jetteroit dans un brasier les drogues qu'il avoit préparées, ce qui produiroit une fumée, qui, passant dans le sang par la voye de la respiration, & portée au cerveau, le débarrafferoit des vapeurs mélancoliques qui avoient occasionné leur folie.

Le Seigneur Géronimo ne se trompa point dans l'idée avantageuse qu'il avoit eûë des effets prompts & singuliers de la *Fumigation*. Au moyen de ce projet qui fut executé, Fatime & Cliton se réveillerent le lendemain avec tout le bon sens qu'ils avoient avant qu'ils se fussent enrôlés dans la Chevalerie.

Félonde & l'oncle de Pharsamon les allerent voir. Aussi-tôt que Cliton les aperçut, il courut au devant d'eux, leur demanda des nouvelles de son Maître ; & sur ce qu'on lui dit qu'il retourneroit chez lui le jour suivant, & qu'il pouvoit l'y aller attendre, il prit congé de la compagnie, non avec cette affluence de mauvais propos qu'il avoit tenus si long-temps, mais avec un air sensé qui le rendoit méconnoissable. Fatime, de son côté, ayant appris que Cidalise étoit chez sa mere, demanda en grace qu'on voulût bien l'y conduire, ce qui lui fut accordé avec plaisir.

Félonde & l'oncle de Pharsamon embrasserent de tout leur cœur le Seigneur Géronimo, qui n'étoit pas moins surpris qu'eux, du miracle qu'il venoit d'opérer. Toute la journée se passa en joie, le seul Pharsamon n'y prit aucune part, & resta dans sa chambre. La nuit étant avancée, le Seigneur Géronimo ne manqua pas de s'y rendre, & d'y faire les mêmes cérémonies qu'il avoit faites la veille, ayant eu la précaution d'augmenter la doze du reméde, attendu que le mal étoit plus grand : il eut tout lieu de s'en applaudir. A peine Pharsamon fut-il éveillé, qu'il se sentit l'esprit dégagé de toutes ses visions romanesques ; le portrait même de Cidalise étoit tellement effacé de son idée, qu'il ne se souvenoit pas de l'avoir vûë, & ne se rappellant que les bontés de Felonde, il brûloit du désir de la voir, & goûtoit d'avance le plaisir d'aller retrouver un oncle qu'il aimoit tendrement. Plein de ces objets agréables, il s'habilla promptement, & se rendit dans l'apartement de Félonde, à qui il fit un compliment très-gracieux. Son oncle étant entré dans ce moment, il courut l'embrasser, & le pria de se joindre à lui, pour témoigner à leur charmante hôtesse toute la reconnoissance qu'il devoit avoir de ses bontés; alors la regardant tendrement, il joua auprès d'elle le même rôle qu'elle avoit joué peu de temps auparavant, & cette aimable veuve paroissoit n'y être pas insensible. L'oncle de Pharsamon, charmé de tous ces événemens si peu attendus, mais craignant que la guérison ne fût pas certaine, pria Félonde de les laisser partir, lui promettant de revenir le plûtôt qu'ils pourroient. Leur séparation fut accompagnée de quelques larmes, que Félonde s'efforça de cacher; mais Pharsamon s'en apperçut, il s'apprêtoit à la consoler par les plus tendres protestations, lorsque son oncle l'entraîna avec lui, & dans l'instant le fit monter dans une voiture avec le Seigneur Géronimo, qui séjourna quelques jours avec eux, & les quitta pour aller faire connoître au Public, l'heureuse découverte qu'il avoit faite.

Fin de la dixiéme & derniere partie.

www.ingramcontent.com/pod-product-compliance
Lightning Source LLC
Chambersburg PA
CBHW071708300426
44115CB00010B/1349